L'Exercisier

Conception maquette : **isa**
Mise en page : **isa**
Illustrations : S. Cambon
Couverture : studio Bizart

Achevé d'imprimer par Vasti-Dumas
Dépôt légal : octobre 2010
N° d'imprimeur : V005956/00
Imprimé en France

ISBN 978-2-7061-1586-8

Christiane Descotes-Genon, Marie-Hélène Morsel, Claude Richou

L'Exercisier
Manuel d'expression française

Seconde édition revue et corrigée
avec niveaux du CECR

Presses universitaires de Grenoble

Les collections "Français Langue Étrangère" sont dirigées par Isabelle Gruca.

MÉTHODES

Je lis, j'écris le français
Méthode d'alphabétisation pour adultes
M. Barthe, B. Chovelon, 2004
Livre de l'élève – Cahier d'autonomie

Je parle, je pratique le français
Post-alphabétisation pour adultes
M. Barthe, B. Chovelon, 2005
Livre de l'élève – Cahier d'autonomie

À propos A1
C. Andant, C. Metton, A. Nachon,
F. Nugue, 2009
Livre de l'élève (CD inclus) – Guide pédagogique –
Cahier d'exercices (CD inclus)

À propos A2
Cristelle Carenzi, Catherine Metton, Annabelle
Nachon, Fabienne Nugue, 2010
Livre de l'élève (CD inclus) – Guide pédagogique –
Cahier d'exercices (CD inclus)

À propos B1-B2
C. Andant, M.-L. Chalaron, 2005
Livre de l'élève – Livre du professeur –
Cahier d'exercices – Coffret 2 CD audio

GRAMMAIRE ET STYLE

Présent, passé, futur
D. Abry, M.-L. Chalaron, J. Van Eibergen
Manuel avec corrigés des exercices, 1987

La grammaire autrement
M.-L. Chalaron, R. Rœsch
Manuel avec corrigés des exercices, 1984

La grammaire des premiers temps
Volume 1 : niveaux A1-A2, 2000
Volume 2 : niveaux A2-B1, 2003
D. Abry, M.-L. Chalaron
Manuel – Corrigés des exercices avec
la transcription des enregistrements du CD – CD

L'Exercisier (avec niveaux du CECR)
Manuel d'expression française
C. Descotes-Genon, M.-H. Morsel, C. Richou, 2010
Manuel – Corrigés des exercices

L'expression française écrite et orale
Ch. Abbadie, B. Chovelon, M.-H. Morsel, 2003
Manuel – Corrigés des exercices

Expression et style
M. Barthe, B. Chovelon, 2002
Manuel – Corrigés des exercices

VOCABULAIRE ET EXPRESSION

Livres ouverts
M.-H. Estéoule-Exel, S. Regnat Ravier, 2008
Livre de l'élève – Guide pédagogique

Dites-moi un peu
Méthode pratique de français oral
K. Ulm, A.-M. Hingue, 2005
Manuel – Guide pédagogique

Émotions-Sentiments
C. Cavalla, E. Crozier, 2005
Livre de l'élève (CD inclus) – Corrigés des exercices

Le français par les textes
I : niveaux A2-B1, 2003
II : niveaux B1-B2, 2003
Corrigés des exercices I, 2006
Corrigés des exercices II, 2006
M. Barthe, B. Chovelon, A.-M. Philogone

Lectures d'auteurs
M. Barthe, B. Chovelon, 2005
Manuel – Corrigés des exercices

Le chemin des mots
D. Dumarest, M.-H. Morsel, 2004
Manuel – Corrigés des exercices

CIVILISATION

La France au quotidien (3e éd.)
R. Rœsch, R. Rolle-Harold, 2008

Écouter et comprendre la France au quotidien (CD inclus)
R. Rœsch, R. Rolle-Harold, 2009

La France des régions
R. Bourgeois, S. Eurin, 2001

La France des institutions
R. Bourgeois, P. Terrone, 2004

FRANÇAIS SUR OBJECTIF SPÉCIFIQUE

Le français des médecins. 40 vidéos
pour communiquer à l'hôpital (DVD-ROM inclus)
T. Fassier, S. Talavera-Goy, 2008

Le français du monde du travail
(nouvelle édition)
E. Cloose, 2009

Les combines du téléphone fixe et portable
(nouvelle édition, CD inclus)
J. Lamoureux, 2009

Le français pour les sciences
J. Tolas, 2004

ENTRAÎNEMENT AUX EXAMENS

Lire la presse
B. Chovelon, M.-H. Morsel, 2005
Manuel – Corrigés des exercices

Le résumé, le compte rendu, la synthèse
Guide d'entraînement aux examens et concours
B. Chovelon, M.-H. Morsel, 2003
Manuel avec corrigés des exercices

Cinq sur cinq A2
Évaluation de la compréhension orale
au niveau A2 du CECR (CD inclus)
R. Rolle-Harold, C. Spérandio, 2010

Cinq sur cinq B2
Évaluation de la compréhension orale
au niveau B2 du CECR (CD inclus)
R. Rœsch, R. Rolle-Harold, 2006

DIDACTIQUE & ORGANISATION DES ÉTUDES

Cours de didactique du français langue
étrangère et seconde (2de éd.)
J.-P. Cuq, I. Gruca, 2005

Nouvelle donne pour les Centres universitaires
de français langue étrangère
ADCUEFE, 2004

Diplômes universitaires en langue et culture françaises
ADCUEFE, 2004

L'enseignement-apprentissage du français
langue étrangère en milieu homoglotte
ADCUEFE, 2006

Avant-propos

Public

L'Exercisier s'adresse en priorité à des apprenants de Français langue étrangère adolescents et adultes. Il pourrait être utilisé dans le secondaire.

Contenus

1. Langue enseignée

Nous avons intentionnellement utilisé :

– une langue contemporaine couvrant plusieurs registres : de l'oral un peu familier à un écrit assez soutenu.

– un lexique fourni couvrant des champs lexicaux variés de manière à donner aux apprenants, même faibles, les outils nécessaires pour s'exprimer autrement qu'en français simplifié, surtout dans les exercices les plus difficiles.

2. Documents authentiques

Au fil des chapitres apparaissent des documents authentiques variés : entrefilets, articles, publicités, photographies, dessins, bandes dessinées, sondages, statistiques.

3. Tableaux

Dans chaque chapitre, se trouve au minimum un tableau qui permet de visualiser d'une façon synthétique le problème grammatical abordé. D'autres petits tableaux présentent des points particuliers.

C'est à l'enseignant, en fonction des besoins du groupe, de déterminer comment il les utilise : partiellement ou totalement selon le niveau, en introduction ou en synthèse finale.

4. Corpus

Des corpus de présentation dans certains chapitres permettent une pédagogie de découverte et de conceptualisation.

Niveaux

Cet ouvrage, destiné principalement aux apprenants de niveau B1 du Cadre européen commun de référence (CECR) ou ayant déjà suivi 200 à 250 heures de cours, permet d'introduire et de travailler toutes les notions grammaticales de base de ce très large niveau intermédiaire.

C'est aussi un ouvrage de révisions pour les apprenants plus avancés : de niveau B2, voire C1 pour certains tableaux et certains exercices créatifs.

Les indications qui accompagnent chaque exercice permettent de sélectionner ce qui convient le mieux aux apprenants et, éventuellement, dans les groupes peu homogènes, de faire un enseignement individualisé ou de favoriser un apprentissage semi-guidé.

Le cartouche présent dans la marge de chaque exercice indique le niveau de l'exercice de manière précise d'après les référentiels du Cadre européen commun de référence pour les langues ; il complète les indications de niveau symbolisées par des arbres. En général :

B1.1 CECR	à partir du niveau B1.1	🌳
B1.2 CECR	à partir du niveau B1.2	🌳🌳
B2.1 CECR	à partir du niveau B2.1	🌳🌳🌳
B2.2 CECR	à partir du niveau B2.2	🌳🌳🌳🌳

Bien que les niveaux soient nettement définis grâce au référentiel du CECR et à l'échelle du CECR pour les langues, ils restent cependant perméables en fonction du groupe classe. Aux enseignants et aux apprenants de construire leur parcours.

Conseils d'utilisation

L'ordre de présentation des chapitres dans le livre a été choisi pour des raisons de commodité analytique et n'est donc pas une progression à suivre à la lettre. Chaque enseignant aura à déterminer sa propre progression en fonction de sa classe et de son type de pédagogie.

Si tous les exercices ont une présentation écrite, leur utilisation peut être beaucoup plus variée : les exercices de type structural peuvent se faire oralement en classe ou en laboratoire, comme par écrit ; d'autres exercices se prêtent très bien à une pédagogie interactive, livres fermés (simulation, situations) ; et d'autres pourront déboucher sur des discussions, des jeux de rôle, voire des débats dans la classe et leurs prolongements écrits. Un certain nombre d'exercices sont plus intéressants en travail de groupe.

Livre de corrigés

Ce livre n'est pas un guide pédagogique. Il donne seulement le corrigé de tous les exercices sauf de ceux faisant appel à la créativité des apprenants et pour lesquels plusieurs réponses sont possibles.

Pour les enseignants, il simplifie le travail de préparation.

Pour les apprenants, il offre une possibilité d'auto-apprentissage.

N.B. : Malgré le soin que nous apportons à la correction de nos ouvrages, il peut subsister des erreurs. N'hésitez pas à nous les signaler. Nous vous en saurons gré.

La phrase

théorie générale

1. Rappel de quelques notions

Quand nous parlons, quand nous écrivons, nous nous exprimons à l'aide de phrases. À l'oral, la phrase est marquée par une certaine intonation ; à l'écrit, elle est limitée bien souvent par une majuscule et un signe de ponctuation forte (point, point-virgule, point d'interrogation, point d'exclamation, points de suspension...)

On distingue :
– des **phrases verbales** (construites autour d'un verbe conjugué ou à l'infinitif).
　 Exemples : L'automobiliste s'est arrêté au feu rouge.
　　　　　　Pourquoi s'arrêter ?
– des **phrases nominales** (construites autour d'un autre mot : nom, adjectif, etc.).
　 Exemples : Quel temps !
　　　　　　Arrivée du président.

Si la phrase verbale ne comporte qu'un verbe conjugué, elle forme une **phrase simple**. Si la phrase comporte plusieurs verbes introduits par des pronoms relatifs, interrogatifs ou des conjonctions de subordination, elle forme une **phrase complexe**.
Exemples : Elle s'est couchée immédiatement (phrase simple).
　　　　　　Elle s'est couchée parce qu'elle était fatiguée (phrase complexe).

Selon la nature du message que l'on veut communiquer, une phrase est obligatoirement :
– **déclarative** : *Marianne est en retard.*
– **interrogative** : *Quelle heure est-il ?*
　　　　　　　　Avez-vous bien compris ?
– **impérative** : *Mets la table.*
　　　　　　　Qu'il sorte.
– **exclamative** : *Comme vous êtes élégante !*
　　　　　　　　Que tu es gentil !

Ces quatre modalités ne peuvent pas se combiner entre elles. Par contre on peut y associer des formes facultatives combinables entre elles :
– la **forme négative** : *Marianne n'est pas en retard.*
– la **forme passive** : *Son fils a été renversé par une moto ?*
– la **forme emphatique** : *C'est son fils qui a eu un accident.*

2. Signes de ponctuation

Pour noter les pauses, les variations d'intonation d'un énoncé, pour rendre plus explicites les articulations logiques du message, nous utilisons des signes graphiques : la ponctuation.

Signe de ponctuation		Signification	Exemple
Point	.	Indique la fin d'une phrase déclarative.	*Les spectateurs avaient tous regagné leurs places. Le rideau se leva.*
Point-virgule	;	Indique une pause moyenne entre deux unités distinctes d'un même énoncé.	*La salle s'était remplie rapidement ; mais les ouvreuses n'arrivaient pas à placer tous les spectateurs qui se bousculaient, craignant de ne pas avoir de place assise.*
Point d'interrogation	?	Indique la fin d'une phrase. interrogative.	*Pourquoi est-ce que tu ne m'as pas prévenu ?*
Point d'exclamation	!	S'emploie après une interjection ou après une phrase exclamative.	*Hélas ! Que de temps perdu !*
Virgule	,	Sépare les parties semblables d'une énumération, des groupes de mots apposés ou juxtaposés. On ne met pas, sauf cas particulier, de virgule devant «et», «ou» et «ni».	*– Paris, capitale de la France.* *– Le 12 mai prochain, s'ouvrira le Salon du Meuble.* *– Des coqs, des poules, des canards et des oies s'agitaient dans la cour.*
Deux points	:	Précèdent une citation, une énumé-ration, une explication.	*Il a répondu : « Je suis entièrement d'accord avec vous. »*
Guillemets	« »	Encadrent le texte littéral d'une citation.	*Vous commenterez ce vers de Shakespeare : « Être ou ne pas être, voilà la question. »*
Points de suspension	...	À la fin d'une phrase ou d'un membre de phrase indiquent que, pour diverses raisons, la phrase est inachevée.	*Au printemps, vous plantez toutes sortes de bulbes : narcisses, jonquilles, jacinthes, crocus…*
Tiret(s)	–	Indique le début d'un dialogue, le changement d'interlocuteur.	*– Avez-vous bien dormi ?* *– Parfaitement bien, merci.*
	––	Deux tirets, encadrant une phrase, remplacent deux virgules ou deux parenthèses.	*– Grenoble – capitale des Alpes – attire de nombreux touristes.*
Parenthèses	( )	Servent à isoler, dans une phrase, des mots qui ne sont pas indispensables au sens général.	*Admirer (Syn. s'extasier devant).*
Crochets	[ ]		
Astérisque	*	Indique un renvoi, souvent un appel de note en bas de page.	*Ils visitèrent ensuite la Tour Eiffel* puis le Panthéon.* **construite en 1889*

Exercices

B1.1
ÉCR

1 ***Rétablissez la ponctuation et les majuscules dans les phrases suivantes.***

1. tu es sûre qu'il a été prévenu du changement d'horaire. – **2.** philippe pierre et sa femme avaient pris une grande décision ils allaient faire du sport n'importe quel sport qui puisse être pratiqué dans la région. – **3.** les ouvriers qui étaient tous présents à la manifestation ont décidé d'entamer la grève. – **4.** il m'a demandé pourquoi n'as-tu pas pris la parole. – **5.** quelle idée d'avoir ramené un chien ici. – **6.** il a voulu savoir pourquoi moi j'étais silencieux. – **7.** le complément d'objet direct cod étant placé avant le verbe le participe passé s'accorde. – **8.** mon voisin m'a assuré encore faudrait-il vérifier d'où il a tiré cette information que le périphérique était fermé. – **9.** une profusion de fruits pêches pommes poires abricots fraises était disposée sur la table. – **10.** nous sommes arrivés à bon port mais quelle circulation.

B1.1
ÉCR

2 *Rétablissez la ponctuation et les majuscules du texte suivant.*

SAUTERA SAUTERA PAS

les amateurs de Benji saut en élastique vont pouvoir retrouver les sensations fortes qu'ils recherchent une réglementation établie par le ministre de l'Intérieur le ministre de la Jeunesse et des Sports et l'équipe grenobloise Vertige Aventure vient d'être définie autorisant la reprise des sauts au pont de Ponsonnas près de La Mure 103 mètres de vide par ailleurs ce site accueillera prochainement le premier centre permanent de Benji en Europe contact Vertige Aventure 04 76 47 42 80

B2.1
ÉCR

3 *Rétablissez la ponctuation (signes, majuscules) de la critique de film suivante.*

PLUIE D'ENFER

La petite ville de huntingburg est inondée et évacuée jim et sa bande de malfaiteurs en profitent pour braquer un fourgon de transports de fonds mais tom le convoyeur est décidé à mouiller sa chemise pour sauver le fric
que d'eau que d'eau le décor vrai personnage est assez impressionnant pensez toute une bourgade les pieds dans la flotte avec son cimetière son église son bureau de police l'obscurité épaisse l'action se déroule le temps d'une nuit ajoute au climat d'angoisse
l'intrigue est limitée les surprises sont moins éclaboussantes qu'on le voudrait mais bon pour un spectateur bien au chaud les pieds douillettement calés dans ses charentaises il n'y a finalement rien de meilleur

Télérama

B1.1
ÉCR

4 *Remettez dans l'ordre les phrases de cet article.*

1. Un attentat s'était produit dans des circonstances semblables, vendredi à Valence, contre un colonel de l'armée de terre.
2. Les deux individus ont ensuite pris la fuite sur une moto de forte cylindrée.
3. ESPAGNE : UN POLICIER TUÉ DANS UN ATTENTAT.
4. Un jeune homme et une jeune femme ont ouvert le feu sur le policier, José Sucino Ibanez, trente et un ans.
5. Un inspecteur de police a été tué, lundi matin 18 décembre à Prat-de-Llobregat, en Catalogne, a annoncé la police.
6. Alors qu'il sortait de son domicile.

B2.1
CECR

5 🌳🌳🌳 *Même exercice.*

1. Bob Robert avait demandé, en entrant à l'hôpital, s'il y avait des gens plus célèbres que lui en traitement dans les différents services. Réponse: non.

2. C'est du moins ce qu'elle dira aux enquêteurs. De très nombreuses négligences du personnel soignant sont alors constatées. Pas de preuves formelles, affaire classée.

3. En principe, l'opération de la vésicule biliaire qu'il venait de subir n'aurait pas dû entraîner de conséquences fatales.

4. Le 22 février 1987, un certain Bob Robert, cinquante-huit ans, mourait dans un hôpital de New York.

5. Il faut insister: rien d'extraordinaire, une simple opération de routine. Le patient n'avait pas non plus la maladie que vous savez. Bob Robert n'était autre qu'Andy Warhol.

6. Mais l'infirmière de nuit, Mme Min Chou, au lieu de surveiller le patient, est restée toute la nuit dans sa chambre à lire la Bible.

Remarque: On trouvera les exercices sur l'interrogation, la négation ou le passif dans les leçons traitant ce point grammatical.

La construction des verbes

théorie générale

1. Verbes transitifs

Si le verbe admet un complément d'objet (direct ou indirect), il est transitif.

a) Un **complément d'objet direct** (C.O.D.) peut être placé directement après ou avant le verbe; il peut être un nom, un pronom, un infinitif.
→ Le verbe est transitif direct.
Exemples: Elle aime les roses – Elle les aime – Elle aime nager.

b) Un **complément d'objet indirect** (C.O.I.) est précédé d'une préposition (à, de) si c'est un nom, un infinitif, ou un pronom.
→ Le verbe est transitif indirect.
Exemples: Il songe à son avenir – Il songe à partir – Il songe à elle.

Si c'est un pronom, il peut parfois être placé avant le verbe sans préposition.
*Exemple: Il **lui** parle.*

Remarques:
- Les verbes transitifs directs peuvent cependant être employés sans C.O.D.
  Exemples: Elle mange sa soupe. – Elle mange.
- Certains verbes du sens de donner (attribuer, prêter, proposer, retirer, refuser, emprunter…) et dire (ordonner, permettre, souhaiter, interdire…) peuvent se construire avec un C.O.D. et un C.O.I.
  Exemples: Pierre prête sa voiture à son fils – J'ai annoncé la nouvelle à mon frère.

2. Verbes intransitifs

Si le verbe n'admet pas de complément d'objet, il est intransitif.
Exemple: Le train part.

Attention ! Ne pas confondre un C.O.D. et un complément circonstanciel construit sans préposition.
Exemple: Elle rentre la voiture (C.O.D.). Elle rentre le soir (complément de temps).
Dans ces deux constructions le verbe est à la voix active.

3. Remarques

a) Les verbes admettant un C.O.D. – et seulement ceux-ci – peuvent se mettre à la voix **passive.**
Exemple: Le policier arrête le voleur – Le voleur est arrêté par le policier.

Le complément d'objet du verbe actif devient le sujet du verbe passif.
Le sujet du verbe actif devient le complément d'agent (précédé de par ou de) du verbe passif.

Exceptions : les verbes *présenter*, *comporter* et *comprendre* au sens figuré ne se mettent pas au passif.

b) Certains verbes peuvent être précédés d'un pronom personnel reprenant le sujet : on les appelle **verbes pronominaux**. On dit qu'ils sont à la tournure pronominale.
Exemple : se lever.

Ils peuvent de la même façon avoir une construction transitive directe, transitive indirecte ou intransitive.
Exemple : Transitive directe : Il se lave les cheveux.
Transitive indirecte : Il s'adresse à son voisin.
Intransitive : Il s'enfuit.

Ces verbes ne peuvent pas se mettre au passif mais ils peuvent avoir un sens passif.
Exemple : Cette expression ne s'emploie plus = Cette expression n'est plus employée.

Exercices

Identification de la construction

B1.1
CECR

1 🌳 *Dites si le verbe a une construction transitive directe, indirecte ou intransitive.*

1. Il parle plusieurs langues. – **2.** Elle travaille à Radio France. – **3.** Il n'a jamais accepté ce changement. – **4.** Avez-vous parlé au directeur ? – **5.** Ils ont réussi leurs examens. **6.** Nous espérons vous revoir bientôt. – **7.** Ils sont tous descendus de bonne heure. – **8.** Elle s'attend à être renvoyée. – **9.** Il a réussi à se faire respecter. – **10.** Elle est arrivée cette nuit.

B1.1
CECR

2 🌴 **Quelles sont les phrases complètes ?**
Parmi les phrases ci-dessous, terminez celles qui sont incomplètes en ajoutant le complément qui les rendra correctes. En déduire la règle.

1. Il est revenu à Paris…
2. Elle a rencontré à Lyon…
3. Nous apportons à notre amie…
4. Ils pensent souvent à leurs enfants…
5. Adressez-vous à cet employé…
6. J'ai annoncé à ma tante…
7. Elle prête à son frère…
8. L'artisan fabrique…
9. Il parle à tout le monde…
10. J'ai proposé à ma collègue…

B1.1
CECR

3 🌳 *Associez chaque phrase de la colonne A à celle de la colonne B qui constituera une suite cohérente et correcte grammaticalement.*

A	B
1. Il continue	**a.** les chaises, il pleut.
2. Ils sont revenus	**b.** d'une chambre sans douche.
3. Rentrez	**c.** à se remarier.
4. Cela dépendra	**d.** à pleuvoir.
5. Pour une nuit, ils se contenteront	**e.** à le convaincre ?
6. Depuis quelque temps elle songeait	**f.** plus tôt que prévu.
7. Nous envisageons	**g.** l'heure du départ.
8. Avez-vous réussi	**h.** de rester un jour de plus.
9. Ils ont convaincu leur ami	**i.** de passer notre retraite à Paris.
10. Elles attendent	**j.** de l'heure du départ.

Construction de phrases

31.1
ECR

4 🌳 *Racontez ce que vous faites pendant une journée en n'utilisant que des verbes intransitifs ou construits intransitivement (10 verbes).*

31.1
ECR

5 🌳 *Dites ce que font le boulanger, l'agent de police, la secrétaire en n'utilisant que des verbes transitifs directs (10 verbes pour chacun).*

31.1
ECR

6 🌳 *Madame Dupont, votre voisine qui est si bavarde, était très occupée hier; qu'est-ce qu'elle a donc fait ? Vous n'emploierez que des verbes transitifs indirects (10 verbes).*

31.1
ECR

7 🌳 *Remettez les phrases suivantes dans l'ordre.*

1. Des fleurs-tous-l'-apporté-institutrice-les enfants-à-ont-.
2. A posé-son-en-la-table-revenant-panier-elle-sur-.
3. Sa-excuses-collègue-ses-a-n'-présenter-à-il-voulu-pas-.
4. Moi-se-elle-avec-le-trouvait-car-dans-.
5. Bicyclette-lui-son-emprunté-et-je-parapluie-sa-ai-.
6. Mon-couleur-n'-elle-manteau-aime-la-pas-de-.
7. Mutilés-sont-aux-ces-personnes-places-réservées-âgées-aux-et-.
8. La-renvoyé-Paul-le-a-par-classe-directeur-été-de-.
9. Hollandaise-hier-la-remis-secrétaire-certificat-l'-a-étudiante-le-à-.
10. Film-?-vous-déjà-ce-êtes-voir-allés-.

31.2
ECR

8 🌳🌳 *Mettez les phrases suivantes au passif quand cela est possible.*

1. Le médecin reçoit le malade.
2. Une épaisse couche de neige recouvrait le village.
3. Sylvie parle à ton père.
4. Elle habite Paris.
5. Les ouvriers occupaient l'usine.
6. Des étudiants ont habité cet appartement.
7. Les touristes montent dans le car.
8. Le propriétaire et le locataire signeront le bail.
9. Je repars la semaine prochaine.
10. Un joli motif décore l'assiette.

Terminer les phrases

31.1
ECR

9 🌳 *Terminez les phrases suivantes.*

1. Elle aime beaucoup .... – **2.** Il pense à .... – **3.** Nous avons besoin de .... – **4.** Maintenant nous habitons .... – **5.** Êtes-vous prêts à .... – **6.** Le directeur s'oppose à .... – **7.** Ils ont profité de .... – **8.** Depuis une heure ils attendent .... – **9.** Véronique a reçu .... – **10.** Nous tenons vraiment à ....

31.2
ECR

10 🌳🌳 *La présence d'une préposition peut changer le sens d'un verbe; terminez les phrases suivantes en rajoutant ou non une préposition aux verbes.*

1. Pour aller à Paris, il vous faudra .... – **2.** Nous ne voulons pas partir, nous tenons .... – **3.** Ses cheveux roux, elle les tient .... – **4.** Sur ce célèbre tableau de Vinci, la Sainte Vierge tient .... – **5.** Elle est arrivée cinq minutes en retard et a manqué .... – **6.** Vous êtes trop sévère avec lui et souvent vous manquez .... – **7.** Après les hors-d'œuvre, le garçon a servi .... – **8.** Calmez-vous, cela ne sert à rien .... – **9.** Cet outil sert .... – **10.** Pour transporter la terre, il se sert ....

B1.1
CECR

11 🌳 *Racontez cette bande dessinée en vous aidant des verbes pronominaux suivants.*

se réveiller ; se diriger ; se rappeler ; se pencher ; se demander ; s'asseoir ; se relever ; se déshabiller ; s'effrayer ; se décider ; s'enfermer ; s'écrier ; s'évanouir ; s'apercevoir ; se méfier ; se douter.

1

2

3

4

théorie générale

1. Les différents articles

	Article défini		Article indéfini	Article partitif
	simple	*contracté*		
Masc. sing.	**LE, L'** *Le garçon, **le** haricot* ***L'**homme, **l'**arbre*	**AU, DU** *Il parle **au** docteur.* *Il a besoin **du** stylo.*	**UN** ***Un** fauteuil,* ***un** arbre, **un** homme*	**DU, DE L'** ***Du** beurre* ***De l'**ail*
Fém. sing.	**LA, L'** ***La** fille, **la** haine* ***L'**absence, **l'**horloge*		**UNE** ***Une** table,* ***une** armoire*	**DE LA, DE L'** ***De la** farine* ***De l'**huile, **de l'**essence*
Masc. plur.	**LES** ***Les** garçons,* ***les** arbres,* ***les** hommes,* ***les** haricots*	**AUX, DES** *Il parle **aux** garçons.* *Il a besoin **des** crayons.*	**DES, DE, D'** ***Des** lits, **des** animaux* ***De** petits lits* ***D'**affreux oiseaux*	**DES, DE** ***Des** épinards* ***De** beaux épinards*
Fém. plur.	***Les** filles,* ***les** horloges*	*Il parle **aux** filles.*	***Des** chaises* ***D'**affreuses chaises* ***De** belles armoires*	

2. L'article défini

1. Forme

• **Simple :** devant une voyelle ou un H muet, **LE/LA** deviennent **L'**.
• **Contracté** avec les prépositions **À** et **DE**, **LE/LES** deviennent **AU, AUX, DU, DES**.
(**À L', DE L', À LA** et **DE LA** ne changent pas de forme.)

2. Emploi

• L'article défini introduit un nom connu ou supposé connu de tout le monde :
– un nom unique en son genre, ainsi que tous les noms géographiques, les langues,
les peuples, les saisons, la plupart des fêtes, les noms de famille, les titres.
    *Exemples : **le** Soleil, **la** Lune, **l'**eau.*

– un nom connu par l'habitude,
   *Exemple : Je vais à **la** pharmacie.*
– un nom déterminé par le contexte,
   *Exemples : **Le** chien qui court. **Le** chien de ma voisine est un lévrier.*

• L'article défini introduit :
– au singulier, un nom à valeur générale,
   *Exemple : **Le** chien est un animal fidèle (la plupart des chiens…).*
– au pluriel, un nom désignant l'ensemble des éléments de cette catégorie.
   *Exemple : **Les** chats appartiennent à la famille des félidés.*

• L'article défini est obligatoire devant les superlatifs de supériorité ou d'infériorité et des termes apparentés comme premier, dernier, seul, unique.
   *Exemple : Il habite dans **le** plus grand appartement de l'immeuble et il en est **le** seul occupant.*

3. L'article indéfini

1. Forme : UN, UNE, DES, DE, D'

• Lorsque **DES** précède un adjectif commençant par une consonne ou un **H** aspiré, **DES** devient **DE**.
   *Exemple : Elle portait toujours **de** beaux bijoux.*

• Lorsque **DES** précède un adjectif commençant par une voyelle ou un **H** muet, **DE** devient **D'**.
   *Exemple : **D'**horribles insectes avaient envahi la région.*

2. Emploi

• L'article indéfini introduit un nom qui n'est pas supposé connu, dont on parle pour la première fois.
   *Exemples : – **Un** camion a débouché à cet instant à vive allure. **Le/ce** véhicule…*
   *– **Un** terrible accident s'est produit à la sortie de l'école. (Dans ce cas l'adjectif ne détermine pas le nom mais le caractérise.)*

• Il introduit aussi, mais au singulier uniquement, un nom ayant une valeur générale.
   *Exemple : **Un** instituteur doit être très patient (tous les instituteurs…).*

4. L'article partitif

1. Forme : DU, DE LA, DE L', DES

DE L : ' si le mot qui suit commence par une voyelle ou un H muet.
DES : au pluriel l'article partitif se confond souvent avec l'article indéfini, mais on peut faire la différence.
*Exemple : – **des** livres (article indéfini, qu'on peut compter),*
   *– **des** épinards (article partitif, catégorie non quantifiable).*

2. Emploi

• Il introduit un nom qui appartient à la catégorie non comptable et dont on ne considère qu'une partie, qu'une quantité indéterminée.
   *Exemple : Voulez-vous **du** thé ou **de la** tisane ?*

- Il est utilisé le plus souvent :
  - dans les recettes de cuisine : *du* sel, *de la* levure,
  - dans la description des comportements : *avoir **du** courage, **de la** patience,*
  - dans les activités sportives, musicales, intellectuelles : *faire **du** ski, jouer **de la** guitare,*
  - dans les indications météorologiques : *il fait **du** vent.*

5. Remarques

- Attention à l'article **DES** qui peut être article défini contracté, indéfini ou partitif.
- Lorsque les articles **un, une, de la, des** sont précédés d'un adverbe de quantité (sauf : bien, encore, la plupart) ou d'un adverbe négatif, ils sont supprimés et remplacés par la préposition DE.

*Exemple : Vous avez **du** temps libre ? Non j'ai malheureusement peu **de** temps libre.*

6. Omission de l'article défini, indéfini et partitif

On n'utilise pas d'article dans les cas suivants :

- devant les noms propres.
  Exemples : Serge viendra dîner ce soir. Bruxelles est le siège du gouvernement européen.

- devant les noms de rues, de places.
  Exemple : Pendant que j'habitais place Vaucanson, il habitait rue Thiers.

- après les prépositions À ou DE.
  Exemples : la salle de bain, un train de voyageurs, une tasse à thé, une corbeille à pain, rempli d'espoir, couvert de fleurs.

- parfois après quelques autres prépositions : après, avant, avec, en, par, sans, sous, sur.
  Exemples : après/avant guerre, avec plaisir, en train, par avion, sans chapeau, sous pression, sur rail…

- avec quelques locutions verbales idiomatiques formées avec les verbes avoir, faire ou prendre : avoir envie, avoir faim, avoir besoin… ; faire peur, faire partie, faire feu… ; prendre part, prendre connaissance, prendre forme…

- devant les énumérations, les petites annonces, les titres de journaux, les panneaux d'affichage, les mots analysés dans un dictionnaire.
  Exemples : – Pommes, poires, pêches, prunes, fraises : elle ne savait que choisir tant ces fruits étaient beaux.
  – Jeune femme cherche nourrice pour garder bébé le matin.
  – Retour inattendu du froid ; stationnement interdit.
  – Fleur : nom féminin, production colorée, parfois odorante de certains végétaux.

- pour indiquer la profession, la fonction.
  Exemples : Il est avocat. Il a été élu délégué du personnel.
  Mais si le nom est déterminé, l'article défini ou indéfini est utilisé.
  *Exemples : C'est **un** avocat réputé – C'est **l'**avocat de ma mère – C'est **l'**avocat qui m'a défendu.*

Exercices

Articles et formes de la phrase

1 🌱 *Mettez les phrases suivantes à la forme affirmative.*

1. Elle n'aime pas les fleurs artificielles. – **2.** Je ne veux pas de sucre avec les fraises. – **3.** Ils n'ont pas de chance. – **4.** Je n'ai pas besoin de vacances. – **5.** Il ne reste plus de pain. – **6.** Vous ne ferez pas le ménage ni la vaisselle. – **7.** Ils n'ont pas changé de train. – **8.** Elle n'avait pas ajouté d'illustrations à son devoir. – **9.** Il n'a pas fait les réservations pour sa famille et il n'aura pas de places. – **10.** Puisque vous n'avez pas besoin d'aide, je ne vous donnerai pas de coup de main.

2 🌱 *Mettez les phrases suivantes à la forme négative.*

1. Elle a une grande voiture pour transporter son matériel. – **2.** Ils ont enfin le gaz de ville. – **3.** Ils boivent de l'eau et du cidre. – **4.** Ajoute du sel. – **5.** Nous lui avons déjà emprunté de l'argent. – **6.** Il travaille toujours à l'usine. – **7.** Il faisait des efforts pour se faire comprendre. – **8.** Il prend toujours un taxi quand il va à la gare. – **9.** Mets un chapeau et des gants. – **10.** Enlevez la poubelle du trottoir.

3 🌱 *Mettez au pluriel tous les éléments de la phrase quand cela vous paraît possible*

Exemple : Tu as répondu à la question avec une rapidité incroyable.
        → ***Vous** avez répondu **aux** questions avec **une** rapidité incroyable.*

1. Le passant a remarqué une voiture dont la roue était crevée. – **2.** J'ai besoin du dictionnaire pour faire la traduction. – **3.** Il y avait une place libre. – **4.** Le chant de l'oiseau m'a réveillé. – **5.** Pour son anniversaire, elle a envie d'un disque et d'une plante verte. – **6.** C'est la petite fille qui veut une belle poupée. – **7.** Il est arrivé à la gare en même temps que moi. – **8.** Gare-toi à l'endroit qui t'est réservé. – **9.** L'étudiant a mal à la tête. – **10.** La patte du cheval était couverte de boue.

4 🌱 Expression de la quantité + articles

Ajoutez aux mots en caractères gras une des expressions de quantité suivantes et faites les modifications nécessaires : TROP DE, ASSEZ DE, NE... PAS DE, PLUS DE, BEAUCOUP DE, UN PEU DE, SUFFISAMMENT DE, ENCORE, LA PLUPART DE, PEU DE.

1. Il faudra rajouter de **la cannelle** à votre gâteau. – **2.** **Les gens** s'abstiennent maintenant de voter. – **3.** Il te reste **du temps** pour finir ton devoir. – **4.** J'ai **des dollars**; je peux t'en prêter pour ton voyage. – **5.** Il y a **du monde**, la séance peut commencer. – **6.** **Des nuages** sont arrivés et l'orage n'a pas tardé à éclater. – **7.** **Des élèves** n'ont pas réussi au baccalauréat. – **8.** Le directeur a demandé **de la persévérance** à ses employés pour venir à bout de ce travail. – **9.** **Des actes** criminels restent impunis. – **10.** Il a **une voiture** pour aller travailler.

Choix de l'article

5 🌱 Définis ? Indéfinis ? Partitifs ?

Observez.

Avoir **l'**électricité – **l'**eau chaude – **la** radio – **la** stéréo.
        un ordinateur – **une** chaîne hi-fi – **des** balcons – **un** minitel.
        du soleil – **du** marbre – **de** l'espace – **de la** place.

À vous maintenant.

Madame Girard et madame Bouvard discutent. Madame G. interroge son amie sur le confort de son appartement, l'immeuble, le voisinage…

Mme G : Il y a un ascenseur ?

Mme B : Non, il n'y a pas d'ascenseur mais nous habitons au second et ce n'est pas trop gênant.

a) *Trouvez les articles qui manquent dans les phrases suivantes.*

b) *Imaginez les réponses de Mme B. qui seront toujours négatives.*

1. Vous avez …… chauffage central ? – **2.** Vos voisins ont-ils …… enfants ? – **3.** Font-ils …… bruit ? – **4.** Est-ce que vos fenêtres ont …… volets ? – **5.** Y a-t-il …… moquette au sol ou …… plancher ? – **6.** Vous avez …… télévision ? – **7.** Y a-t-il …… commerçants dans la proximité ? – **8.** Avez-vous …… lave-vaisselle ? – **9.** Avez-vous déjà …… téléphone ? – **10.** J'espère que vous avez …… chambre pour chaque enfant ? Mais ma pauvre amie, ce n'est pas une vie ça !

B1.2
ECR

6   *Ajoutez les articles qui manquent.*

UN CRIME EN 1896,
L'AFFAIRE DE LA RUE DE CRÉQUI

Dans …… nuit …… 28 au 29 décembre, …… veuve Orcel, propriétaire d' …… café rue Créqui à Grenoble, est assassinée. …… vol est apparemment …… mobile …… crime, car …… chambre de …… dame a été fouillée, et …… importante somme d'argent a disparu. …… commissaire de police ouvre …… enquête, et soupçonne …… ouvrier tanneur, Auguste G., qui fréquentait …… café. …… juge d'instruction pense qu'il s'agit plutôt d' …… crime de …… jalousie, que …… nommé Sauvage aurait commis. On arrête …… deux hommes, on les interroge et on procède à …… perquisition à leur domicile. Chez tous deux on retrouve …… chemise avec …… taches de sang. …… voisins disent avoir entendu …… bruit d' …… bataille et …… cris de …… victime, mais ils n'ont vu aucun …… suspects. Auguste G, comme Sauvage, clame qu'il n'est pas …… coupable et tous deux fournissent …… alibi pour …… nuit …… meurtre. Le juge, dans …… impossibilité de trouver …… vérité, se décide à relâcher …… suspects. Par …… suite, ni …… police, ni …… juge ne seront capables de mener à bien leur enquête et de trouver …… ou …… coupables, et …… crime restera impuni.

(R. Bourgeois, Chroniques d'une fin de siècle en Dauphiné, *PUG)*

B1.2
ECR

7   LE, LA, LES - UN , UNE, DES

a) *Complétez ce texte, quand c'est nécessaire, par les articles qui manquent.*

Valérie est malade au lit et, pour se distraire, demande à sa mère de lui raconter ce qu'elle voit par la fenêtre.

– Raconte-moi ce que tu vois dans …… rue, maman.

– Je vois …… homme qui se promène avec …… petit chien noir. Tu sais, c'est …… monsieur qui habite près de …… école de …… musique. Il va à …… boucherie mais il laisse …… chien dehors.

– Mais pourquoi ?

– Tu sais bien que …… animaux ne sont pas acceptés dans …… les magasins d'…… alimentation et ce boucher est …… commerçant très maniaque qui n'admet pas …… moindre saleté dans sa boutique.

– Moi je trouve que c'est …… méchant bonhomme. Il ne faut plus aller chez lui.

– Allons, allons calme-toi. …… monsieur ressort …… magasin et il donne …… chien …… tranche de …… saucisson. Tu vois que …… boucher n'est pas si méchant que ça.

– Et qu'est-ce qu'il fait …… type maintenant ?

– Rien, il semble attendre quelqu'un. Ah ! …… dame traverse …… rue dans sa direction, elle l'embrasse, elle lui prend …… bras. Ils s'en vont vers …… parc.

– Et …… chien ?

– Il trotte derrière eux. C'est …… très gentil chien !

b) *Dans quels cas aurait-on pu mettre un adjectif possessif ou démonstratif à la place de l'article ?*

8 **Les articles et les parties du corps**

Articles définis ou possessifs ? Ajoutez le mot qui manque.

1. Va te laver …… mains.
2. Tu te paies …… tête !
3. Regarde-moi dans …… yeux.
4. Un charmant jeune homme a offert …… bras à la vieille dame pour l'aider à traverser.
5. Elle s'est cassé …… jambe.
6. Le coiffeur lui a coupé …… cheveux.
7. Elle tenait dans …… bras un enfant tout blond.
8. Il a …… jambe dans le plâtre.
9. Il a beaucoup maigri et …… jambes ne le portent plus.
10. Vous devez utiliser tous les soirs cette crème pour hydrater …… peau.

9 **Articles partitifs, définis ou indéfinis ?**

Complétez les phrases avec l'article correct. Examinez les phrases obtenues. Expliquez l'emploi de l'article.

1. Prenez 200 g de beurre et 3 œuf ; mélangez …… beurre et …… œufs jusqu'à ce que vous obteniez …… mélange blanc et mousseux. – **2.** En gagnant …… gros lot, il a eu …… chance de sa vie. – **3.** En ce moment il fait …… temps bizarre : le matin il y a …… soleil et l'après-midi ça se couvre ; …… vent se lève et il y a …… orages. – **4.** Tu as vraiment …… courage d'entreprendre de tels travaux ! Oh ! ce n'est pas …… courage qui me manque, c'est …argent ! – **5.** Il fait …… ski et …… escalade mais par-dessus tout il aime …… randonnées. – **6.** Elle voulait qu'il fasse …… violon mais il a préféré …… piano. – **7.** Il a …… persévérance et…… goût mais il manque d'ambition. – **8.** En première partie, elle jouera …… Mozart et …… Schubert. – **9.** Que boirez-vous avec …… choucroute, …… vin ou …… bière ? – **10.** Pendant que nous ramassions …… champignons, ils coupaient …… bois.

Articles et prépositions

10 **Prépositions et articles définis ou indéfinis**

Rajoutez un article quand cela vous semble nécessaire.

1. Il a envoyé son paquet par …… avion. – **2.** La porte était fermée par …… verrou. – **3.** Par …… bonheur, ils n'ont pas été blessés. – **4.** C'est par …… plus grand des hasards que nous l'avons rencontré. – **5.** L'été, elle se lève avec …… jour. – **6.** Essayez de lui répondre avec …… courtoisie. – **7.** Cette douleur passera avec …… temps. – **8.** C'est une maison sans …… confort. – **9.** Le loyer s'élève à 450 euros sans …… charges. – **10.** Je voudrais un livre pour …… enfants. – **11.** Pour …… fois, je serai absent. – **12.** Ne partez pas sans …… vêtement chaud. – **13.** Le magasin est fermé pour …… réparations. – **14.** Vous pouvez payer avec …… carte bleue.

B1.2
CECR

11 🌳🌳 Recette de cuisine : le gratin dauphinois

Ce qu'il faut acheter : pommes de terre (un kilo et demi), crème fraîche (un pot : 250 grammes), lait (un demi-litre), beurre (50 grammes d'une plaquette de 250 g), ail (3 gousses), épices (sel, poivre, noix de muscade), ustensile (plat à gratin).
Cuisson (40 minutes, thermostat 7).

a) Madame Sibellas indique à sa fille Anaïs tout ce qui est nécessaire pour faire le gratin : « Il te faut **des** pommes de terre … ». *Continuez l'énumération.*

b) Anaïs va à l'épicerie et demande les ingrédients avec les quantités indiquées par sa mère : « Je voudrais un kilo et demi …… pommes de terre… ».*Continuez l'énumération.*

c) Anaïs écrit à son amie américaine Rosemary et lui donne la recette du gratin dauphinois. *Rédigez la lettre.*

B1.1
CECR

12 🌳 *Sur le modèle de l'exercice précédent, rédigez la recette d'un plat caractéristique de votre pays.*

B1.2
CECR

13 🌳🌳 À/de + article : forme contractée ou non ?

Complétez avec la forme qui convient.

1. Il a été chargé …… compte rendu de la séance. – **2.** Il s'est rendu …… gare pour prendre son billet. – **3.** Ils ont peur …… froid et se sont habillés chaudement. – **4.** Vous souvenez-vous …… années qui ont suivi la guerre ? – **5.** Elle a renoncé …… cigarettes devant les conseils de toute sa famille. – **6.** Elle joue …… trombone. Comment, elle si menue, peut-elle jouer …… instrument aussi gros ? – **7.** Il est inscrit …… chômage depuis trois mois. – **8.** La maison était protégée …… vent par une haie de cyprès. – **9.** Il lui parlait …… voix douce. – **10.** Il est bien malade, il a la folie …… persécution.

B1.1
CECR

14 🌳 Chacun ses goûts !

Un couple peu banal : ils s'aimaient, ils se sont mariés et pourtant ils n'aiment jamais les mêmes choses. Sylvie aime le ski et Éric, lui, déteste la neige. ***Sur ce modèle (verbe + nom), continuez à décrire les goûts de Sylvie et d'Éric en utilisant les verbes suivants : aimer, être fou de, apprécier, avoir besoin de, adorer, goûter, s'intéresser à, détester, être allergique à, préférer, être fan de…***

Activité	Sylvie	Éric
Musique		
Couleurs		
Nourriture		
Sport		
Vêtements		
Mobilier		
Vacances		
Nombre d'enfants		
Littérature		
Voyages		
Climat		
Amis		

15 🌳🌳🌳 **Emily n'a vraiment pas de chance !**

Luc a invité Emily, une jeune américaine dans un bon restaurant. Voici la carte.

Entrées	Viandes	Poissons	Légumes	Desserts
Salade niçoise	Entrecôte	Truite au bleu	Haricots verts	Iles flottantes
Jambon beurre	Escalope viennoise	Dorade	Endives braisées	Tarte tatin
Terrine du chef	Bœuf bourguignon	Sole	Cœurs de céleris	Fraises
Crudités	Grillades d'agneau	Rougets grillés	Jardinière	Flan
Harengs marinés	Foie de veau	Loup au fenouil	Frites	Charlotte
Saucisson	Gigot de mouton	Maquereau	Petits pois	Sorbets

1. Le garçon vient prendre la commande. *Indiquez leurs choix.*

Exemple : ***une** salade verte,* ***un** steak…*

2. Après le repas, en sortant du restaurant, ils rencontrent un ami commun qui les interroge sur la qualité de la nourriture. Autant Luc a été ravi de son choix, autant Emily a été déçue, voire scandalisée.

Exemples : Luc : « Le steak était très tendre. »

Emily : « Les petits pois étaient immangeables. »

Imaginez le dialogue.

 B1.1
CECR

16 🌳 **Les articles et les noms de pays**

Faut-il un article ? Lequel ?

1. Vous connaissez …… Finlande ? – **2.** …… Danemark n'est pas loin de …… Belgique. – **3.** Elle revient …… Portugal. – **4.** Nous retournons …… Brésil. – **5.** Il parle …… Mexique comme s'il y avait vécu toute sa vie. – **6.** Il ne connaît pas encore …… Israël. – **7.** …… Corse et …… Baléares sont des îles très fréquentées par les touristes. – **8.** Elle se souvient de …… Chine d'avant Mao. – **9.** Ils partent pour…… Thaïlande. – **10.** Ce vase provient de …… Chine.

Omission de l'article

 B1.2
CECR

17 🌳🌳🌳 ***Faut-il un article ou non ?***

1. Je l'ai rencontrée par …… hasard, vraiment par …… plus grand des hasards. – **2.** Si tu sors sans …… manteau, tu vas prendre …… froid ; tu vas attraper …… rhume ou même …… grippe. – **3.** Il l'avait prise par …… main. – **4.** Il est venu en …… bateau mais il repartira en …… avion pour gagner …… temps. – **5.** Il s'est appuyé contre …… mur pour ne pas perdre …… équilibre. – **6.** Sur …… coup, je n'ai pas compris ce qu'il avait derrière …… tête. – **7.** Tu ne dois pas perdre …… courage et te remettre …… travail sans tarder. – **8.** En …… Auvergne, …… nombreux lacs sont …… cratères d' …… anciens volcans. – **9.** Il avait …… faim ; …… faim de …… loup. – **10.** Il a glissé et a descendu …… pente sur …… dos.

A - Adjectifs et pronoms possessifs

théorie générale

1. Adjectifs et pronoms possessifs

		Les adjectifs			Les pronoms
		Un objet possédé			
Un possesseur	M	mon ton (votre)* son	livre ami		le mien le tien (le vôtre)* le sien
	F	mon ton (votre) son	amie histoire		la mienne la tienne (la vôtre) la sienne
		ma ta (votre) sa	sœur haie		la mienne la tienne (la vôtre) la sienne
		Plusieurs objets possédés			
	M	mes tes (vos) ses	livres amis		les miens les tiens (les vôtres) les siens
	F	mes tes (vos) ses	amies histoires sœurs haies		les miennes les tiennes (les vôtres) les siennes
		Un objet possédé			
Plusieurs possesseurs	M	notre	livre ami	le	nôtre
	F	votre leur	amie histoire sœur	la	vôtre leur
		Plusieurs objets possédés			
	M	nos	livres amis		les nôtres les vôtres
	F	vos leurs	amies histoires		les leurs

* votre, vos (le, la, les vôtres), s'il y a un seul possesseur, est la forme *polie*.

Corpus d'observation

Ton thé est indien, ta télévision est japonaise, tes pâtes sont italiennes, ton couscous est algérien. Ta démocratie est grecque. Ton café est équitable, ta montre est suisse, ta chemise est chinoise, ta radio est coréenne, tes vacances sont espagnoles, tunisiennes ou marocaines. Tes chiffres sont arabes, ton écriture est latine.

Et… tu reproches à ton voisin
d'être un étranger !

2. Autres façons d'exprimer la possession

• Avec les expressions C'EST ou CE SONT

C'est	le…	de	
	la…	du	
		de l'	+ nom (personne)
Ce sont	les…	de la	
		des	

Exemples :
– C'est le patron de Paul.
– Ce sont les amis de ma fille.
– C'est le fils de la voisine.

• Avec À

Il est		+ pronom tonique
	à	
C'est		+ nom (personne)

Exemples :
– Cette voiture est à qui ? Elle est à mon père.
– À qui sont ces clés ? Elles sont à moi.

• Avec les verbes *appartenir à* et *posséder*
Exemples :
– Cette maison appartient à mes grands-parents.
– Elle possède une belle maison sur la Côte d'Azur.

• Avec les verbes pronominaux réfléchis
Exemples :
– Elle s'est lavé les mains.
– Elles se sont fait couper les cheveux.

Exercices

Adjectifs et pronoms possessifs

1 🌳 Le cambriolage

Un cambriolage a été commis chez madame et monsieur de la Motte. Voici la liste de ce qui a été volé à chaque membre de la famille :

À monsieur : jumelles, blouson de cuir, moto, ordinateur, skis, carabine.

À madame : colliers de perles, manteau de vison, garde-robe, argenterie, vaisselle, bague de fiançailles en diamant.

Au couple : horloge, voiture, disques, téléviseur, chaîne hi-fi, appareils ménagers.

Aux enfants : bicyclettes, baladeurs, train électrique, billard, poney, planche à voile.

a) Chacun déclare ce qu'on lui a volé
Monsieur : – On m'a pris…
Madame : – Ils m'ont volé…
Les enfants : – Ils nous ont pris…

b) Au bureau, monsieur de la Motte parle avec un collègue
Le collègue : – Qu'est-ce qu'on a volé à ta femme ?
Monsieur : …
Le collègue : – Et à tes enfants ?
Monsieur : …

c) Monsieur et madame de la Motte sont chez l'assureur pour faire leur déclaration de vol
L'assureur : – Alors, qu'est-ce qu'on a volé ?
Le couple : …

d) Questions complémentaires de l'assureur

Complétez le dialogue avec des possessifs.
– ……… porte était-elle bien fermée ? – Oui, bien sûr.
– ……… fenêtres aussi ? – Mais oui, évidemment.
– Et ……… alarme n'a pas fonctionné ? – Non, je ne sais pas pourquoi.
– Les aboiements de ……… chien ne vous ont pas réveillés ?
– Non, j'avais mis ……… boules Quiès® parce que ……… voisins fêtaient ……… anniversaire de mariage, et ……… femme écoutait de la musique avec ……… baladeur.
– Et ……… enfants ?
– Ils étaient chez ……… grands-parents.

2 🌳 Cache-cache

Complétez les phrases suivantes en imaginant le nom repris par chaque pronom possessif en caractères gras.

1. Prête-moi ………, **les miens** sont en réparation. – **2.** Vous mettrez ……… dans ce tiroir, les autres rangeront **les leurs** dans cette armoire. – **3.** Est-ce que je peux prendre ………, **la mienne** est en panne. – **4.** ……… sont très agréables, **les siens** sont insupportables. – **5.** ……… est adorable, **le mien** est détestable. – **6.** Je ne comprends pas pourquoi……… sont toujours mauvais, **les tiens** sont toujours parfaits. – **7.** ……… est très agréable mais **le nôtre** est plus fonctionnel. – **8.** ……… de Sylvie ne sont pas encore terminés mais **les vôtres** le sont. – **9.** Je prendrai ……… dans ma chambre, les enfants prendront **le leur** dans la cuisine. – **10.** Le mois prochain nous vendrons ………, nous vendrons **la mienne** l'année prochaine. – **11.** Demain soir nous irons chez ………, nous rendrons visite **aux tiens** dimanche prochain. – **12.** ……… ne fonctionne plus, il faut que je demande à mon père de me prêter **le sien**.

3 🌳 Rendez à César…

Faites le maximum de phrases en utilisant un élément de la liste A et un élément de la liste B (n'employez ni un adjectif ni un pronom possessif).

Liste A

Le livre, la maison, les cassettes, la voiture, le téléviseur, les bijoux, les skis, la planche à voile, les outils, les dossiers.

Liste B

La voisine, les enfants, le boulanger, le ministre, la femme du directeur, le père de Bruno, le professeur, les amis de Fabienne, l'institutrice, les acteurs.

 4 🌳 Qu'est-ce qu'elle s'est fait ? Qu'est-ce qu'elle s'est fait faire ?

Complétez les phrases suivantes sur le même modèle.

Exemple : Ses mains sont propres ; elle s'est lavé les mains.

1. Ses cheveux sont très courts ; … – **2.** Sa jambe est dans le plâtre ; … – **3.** Son nez est totalement différent ; … – **4.** Ses ongles sont rouges ; … – **5.** Sa cheville est bandée ; … – **6.** Son doigt saigne ; … – **7.** Ses dents sont éclatantes ; … – **8.** Ses jambes sont lisses ; …

B – Adjectifs et pronoms démonstratifs

théorie générale

1. Récapitulatif des adjectifs et pronoms démonstratifs

	Neutre	Masculin	Féminin	Pluriel	
Adjectifs		**ce** livre	**cette** maison amie	*Masc. et fém.* livres hommes **ces** maisons oiseaux amies	**+ -ci**
		cet homme oiseau			**+ -là**
Pronoms	**ça ce c' cela**	celui	celle	*Masc.* *fém.* ceux celles	**+ -ci**
					+ -là

Remarques :

- Attention au tiret : *Ces livres-ci m'appartiennent, mais ceux-là sont à toi.*
- On utilise

    -ci pour indiquer ce qui est près de celui qui parle, dans l'espace ou le temps.

    -là pour indiquer ce qui est loin de celui qui parle, dans l'espace ou le temps.

Exercices

Adjectifs démonstratifs

B1.1
ECR

5 🌳 *Répondez aux questions suivantes. Utilisez un adjectif démonstratif dans votre réponse.*

Exemple : – Tu as déjà skié à Chamrousse ?
– Non, je ne connais pas encore cette station de ski.

1. Qu'est-ce que vous pensez de *Matrix* ? – **2.** Vous connaissez la Bourgogne ? – **3.** Avez-vous visité La Rochelle ? – **4.** Avez-vous déjà goûté le champagne rosé ? – **5.** Vous aimez les éclairs au chocolat ? – **6.** Que pensez-vous des Peugeot ? – **7.** Est-ce que tu pratiques le golf ? – **8.** Tu manges souvent des caramels ? – **9.** Est-ce qu'elle aime les orchidées ? – **10.** Est-ce que vous aimeriez jouer du violon ?

B1.1
ECR

6 🌸 *Complétez les phrases en reprenant le mot en gras. Utilisez un adjectif démonstratif et un des noms suivants :* ESPÈCE / GÂTEAU / BONBON / OISEAU / MONSIEUR / RACE / VOITURE / GARÇON.

*Exemple : – Il est parti avec **Nathalie**.*
*– Quelle chance ! **Cette jeune fille** est charmante.*

1. – Vous connaissez **le fils** de Mme Dufour ?
– Oui, ...

2. – Tu entends **le rossignol** comme il chante bien ?
– Oui, ...

3. – J'aime **les chats siamois**, j'en ai deux.
– ....

4. – Achète-moi **des caramels au chocolat**.
– Tu as raison ....

5. – Pour le dessert nous prendrons **des millefeuilles**.
– C'est une bonne idée ....

6. – Tu travailles avec **le père de Florence** ?
– ....

7. – Que pensez-vous **des nouveaux modèles du salon de l'auto** ?
– ....

8. – Où avez-vous trouvé **des roses** aussi parfumées ?
– ....

B1.1
ECR

7 🌳 *Complétez les phrases comme dans l'exemple en utilisant les mots suivants :* GENRE D'HOMME / VOISINS / MARQUE / TYPE / FILLES / TEMPS / PHÉNOMÈNE / VARIÉTÉ / APPARTEMENT

Exemple : En général les roses se fanent très vite, mais cette espèce-là est très robuste.

1. La plupart des biscuits sont très sucrés, mais .... ne l'est pas. – **2.** On dit que les Dauphinoises sont froides, mais .... sont très chaleureuses. – **3.** En général les habitants de mon immeuble sont assez indifférents, mais .... sont très serviables. – **4.** Je n'aime pas beaucoup les champignons, mais .... me plaît beaucoup. – **5.** Tous les moteurs s'usent assez vite, mais .... est presque inusable. – **6.** Les typhons sont très violents dans le Pacifique, mais .... est extrêmement rare en France. – **7.** Fabrice est intelligent, mais intolérant et coléreux : je déteste .... – **8.** A Paris, il est souvent difficile de bien se loger à cause des prix très élevés, mais .... est vraiment bon marché. – **9.** Dans cette région il fait très froid l'hiver, il fait très chaud l'été, il pleut énormément au printemps, ... ne me convient pas du tout.

Pronoms démonstratifs

8 *Complétez avec le pronom démonstratif qui convient.*

Exemple : – Mon stylo ne marche plus.
– Tiens, prends celui-là.

1. AU GARAGE
– Quelle voiture vas-tu acheter ?
– Je ne sais pas encore, peut-être ....

2. CHEZ LE MÉDECIN
– Pourriez-vous me prescrire d'autres comprimés, ... me donnent mal à l'estomac.

3. À LA BOUTIQUE DE VÊTEMENTS
– Je voudrais un autre pantalon, ... est trop petit.

4. À LA CRÉMERIE
– Quel fromage me conseillez-vous ?
– ...., qui est très doux ou si vous préférez ...., qui est un peu plus fort.

5. À LA PÂTISSERIE
– Hum ! Ces tartes ont l'air d'être excellentes. J'en prendrais bien quelques-unes.
– Lesquelles voulez-vous ? ...., à la poire ou ...., à la framboise ?

6. À LA MAISON, LA MÈRE DE FAMILLE
– Je n'achète jamais les biscuits Gouti, je préfère ...., qui sont plus digestes.

7. À LA PARFUMERIE
– Avez-vous choisi votre rouge à lèvres ?
– J'hésite encore ; .... me plairait bien mais il est un peu cher ; .... sont trop foncés. Je vais réfléchir.

9 *Complétez avec le pronom démonstratif qui convient.*

Exemple : – Où sont les enfants ?
– Ils jouent avec ceux des voisins.

1. – J'ai oublié mes livres.
– Tu peux peut-être emprunter .... ton amie Corinne.

2. – Tu as vu la robe, là, à gauche dans la vitrine ?
– Moi je préfère .... droite.

3. – J'aime bien les bagues de Chantal.
– Mais tu n'as pas vu .... sœurs d'Isabelle !

4. – Hier soir j'ai mangé au restaurant de la Bastille.
– Est-ce que c'est le même style de cuisine qu'à .... place Victor-Hugo où nous sommes allés la semaine dernière ?

5. Nous aimons beaucoup les melons, particulièrement .... Sud de la France.

6. Mon appartement est bien situé, mais je préférerais .... dernier étage.

10 *Complétez les phrases avec le pronom CE (c') ou CELA (ça).*

1. J'en en ai assez de faire de la peinture, heureusement ...... sera bientôt terminé. – **2.** Tu dois absolument venir à ce cours ...... est très important. – **3.** Pour son anniversaire on lui a offert un sac en cuir, ... lui a fait vraiment plaisir. – **4.** Il reste encore du pain, ... n'est pas la peine d'en acheter. – **5.** Quand elle était petite, elle n'aimait pas s'endormir dans le noir, ... lui faisait très peur. – **6.** Ne me regarde pas comme ......, tu me fais peur ! – **7.** Qui est-......? ...... sont les amis de Paul. – **8.** Je vais m'inscrire au cours de peinture sur soie, ... doit être très intéressant. – **9.** ...... alors ! ...... est vraiment incroyable ! Comment a-t-il pu faire ......? – **10.** Tu n'as pas acheté de pain ? ...... ne fait rien, j'ai des biscottes.

31.1
ECR

11 🌳 *Complétez les phrases avec le pronom CE ou CEUX.*

1. Veux-tu répéter ...... qu'il t'a dit. – **2.** Est-ce que je connais ...... qui ont dit ça ? – **3.** Est-ce que je peux te demander ...... que tu as fait des clés de la voiture ? – **4.** ...... qui font ce genre d'expérience sont un peu fous. Tu ne crois pas ? – **5.** Avez-vous pensé à ...... dont vous avez besoin ? – **6.** Les films policiers sont ...... que je préfère. – **7.** Je ne suis pas venu parce que je ne savais pas ...... que vous aviez décidé. – **8.** Il n'est pas facile pour ...... qui travaillent d'aller à la banque aux heures d'ouverture.

Synthèse (possessifs et démonstratifs)

31.1
ECR

12 🌸 Sur le vif

Reconstituez les conversations à l'aide d'adjectifs et de pronoms possessifs, d'adjectifs et de pronoms démonstratifs et des indications données.

Exemple : Au bureau – *Il a pris quelle voiture ?*
– *Celle de son père.*
– *Et la sienne, qu'est-ce qu'il en a fait ?*
– *Elle est au garage.*

1. DEVANT LE MAGASIN DE LUNETTES
– Regarde .... lunettes à gauche, elles sont jolies !
– Oh ! non, moi je préfère .... qui sont à droite, à 90 euros.
– .... ne sont pas mal non plus, tu les as achetées ici ?
– Non c'est .... mère qui me les a offertes.

2. LE MATIN, AU MOMENT DE PARTIR
– Qui a pris .... clé ? C'est encore toi ?
– Mais non, c'est maman qui m'a prêté ....
– Mais alors qui m'a pris .... ?
– Je ne sais pas. Cherche dans .... affaires.

3. DANS LA CHAMBRE DE FRANÇOISE
– Tu as vu les chaussures de Nicole ? Comment tu les trouves ?
– Je préfère .... de Sophie. Elles sont plus élégantes.
– Et .... ? Qu'est-ce que tu en penses ?
– Oh ! toi tu portes toujours de très jolies choses.

4. EN CLASSE
– Sylvie, pourquoi n'avez-vous pas fait .... exercices correctement ?
– Excusez-moi, Madame, je n'ai pas eu le temps.
– Et .... Philippe, ils sont vraiment mauvais !
– Je n'ai pas bien compris, Madame.
– Bien. Alors, je vais répéter pour .... et .... qui n'ont pas compris.

5. DANS LA COUR D'UN IMMEUBLE
– S'il vous plaît, vous n'avez pas vu .... enfants ?
– Si, si. Ils jouent avec .... dans le jardin.
– .... sont plus sages. Moi, je suis toujours obligé de courir après ....

6. CHEZ M. ET Mme DUBOIS QUI ONT INVITÉ DES AMIS
– Est-ce que vous avez vu .... nouvelle cuisine ?
– Oui, elle a l'air très fonctionnelle et elle est très jolie. Nous aussi, nous voulons changer .... Qu'est-ce que vous nous conseillez ?
– Allez donc chez Mobi Cuisine .... modèles sont très beaux et .... prix ne sont pas trop élevés.
– Alors nous irons. Merci du conseil.

7. À LA SORTIE DU LYCÉE

– Oh ! là ! là ! J'ai un problème, il faut que j'aille à la poste tout de suite et ……… mobylette est en panne.

– Si tu veux je peux te prêter ………

– Tu es vraiment sympa, merci beaucoup.

– Mais fais attention, elle est plus puissante que ………

8. DANS LA SALLE À MANGER

– Qui a fait ……… tarte ? Elle n'est pas bonne ! Elle n'est pas assez sucrée !

– Comment ! ……… tarte ! Pas assez sucrée ! Mais je l'ai faite avec la recette de ……… mère !

– Eh bien, tu aurais dû prendre ……… de ma mère. Tu sais bien que ……… pâtisseries sont toujours excellentes.

– D'accord, d'accord. À partir de maintenant j'utiliserai seulement ………

Les pronoms personnels

5

A– Un pronom

théorie générale

1. Les pronoms et leurs fonctions

Les pronoms personnels varient selon leur fonction dans la phrase.
Exemples :
– Sujet : **Yves** *rentre la voiture.* → **Il** *rentre la voiture.*
– Complément d'objet direct : *Sylvie emmène **les enfants** à l'école.* → *Elle **les** emmène.*
– Complément d'objet indirect : *Je parle à **tes parents**.* → *Je **leur** parle.*

• **Les pronoms personnels**

	Singulier			Pluriel		
	1	2	3	1	2	3
Sujets	je/j'	tu	il/elle	nous	vous	ils/elles
Compléments d'objet direct	me/m'	te/t'	le/la	nous	vous	les
Compléments d'objet indirect	me/m'	te/t'	lui	nous	vous	leur
Toniques	moi	toi	lui elle	nous	vous	eux/elles
Toniques réfléchis	—	—	soi	—	—	soi

• **Les pronoms personnels renforcés par les adjectifs**

	Singulier			Pluriel		
	1	2	3	1	2	3
autre	—	—	—	nous	vous	—
même(s)	moi	toi	lui elle soi	nous	vous	eux/elles
seul(e)(s)	moi	toi	lui elle soi	nous	vous	eux/elles
tous / toutes	—	—	—	nous	vous	eux/elles

2. Place des pronoms dans la phrase

Les pronoms se placent toujours avant le verbe dont ils dépendent sauf à l'impératif affirmatif. L'ordre des pronoms dans la phrase n'est pas toujours le même : quelquefois, le pronom direct précède le pronom indirect, quelquefois c'est l'inverse. Y et EN sont, eux, toujours en deuxième position.

Pronoms indirects	Pronoms directs		Pronoms directs	Pronoms indirects		Pronoms directs		Pronoms indirects	
me te se nous vous	+	le la l' les	le la les	+	lui leur ----- moi toi	m' t' l' nous vous les	+ Y	m' t' lui nous vous leur	+ EN

Exemples :
– *Paul me donne le livre.* → *Il **me le** donne.*
– *Paul donnera le livre à sa sœur.* → *Il **le lui** donnera.*
– *Paul vous emmènera à la gare.* → *Il **vous y** emmènera.*
– *Paul parlait de son voyage à ses parents.* → *Il **leur en** parlait.*

TEMPS SIMPLES	Il	(ne)	me l' le lui t'en	offre offrait offrait	(pas).	
			vous y	emmènera		
TEMPS COMPOSÉS	Il	(ne)	me l' le leur nous en	a avait aura	(pas)	offert.
			vous y	aurait		emmené.
IMPÉRATIF *Négation*		Ne	me l' le lui leur en	offre	pas.	
			les y	emmène		
Affirmation		Offre	-le moi. -les lui. -lui en.			
		Emmène	-l'y.			
INFINITIF	Il	veut	te l'		offrir.	
	Il ne	veut pas	le leur nous les vous les			
			nous y	emmener.		

Corpus d'observation

1 🌱🌱 Artistes

1. Tu as vu le paysage, là-bas ? Si je pouvais, je me l'achèterais bien… Il me plaît beaucoup. – **2.** Moi, je connais quelqu'un qui lui en a déjà acheté un. – **3.** Je n'aime pas du tout les dessins… Tu les aimes, toi ? Mais les toiles, elles, elles sont belles. – **4.** Je trouve cette aquarelle formidable ! Je vais en acheter une reproduction et je la mettrai en face de mon lit. – **5.** Cette exposition est nulle ! Pourtant les critiques en avaient dit beaucoup de bien. Je ne leur ferai plus confiance. –

Paysage. P. Lecomte. Huile 30x20 cm.

6. Tu as vu ces croûtes ? Pour rien au monde, je ne les lui paierais le prix qu'il en demande ! – **7.** Les Martin ne sont pas là ? J'avais rendez-vous avec eux pour dîner après le vernissage… d'ailleurs si vous voulez vous joindre à nous… Vous verrez, on s'amuse beaucoup avec eux. Ah, les voilà ! – **8.** Ce tableau-là, je voudrais bien que quelqu'un me l'explique ! – **9.** Expliquez-moi un peu ce que vous y comprenez, moi je n'y comprends rien. – **10.** Vous aimeriez connaître le peintre ? Je vous le présenterai. – **11.** Ah ! On m'avait beaucoup parlé de vous. Je suis heureuse de vous rencontrer. – **12.** Ce tableau est si beau que je ne vous en parlerai pas. Je vous laisserai simplement le regarder. – **13.** Des tableaux comme ça, je n'en avais pas encore vu ! – **14.** Son atelier ? Je vous y emmènerai.

1. Dans les phrases 1, 3, 6, 7, 8, 10, 12, vous trouverez les pronoms l', le, les. Quels mots reprennent-ils ? Reformulez les phrases sans le pronom, en utilisant le mot qu'ils remplacent.
Exemple : dans la phrase 1 : l' = le paysage. Je m'achèterais bien le paysage.

2. Dans les phrases 8-12-13, le mot « tableau » n'est pas toujours repris par le même pronom. À votre avis, pourquoi ? Si vous ne savez pas, reformulez les phrases sans le pronom, en utilisant le mot « tableau ». Remarquez-vous quelque chose ?

3. Les pronoms me (1), lui (2), leur (5), lui (6), moi (9), vous (12) représentent qui ou quoi ?
– Quelles sont les constructions des verbes plaire (1), acheter (2), faire confiance (5), payer (6), expliquer (9), parler (12).
– Comparez les constructions des verbes des phrases 1 et 9. Que remarquez-vous ?

4. Dans les phrases 7 et 11, quels sont les pronoms utilisés après des prépositions ?

5. Dans la phrase 9, que représente le y ? À quelle construction du verbe comprendre est-ce que cela correspond ? Et dans la phrase 14 ?

6. Comparez la place du pronom dans les extraits suivants :
(3) tu **les** aimes – (4) je **la** mettrai – (5) je n'**y** comprends rien – (9) expliquez-**moi** – (11) je suis heureuse de **vous** rencontrer – (12) je **vous** laisse le regarder – Quelles sont vos conclusions ?

7. Notez les uns au-dessous des autres les doubles pronoms des phrases 1, 2, 8, 10, 12. Ajoutez ensuite ceux de la phrase 6. Que constatez-vous ?
Même travail pour la phrase 14.

8. Observez bien la phrase 4. Y a-t-il des choses qui vous surprennent ? Qu'en pensez-vous ?

Exercices

Pronoms toniques

B1.1
CECR

1 🌱 *Complétez avec le pronom qui convient.*

1. – « Vous avez tout préparé vous-même ?
   – Eh oui, ma femme et ...., ... avons bien travaillé. »

2. – « Mais enfin chérie quand as-tu rencontré ce garçon ?
   – L'été dernier, chez les Martin. Tu te souviens ? les enfants et ...., ... n'aviez pas voulu venir. »

3. – « Enfin, vous voilà ! je cherchais les enfants partout.
   – Eh oui, je les ai emmenés au cinéma .... sommes bien amusés, ... et ...., pas vrai les enfants ? »

4. – « Maman, arrête de me demander ce que j'ai fait avec Paul. On s'est amusé, c'est tout !
   – Tu dis ça, mais je me méfie .... et ...., ... faites toujours des bêtises. »

5. – « Messieurs, laissez-moi vous dire à quel point je suis satisfait de vous avoir dans mon équipe : .... et ...., j'en suis sûr, ... ferons de grandes choses ensemble. »

6. – « Tiens, Martin, a amené sa chienne ! Ce n'est pourtant pas la place d'une chienne ici. »
   – « Tu sais bien, ... et ...., ... ne se quittent plus jamais une seconde, le couple modèle ! »

7. – « Notre grand homme politique avec des gauchistes ?! Mais c'est insensé, qu'est-ce qu' .... peuvent bien avoir à se dire, ... et .... ? »

8. – « J'ai invité les Chabert pour jeudi soir. Est-ce que j'invite aussi les Faure ?
   – Mais enfin, pourquoi faire ? tu sais bien que les Chaberts et ...., ... n'ont rien à se dire. »

9. – « C'est bien à .... que je m'adresse, mademoiselle. Vos amis n'ont rien à voir dans cette affaire. »

B1.1
CECR

2 🌳 *Répondez en utilisant le pronom qui convient.*

Exemple : – Vous viendrez avec nous ?
         – D'accord, nous viendrons avec vous.

1. Tu as fait tout cela pour moi ?
2. Ils sont toujours assis à côté de ces jolies filles ?
3. Il a fait une dépression nerveuse à cause de ses enfants ?
4. Il a eu son poste grâce à son père ?
5. Sophie habite toujours chez toi ?
6. Tu veux encore t'asseoir près de Pierre ?
7. Il est toujours aussi malheureux sans sa femme ?
8. Tu te sens heureux parmi ces étrangers ?
9. Tu n'es pas trop triste loin de tes parents ?
10. Tu veux aller au cinéma avec Prune et moi ?
11. Elle est partie camper avec ses cousines ?

B1.2
CECR

3 🌳🌳 *Trouvez dans quelles situations peuvent être dites les phrases suivantes et donner leur sens.*

1. À moi ! – **2.** Après vous. – **3.** Vas-y, c'est à toi. – **4.** Je suis à vous tout de suite. – **5.** Je suis tout à vous. – **6.** Ah ! que c'est bon de se retrouver chez soi ! – **7.** Alors, à demain chez vous ? – **8.** Ils ne sont jamais chez eux ! – **9.** Ils se croient chez eux, ma parole ! – **10.** Ah ! c'est bien de toi ! – **11.** Faites comme chez vous. – **12.** Ça n'arrive qu'à moi. – **13.** Et d'après vous, qu'est-ce qui s'est passé ? – **14.** Ils veulent rester entre eux.

théorie générale

3. EN ou LE, LA, LES

Un objet indéfini	Un objet défini		
Un bateau ? Un jour, j'**en** aurai **un**.	**Le** riz,		**l'**aimes.
Je n'**en** aurai pas.	**Ce** livre,	tu	**le** lis.
	Sa robe,		**la** veux.
	Ses cheveux,		**les** adores.

Attention ! *J'ai acheté un livre de Le Clézio. Je l'ai adoré.*
L'objet est défini : ce livre que j'ai acheté, pas un autre.

Une quantité indéfinie (une partie)	Le tout	
J'ai du…, de la…, des…	**Le** pain,	je **le** termine.
Du pain,	**La** bière,	je **la** finis.
De la bière, j'**en** veux.	**Les** enfants,	je **les** emmène.
Des enfants, je n'**en** veux pas.		

Une quantité définie		
J'ai un…, deux…, cent, beaucoup de…, un peu de…, quelques…		
J'**en** ai **un**, **cent**, **beaucoup**, **quelques-uns**.		
Je n'**en** ai pas.		

Attention : On peut passer d'un objet défini à une qualité indéfinie.
– *Allez, prends ce gâteau.*
– *Non, je ne pourrai pas **le** manger, donne-m'**en** seulement **un morceau**.*

Préposition « de »	Construction directe
Noms	
Je parle de **vacances**.	J'aime **la danse**.
J'**en** parle.	Je **l'**aime.
Phrases	
Pour savoir si on utilise « en » ou « le », il faut connaître la construction du verbe avec le nom.	• *Tu crois **que** la Terre tourne autour du Soleil ?* *Je **le** crois.*
• *Il parle **de partir**.→ Il **en** parle (cf. il parle de quelque chose).*	
• *Tu lui as demandé **de venir** ?→ Je **le** lui ai demandé (cf. demander quelque chose).*	

Exercices

B1.1
CECR

4 L'/LE/LA/LES

Complétez avec le pronom qui convient.

1. Les pommes, je ...... ai mises au frigo.

2. Ta voiture ? Je ...... ai garée devant la poste.

3. Ta chemise ? Je ne ...... vois pas.

4. J'ai acheté une nouvelle lampe mais je ne sais pas où ...... mettre.

5. Ne jette pas le gratin. Je ...... finirai ce soir.

6. À table il y aura Marie à côté de Jacques. Je ...... place là parce qu'elle est drôle et je ...... mets à côté d'elle parce qu'il est timide. Les autres, ce n'est pas nécessaire de ...... placer, ils se débrouilleront.

7. Tu veux la bouteille de Coca ? – Passe-...... moi.

8. Je te donne le vase Ming ? – Ne ...... casse pas !

9. Tes skis, je te ...... rendrai dès que les miens seront réparés.

10. Ce vaccin est très efficace ; tous les médecins ...... ont prescrit à leurs patients.

B1.1
CECR

5 EN (quantité) Appétits d'oiseau

Répondez aux questions en utilisant dans la réponse les mots entre parenthèses.

Exemple : – « C'est toi qui as bu tout le Coca, Sébastien ? (un verre)
– Mais non maman, je n'en ai bu qu'un verre.
– Mais non maman, j'en ai bu seulement un verre. »

1. C'est toi qui as fini la plaquette de chocolat, Jérémie ? (une barre)

2. C'est toi qui as fini le lait, Jonas ? (un bol)

3. C'est toi qui as mangé les fraises, Victor ? (une)

4. C'est toi qui as englouti le poulet, Timothée ? (une cuisse)

5. C'est toi qui as croqué toutes les pommes, Vincent ? (deux)

6. C'est toi qui as *sifflé* toutes les canettes de bière, Paul ? (une douzaine)

7. C'est toi qui as grignoté les petits fours de grand-mère, Camille ? (quelques-uns)

8. C'est toi qui as entamé les tartelettes aux framboises, Samuel ? (deux ou trois)

9. C'est toi qui a mangé le camembert, Simon ? (un petit morceau seulement)

10. C'est encore toi qui as bu le reste du champagne, Victor ? (une goutte)

B1.1
CECR

6 EN/LE

Complétez avec le pronom qui convient.

Attention aux modifications nécessaires : Je → J' et ne → n'.

a) 1. Quand je vois des cerises, je ne ...... achète pas parce que je ne ...... aime pas. –
2. Mais quand j'achète des pêches, je ...... mange un kilo en cinq minutes parce que je ...... suis fou. – **3.** Et quand j'ai très faim, ne mettez pas une vache devant moi, je suis capable de ...... manger tout entière ! Pourtant, quand je n'ai pas faim, mettez une entrecôte devant moi et je ...... laisserai sûrement la moitié. – **4.** Certains sont toujours au régime : le pain est interdit, ils ne peuvent pas ...... consommer. Ne parlons pas des gâteaux : interdiction même de ...... regarder un. Et même leur gâteau d'anniversaire ils ne peuvent que ...... regarder de loin.

b) – Reprenez de ce fromage, il est excellent !

– Merci, il est tellement bon que j'ai envie de ...... finir. Je peux ?

– Non merci, je ne ...... veux plus, si ça ne vous fait rien.

– Oui, volontiers mais je ...... prendrai seulement un peu.

– Avec plaisir, je ...... ai rarement mangé d'aussi crémeux.

théorie générale

4. EN ou Y

LIEU					
D'où on vient			**Où on est, où on va ?**		
Il vient	**de** Paris. **du** Pakistan. **de** l'université. **des** USA.	Il **en** vient.	Il habite va	**à** Paris. **en** France. **au** Mexique. **aux** USA.	Il **y** habite. Il **y** va.
			Le livre est	sur… derrière… dans…	Il **y** est.

OBJETS ET IDÉES					
	Préposition « de »		**Préposition « à »**		
Nom	Tu parles **du** match. **de** la pluie. **des** inondations.	Tu **en** parles.	Tu penses **au** match. **à** la pluie. **aux** inondations.	Tu **y** penses.
Phrase	Il rêve **de** vivre en Amérique.	Il **en** rêve.	Il pense **à** émigrer en Amérique.	Il **y** pense.
Personne	Il parle **de** Sophie.	Il parle **d'**elle.	Il pense **à** Sophie.	Il pense **à** elle.

Exercices

Pronoms EN ou Y

31.1
ECR

7 Y / EN (lieu)

MISSION SECRÈTE

Le dialogue suivant se déroule entre le responsable des services d'espionnage et un futur espion. Le responsable teste son interlocuteur. Complétez les réponses de ce dernier en utilisant le verbe et en remplaçant les éléments en caractère gras par le pronom personnel nécessaire. Pour la dernière réplique, vous ferez un résumé de tout ce qui précède. Attention, pour être clair, ce résumé ne doit pas comporter seulement des pronoms mais aussi des informations détaillées.

– Vous vous rendrez **place Grenette** demain à 17 heures. D'accord ?

– D'accord ………

– Vous vous assiérez **à la table la plus proche de la fontaine**. Compris ?

– Compris, ………

– Vous ne bougerez pas **de là** pendant cinq minutes. Vu ?

– D'accord, ………

– Vous resterez **à cette table** même s'il pleut. OK ?

– OK, ………

– Après, vous sortirez **de la place Grenette** par la Grand-Rue. Enregistré ?

– Enregistré, ………

– Vous ferez trois fois le tour de la place Saint-André en sifflotant la Marseillaise… Compris ?

– Parfaitement, ………

– Vous partirez **de la place Saint-André** par le jardin de ville. Entendu ?

– Entendu, ………

– Vous vous promènerez discrètement **dans la roseraie**.

– Bien, ………

– Ensuite vous reviendrez **au Cintra**.

– Bon, ………

– Vous entrerez **dans le café**.

– OK, ………

– Puis vous attendrez le signal **à la table du fond**. C'est clair ?

– Très clair : ………

B1.2 8 🌿🌿 Y (idées, objets)

Il n'y a pas d'âge pour militer

Dans la rue, devant un stand de propagande pour une association écologique, discutent un jeune militant de l'association et une vieille dame dynamique.

Complétez le dialogue en utilisant le verbe de la phrase précédente et le pronom nécessaire.

« – Madame, **vous vous intéressez** aux problèmes écologiques ?

– Oui mon garçon, je ………

– **Vous avez déjà pensé** à vous inscrire à notre association ?

– Non, ………

– Pourtant, **vous adhérez** à nos idées ?

– Oui, en effet ………

– Vous savez, vous devriez **vous joindre** à notre organisation.

– À mon âge, je peux ……… ?

– Mais il n'y a pas d'âge pour ça ! Si vous voulez **travailler** à l'amélioration de l'environnement…

– Bien sûr, je veux ………

– Vous verrez, **vous vous amuserez bien** à contrarier les trusts et les gouvernements.

– Bon, c'est d'accord, jeune homme, nous nous ……… ensemble. Je veux bien **m'inscrire** à votre groupe.

– Vous verrez, vous ne regretterez pas de ………, il y a tant à faire !

– Vous pouvez même m'envoyer sur vos bateaux. À mon âge je peux **renoncer** à mon confort pour la planète Terre !

– Vous n'aurez pas besoin d' ……… parce que, vous verrez, vous ……… prendrez plaisir !

– Parfait, jeune homme, adopté ! Quand est-ce qu'on commence ? »

B1.1 9 🌿 Y / EN / LE (lieux)

Voyages

Dans les conversations suivantes, placez le pronom qui convient (attention aux modifications de « je », « ne » ou « se »…).

1. – « Connais-tu la Malaisie ?

– Bien sûr, je ……… connais très bien. Justement, je ……… reviens, je ……… ai passé une semaine. »

2. – « C'est quand finalement, le voyage de Jacques à Panama ?

– Il se ……… rendra en automne.

– Il compte ……… rester longtemps ?

– Il pense ……… repartir pour Noël, pour revenir passer les fêtes en famille.

– Eh bien dis donc, ce pays, il doit ……… connaître vraiment par cœur ! »

3. – « Anne-Marie a aimé la Turquie ? »

– « Non, elle ne s'……… est pas plu. »

– « Ah bon ? moi je ……… suis revenue enchantée. Les gens ……… sont merveilleux. Et les paysages, ne ……… parlons pas, extraordinaires. Moi, la Turquie, je ……… recomande à tout le monde ! »

– « Tu sais, c'est assez simple pour Anne-Marie : il fait très chaud là-bas. »

– « C'est sûr, il ……… fait très chaud, même. Elle ne supporte pas ça. Elle s'est enfermée dans sa chambre climatisée et elle n'……… a presque pas bougé… »

– « Ben dis donc, elle devait ……… connaître par cœur, sa chambre… Elle ne devrait pas voyager. Et toi, quand est-ce que tu ……… vas ? Depuis le temps que je te dis que, ce pays, il faut absolument ……… visiter avant que tout le monde ……… aille ! »

– « Moi non plus, je ne supporte pas la chaleur… »

Pronoms directs ou indirects

10 🌳 *Comparez.*

Il **me** regarde.   Il **nous** regarde.

Il **te** connaît.   Il **vous** aime.

Il **le** taquine.   Il **les** achète.

Il **la** raccompagne.

Il **me** parle.   Il **nous** fait confiance.

Il **te** téléphone.   Il **vous** envoie des fleurs.

Il **lui** écrit.   Il **leur** achète une voiture.

Il **lui** raconte tout.

Qu'est-ce qui est différent ? Qu'est-ce qui est pareil ?

Pour savoir pourquoi, cherchez les constructions des verbes.

Exemples :   emmener quelqu'un

appeler

téléphoner à quelqu'un

parler

Cherchez d'autres verbes pour compléter la liste.

11 🌳 ME / TE / LUI / NOUS / VOUS / LEUR

Répondez avec le pronom indirect qui convient.

1. « Tu offres souvent des fleurs à ta femme ? » – « Oui, ……… »

2. « Tu as parlé aux ouvriers ? » – « Non, ……… J'attends encore un peu. »

3. « Vous écrivez souvent à votre fiancé ? » – « Oh oui ……… tous les jours ! »

4. « Jacques t'a raconté son aventure ? » – « Oui ……… tout. »

5. « Alors, c'est vrai, vous me faites confiance pour cette affaire ? » – « Oui ……… »

6. « Qu'est que le médecin vous a conseillé ? » – « ……… de rester à la maison. »

7. « Pourquoi n'êtes-vous pas entrés ? Ce n'est pas interdit ?! » – « Si, justement, on ……… »

8. « J'aurais besoin de ton dossier sur les centrales nucléaires. » – « D'accord ……… l'envoie tout de suite. »

12 🌳 **LE, LA, L' / LUI, LES / LEUR**

Voici quelques conseils généraux à propos des enfants. Observez comment ils sont fabriqués.
Les enfants : Il faut **les** aimer. On doit **leur** parler, **les** surveiller, **leur** raconter des histoires.

Maintenant complétez les conseils suivants.

1. Les enfants

Il faut ……… habiller. On doit ……… chanter des chansons, ……… nourrir, ……… lire des contes de fées, ……… conduire à l'école.

2. Les fiancés

Énoncez vous-mêmes les conseils de comportement que doivent suivre les hommes et les femmes qui ne veulent pas perdre leur fiancé(e).
a) Règles pour les hommes qui veulent garder leur fiancée : vos fiancées (au pluriel) ……… ;
b) Règles pour les femmes qui veulent garder leur fiancé : votre fiancé (au singulier) ………
Si vous voulez, vous pouvez utiliser les idées suivantes (attention aux négations nécessaires) :
offrir des fleurs / téléphoner tous les jours / faire des scènes de jalousie / écrire des mots doux / faire des compliments / offrir de jolis bijoux / couvrir de beaux cadeaux / inviter au restaurant / écouter attentivement / pardonner leurs petits défauts / battre / insulter / dire des méchancetés / dire leurs quatre vérités / emmener aux matches de foot / emmener au salon de thé, etc.

13 🌳🌳 **Y / EN / A LUI / DE LUI**

a) *Observez les phrases suivantes.*
b) *Pourquoi, à votre avis, le nom de la question est-il quelquefois remplacé par « y », quelquefois remplacé par « en », quelquefois par « à » + pronom tonique (ex. : moi, lui…) et quelquefois par « de » + pronom tonique ?*
1. La guerre ?
　　　– Je n'y pense jamais.
　　　– Je n'ai pas envie d'en parler.
2. Les pluies acides ?
　　　– Je m'en moque !
　　　– Je ne m'y intéresse pas.
3. Les clochards du quartier ?
　　　– Je penserai à eux un autre jour.
　　　– Je ne me préoccupe pas d'eux.
4. Comment je vais ?
　　　– C'est gentil de me parler de moi.
　　　– C'est gentil de penser à moi.
5. Les grands problèmes ?
　　　– On en reparlera plus tard…
　　　– Je n'y ai jamais réfléchi.
6. Le président de la République ?
　　　– Je ne m'intéresse pas à lui.
　　　– Je n'ai pas envie de parler de lui.
7. La violence dans les banlieues ?
　　　– On y réfléchit beaucoup au début des émeutes.
　　　– Ensuite on n'en parle plus.
8. Les grèves dans les transports en commun ?
　　　– Les médias en parlent.
　　　– Je ne m'y intéresse pas beaucoup.

c) *Quelles sont vos conclusions ?*

1.2
ECR

14  EN / DE LUI (D'ELLE, etc.)

Répondez aux questions suivantes en utilisant dans votre réponse le même verbe et les éléments entre parenthèses.

1. Alors, qu'est-ce que tu penses de ton voyage en bateau? (beaucoup de bien)
2. Est-ce que tu diras du bien de ton voyage? (oui)
3. Tu diras aussi du bien du capitaine? (oui)
4. Cet hiver, tu rêveras souvent de ton voyage? (oui)
5. Peut-être rêveras-tu aussi du capitaine? (non)
6. Comment avais-tu entendu parler de cette croisière? (par un catalogue)
7. Et tu avais déjà entendu parler du capitaine? (oui, par la télévision)
8. Vous parliez parfois de navigation, sur ce bateau? (oui, souvent)
9. Et vous avez parlé des sirènes, celles qui ensorcellent les marins? (oui, une fois)
10. Est-ce que vous vous êtes moqués de ceux qui avaient le mal de mer? (non)
11. Est-ce que tu t'es occupé de la manœuvre? (quelquefois)
12. Tu t'es bien occupé des autres passagers? (oui)
13. Est-ce que le capitaine s'est quelquefois moqué de vous? (jamais)
14. Tu te souviens du capitaine? (très bien) Et de son prénom ? (plus du tout)
15. Vous vous êtes servis des bouées de sauvetage? (une fois)
16. Est-ce que les passagers se sont plaints des cuisiniers? (jamais)
17. Ton fils a eu besoin du docteur à bord? (hélas, plusieurs fois)
18. Et toi, tu as eu besoin de médicaments? (jamais)

théorie générale

5. Pronoms et construction des verbes

1. Construction avec À et DE - Généralités

Avec la préposition « à »			Avec la préposition « de »	
Lieux, objets, idées	Personnes			Lieux, objets, idées
y	lui (etc.)	à lui (etc.)	de lui (etc.)	en
Elle passe à Paris. → Elle **y** passe. Elle pense aux vacances. → Elle **y** pense. Elle pense à émigrer en Afrique. → Elle **y** pense.	Elle parle à Paul. → Elle **lui** parle.	Elle pense à Paul. → Elle pense **à lui**	Elle parle de Paul. → Elle parle de **lui**.	Elle vient d'Afrique. → Elle **en** vient. Elle parle **de** vacances. → Elle **en** parle. Elle parle d'émigrer **en** Afrique. → Elle **en** parle.

2. Les pronoms personnels à utiliser avec les verbes suivis de la préposition «à»

• Les verbes de type 1 → LUI

La langue française sent ces verbes comme devant s'adresser à des personnes. Mais on peut utiliser le pronom indirect même quand l'action est adressée à un objet.

Exemples :

– *Il obéit à son père.*

– *Il obéit à la loi.*

→ *Il lui obéit.*

– *Il donne des coups de pieds à son frère.*

– *Il donne des coups de pieds à la table.*

→ *Il lui donne des coups de pieds.*

Quelques verbes		Quelques expressions
Sans complément d'objet direct	*Avec complément d'objet direct*	donner sa langue au chat
manquer, parler, plaire, sourire, téléphoner, faire confiance…	*Type : « demander quelque chose à quelqu'un »*	vendre son âme au diable
	accorder faxer	confier un secret
	acheter interdire	couper la tête
	adresser lancer	faire la cuisine *à quelqu'un*
	apprendre léguer	faire la guerre
à quelqu'un communiquer montrer	laisser la place

(Tableau complet)

Quelques verbes		Quelques expressions
Sans complément d'objet direct	*Avec complément d'objet direct*	donner sa langue au chat vendre son âme au diable confier un secret couper la tête faire la cuisine *à quelqu'un* faire la guerre laisser la place
manquer, parler, plaire, sourire, *à quelqu'un* téléphoner, faire confiance…	*Type : « demander quelque chose à quelqu'un »* accorder faxer acheter interdire adresser lancer apprendre léguer communiquer montrer conseiller offrir défendre ordonner demander prendre devoir prêter dire proposer donner répéter écrire répondre emprunter restituer enlever suggérer enseigner télégraphier envoyer transmettre expédier vendre expliquer voler exposer etc.	

• Les verbes de type 2 → Y

La langue française sent ces verbes comme devant s'adresser à des objets (idées et institutions). On utilise le pronom « y ».

Exemples :

Il renonce à ce travail → Il y renonce.

Il s'abonnera à ce nouveau journal → Il s'y abonnera.

Quelques verbes		Compléments de lieu
Type : « réfléchir à quelque chose »	*Type : « travailler à faire quelque chose »*	
adhérer (à un parti politique)	mettre de l'énergie	aller
	passer son temps	habiter
être inscrit (à l'université)	apprendre	partir à Paris
	prendre plaisir	résider
réfléchir, consentir	s'amuser	se rendre
être favorable, ouvert, réceptif, défavorable, fermé, opposé (à une idée)	se distraire	etc.

Remarque: Y remplace aussi des compléments de lieu introduits par d'autres prépositions.
Exemple: Le livre est sous la table / sur le lit / dans le sac. → *Il y est.*

- **Les verbes de type 3 → À LUI**
                              → Y

Pour la langue française, ces verbes s'adressent indifféremment à des personnes ou à des objets (idées). On fait la distinction entre les deux catégories en utilisant:
– « y » pour les objets, les idées;
– les pronoms toniques type « à lui » pour les personnes.
Exemples:
– *Il pense à son voyage* → *Il y pense.*
– *Il pense à sa femme* → *Il pense à elle.*

Quelques verbes ayant ces deux constructions : verbe +	à quelqu'un à quelque chose

se joindre - se fier - se livrer - s'opposer - renoncer - faire attention - penser
prêter attention - rêver - songer - tenir - s'accoutumer - s'accrocher - s'adosser
s'adresser - se faire - s'habituer - s'intéresser - se référer - se retenir - se tenir - etc.

Exercices

Pronoms et construction des verbes

B1.2
CECR

15 Y / À LUI / LUI

Complétez avec le pronom qui convient.

INTERVIEW D'UN HOMME POLITIQUE

1. – Monsieur Raccord, avez-vous déjà songé à vous présenter à la présidence de la République?
– Oui, bien sûr, ...

2. – Vous associez-vous à ceux qui pensent qu'il faut changer la constitution?
– Non, je ne ....

3. – Êtes-vous opposé à une liste commune de l'opposition ?
– Pas du tout, je ne ....

4. – Réfléchissez-vous actuellement à l'avenir de l'Europe ?
– Bien entendu, ... intensément.

5. – Êtes-vous ouvert aux idées écologiques ?
– Tout à fait. Je ....

6. – Vous joindrez-vous aux écologistes pour voter la loi sur l'environnement ?
– Eh bien oui, je .... si c'est nécessaire.

7. – Avez-vous parlé au président de tous ces problèmes ?
– Évidemment, je .... de tout cela.

8. – S'est-il montré réceptif à votre démarche ?
– Tout à fait. Il .... tout à fait réceptif.

9. – Pensez-vous qu'on peut faire confiance au nouveau secrétaire du parti ?
– Quelle question ! Évidemment, on peut ...., c'est un homme remarquable.

10. – Il s'est pourtant beaucoup opposé à vous et à vos amis dans des affaires récentes ?
– C'est exact, il .... à l'époque, mais actuellement nous sommes en parfait accord.

11. – Conseillez-vous aux Français de voter pour lui pour les Européennes ?
– Oui je conseille avec enthousiasme de ....

12. – Croyez-vous que les jeunes s'habitueront un jour à la subtilité de la stratégie des partis ?
– Oui, ils .... sont déjà habitués, ils votent pour nous !

13. – Pensez-vous que les Français s'intéressent à vous ?
– Certes... Tous les sondages prouvent qu'ils ....

14. – Croyez-vous qu'ils vous font confiance ?
– Je suis sûr qu'ils .... et ils ont raison !

15. – Renonceriez-vous à votre carrière politique pour votre vie privée ?
– Non je .... La politique, c'est ma vie !

16. – Renonceriez-vous à votre femme pour les besoins de votre carrière ?
– Ma femme, est-ce que je renoncerais .... ? Permettez-moi de ne pas répondre à cette question.

17. – Vous avez l'air très coquet. Faites-vous très attention à votre look ?
– De nos jours, tout le monde est obligé de........

18. – Tenez-vous à participer aux cérémonies officielles ?
– Ah oui, je .... !

19. – Quand vous étiez jeune, vous êtes-vous inscrit, même six mois, au parti communiste ?
– Monsieur, je suis libéral ! La réponse est : non, je ne ....

20. – Pensez-vous au général de Gaulle quand vous écrivez vos discours ?
– Oui, il m'arrive quelquefois de ....

21. – Honnêtement, dans vos déclarations, vous pensez toujours d'abord au bien de la France ?
– Certainement, monsieur, je ne cesse de ....

22. – Qu'est-ce que votre métier de politicien apporte à votre fils ?
– Il .... le sentiment de participer au progrès de l'humanité à travers les activités de son père. »

23. – Estimez-vous que cette candidature vous est nécessaire pour votre carrière politique ?
– Je peux vous le certifier, ...

31.2
ECR

16 🌳🌳 EN / Y / DE LUI / À LUI

Répondez avec le pronom qui convient.

1. Tu te souviens de Martin ? – Qui ? non, ... – **2.** Tu as parlé de cette affaire à la banque ?– Oui .... au Crédit Agricole. – **3.** Ta fille s'est inscrite à l'université ? – Oui .... hier. – **4.** Tu feras bien attention à ton petit frère. – Évidemment, maman .... – **5.** Est-ce qu'il tient beaucoup à son travail ? – Je crois qu'il .... – **6.** Est-ce qu'elle rêve de toi, à ton avis ? – Elle, rêver .... ? C'est toi qui rêves ! – **7.** Il pense à partir définitivement ? – Il .... sérieusement ? – **8.** Tu crois que le patron sera favorable à notre idée ? – Je crois ...., elle est très bonne. – **9.** J'ai besoin de ton aide. – Non ...., tu peux .... arriver tout seul. – **10.** Est-ce que vous vous occuperez des invités toute la journée ? – C'est ça .... jusqu'à ce soir. – **11.** Ce Simon, quel veinard, il part pour l'Afrique ! – Mais non, il n' .... part pas, il .... revient. – **12.** Le petit chat s'est habitué aux enfants ? – Oui, ...

Pronoms et impératif

31.1
ECR

17 🌳 Impératif affirmatif

Répondez en utilisant l'impératif et le pronom correspondant à l'élément en caractère gras.

Exemple : – Je **te** donne le livre ? – Donne-moi le livre.
  – Je bois une goutte **de café** ? – Buvez-en une goutte

1. Je **m'**achète une glace ? Tu veux bien ? – **2.** Je **vous** raconte mes aventures ? Vous êtes inté-ressé ? – **3.** J'apporte une bonne bouteille **aux Dupont** ? – **4.** Je retourne en vitesse **au café** ? – **5.** Je change **le canapé** de place ? – **6.** Je demande **à Jacques** de partir ? – **7.** Je nettoie **la cuisine** à fond ? – **8.** Je range **les chaussures** dans le placard ? – **9.** Je **me** joins à vos amis ? – **10.** Je **me** fais un petit café ? Vous êtes d'accord ? – **11.** Je mange **un morceau de gâteau** ? – **12.** Je m'adresse **à vous** ? – **13.** Je fais attention **aux poules** ? – **14.** Je réfléchis **à ce problème** ? – **15.** Je me préoccupe **de Paul** ?

31.1
ECR

18 🌳 Impératif négatif

Répondez par l'impératif négatif (deuxième personne du singulier) en remplaçant l'élé-ment en caractères gras par un pronom.

Exemple : Je peux aller à la piscine ? → Non, n'y va pas.

1. Je dois téléphoner **à Patrick**. – **2.** Je vais emporter **du pain**. – **3.** Je peux laver **les vitres** ?– **4.** Je peux refaire **ta robe** ?. – **5.** Je dois faire attention **aux autres**. – **6.** Je peux demander conseil **aux psychologues**. – **7.** Je peux **t'**emmener au Maroc. – **8.** Je veux **vous** offrir une Cadillac. – **9.** Je dois **m'**acheter une voiture. – **10.** Je dois aller **au bal de l'université**. – **11.** Je veux emprunter **de l'argent**. – **12.** Je peux m'appuyer **sur le toit** ? – **13.** Je vais m'habituer **à ce garçon**. – **14.** Je peux m'intéresser **à ce problème**. – **15.** Je peux **me** préoccuper **de cette fille**. – **16.** Je peux **vous** confier mon secret ?

31.1
ECR

19 🌳 Impératif affirmatif et négatif

M. et Mᵐᵉ Jarlier ne sont jamais d'accord. Voici les questions de leurs deux enfants.

Utilisez l'impératif pour faire les réponses opposées des parents.

1. Nous lavons **le chat** ? – **2.** Nous finissons **les frites** ? – **3.** Nous **vous** donnons nos dessins ? – **4.** Nous téléphonons **à grand-mère** ? – **5.** Nous prenons **du gruyère** ? – **6.** Nous buvons **un verre de Coca** ? – **7.** Nous allons **à la boulangerie** ? – **8.** Nous **nous** achetons des bonbons ? – **9.** Nous faisons confiance **aux professeurs** ? – **10.** Nous rapportons **la bicyclette** ? – **11.** Nous consacrons du temps **aux voisins** ? – **12.** Nous nous joignons **à vous** ? – **13.** Papa, nous **te** montrons nos devoirs ? – **14.** Maman, nous donnons notre livre **à Paul** ?

LES / EUX / LEUR / SE / SOI / LE / LA / L' / LUI / ELLE

B1.1
CECR

20 🌸 **Un pronom devant ou après l'infinitif**

Complétez avec le pronom personnel qui convient.

LA LITANIE DE LA FEMME MODERNE OU « JE LES AIME MAIS QUELQUEFOIS J'AI ENVIE DE LES TUER. »

1. Les enfants, c'est tuant ! il faut :
– ...... chouchouter ; – ...... éduquer ; – veiller sur ...... ; – jouer avec ...... ; – ...... tenir la main ; – ...... raconter des histoires.

2. Un mari, c'est épuisant ! il faut :
– ...... écouter ; – ...... supporter ; – faire la cuisine pour ...... ; – jouer au tennis avec ...... ; – ...... dire qu'il est beau ; – ...... passer ses caprices ; – ...... soigner quand il est malade.

3. Une vieille mère, c'est *pompant* ! il faut :
– aller ...... voir tous les jours ; – ...... téléphoner tous les matins ; – ...... emmener faire ses courses ; – aller chez le médecin avec ...... ; – remplir ses papiers pour ...... ; – ...... dire qu'elle est la plus gentille des mamans ; – ...... aider à sortir. – ...... prendre en charge.

4. Être une femme moderne, c'est terrible ! il faut :
– ...... dépasser au travail ! ; – ...... entretenir en faisant de la gymnastique ; – ...... faire plaisir en faisant tout le reste ; – ne pas ...... autoriser de faiblesse ; – prendre sur ......

B1.1
CECR

21 🌸 **Un pronom avant l'infinitif - Forme affirmative**

Répondez aux questions en utilisant le pronom qui convient.

Exemple : – Tu rêves de parler à cette fille ?
– Je rêve de lui parler.

1. Paul saura expliquer le problème **à Sophie** ? – **2.** M. Duparc rêve de posséder **une Mercedes** ? – **3.** Est-ce que Véronique peut faire **le gâteau** ? – **4.** Marie a-t-elle voulu aller **à la discothèque** ? – **5.** Ils ont eu envie de **vous** rejoindre ? – **6.** Les Martin rêvent de passer quelques jours **à Paris** ? – **7.** Grand-père aime faire peur **aux enfants** ? – **8.** Ton mari désire aller **au bal de l'université** ? – **9.** Les enfants ont envie d'acheter **des bonbons** ?

B1.1
CECR

22 🌸 **Un pronom avant l'infinitif - Forme négative**

Répondez négativement aux questions suivantes en utilisant le pronom qui convient.

*Exemple : – Papa a promis **de punir les enfants** ?*
– Mais non, il a promis de ne pas les punir !

1. Le président a décidé **d'aller à Tokyo** ? – **2.** Elle a décidé de **parler à sa mère** ? – **3.** Ils redoutaient de **plaire aux étudiants** ? – **4.** Vous avez craint de **reconnaître Marie** ? – **5.** Marie a promis de **manger encore des huîtres** ? – **6.** Paul a juré de **parler encore de football** ? – **7.** Ils ont promis **de reparler de tous ces problèmes** ? – **8.** Il a juré **de boire encore un verre de whisky** ? – **9.** Armand a décidé **de rester en Italie** ?

B1.1
CECR

23 🌸 **Un pronom avant l'infinitif (réemploi plus libre)**

Exemple : Le patron de Christian trouve son rapport très mauvais. Que doit faire Christian ?
– Il doit le refaire ; – il doit lui demander comment faire ; – il doit s'excuser ; – il doit lui pro-mettre de faire mieux la prochaine fois ; – il doit lui dire qu'il n'est pas d'accord.

1. Il y a un petit objet dans votre chambre que vous ne voulez pas que votre mère voie. Elle arrive en visite tout à l'heure. Quelle est la meilleure cachette ? (vous pouvez utiliser les verbes : mettre, poser, placer, cacher, enfermer, dissimuler).
– Je veux ...... ; – je peux ...... ; – il faut ...... ; – je pense ...... ; – je vais ....

2. Deux de vos amis qui ont fait une bêtise sont recherchés par la police. Ils arrivent pour se cacher chez vous. Vous hésitez vraiment sur ce qu'il faut faire. Faites la liste des solutions possibles et impossibles.

– Je dois ...... ; – il faut ...... ; – je peux ...... ; – je ne dois pas ...... ; – il ne faut pas ....

2.1
E C R

24 🌳🌳🌳 Place du pronom à l'infinitif : cas particulier

Observez : – *Tu as entendu Pierre rentrer ?*
– *Oui je l'ai entendu rentrer (Il est rentré, je l'ai entendu).*

Règle : avec les verbes écouter, entendre, voir, regarder, sentir, faire, laisser, mener (emmener), le pronom se place avant le verbe principal.

Répondez aux questions suivantes avec le pronom qui convient.

1. Tu as écouté les oiseaux chanter ? – **2.** Tu me regardes dormir ? – **3.** Vos parents vous laissent regarder la télé ? – **4.** Vous verrez les enfants arriver ? – **5.** Vous avez vu l'accident se produire ? – **6.** Ils ont senti le sol trembler ? – **7.** Elles vous ont vu sortir ? – **8.** À votre avis, nous vous avons vu passer ? – **9.** Paul m'a entendu partir ? – **10.** Papa t'a écoutée dire le texte ? – **11.** Vous nous avez laissés faire des bêtises ? – **12.** Vous avez fait travailler Michel ? – **13.** Il a entendu parler de cette histoire ? – **14.** Il emmène Marie déjeuner ?

2.1
E C R

25 🌳🌳🌳 Verbe avec pronom et infinitif avec pronom

Observez : – *J'ai empêché les enfants de manger **le pain**.*
– *Je les ai empêchés de le manger.*

Sur ce modèle, proposez des réponses pour les situations suivantes (remarque : les verbes laisser, faire, entendre, etc., fonctionnent comme les autres dans cette structure).

Marcel a demandé conseil. Doit-il ou non divorcer ? Voici ce que lui ont dit ses amis :
1. Marc/encourager quelqu'un à/demander **le divorce**. – **2.** Jacques/suggérer à quelqu'un de/parler **du problème** à un conseiller conjugal. – **3.** Sophie/déconseiller à quelqu'un de/faire **cela**. – **4.** Manuel/conseiller à quelqu'un de/réfléchir encore **au problème**. – **5.** Bernadette/dire à quelqu'un de/ne pas demander **le divorce**. – **6.** Violette/supplier quelqu'un de/ne plus penser **à cela**. – **7.** Annie/ordonner à quelqu'un de/ne plus parler **de cette bêtise**. – **8.** Martin/demander à quelqu'un de/ne pas abandonner **les enfants**. – **9.** Patrick/conseiller à quelqu'un de/ne pas quitter **le foyer conjugal**. – **10.** Claudine/suggérer à quelqu'un de/rester **à la maison**. – **11.** Carlo/pousser quelqu'un à/parler **avec sa femme**. – **12.** Michel/convaincre quelqu'un de/ne pas mettre **sa femme** à la porte.

Pronoms et phrases

2.1
E C R

26 🌳🌳🌳 ***Répondez en faisant une phrase complète. Que remplace le pronom en caractère gras ? Dans quel cas les phrases sont-elles remplacées par les pronoms «y», «le» ou «en».***
1. « Finalement, il n'est pas aussi stupide que je **le** pensais. » Que pensait-elle ?
2. « Je les croyais mieux informés de leurs droits. Vraiment, je **le** croyais. » Que croyait-il ?
3. « Je lui ai parlé de cette affaire, vraiment j'**en** suis sûre ! » De quoi est-elle sûre ?
4. « Je le croyais à son travail et sa secrétaire ne **le** confirme pas ! » Que croyait-elle ?
5. « Si Pierre arrivait ce soir, Sébastien m'**en** aurait parlé. » De quoi lui aurait-il parlé ?
6. « Oui, oui, la réunion aura bien lieu le 17. Il me **l'**a confirmé. » Que lui a-t-il confirmé ?
7. « Ne vous inquiétez pas, on **y** fera attention, tout le monde sera payé de la même façon. » À quoi doivent-ils faire attention ?
8. « Vous refusez de faire ce travail ? Parfait, je **le** ferai savoir à qui de droit. » Que fera-t-il savoir ?
9. « Tuer sa femme ? Je l'**en** estime capable dans l'état où il est. » De quoi l'estime-t-il capable ?
10. « Bien sûr que nous **y** tenons, à garder notre situation. » À quoi tiennent-ils ?
11. « Il voulait venir t'aider. Je t'assure qu'il **y** a pensé tous les jours. » À quoi a-t-il pensé ?

B1.2 CECR **27** 🌳 🌳 *Répondez aux questions en remplaçant les éléments de la phrase en caractères gras par un pronom.*

1. Tu regrettes **qu'il soit parti** ?
2. Vous pensez **que les femmes vont être un jour des êtres humains à part entière** ?
3. On t'a dit **que le nouveau directeur nous convoque tous demain** ?
4. Un jour tu lui dis noir, un jour tu lui dis blanc, tu veux vraiment **qu'il soit malheureux** ?
5. Est-ce que vous faites souvent **ce qui est défendu** ?
6. Racontes-tu toujours **ce qu'on te dit en secret** ?
7. Avez-vous bien compris **ce que je vous ai demandé de faire** ?

B1.2 CECR **28** 🌳 🌳 *Répondez aux questions en remplaçant les éléments de la phrase en caractères gras par un pronom.*

1. Il est satisfait **d'avoir réussi ce concours difficile** ? Qu'en pensez-vous ?
2. Elle n'est pas mécontente **d'avoir réussi son permis de conduire**, n'est-ce pas ?
3. Il est assez fier **d'être admis dans cette grande école**, il me semble ?
4. Ils doivent être ravis **d'avoir trouvé cet appartement**, vous ne croyez pas ?
5. Elle est enchantée **d'être arrivée la première**, n'est-ce pas ?
6. Vous êtes content **d'avoir réussi cet examen**, je suppose ?
7. Êtes-vous satisfait **d'avoir changé de travail** ?

B1.2 CECR **29** 🌳 🌳 *Même exercice.*

1. Vous allez penser **à m'aider un de ces jours**, oui ou non ?
2. Il tient **à ce qu'on ne repeigne pas la pièce du fond** ?
3. Vous vous habituez **à devoir vous lever tous les jours pour 8 heures** ?
4. Il va se mettre **à apprendre le russe**, à son âge !
5. Est-ce que votre fils consent parfois **à vous parler correctement** ?
6. Est-ce que Pierre a réfléchi **à ce qu'il allait faire l'an prochain** ?
7. Il est arrivé **à résoudre ce problème tout seul** ?

B1.2 CECR **30** 🌳 🌳 *Même exercice.*

1. Êtes-vous sûr **qu'il est capable d'occuper un poste aussi élevé** ?
2. Est-ce qu'il rêve parfois **qu'il part pour un long voyage** ?
3. Sa mère a-t-elle toujours besoin **que Pierre soit toujours avec elle** ?
4. Est-ce qu'elle souffre du fait **que son fils ne vient jamais la voir** ?
5. Vous ne vous inquiétez pas, vous, **que vos enfants aient de mauvaises notes** ?
6. Tu te moques **que les enfants soient fatigués ou non**, ce n'est pas toi qui t'occupes d'eux après !
7. Il est très fier **que son fils soit maintenant un chanteur connu**.

B2.1 CECR **31** 🌳 🌳 🌳 **LE ou EN remplaçant une infinitive introduite par DE**

Observez : *Il est content d'avoir réussi ? → Oui, il **en** est content.*
*Vous lui avez demandé de venir ? → Oui, je **le** lui ai demandé.*

Dans certains cas l'infinitive introduite par « de » est remplacée par « en », dans d'autres par « le ». Pourquoi ?

Répondez aux phrases du tableau ci-après avec le pronom personnel convenable. Que constatez-vous ?

Il est content	d'avoir réussi ?	Il en est content.
	de ses vacances ?	Il en est content.
Vous lui avez demandé	de venir ?	je le lui ai demandé.
	son autorisation ?	je la lui ai demandée.
Il a besoin	de manger ?	
	de pain ?	
Vous craignez	d'être angoissé ?	
	votre patron ?	
Elle se passe	de fumer ?	
	de ses cigarettes ?	
Vous regrettez	d'avoir perdu ?	
	votre échec ?	
Ils ont envie	de partir ?	
	de vacances ?	
Ils apprécient	d'être ici ?	
	leur séjour ?	
Il est capable	de mentir ?	
	de mensonges ?	
Tu lui as conseillé	de divorcer ?	
	le divorce ?	
Tu te souviens	d'être venu ici ?	
	de ton passage ici ?	

Synthèse

B1.1
ÉCR

32 🌳 *Complétez avec le pronom qui convient.*

ALAIN : « – Dis, Sophie où est-ce que tu as mis mes chaussures ?

SOPHIE : – Je sais pas moi, je ne ...... ai pas vues. Cherche- ...... Elles ne sont pas dans le placard ?

ALAIN : – Mais, j'ai déjà regardé dans le placard, elles n'...... sont pas ! Je suis sûr que c'est ...... qui ...... as mises quelque part, et tu ne te ...... rappelles plus.

SOPHIE : – Comment ! mais, si je ...... avais rangées je me ...... rappellerais. Traite-...... donc d'imbécile pendant que tu ...... es.

ALAIN : – Mais non, je ne ...... traite pas d'imbécile ! Tu ...... mets tout le temps en colère pour rien !

SOPHIE : – Moi ! Je ...... mets en colère ! Tu exagères ! C'est toujours la même chose ! Tu ne sais jamais où tu ranges tes affaires et c'est toujours moi qui dois ...... savoir. Tu ne fais jamais attention à rien. C'est comme ma robe ! Tu ...... souviens de ma robe rouge ! Tu t' ......es servi pour essuyer tes chaussures !

ALAIN : – Ah ! fais attention à ce que tu dis ! Ta robe, je ne ...... aurais pas prise si elle n'avait pas été au fond du placard comme un chiffon.

SOPHIE : – Un chiffon ! ma robe rouge ! je ...... aimais beaucoup, et puis c'est ma mère qui me ...... avait offerte et je ...... portais pour le mariage de ta sœur.

ALAIN : – Qu'est-ce que ma sœur vient faire là-dedans ? Elle n'a rien à ...... faire ! il faut toujours que tu mêles la famille à tout !

Sophie : D'abord ce n'est pas ma famille, c'est ta famille, et puis ta sœur je ...... déteste. Elle ...... téléphone toutes les semaines pour qu'on ...... dise de venir déjeuner le dimanche. Elle ...... apporte toujours des gâteaux et je ne ...... aime pas du tout ces gâteaux. J' ...... ai assez. Hi ! hi ! hi !

49

ALAIN : – Allons, allons, ma chérie ne …… mets pas dans des états pareils, les enfants dorment et nous allons …… réveiller et il ne faut pas …… …… faire peur avec tous ces cris.

SOPHIE : – Oui, tu as raison, je suis un peu énervée en ce moment, excuse-……

ALAIN : – Oui je comprends, je vais téléphoner à ma sœur et à son mari pour …… dire de ne pas venir dimanche prochain et nous irons …… promener tous les deux. On pourra laisser les enfants à ta mère, je crois qu'elle …… sera ravie.

SOPHIE : – Oui d'accord c'est une bonne idée. »

B – Deux pronoms

Deux pronoms et indicatif

B1.2
CECR **33** 🌳🌳 *Soulignez les pronoms compléments.*

Quelles sont les règles pour placer les pronoms personnels ?

1. Mademoiselle, apportez-le-lui immédiatement ! – **2.** Alors, tu me l'offres, ce parfum ? – **3.** Je le leur ai déjà dit souvent mais ils ne m'écoutent jamais. – **4.** Surtout, ne la lui envoie pas, il se fâcherait. – **5.** Ne nous la livrez pas avant demain, il n'y a personne au magasin ce soir. – **6.** Mais bien sûr que je te les montrerai, ces photos ! – **7.** Rends-le moi demain matin sans faute. – **8.** Tu les leur expliques, ces problèmes ? Sinon ils sont là jusqu'à demain. – **9.** Oui, c'est ça madame, montrez-les nous. – **10.** Je ne comprends rien à cette histoire, tu peux me l'expliquer ? – **11.** Alors, ce voyage, vous nous le racontez ou vous ne nous le racontez pas. – **12.** Ne prenez pas cet air étonné, il vous l'offre, si, si… – **13.** Ne me le dites pas, je veux avoir la surprise.

B1.1
CECR **34** 🌳 LE, LA, LES + LUI, LEUR

Complétez ces dialogues avec les deux pronoms qui conviennent.

1. – Pour ce type de travail, il lui faut son permis de conduire ?
   – Ah oui, il …… …… faut absolument.

2. – Tu penseras à rendre leur voiture aux Durand ?
   – Je …… …… rendrai ce soir.

3. – Papa est impatient que tu lui présentes ta fiancée.
   – C'est d'accord, je …… …… présenterai dimanche prochain.

4. – Les Dupont réclament qu'on leur rapporte leurs livres.
   – Mais enfin, ils sont bien distraits ! On …… …… a déjà rapportés il y a six mois.

5. – Les étudiants n'ont toujours pas compris le texte.
   – Pourtant je …… …… ai déjà expliqué dix fois !

6. – Pierre m'a dit que tu avais donné tes disques à son fils, c'est vrai ?
   – Exact, je n'en faisais plus rien alors je …… …… ai donnés.

7. – Victor a encore sauté du toit du garage !
   – Et il sait bien que c'est interdit, on …… …… a répété mille fois !

8. – Il paraît que cette nouvelle musique a beaucoup plu au public d'hier soir.
   – Ouais, ils la redemandaient tout le temps, alors le disc-jockey …… …… a passée toute la soirée.

B1.1
CECR **35** 🌳 ME, TE, NOUS, VOUS, + LE, LA, LES

Complétez les dialogues suivants avec les deux pronoms qui conviennent.

1. – Dis, tu me feras essayer ta nouvelle voiture ?
   – D'accord, je …… …… ferai essayer demain.

2. – Papa nous ramène les enfants à quelle heure?

   – Il a dit qu'il .... ramènerait vers cinq heures.

3. – On ne peut plus attendre, patron, quand nous donnerez-vous notre paie?

   – Encore un peu de patience les gars, je .... donnerai à la fin de la semaine.

4. – Pierre a encore oublié de me rendre mes clés.

   – Mais non, rappelle-toi, il .... rendues hier soir.

5. – Tu me présenteras ce charmant jeune homme, comme promis?

   – Mais oui, mais oui, je .... présenterai bientôt, arrête de me demander toujours la même chose!

6. – Ce livre a l'air drôlement intéressant!

   – Si vous voulez, je .... prête.

7. – Vous ne voulez pas me lire votre nouveau poème?

   – Si justement, j'allais .... proposer.

31.2
ECR

36 🌳 🌳 ME, TE, NOUS, VOUS + LE, LA, LES / LE, LA, LES + LUI, LEUR

Complétez avec les deux pronoms qui conviennent.

– Alors, Pierre se marie, oui ou non?

– Il ne .... a pas dit.

– Tu .... as demandé.

– Je n'oserais pas ...... demander, c'est indiscret.

– Tu connais sa copine?

– Non, il ne .... a pas présentée. Et toi?

– Moi, il doit .... présenter ce soir.

– Alors tu sauras s'ils se marient ou non. Ils .... diront sûrement.

– Mais s'ils ne .... disent pas d'eux-mêmes, que faire?

– Eh bien, à ce moment-là tu .... demanderas.

– Bof, il finira bien par .... dire, à nous ses deux meilleurs amis! Tu ne sais pas s'il a présenté sa copine à ses parents?

– Oui, c'est fait! Il .... a présentée dimanche dernier. Tiens justement, le voilà.

– Salut! J'ai une grande nouvelle à vous annoncer: je me marie dans un mois... Surpris, hein? Je .... avais bien caché!

– Pourquoi est-ce que tu ne .... as pas dit plus tôt?

– Je vous connais! Vous auriez essayé de me faire changer d'avis!

31.2
ECR

37 🌳 🌳 M', T', LUI, NOUS, VOUS, LEUR + EN

Complétez avec les pronoms et les verbes qui conviennent.

UN CRIMINEL ENDURCI

Accusations du procureur

– Messieurs les jurés, monsieur le président, rendez-vous compte! Cet homme est forcément coupable du crime dont on l'accuse. En effet, l'accusé n'a jamais offert de fleurs à sa femme en vingt ans de mariage!

Un juré

– Quoi! Il ne ...... a jamais offert!

– Et il n'a fait qu'une fois des cadeaux de Noël à ses enfants!

– Quoi! Il ne ......!

– Et il n'a jamais donné d'argent à son vieux père dans la misère!

– Quoi! Il ne ......!

Témoignages

Le président à la femme de l'accusé:

– Est-il vrai, madame, que votre mari vous a rarement donné de l'argent pour les courses?

– C'est tout à fait exact, il ......; il préférait le dépenser au bistrot!

– Est-il vrai qu'il vous a dit un jour qu'il ne vous donnerait jamais un centime ?

– Oh oui, un jour il m'a dit exactement : « De l'argent, Simone, je ne ...... ! »

Le président aux enfants de l'accusé :

– Est-il exact que votre père vous a donné des coups de pieds toute votre enfance ?

– Hélas oui, il ...... !

L'avocat de la défense

– Monsieur le président, l'accusé vous a-t-il déjà parlé de son enfance malheureuse ?

– Oui, il ......

– Accordez-vous à l'accusé quelques minutes pour s'excuser devant tous ?

– Eh bien oui, je ......

– Monsieur Dupont, vous voulez bien nous parler de vos problèmes d'enfance ?

– Oui, je veux bien ......

Plus tard, l'avocat aux jurés

– Vous voyez bien messieurs que ce pauvre homme est beaucoup moins coupable qu'il n'en avait l'air !

 38   **Pronoms indirects + LE / LA / LES + EN**

Répondez avec les deux pronoms qui conviennent.

SECRÉTAIRE EFFICACE

« – Pouvez-vous me photocopier cette lettre ?

– Je ...... photocopie immédiatement, monsieur.

– Vous ...... apporterez dans mon bureau.

– Très bien, je ...... apporterai dans une minute.

– Donnez-moi le dossier États-Unis, s'il vous plaît.

– Je ...... donne tout de suite monsieur.

– Martin l'a déjà lu ?

– Oui, je ...... ai passé hier et il voudrait ...... parler aujourd'hui.

– Parfait. Je peux le voir à dix heures, je compte sur vous pour ...... dire.

– Bien sûr, monsieur. Monsieur, les syndicats réclament les chiffres.

– Je ...... communiquerai la semaine prochaine. Ah, je vois que vous avez un paquet de cigarettes. Donnez-......

– Mais, monsieur, vous ne fumez plus.

– Je vous ai dit de ...... donner une ! Qui est le patron ici ?

– Vous, monsieur. Monsieur, l'agence de Londres demande si elle doit nous envoyer des stagiaires.

– Bien sûr, elle doit ...... envoyer, c'est prévu depuis longtemps. Convoquez les chefs de service, je veux ...... parler.

– Tout de suite, monsieur ?

– Non, à 14 h, dans la grande salle, je préfère ...... dire à tous en réunion générale.

– Dois-je leur parler du thème de la réunion ?

– Oui, oui, parlez-......, ça leur donnera le temps d'y réfléchir.

 **39** **LE / LA / LES / Y / EN / Toniques après prépositions**

Complétez avec les pronoms qui conviennent.

CHÈRE SOLITUDE

– J'aimerais bien être seule de temps en temps mais c'est impossible avec ma famille nombreuse !

– Impossible n'est pas français, on va te trouver des moments libres. Les courses par exemple ?

– Je les fais avec mon mari.

– Tu ...... fais avec ...... ? ! ça alors ! – Bon et le ménage, il ...... fait avec ...... ?

– Eh oui, il ...... fait avec ...... Nous faisons tout ensemble à la maison.

– Le cours de gym alors?
– Impossible. Les enfants …… participent avec ……
– Mais pourquoi est-ce que tu …… vas avec ……? C'est idiot.
– Il n'y a personne qui peut …… garder pour ……
– Je …… ferai avec plaisir pour ……, une fois de temps en temps. Tu fais du jogging?
– Oui, avec ma mère.
– Tu pourrais …… faire sans ……
– Elle se fâcherait, elle n'aime pas être seule.
– Ton mari pourrait …… faire avec …… quelquefois.
– Il n'aimerait pas …… voir près de …… Il déteste le rouge et maman porte toujours du rouge…
– Oh là là, la solution à tes problèmes, tu …… trouveras sans ……!

Deux pronoms et impératif

B1.2
ÉCR

40 🌳 🌳 **Deux pronoms - Impératif**

UN CHEF HÉSITANT

Chaque fois qu'il donne un ordre, il change d'avis.
Donnez ses deux ordres à l'impératif (deuxième personne du pluriel) en remplaçant les éléments en caractère gras par des pronoms.

Exemple: Oui, mettez-les y. Non, ne les y mettez pas.

1. Nous mettons **les dossiers dans le placard**? – **2.** Nous donnons **le courrier aux responsables**? – **3.** Nous téléphonons **la nouvelle au grand chef**? – **4.** Nous **vous** préparons **un dossier de presse**? – **5.** Nous **vous** rappelons **les informations**? – **6.** Nous **nous** accordons **une pause**? – **7.** Nous emmenons **la cliente** au **restaurant**? – **8.** Nous confions **nos projets** au **préfet**? – **9.** Nous **vous** accompagnons **à l'aéroport**, vous et votre femme? – **10.** Nous expliquons **la stratégie aux ouvriers**? – **11.** Nous parlons **du prototype** au **ministre**? – **12.** Nous prenons **un stand** avec **nos concurrents**? – **13.** Nous parlons du **banquier** au **président**?

B1.2
ÉCR

41 🌳 🌳 **Impératif et pronoms personnels**

Répondez avec l'impératif et le ou les pronoms en vous servant des éléments entre parenthèses.

Exemple: – Dis maman, je peux aller au cinéma ce soir? (aller)
– Mais oui vas-y.

1. « Monsieur le directeur
– Est-ce qu'il me sera possible de prendre un jour de vacances la semaine prochaine?
– Mais oui ……… »
2. « – Ma voiture ne marche plus! (vendre)
– ………
– Oui mais, j'irai travailler comment? (acheter une autre)
– ………»
3. « – Madame il fait chaud, je peux ouvrir la fenêtre? (un peu)
– Oui, ……… »
4. « – Tu n'as pas de livre? Je vais te prêter le mien.
– Oh! oui ………, tu seras gentille. »
5. « – Tu veux mes skis? Tu en as besoin demain? (apporter)
– Oui s'il te plaît ……… demain matin. »
6. « – Elle aime beaucoup ce disque n'est-ce pas? (donner)
– Oh! oui, ………, elle sera très contente. »
7. « – Tu crois que Pierre et Nicole sont chez eux maintenant? (téléphoner)
– ………, tu verras bien. »
8. « – Je devrais peut-être parler de cette affaire à mon patron. (parler)
– Non, ………, ce sera mieux à mon avis. »

9. « – J'ai envie d'aller écouter ce concert ce soir. (aller)

– Oh! non ...., il n'est pas très bon. »

10. « – Je vais louer des patins à glace (louer)

– Non ...., je te prêterai les miens. »

11. « – Je peux t'emprunter tes cassettes? (prendre)

– Oh non, ..., je dois les emporter à une fête. »

12. « – Je vais m'acheter ces patins à roulettes (acheter)

– Oh non, ..., ils sont nuls ! »

13. « On vous apportera des fleurs (apporter)

– Oh non, ..., on part demain. »

14. « Je t'emmènerai un jour voir ce film d'horreur (emmener)

– Non, ... surtout pas, je ne te le pardonnerais pas. »

15. « – Je peux finir le lait ? (boire)

– Non ...., il est tourné ! »

16. « – Mes amis ne savent pas quoi faire ce soir (amener)

– .... Plus on est de fous plus on rit. »

17. « – Délicieuse, cette sauce pimentée. (manger)

– Attention, ..., vous pourriez avoir mal à l'estomac. »

18. « – Les enfants sont au courant pour la colonie de vacances. (parler)

– Non ...., ça doit rester secret jusqu'à la dernière minute. »

19. « – Je vais emporter ma caméra en Espagne. (oublier)

– ...., je ne t'en rachèterai pas une autre. »

20. « – Je vais faire un tour au zoo avec les gosses. (emmener)

– Bonne idée, ... »

Deux pronoms et infinitif

B1.2
CECR **42** **Deux pronoms groupés avant l'infinitif**

Transformez les phrases suivantes en utilisant les deux pronoms qui conviennent.

*Exemple : Il a promis de **nous** emmener **au cinéma** → Il a promis de nous y emmener.*

1. Il a décidé d'emmener **les enfants à Paris**. – **2.** Ils ne peuvent pas dire **la vérité à leurs parents**. – **3.** Aide-moi à expliquer **la situation à Paul**. – **4.** Patrick saura **me** réparer **la télévision**. – **5.** Paul refuse de donner **les informations aux étudiants**. – **6.** Martine veut bien offrir **des bonbons à Cédric**. – **7.** Il a décidé de cacher **sa maladie à sa femme**. – **8.** Le patron va apprendre **la nouvelle aux étudiants**. – **9.** Sa femme n'a pas voulu dire **de mensonges à Paul**. – **10.** Les employés ont décidé d'envoyer **un cadeau au directeur**. – **11.** Ils n'ont pas pu **nous** confirmer **l'heure de l'avion**.

Synthèse

B1.2
CECR **43** **Mission secrète 2**

Le responsable du service d'espionnage vérifie avec le célèbre agent secret O.S.S. 117 les préparatifs de sa prochaine et délicate mission.

Vous compléterez le dialogue en faisant les réponses de l'agent. Pour cela vous utiliserez le verbe de la phrase précédente et vous transformerez les éléments en caractères gras en pronom personnel. Attention, ce ne sera pas toujours le même.

– « Mon cher O.S.S. j'ai une mission très délicate en Asie à vous confier. Vous **acceptez cette mission**?

– Oui, chef, ...

– Cette mission doit absolument rester secrète. Vous garderez **le secret**?

– Bien sûr, chef, ………

– J'insiste : vous ne parlerez **de cette mission à** personne.

– Promis chef, ………

– Vous aurez besoin d'emporter certaines choses. Pour commencer vous prendrez **un magnum 357**.

– Entendu patron, ………

– Vous n'oublierez pas **votre gilet pare-balles**.

– Bien entendu chef, ………

– Vous porterez **le gilet en question** en permanence. C'est une mission dangereuse.

– Promis chef, ………

– Vous emporterez aussi **un calepin** pour prendre des notes.

– Très bien chef ………

– Vous penserez à prendre **une bouteille d'encre invisible**.

– Fort bien, patron ………

– Vous éviterez **les responsables de l'ambassade**. C'est très important.

– D'accord boss, ………

– Vous ferez très attention **à votre sécurité**.

– Ça va de soi, ………

– Nous tenons beaucoup **à vous revoir entier**.

– C'est gentil ça patron, moi aussi ………Et maintenant puis-je à mon tour vous poser quelques questions ?

– Allez-y O.S.S., je vous écoute.

– Pourrai-je téléphoner **à ma vieille mère** de là-bas ?

– Non, absolument pas, vous ne ………

– Et écrire **à ma fiancée**, est-ce que je pourrai ?

– Désolé, il ne faudra pas ………

– Vraiment ? Je risque d'avoir des ennuis **avec cette jeune femme** si je ne lui écris pas.

– Tant pis, ………

– Dois-je emporter **un imperméable couleur de muraille** ?

– Ah, bien sûr, vous ………, le climat est humide là-bas, vous savez, et puis on n'est jamais assez discret.

– Et **des chapeaux de paille**, faut-il en emporter ?

– Si ça vous fait vraiment plaisir, vous pouvez ……… Mais pas trop voyants, hein ? Bon, c'est pas tout ça mais il faut que je vous donne **les microfilms**.

– C'est vrai, ça, ………

– Vous prendrez bien soin de **cet exemplaire**, c'est le dernier qui reste.

– OK patron ………

– Vous saluerez **notre agent** sur place de ma part.

– Oui ………

– Vous transmettrez **mes meilleurs souvenirs** à la ravissante hôtesse du bar le *Bloody Mary*.

– Comptez sur moi, patron ………

– Bien, je crois que c'est tout. La France compte **sur vous**, O.S.S. !

– La France a raison, elle peut ………

– Ah, encore une petite chose : pensez **à me rapporter du parfum détaxé** comme d'habitude, ça fait tellement plaisir à ma femme…

– Bien sûr, patron ………

– Au revoir O.S.S., soyez prudent. Et pensez à prendre **votre petite laine**.

– Au revoir patron, et soyez tranquille, ……… »

44 🌳🌳 *Complétez le dialogue.*

LE DÉMÉNAGEMENT

– « Grande nouvelle! Nous déménageons à Genève!
– Vous allez ……… ……… installer quand?
– Cet été. Nous ……… déménageons en août dans une belle villa… Je suis content.
– Vous vendez l'appartement de Paris?
– Non, nous ……… gardons pour ……… louer. Nous serons heureux de pouvoir ………
récupérer dans trois ans. Un appartement à Paris, c'est trop difficile à trouver, il ne faut sur-
tout pas ……… ……… débarrasser.
– Qu' ……… pense ta femme?
– Elle sera contente d'……… aller, pour les gosses… et peut-être d'……… revenir, pour
……… Elle aime beaucoup Paris, tu sais.
– Et les gosses?
– Oh, ………, on ne ……… ……… a pas encore parlé. Il va falloir ……… mettre dans une
école privée… Je n'ose pas ……… ……… dire…
– C'est vrai qu'ils n' ……… ont pas trop le style!
– Il faudra bien qu'ils ……… ……… adaptent! Normalement nous allons ……… ………
annoncer ce week-end.
– Bon courage! J'espère qu'ils n'……… feront pas une maladie!
– Et qu'ils ne ……… ……… feront pas payer en étant insupportables…
– Si tu veux un coup de main pour le déménagement…
– Je ……… ……… demanderai peut-être un pour emballer.
– N'hésite pas à ……… ……… demander, si tu ……… as besoin, surtout.
– Entendu! Tu es un ange. »

45 🌳🌳 *Complétez le dialogue.*

LES CLÉS

– « Jérémie! Où as-tu encore mis les clés?
– Je ……… ai laissées sur la table, comme d'habitude.
– Elles n' ……… sont pas.
– Zut… Est-ce que je ……… aurais laissées dans ma poche? Je ne sais pas… Attends, c'est
……… qui ……… ……… es servie la dernière!
– Mais non, ce n'est pas ………! C'est ………, pour aller au bureau de tabac. Tu ne ………
……… aurais pas laissées, par hasard?
– Et comment est-ce que je serais rentré, alors?
– Plus distrait, tu meurs! Je ……… ai ouvert, tu ne ……… ……… souviens pas?
– Ah, c'est vrai… Voyons… Le buraliste ……… a parlé du match de foot, je ……… ai donné
mon opinion, d'autres clients ……… ont donné la leur, on ……… a répondu, on a essayé
de ……… convaincre qu'ils avaient tort, ils ……… ont presque insultés et…
– Oh, ……… et les matches!
– Bon, bon… J' ……… vais. Je vais voir si le buraliste ne ……… a pas trouvées.
– Téléphone-…… d'abord.
– Tu as raison, je n'……… avais pas pensé.
– Alors, il ……… a?
– Ouf, oui… Et tu sais, il ……… a aussi d'autres. Je ne suis pas le seul distrait!
– Ah, tais-……… et file ……… chercher. J' ……… ai besoin, ………, de ces clés!
– Je ……… ……… rapporte tout de suite, mon amour.
– C'est ça, rapporte-……… ………, et plus vite que ça. Je suis très pressée. Mais enfin, cette
fois j'ai compris, je ne ……… ……… prêterai plus jamais. »

Les pronoms relatifs

théorie générale

Pronom	Fonctions du pronom	Exemples
Qui	**Qui** est le sujet.	*Je connais un homme.* *- **Il** est assis sur le banc.* *- **Cet homme** est assis sur le banc.* *- **Celui-ci** est assis sur le banc.* *→ Je connais l'homme **qui** est assis sur le banc.*
Que	**Que** est complément d'objet.	*Je mange les pommes.* *- Tu as acheté **les pommes**.* *- Tu **les** as achetées.* *- Tu as acheté **ces pommes**.* *→ Je mange les pommes **que** tu as achetées.*
Dont	**Dont** remplace un complément précédé de la préposition DE, il est complément :	
	d'un nom	*J'ai un ami.* *- La mémoire **de cet ami** est exceptionnelle.* *- **Sa** mémoire est exceptionnelle.* *→ J'ai un ami **dont** la mémoire est exceptionnelle.*
	d'un verbe	*Prenez ces médicaments.* *- Vous avez besoin **de ces médicaments**.* *- Vous **en** avez besoin.* *→ Prenez ces médicaments **dont** vous avez besoin.*
	d'un adjectif	*J'ai un fils.* *- Je suis fier **de mon fils**.* *- Je suis fier **de lui**.* *→ J'ai un fils **dont** je suis fier.*
Où	**Où** est complément circonstantiel :	
	de lieu	*Ce quartier est très animé.* *- J'habite **dans ce quartier**.* *- J'**y** habite.* *- J'habite **là**.* *→ Le quartier **où** j'habite est très animé.*
	de temps	*Vous vous rappelez **ce jour**.* ***ce moment**.* *Vous avez pleuré **ce jour-là**.* ***à ce moment-là**.* *→ Vous vous rappelez **le jour où** vous avez pleuré.* ***le moment***

2. Les pronoms relatifs composés

Les pronoms relatifs composés sont obligatoires pour les objets et les idées. Ils peuvent aussi s'utiliser pour les personnes.

Pronom	Fonctions du pronom	Exemples
À qui Auquel À laquelle Auxquels Auxquelles	Le pronom relatif remplace un complément construit avec la préposition **À**. **À qui** est reservé aux personnes. Les pronoms relatifs composés sont obligatoires pour les objets et les idées. Il peuvent aussi s'utiliser pour les personnes (littéraire).	*Ils ont demandé de l'aide à des gens. Ils ont bien réagi.* → *Les gens à qui ils ont demandé de l'aide ont bien réagi.* *Je pense à une voiture ; elle est trop chère pour moi.* → *La voiture à laquelle je pense est trop chère pour moi.* *Nous participons à des réunions, elles sont ennuyeuses.* → *Les réunion auxquelles nous participons sont ennuyeuses.*
De qui Duquel De laquelle Desquels Desquelles	• Le pronom relatif remplace un complément construit avec : - la préposition **DE** - un groupe prépositionnel avec **DE** : à cause de, à côté de, près de, loin de, à droite de, à gauche de, au milieu de, au-dessus de, au-dessous de, en face de, en dehors de, etc. **De qui** est réservé aux personnes. • Le pronom relatif remplace un complément d'un nom précédé d'un groupe prépositionnel avec **DE**.	*Cette personne est trop parfumée ; je suis assis à côté d'elle.* → *La personne à côté de qui je suis assis est trop parfumée.* *J'habite en face d'un pont ; il est très beau.* → *Le pont en face duquel j'habite est très beau.* *Je pense à l'avenir de ce garçon ; il n'écoute pas mes conseils.* → *Ce garçon à l'avenir de qui je pense n'écoute pas mes conseils.*
Avec En qui Sous lequel Pour + laquelle Par lesquels Sur lesquelles Dans	Le pronom relatif remplace un complément précédé d'une préposition autre que **À** ou **DE**.	*J'ai sacrifié ma vie pour cette femme. Elle se moque de moi.* → *Cette femme pour qui j'ai sacrifié ma vie se moque de moi.* *J'ai usé ma vie sur ces travaux. Ils sont enfin récompensés.* → *Les travaux sur lesquels j'ai usé ma vie sont enfin récompensés.*

Corpus d'observation

1 🌳 🌳 **Pronoms relatifs simples et composés**

DEVINETTES À OBSERVER

1. C'est une fleur qui est blanche et avec laquelle on peut savoir si on aime quelqu'un. – **2.** Ce sont des gens dont la vie finit derrière les barreaux, sur qui (sur lesquels) on préfè-re ne pas tomber dans une rue déserte et dont la presse parle. – **3.** Ce sont des personnes pour qui (pour lesquelles) certains hommes font beaucoup de bêtises et que les femmes n'adorent pas. – **4.** C'est un objet qui ne coûte pas cher et avec lequel on peut allumer du feu. – **5.** C'est un objet qui a été inventé au XXᵉ siècle et grâce auquel on peut voyager très loin et très vite. – **6.** Les femmes à qui (auxquelles) on a donné ce titre sont normalement les plus belles du monde. – **7.** Les objets auxquels on a donné ce nom sont inconnus de la science et peuvent quelquefois se voir dans le ciel. – **8.** La peinture à laquelle on a donné ce nom se trouve au Louvre et représente une belle femme au sourire mystérieux. – **9.** La tour près de laquelle coule la Seine est célèbre et toute en métal. – **10.** Le château royal au cen-tre duquel se trouve la Galerie des Glaces est le plus célèbre de France. – **11.** Ce sont des beautés en pierre que l'on trouve dans les jardins ou les musées et autour desquelles on tour-ne avec admiration. – **12.** C'est un lieu où l'on rencontre beaucoup de mères et d'enfants, où il y a des oiseaux, où on pique-nique. – **13.** C'est la maison dans laquelle Louis XIV a passé sa vie.

Ces devinettes contiennent tous les pronoms relatifs utilisés en français.

a) Soulignez-les. Cherchez aussi les réponses aux devinettes.

b) Complétez le tableau suivant avec les éléments que vous trouverez dans les phrases.

c) Réfléchissez. Pourquoi utilise-t-on dans certains cas une forme et dans certains une autre ?

1	C'est une fleur	qui…	est blanche…
4	C'est un objet	…	ne coûte pas cher…
5	C'est un objet	…	a été inventé au XXᵉ siècle…
3	Ce sont des personnes	…	les femmes n'adorent pas.
11	Ce sont des beautés en pierre	…	l'on trouve dans les jardins…
2	Ce sont des gens … et	…	la vie finit derrière les barreaux… la presse parle
12	C'est un lieu	…	on rencontre beaucoup de mères… il y a des oiseaux, on pique-nique.
6	Les femmes	à…	on a donné ce titre…
7	Les objets	…	on a donné ce nom…
8	La peintu re	…	on a donné ce nom…
5	C'est un objet qui à été inventé au XXᵉ siècle et	grâce…	on peut voyager très loin et très vite.
2	Des gens dont la vie finit derrière les barreaux	sur…	on préfère ne pas tomber le nuit…
3	Ce sont des personnes	pour…	certains hommes font beaucoup de bêtises…

4	C'est un objet qui ne coûte pas cher et	avec…	on peut allumer du feu.
13	C'est la maison	dans…	Louis XIV a passé sa vie.
10	Le château royal	au centre…	se trouve la Galerie des Glaces.
9	La tour	près de…	coule la Seine…
11	Des beautés en pierre que l'on trouve dans les jardins ou les musées et	autour…	on tourne avec admiration.

Exercices

Pronoms relatifs simples

 1 QUI

***Sur le modèle ci-dessous, imaginez des principes décrivant qui vous aimez ou détestez.
Pour faire vos phrases, vous pouvez choisir parmi les éléments ci-dessous ou inventer vous-mêmes.***

Exemple : Cet homme se prend au sérieux. Vous détestez ça. → *Je déteste les hommes qui se prennent au sérieux.*

Verbes

Apprécier, aimer bien, aimer, adorer.

Ne pas apprécier beaucoup, ne pas aimer, détester.

Personnages

Hommes, femmes, professeurs, hommes d'affaires…

Actions

Se prendre pour un génie/parler de manière affectée/se comporter comme un macho/porter du parfum/se ronger les ongles/utiliser la séduction en affaires/jouer les victimes/se prendre pour le nombril du monde/savoir parler seulement d'argent/être incapable d'écouter les autres/utiliser tous les moyens pour réussir/accorder trop d'importance aux apparences, etc.

 2 🌳 QUE (personnes)

Faites une seule phrase avec les deux phrases proposées.

Exemple : Cette fille est danoise. Je l'ai rencontrée en Italie. → *La fille que j'ai rencontrée en Italie est danoise.*

1. Cette femme vient du Togo. Paul l'a épousée.
2. Ce bel espagnol est chef d'entreprise. Marie l'a suivi à Madrid.
3. Cette jeune suédoise est championne de ski de fond. Marc l'a conquise.
4. Ce diplomate anglais vient pour quelques jours. Annie l'a connu au Club Méditerranée.
5. Ce musicien africain veut la rejoindre à Paris. Catherine l'a rencontré au Mali cet été.
6. Ce peintre hongrois est spécialiste de l'art naïf. Heidi veut l'épouser.
7. Cette informaticienne algérienne a fini ses études très jeune. John veut la présenter à sa mère.
8. Cet Italien navigue d'habitude en solitaire. Lisbeth veut l'accompagner autour du monde.

 3 🌳 OÙ (lieu)

Continuez la phrase en utilisant le pronom relatif OÙ.

Exemple : Je voudrais te faire visiter la ville où j'ai passé toute mon enfance.

1. Il faut absolument que tu visites ce musée magique ……… – **2.** Nous avons acheté une délicieuse petite maison .... – **3.** C'est un étrange pays .... – **4.** Ils ont dû passer la nuit dans un vieux château .... – **5.** Le village .... est en train de mourir : tous les habitants s'en vont. – **6.** Il n'a jamais remis les pieds dans la ville .... – **7.** C'est une région étonnante .... – **8.** Cette cave, ..., est restée fermée pendant des siècles. – **9.** Messieurs, mesdames, voici la tour .... – **10.** L'université....... date du Moyen Âge.

4 🌳 OÙ (temps) = À l'instant où/Juste à la seconde où...

Faites une seule phrase avec les deux en utilisant le pronom relatif OÙ. (Les phrases ne seront pas toujours dans le même ordre.)

Exemple : Les bandits sortaient de la banque. À cette minute-là les policiers sont arrivés
→ *La police est arrivée à la minute où les bandits sortaient de la banque.*

1. Je fermais la porte. À cet instant-là le téléphone a sonné. – **2.** Pierre dormait devant sa télévision. À cette heure-là les astronautes sont redescendus sur terre. – **3.** L'enfant s'est réveillé en sursaut dans son lit. À cette seconde-là un avion s'écrasait pas très loin de là. – **4.** Le capitaine donnait l'ordre de jeter l'ancre. À cette minute-là le cargo a heurté un récif. – **5.** Il allait percuter le camion. À cette seconde-là il a redressé le volant. – **6.** Le malfaiteur était sur le point de tirer. À cet instant-là un inspecteur l'a désarmé. – **7.** Il commençait à brûler les documents dans la cheminée. Nous avons réussi à ouvrir la porte juste à ce moment-là. – **8.** Certains ne vivent que la nuit. À cette heure-là les autres dorment. – **9.** Tu éteindras la lumière. J'arriverai avec le gâteau et les bougies juste à ce moment là.

5 🌳 OÙ (temps) = Le jour où

Transformez les phrases selon le modèle suivant :

Elle : *Tu te souviens quand nous nous sommes rencontrés ?*
Lui : *Bien sûr, cette année-là je passais mon bac !*
→ *Ils se sont rencontrés l'année où il passait son bac.*

1. **Elle :** Tu te souviens quand nous nous sommes embrassés pour la première fois ?
   Lui : évidemment ! Ce soir-là je suis tombé en dansant au bal de l'université.
2. **Lui :** Tu te rappelles quand tu m'as présenté à tes parents ?
   Elle : Oh là là, oui. Ce jour-là mon frère a eu un accident de voiture !
3. **Elle :** Et quand nous nous sommes fiancés, c'était un matin ou un après-midi ?
   Lui : C'était un après-midi d'automne. Il neigeait déjà !
4. **Lui :** Notre mariage c'était le matin, en juillet.
   Elle : Il y a eu le seul orage de la saison !
5. **Elle :** Et notre voyage de noces à Venise, tu te souviens de la date ?
   Lui : Oui, cette semaine-là, il a plu sans arrêt !
6. **Lui :** Notre premier bébé n'est pas bien arrivé, tu te rappelles ?
   Elle : Tempête de neige ! Et le médecin était malade, ce soir-là !
7. **Elle :** Notre deuxième enfant est né une nuit d'hiver.
   Lui : Cette nuit-là j'ai été élu maire de notre village.
8. **Lui :** Et nos premières disputes, tu te souviens quand c'était ?
   Elle : Bien sûr. Cette année-là, j'ai voulu recommencer à travailler.

6 🌸 DONT

Remplacez l'expression de possession par le pronom relatif DONT et faites une seule phrase.

*Exemple : J'ai acheté une voiture. Le moteur **de** cette voiture est puissant. **Son** moteur est puissant.* → *J'ai acheté une voiture **dont** le moteur est puissant.*

CERTAINS VIVENT VRAIMENT BIEN

1. Charlie a acheté un diamant à sa femme. Le prix de ce diamant est incroyable !
2. Il n'accepte d'aller qu'à l'hôtel Carlton. La piscine de cet hôtel est immense.

3. Il vient d'épouser une jeune actrice. Sa beauté est vraiment exceptionnelle.

4. Nous allons acheter une propriété sur la Côte d'Azur. Le jardin de cette propriété est magnifique.

5. Si vous voulez manger du caviar vraiment bon, achetez du caviar de la mer Noire. Son goût est inimitable.

6. Les Martin ont un appartement de trois cents mètres carrés. Les fenêtres de cet appartement donnent sur la tour Eiffel.

7. Annie vient de se marier avec un présentateur de télévision. Le salaire de celui-ci est de 10 000 euros par mois.

8. Je vais partir en mer quelques mois avec un milliardaire grec. Son yacht vaut une fortune !

9. Ils ont loué une superbe villa. Sa piscine est chauffée par un système solaire.

 7 **DONT remplaçant EN**

Remplacez le pronom EN par le pronom relatif DONT et faites une seule phrase.

Exemple : Il ne peut pas encore s'acheter cette moto. Il en a vraiment envie.
→ Il ne peut pas encore s'acheter cette moto dont il a vraiment envie.

D'AUTRES VIVENT PLUS MODESTEMENT...

1. Il aimerait bien visiter ces pays exotiques. Il en a seulement entendu parler.

2. Nous devons attendre encore un peu pour acheter ces vélos. Les enfants en ont envie.

3. Dans la vitrine, elle va souvent regarder ce beau manteau. Elle en rêve depuis un mois.

4. Elle a des tas de problèmes financiers. Elle n'en parle presque jamais.

5. Son fils a finalement trouvé un petit travail à mi-temps. Il en est très content.

6. Il a refusé de leur donner de l'argent. Ils en avaient besoin.

7. Il va bientôt nous montrer sa petite maison. Il en est très fier !

8. Excusez-moi de vous faire asseoir sur ce mauvais fauteuil. J'en ferai bientôt du bois pour le feu !

8 **DONT remplaçant DE LUI, etc.**

Même exercice.

CERTAINS VEULENT AVOIR DES RELATIONS...

1. J'aimerais beaucoup rencontrer cet écrivain célèbre. On m'a tellement parlé de lui !

2. J'ai enfin obtenu un rendez-vous avec cette actrice. Tout le monde parle d'elle en ce moment.

3. Je cherche un moyen de connaître ce grand patron. Tu as sûrement entendu parler de lui.

4. Je suis curieux de voir ces chanteurs. Tout le monde dit du bien d'eux.

5. Je suis invité à une réception chez ces danseuses américaines. Tous les hommes sont fous d'elles !

6. Antoine va finalement nous présenter cette mystérieuse poétesse russe. Il est si fier d'elle !

7. Peux-tu me faire rencontrer cet homme d'affaires ? Les journaux spécialisés disent du bien de lui.

8. Marjorie garde pour elle ce séduisant danseur argentin. Elle est amoureuse de lui.

9 **QUI / QUE / DONT / OÙ**

Faites une seule phrase en utilisant un pronom relatif.

1. Ce jeune homme est très sympathique. Je l'ai vu avec vous hier soir.

2. Il a travaillé longtemps au Brésil. Il a rencontré sa femme là-bas.

3. Pierre avait besoin de mes livres ; je n'ai pas pu les lui prêter.

4. Il connaît bien ce petit village ; il y a passé ses vacances l'année dernière.

5. Jacques et Philippe sont des amis ; je les emmène faire de l'alpinisme.

6. Marie a eu un accident. Tu as vu sa voiture, elle est toute cassée.

7. Il cherche un papier. Il en a besoin.

8. Je suis allé souvent en Suède. Je connais bien ce pays.

9. Nous sommes partis un dimanche matin. Il pleuvait beaucoup ce jour-là.

10. Je reviens d'un long voyage. Je suis très content de ce voyage.

11. Vous m'avez conseillé de lire ce livre. Je n'ai pas pu l'acheter ; il n'y en avait plus.

12. J'ai ramené une jeune fille chez elle ; elle avait manqué l'autobus.

13. Hier je vous ai donné des lettres à taper. Est-ce que vous les avez tapées ?

14. J'ai perdu mon bracelet en or. Ma mère m'avait fait cadeau de ce bracelet.

15. Pierre a acheté un très beau tableau. La couleur dominante de ce tableau est le rouge.

16. Il a eu un grave accident. Ce jour-là, il venait d'acheter sa voiture.

10 🌳 QUI / QUE / DONT/OÙ

Complétez les lettres en utilisant un pronom relatif.

1. Leïla a un frère. Il est professeur. Elle écrit à Françoise :
– Viens samedi prochain, je te présenterai ....

2. Miribel est un petit village. Chaque année dans ce village, il y a une grande fête. Marie veut y aller. Elle écrit à Françoise :
– Veux-tu venir avec moi, je vais à Miribel ....

3. Monsieur Leroux est en train de réparer une machine. Le directeur en a besoin. Il écrit un mot à monsieur Leroux :
– Monsieur Leroux, avez-vous ....

4. Le directeur doit aller à une réunion. Il a besoin d'une lettre et il veut que sa secrétaire la tape pour lui. Elle n'est pas là. Il laisse la lettre sur son bureau avec un mot :
– Mademoiselle, voulez-vous ....

5. Madame Fumet a parlé d'un jeune homme à son patron. Le patron voudrait voir le jeune homme mais il a oublié son nom. Il écrit à madame Fumet :
– Madame, voudriez-vous ....

6. Monsieur Puce a perdu sa serviette. Elle contenait des dossiers importants. Il voudrait la retrouver. Il écrit à un ami policier :
– J'ai perdu .... Veux-tu m'aider à la retrouver ?

7. Marc a aperçu dans le métro, mardi 10 octobre à 18 heures, une ravissante jeune asiatique habillée tout en rouge. Il écrit une petite annonce pour le journal *Libération* :
– Message personnel. Je voudrais revoir ....

8. Aglaé est amoureuse de Pierre. Pierre est amoureux de Sophie. Aglaé écrit au courrier du cœur du journal *Elle* pour demander conseil :
– Comment faire pour ....

11 🌳 🌳 Magasins européens

Allongez les phrases comme dans l'exemple suivant. Le pronom relatif doit garder la même fonction dans votre phrase que dans la phrase de départ. Attention aux changements possibles de déterminants.

*Exemple : Elle travaille dans **un magasin portugais**. → Le magasin portugais où elle travaille est très bien.*

1. Ce magasin asiatique vend **des spécialités alimentaires**. – **2.** Cette boulangerie allemande propose beaucoup de **pains complets**. – **3.** Les **vêtements** de ce grand magasin anglais sont très bon marché. – **4.** Il y a souvent des soldes dans **cette boutique grecque**. – **5.** Ce marchand de meubles suédois annonce des **prix** étonnants. – **6.** Nous faisons nos courses dans **un hypermarché français**. – **7. Cette épicerie italienne** a d'excellents produits. – **8.** J'ai besoin de **ce vin espagnol** pour ma sangria. – **9.** Cet excellent gruyère vient de la **fromagerie suisse**. – **10.** On m'a beaucoup parlé de ces **commerces** algériens.

 Relatives en incise

a) *Examinez les articles ci-dessous et refaites les phrases comportant des relatifs en plusieurs phrases simples.*

ÉTATS-UNIS – ACCIDENT D'AVION AVEC MARIJUANA

Un avion de tourisme, à bord duquel ont été retrouvés plus de 200 kg de marijuana, s'est écrasé hier sur la base aéronavale de Jacksonville (Foride), tuant les deux personnes qui se trouvaient à bord, a indiqué la marine américaine. L'appareil, un bimoteur Piper Apache, qui s'était égaré dans un épais brouillard, a raté son atterrissage.

VÉNÉZUELA – SYNDICALISTE ASSASSINÉ

Le président de la Centrale unique des travailleurs du Venezuela Hemmy Croes a été tué par balles dans la nuit de dimanche à lundi à Caracas. Des inconnus, qui se trouvaient à bord d'une automobile, ont tiré une rafale de mitraillette sur Hemmy Croes, cinquante-quatre ans, qui a succombé sur le coup, a précisé la police.

ÉCLAIR – 683 SUPPRESSIONS D'EMPLOIS D'ICI LE MOIS DE JUIN

Bernard Briand, qui a repris à l'automne les piles Éclair a indiqué hier que l'entreprise, dont les comptes sont dans le rouge, devrait procéder à la suppression de 683 employés d'ici à la fin du premier semestre.

---

b) *Rédigez des articles comportant des phrases relatives en incise à partir des éléments ci-dessous.*

Article 1 :
Phrase 1 – Un bateau a coulé hier au large de Brest. Il transportait des produits toxiques. Il y a trois morts et deux blessés.
Phrase 2 – Le bateau a heurté un récif près de la côte. Son radar venait de tomber en panne.
Phrase 3 – Cette zone maritime est la plus dangereuse de la Bretagne. De nombreux bateaux y circulent.

Article 2 :
Phrase 1 – L'acteur Yann Laroche a critiqué la France. Il habite en Suisse.
Phrase 2 – L'acteur est mécontent des orientations politiques du gouvernement. Toute sa carrière s'est faite en France.
Phrase 3 – On est étonné que cet acteur célèbre se plaigne de la France. Elle ne lui a pourtant pas trop mal réussi…

Article 3 :
Phrase 1 – Les consommateurs rejettent de plus en plus l'abus de la publicité par courrier. Ils ont trouvé un nouveau mode d'action.
Phrase 2 – Une association marseillaise vient d'imprimer un autocollant « Retour à l'envoyeur ». Elle reprend ainsi une initiative parisienne.
Phrase 3 – Vous pouvez coller cet autocollant sur les lettres des sociétés de vente par correspondance. Il permet de les renvoyer à l'expéditeur.
Phrase 4 – Ce nouveau mode d'action sera bientôt élargi à toute la France. Son efficacité semble grande.

c) *Rédigez vous-même un article, en utilisant le même procédé.*

Pronoms relatifs composés

31.2
ECR

13 🌳🌳 AUQUEL / À LAQUELLE / AUXQUELS / AUXQUELLES
Complétez avec le pronom relatif qui convient.

1. La question ……… j'aimerais répondre est la suivante : où allons-nous ?
2. Les conclusions ……… aboutissent nos adversaires politiques sont inacceptables.
3. Le problème ……… notre parti a le plus réfléchi est le problème majeur de notre époque.
4. C'est une affaire très difficile ……… j'ai déjà consacré beaucoup d'énergie.
5. C'est un sujet très délicat ……… il faut réfléchir sérieusement.
6. Voilà les obstacles majeurs ……… peut se heurter notre programme.
7. Je vous proposerai demain la solution ……… m'ont amené mes réflexions.
8. Cette solution a des avantages ……… vous n'avez pas pensé jusque-là.

31.2
ECR

14 🌳🌳 LEQUEL / LAQUELLE / LESQUELS / LESQUELLES
a) *Associez les éléments de la colonne A et de la colonne B. Attention au sens, au genre et au nombre.*

A	B
1. La voiture sous…	**a)** laquelle ils se sont battus est toujours d'actualité.
2. Le faux passeport avec…	**b)** lesquelles nous avions fait des graffitis ont disparu.
3. Le lait en poudre sans…	**c)** lesquels se sont cachés les terroristes sont connus.
4. La cause pour…	**d)** laquelle on avait mis la bombe est entièrement détruite.
5. Les logements dans…	**e)** lequel ils ont passé la frontière était d'origine française.
6. Les affiches sur…	**f)** lequel on ne pourrait pas nourrir ces enfants est arrivé hier.

b) *Continuez les phrases suivantes.*
1. Il porte encore aujourd'hui les vêtements avec ………
2. Elle a conservé toute sa vie la petite boîte dans ………
3. Ils collectionnent depuis longtemps des photos sur ………
4. Voilà notre plus vieux fauteuil sous ………
5. Je suis très fier de ces résultats pour ………
6. Ils ont décidé de monter cette pièce dans ………
7. Il a monté au grenier les cartons dans ………

32.1
ECR

15 🌳🌳🌳 DUQUEL / DE LAQUELLE / DESQUEL(LE)S
Et maintenant voici la formule pour trouver la cachette du trésor ! Quand vous aurez transformé toutes les phrases, il sera à vous !

Exemple : Cet arbre est rouge. Le trésor est enterré sous les branches d'un arbre.
→ *L'arbre sous les branches duquel le trésor est enterré, est rouge.*

1. Le trésor est caché sur le flanc d'une colline. Cette colline est élevée.
2. La colline se trouve au centre d'une île. Cette île est minuscule.
3. L'arbre se dresse à côté d'un rocher bleu. Ce rocher ressemble à une chèvre.
4. Depuis la plage, il faut marcher en direction des grands arbres. Ces arbres ont des grandes feuilles jaunes.
5. Les arbres poussent à proximité de sources d'eau chaude. Ces sources d'eau chaude sont dangereuses.
6. Avant de creuser la terre, vous devrez compter trois pas à partir d'un caillou. Ce caillou est vert.
7. Notre île se situe à côté d'autres îles. Ces îles sont inconnues.

Vous avez trouvé ? Bravo !

À propos, c'était quoi, ce trésor ?

16 **DONT / DE QUI / DUQUEL**

Complétez avec le pronom relatif qui convient.

UNE VOITURE QUI DÉCOIFFE!

Regarde! Voici la nouvelle voiture ...... je t'ai parlé hier. Elle a un moteur révolutionnaire à côté ...... celui des Formules 1 est un chat comparé à un tigre! Elle a des phares en face ...... la nuit la plus noire recule en criant de peur! Sa carrosserie est faite d'un nouveau plastique ...... tous les autres constructeurs cherchent désespérément la formule! Elle a des vitres au travers ...... aucun projectile ne peut passer, même pas une bombe! C'est enfin la voiture ...... tous les hommes rêvent! Et ses heureux propriétaires seront les hommes auprès ...... toutes les femmes voudront vivre! D'accord son prix est élevé, mais c'est un prix au-dessous ...... on ne trouve aucune voiture de cette classe! Elle procure des satisfactions exceptionnelles à côté ...... les satisfactions habituelles ne sont rien! Je veux être cet homme irrésistible pour le charme ...... toutes les femmes se battront! Je veux cette voiture, je la veux, je la veux!

17 **Lieux avec OÙ ou composés après préposition**

a) *Complétez avec les pronoms relatifs qui conviennent.*

UN CLUB TRÈS FERMÉ

Vous allez tout savoir sur le club ...... les gens les plus fortunés passent leurs vacances. C'est un club très privé ...... on se rend exclusivement en jet ou en yacht et dans ...... on ne rencontre que des gens très chics. C'est un luxueux village autour ...... s'étend une forêt pleine de fleurs et d'oiseaux et près ...... se trouve la plage. Ah! cette plage de sable blanc ultrafin devant ...... s'étend une mer bleu turquoise! Et au-dessus de ...... dansent les cocotiers! C'est un paradis ...... vous ne pourrez pas entrer si vous n'êtes pas une célébrité.

b) *Transformez selon l'exemple.*

Exemple: Dans le village, les maisons sont luxueuses.
> → *Il y a un village dans lequel les maisons sont luxueuses.*
> *(Ici « où » est possible aussi, mais ce n'est pas vrai pour toutes les autres phrases.)*

1. Près de ce village, il y a une ville antique très bien conservée. – **2.** Aux alentours des maisons, la forêt exotique s'étend. – **3.** À l'intérieur des maisons il y a l'équipement le plus ultra-moderne. – **4.** Pas loin du village se trouve un lagon aux eaux merveilleuses. – **5.** Dans les eaux du lagon nagent des poissons aux couleurs fantastiques. – **6.** Au milieu des poissons familiers, on peut nager sans crainte. – **7.** Au bord de la plage, il y a de beaux voiliers. – **8.** Au-dessus des voiliers flotte le drapeau français. – **9.** Dans ces voiliers, on peut inviter douze personnes. – **10.** Au centre de la place se dresse une statue magnifique.

Synthèse des pronoms simples et composés

18 **Pronoms relatifs composés**

Complétez avec le pronom relatif qui convient.

1. Je ne me souviens plus des rues à la découverte ...... tu m'as entraîné l'autre jour. **2.** Les paysages à l'exploration ...... nous vous invitons font partie du patrimoine de l'humanité. – **3.** Les filles en compagnie ...... tu m'as rencontrée aimeraient bien te revoir. – **4.** Ce tableau, par rapport ...... les tiens sont bien supérieurs, a tout de même atteint un bon prix à la salle des ventes. – **5.** Les événements à partir ...... il a créé ce roman se sont véritablement passés pendant son enfance à Prague. – **6.** L'arbre à l'ombre ...... elle s'était reposée était un magnifique tilleul. – **7.** Tu te rappelles cette dame à côté ...... nous étions assis au cinéma, qui n'a pas arrêté de manger du pop-corn pendant tout le film? Et bien, c'était la femme de mon patron! – **8.** Il sera toujours reconnaissant à son oncle sans l'aide ...... il n'aurait jamais réussi à finir ses études. – **9.** Ces chaussures que je viens d'acheter en comparaison ......, celles que je portais il y a dix ans, sont beaucoup moins solides. –**10.** Ces villes, dans la périphérie ...... on a installé des grandes surfaces et des garages, ont perdu toute leur originalité.

B1.2
CECR

19 🌳 🌳 Pronoms relatifs simples et composés
Terminez les phrases.

1. C'est un garçon …
qui ....; que ....; dont ....; à qui ....; chez qui ....
2. Voilà la jeune femme
qui ....; que ....; près de qui ....; pour qui ....; en qui ....
3. C'est le fauteuil …
où ....; sur lequel ....; sous lequel ....; dans lequel ....; que ....; qui ....; dont ....

B1.2
CECR

20 🌳 🌳 Pronoms relatifs simples et composés, divers
Complétez avec le pronom relatif qui convient (précédé ou non d'une préposition).
Trouvez aussi la préposition.

1. C'est une journaliste extraordinaire
a) ...... a tous les courages. – b) ...... l'on respecte beaucoup. – c) ...... les articles font sensation. – d) ...... on peut compter pour les reportages délicats. – e) ...... la vie est un tourbillon permanent.

2. Ces gens bizarres…
a) ...... sont avec toi
b) ...... tu emmènes partout
c) ...... tu passes ton temps   me déplaisent.
d) ...... tu as confiance
e) ...... tu dis du bien
f) ...... tu te bats

3. Il y a des livres…
a) ...... font rêver. – b) ...... on ne se lasse pas. – c) ...... l'on relit quatre ou cinq fois. – d) ...... on pense après les avoir finis. – e) ...... on trouve des informations précieuses. – f) ...... il faut faire de la publicité.

4. Cette voiture…
a) ...... est très puissante
b) ...... j'adore la couleur
c) ...... il y a beaucoup de place   me convient très bien.
d) ...... je peux dormir
e) ...... j'ai peint des fleurs
f) ...... je me suis ruiné
g) ...... j'ai eu un accident

5. Inventez des phrases autour des mots suivants : actrice, lunettes.

6. Définissez les personnes ou les objets que vous aimez en utilisant des phrases relatives.

B1.2
ECR

21 🌳 🌳 Simples et composés
Préposition donnée sauf pour les contractés.
Complétez avec le pronom relatif qui convient.

1. J'ai rencontré un homme politique ...... les idées sont intéressantes. – **2.** Les fleurs ...... mon fiancé m'a offertes sont déjà fanées. – **3.** Il se souvient très précisément du lieu ...... est arrivé l'accident. – **4.** Le toit sur ...... je suis monté l'autre jour était en très mauvais état. –

5. Le problème ...... il a réfléchi toute la nuit lui a donné mal à la tête. – **6.** La porte par ...... sont entrés les cambrioleurs était mal fermée. – **7.** Quand on a trouvé des gens en ...... on peut avoir confiance, tout va bien. – **8.** Je refuse de mettre les vêtements ...... mon frère aîné a déjà portés. – **9.** J'ai été obligé de donner ce pantalon dans ...... je ne pouvais plus entrer. – **10.** J'ignore complètement les informations ...... vous faites référence. – **11.** Ce sera un programme chargé au cours ...... le président devra rencontrer tous les hommes politiques. – **12.** J'ai l'honneur de vous présenter M. Turbin, grâce ...... notre opération a réussi. – **13.** Il a été impossible de trouver dans les magasins le cadeau ...... nous avions pensé pour papa. – **14.** À l'entrée vous pouvez voir une porte au-dessus de ...... se trouve une magnifique sculpture. – **15.** Un jour, le fauteuil sur ...... était assis le président s'est cassé en pleine conférence. – **16.** La personne ...... vous attendiez est arrivée, Monsieur. – **17.** Voilà justement l'homme ...... je vous disais le plus grand bien à l'instant. – **18.** Il porte toujours des chaussures dans ...... les orteils sont à l'aise. – **19.** Notez la petite taille du lit ...... dormait une famille entière. – **20.** Tu as encore cassé un des verres ...... m'avait donnés ma grand-mère. – **21.** Les motos avec ...... les plus grands champions ont gagné leurs courses seront exposées à Alpexpo du 15 au 20 novembre. – **22.** Les immeubles en face ...... se trouvait la fenêtre de notre chambre nous cachaient toute la vue. – **23.** J'ai complètement oublié au réveil les histoires si drôles ...... j'avais rêvé toute la nuit. – **24.** Comme le temps passe ! Je ne me rappelle pas le visage de cette fille pour ...... j'aurais fait n'importe quoi il y a dix ans. – **25.** Tu as remarqué la voiture à côté ...... j'ai garé la mienne ? C'est une voiture de collection ! – **26.** Nous voulons remercier aujourd'hui, au nom de tous ceux qu'il a aidés, notre ami Paul Durant pour l'œuvre ...... il a consacré toute sa vie. – **27.** La route en travers ...... le camion s'est renversé a été bloquée pendant une journée entière. – **28.** Il y a des tableaux pour ...... les spéculateurs d'art dépensent des millions.

B2.1
CECR

22 🌳🌳🌳 **Relatives et nominalisations d'action**

*Exemple : Le livre **est sorti**. Tous les fans se sont précipités en librairie. Le livre a déçu ses lecteurs.*

Dans un premier temps, transformez le verbe en caractère gras en nom :
le livre est sorti → la sortie du livre.

Puis transformez la phrase :
*Le livre **à la sortie duquel** tous les fans se sont précipités en librairie a déçu ses lecteurs.*

1. Il achète des livres anciens. Il consacre beaucoup d'argent à cela. Ces livres ont pris de la valeur. → Les livres anciens à l'.........

2. Une sculpture **a été vendue**. Elle est partie pour une somme astronomique. J'ai assisté à cela. → La sculpture à la ....

3. Les criques **sont explorées**. Tu m'y a emmenée. Elles sont magnifiques. → Les criques à l'.........

4. Le ballet **a été répété**. J'ai pu y aller. Le ballet sera bientôt présenté au public. → Le ballet à la ....

5. La banque **a été braquée**. Elle était en faillite. Il a participé à cette action. → La banque au ....

6. Ils m'ont pilotée pour **découvrir** une ville. Cette ville m'a vraiment séduite. → La ville à la ....

7. L'avion privé **est arrivé**. Une centaine de journalistes se pressait là. L'avion ne transportait pas le chef de l'État. → L'avion privé à l' ....

8. Les huîtres crues sont devenues mon plat préféré. Les Français m'ont invitée à les **déguster**. → Les huîtres crues à la ....

B1.2
CECR

23 🌳🌳 CE QUI / CE QUE / CE DONT / CE À QUOI

a) *Observez les phrases suivantes.*

Elle est extravertie.

Tout le monde sait

ce qui	lui plaît.
ce qui	l'amuse.
ce qu'	elle aime.
ce qu'	elle veut.
ce dont	elle rêve.
ce dont	elle a besoin.
ce à quoi	elle pense.
ce à quoi	elle accorde de l'importance.

b) *Complétez les phrases suivantes.*

Il est secret. On ne sait jamais :
1. ...... il pense ...... – **2.** ...... il déteste ...... – **3.** ...... lui déplaît ...... – **4.** ...... l'attriste ...... – **5.** ...... il se moque ...... – **6.** ...... il rêve ...... – **7.** ...... il travaille ...... – **8.** ...... il s'amuse ......

Attention : avant de compléter, réfléchissez à la construction du verbe : détester… quelque chose. Penser… à quelque chose…

B2.1
ECR

24 🌳🌳🌳 CE QUI / CE QUE / CE DONT / CE À QUOI

Voici une série de phrases stéréotypiques contenant « ce qui », « ce que », « ce dont », « ce à quoi ».
a) *Complétez-les avec l'expression qui convient.*
b) *Trouvez un contexte d'emploi : qui peut dire ça à qui, pour dire quoi, en réponse à quoi ? Élaborez des dialogues contenant chacune de ces expressions.*
1. Dites-moi tout .... vous passe par la tête. – **2.** Faites attention à .... vous dites ! – **3.** Dans la vie, il faut savoir .... en vaut vraiment la peine. – **4.** .... se passe était prévisible. – **5.** C'est bien triste, ... est arrivé. – **6.** C'est .... vous dites ! – **7.** On ne fait pas toujours .... on veut. – **8.** C'est bien .... je me demande. – **9.** On se demande .... l'intéresse. – **10.** Faites .... je dis, pas .... je fais ! – **11.** Impossible de savoir .... il a. – **12.** Dis-nous .... ne va pas. – **13.** Dites-nous .... nous pouvons faire (pour vous). – **14.** Non ! ce n'est pas .... vous pensez. – **15.** Racontez-moi .... vous avez fait. – **16.** Elle ne fait que .... lui plaît.

B2.1
ECR

25 🌳🌳🌳 CELUI QUI, etc.

a) *Observez les phrases suivantes :*

Il est jaloux de tous les autres hommes, et surtout de ceux qui sont beaux, riches et célèbres.

ceux que tout le monde adore.
ceux dont tout le monde parle.
ceux à qui tout réussit.
ceux pour qui la vie est un tapis de roses.

b) *Réfléchissez : que se passe-t-il si on change le début ?*

« Elle est jalouse de toutes les autres femmes, et surtout de .... ».
Continuez.

c) *Complétez les phrases suivantes :*

1. – « – .... te plaît, c'est le petit blond ?
– Non, c'est .... est accoudé au bar. »

2. «Papa! Maman! je vais me marier! j'ai enfin rencontré le prince charmant, ... j'attendais depuis si longtemps… »

3. « Messieurs les jurés, cette ravissante jeune femme est bien .... a tué son mari de sang-froid le soir du 24 juillet 2004! »

4. – « Finalement, tu as acheté quelle robe pour le mariage?
– .... j'avais essayée aux Galeries, la bleue. »

5. – « Alors c'est vrai, les vieux journaux vous intéressent?
– Oui. Mettez-moi de côté .... vous ne voulez plus. »

6. – « Venez, je veux vous présenter M. Agnelli.
– Ah! .... toute la presse parle. J'arrive! »

7. « Je déteste les gens qui manquent d'imagination et surtout .... se prennent au sérieux! »

8. « Voici .... il a abandonné femme et enfants. Pourtant, ce n'est pas une beauté fatale! »

9. « Permettez-moi, chers passagers, de vous présenter .... vous allez partager cette croisière de rêve. »

10. Dans la vie, il y a .... mangent et .... sont mangés.

11. « Quels sont vos livres préférés? .... vous emporteriez sur une île déserte? »

12. « Monsieur, je ne suis pas .... vous croyez! »

13. Il y a .... on aime et .... on épouse…

14. « Retourne-toi, mais discrètement surtout. Tu verras une très belle femme brune. C'est .... je suis tombé fou amoureux. »

15. « Il me faut dix de tes hommes pour ce commando mais seulement .... on peut vraiment compter. »

16. « J'ai essayé une nouvelle recette, ... propose le dernier *Elle*. »

17. – « Quelle variété de desserts! J'aimerais goûter tous .... sont sur le buffet!
– Libre à vous, Madame, vous pouvez vous servir à volonté. »

18. « Elles sont fraîches vos moules? Je mange exclusivement .... sont pêchées le jour même! »

B1.2
CECR
26 🌳🌳 *Faites une seule phrase des deux phrases proposées en utilisant le pronom relatif qui convient; plusieurs phrases sont possibles.*

Exemple: Elle a choisi la robe bleue; cette robe était exposée dans la vitrine.
→ *Elle a choisi la robe bleue **qui** était exposée dans la vitrine.*
→ *La robe bleue **qu'**elle a choisie était exposée dans la vitrine.*

1. Nous pensons à une autre solution; elle plairait à tout le monde.

2. Ce petit village alpin est un lieu de vacances idéal pour une famille nombreuse; j'y vais régulièrement et je vous en ai souvent parlé.

3. Le gros chien à poils blancs est un labrador; il ne va jamais se promener sans lui.

4. Ses enfants se sont montrés bien ingrats; il avait fait tant de sacrifices pour eux.

5. L'église était adossée contre un vieux mur; il datait du XVIe siècle; il s'est écroulé.

6. Le candidat était écologiste; elle a voté en sa faveur; il a été réélu.

7. Les actrices sélectionnées étaient très jeunes; il devait faire le choix de son héroïne parmi elles.

8. Ce produit est totalement inoffensif; j'ai réussi à décaper ma table grâce à lui.

9. La police a retrouvé dans le jardin une échelle; c'est au moyen de cette échelle que le cambrioleur a réussi à pénétrer dans la villa.

10. Ce jardin est le plus fréquenté du village; une statue de Victor Hugo se dresse en son milieu.

27 Pronoms relatifs divers, relatives en incises
Faites une phrase avec les deux, en plaçant la relative en incise.

LES ANNÉES SIDA

Exemple : Cette maladie est très dangereuse. Son origine est mal connue.
→ *Cette maladie, dont l'origine est mal connue, est très dangereuse.*

1. Cette maladie est due à un virus. Les scientifiques du monde entier cherchent un remède pour cette maladie. – **2.** Cette maladie serait née dans les années 80. On n'a pas encore trouvé de vaccin contre cette maladie. – **3.** Cette maladie progresse rapidement. Elle a déjà tué des dizaines de millions de malades. – **4.** Cette maladie n'est pas très contagieuse. Mais tout le monde en a peur. – **5.** Cette maladie est probablement toujours mortelle. Mais on peut vivre longtemps avec elle. – **6.** Les malades doivent garder l'espoir. La médecine pourra bientôt les soigner efficacement. – **7.** Certains malades peuvent continuer à travailler. La santé de ces malades n'est pas trop atteinte. – **8.** Le grand public a compris que cette maladie pouvait frapper tout le monde. La presse a beaucoup informé le public. – **9.** Les pays africains sont très touchés par cette épidémie. Les conditions économiques sont difficiles dans ces pays. – **10.** La solidarité pour les malades est absolument nécessaire. Tout le monde doit participer activement à cette solidarité.

28 Pronoms relatifs divers
Allongez les phrases suivantes à partir des mots en caractère gras.

*Exemple : Il est né **dans un pays africain**.*
→ *Le pays africain **où il est né** se trouve au centre du continent.*
Attention :
– Le mot doit garder dans la relative la même fonction que dans la phrase de départ.
– Les déterminants peuvent changer.

1. La paix a été signée grâce au **président de l'ONU**. – **2.** Cette jeune nation a besoin **d'aide économique**. – **3.** Les négociations nous ont proposé **une autre solution**. – **4.** La délégation chinoise est sortie de la salle à l'annonce de **cette nouvelle**. – **5.** Nous habitons sur **la même planète**. – **6.** Le président a confiance **en son représentant**. – **7.** Les pays endettés ne s'attendaient pas à **cette réponse** du conseil. – **8.** Le siège des Nations unies se trouve dans **un pays européen**. – **9.** Les deux camps sont restés chacun sur **leur position**. – **10.** Les auditeurs regardaient l'orateur **avec amusement**.

29 Pronoms relatifs simples et composés - Créativité

De vos voyages, vous avez rapporté des objets anciens dont vous êtes très fier et que vous faites admirer à vos amis en faisant des commentaires.

*Exemple : « Cette statuette, **qui** vient de Turquie, **que** j'ai durement marchandée mais **que** j'ai quand même payée très cher, me plaît autant qu'au premier jour. Si vous regardez la matière **dont** elle est faite, vous verrez que c'est du marbre **qui** a été longuement poli et **dont** la couleur est exceptionnelle… La région **dans laquelle** je l'ai trouvée est très dangereuse… »*

Vous pouvez présenter : des livres/des sculptures/des tableaux/des bijoux/des soldats de plomb/des masques/des miniatures/des tableaux, etc.

Choisissez pour votre description au moins un élément de chaque catégorie (de 1 à 6).

1. L'objet peut-être
– en marbre/or/bois/cuir/soie/ivoire…
– unique/introuvable/original/précieux…
– d'une grande beauté/d'une finesse exceptionnelle/d'une taille inhabituelle…
– composé de…/fait de…/accompagné de…

2. a) *Vous l'avez…*
– rapporté… du Brésil/en fraude/dans le double fond de votre valise…
– trouvé, déniché, découvert, acheté… au Mexique/par hasard/après de longues recherches/au fond du bocage normand/dans une épicerie…
– durement marchandé/obtenu après de rudes négociations/volé dans un temple en pleine jungle/pris au péril de votre vie/échangé contre votre tube de crème solaire…

   b) *On vous l'a…*
– vendu… à prix d'or/à un prix défiant toute concurrence/pour trois fois rien…
– offert… en remerciement de vos services/par admiration pour votre courage/comme signe d'amour/pour obtenir vos faveurs…
– cédé… à contrecœur/illégalement/pour le mettre sous votre protection.

3. a) *On vous en avait…*
– …beaucoup parlé/dit monts et merveilles/déconseillé la recherche/indiqué la cachette/précisé l'origine…

   b) *son origine…*
– est… inconnue/très ancienne/mystérieuse/encore discutée
– remonte… à la préhistoire/au VIe siècle/à l'époque médiévale/au règne du roi Charlemagne

   c) *Son auteur…*
– est… inconnu/Michel-Ange/un berger/un artiste de l'époque…

   d) *Le travail de l'objet…*
– est… très délicat/particulièrement soigné/inhabituel/assez grossier.

   e) *Le précédent propriétaire de l'objet*
– était… un roi/un magnat du pétrole/un pauvre paysan/un autre collectionneur/un musée…

4. Pour, à cause de cet objet…
– des hommes… se sont disputés/déchirés/battus/massacrés
– des hommes… ont perdu la vie/trahi leur patrie/traversé les mers/couru mille dangers/perdu la raison.

5. Grâce à, avec cet objet…
– des hommes ont… accumulé des richesses/gagné des fortunes/acquis des connaissances/fait progresser l'art/séduit des princesses/acheté des puissants/guéri des malades/invoqué des dieux/distrait des enfants/corrompu des ministres…

6. Sur le côté de, sur le devant de, au dos de, au-dessous de cet objet…
– on peut… voir une croix/admirer un dessin/deviner un signe/observer une marque étrange/lire une signature…
– se trouve/est dessiné… un soleil/une rose/un aigle/une bouteille/un bouton…

théorie générale

	Masculin	Féminin	Pluriel
Ressemblance	même tel	même telle	mêmes tel(le)s
Différence	autre	autre	autres
Quantité	aucun pas un nul plus d'un maint (rare) chaque tout	aucune pas une nulle plus d'une mainte (rare) chaque toute	d'aucun(e)s (très rare) pas de nul(le)s divers(e)s différent(e)s plusieurs maint(e)s tout(e)s
Qualité	certain n'importe quel je ne sais quel quelconque quelque	certaine n'importe quelle je ne sais quelle quelconque quelque	certain(e)s n'importe quel(le)s je ne sais quel(le)s quelconques (rare) quelques

	Variables		Invariable	Neutre
	Unité	**Pluralité**		
Sens positif	[l'] un(e)	les un(e)s	on	tout
	[l'/un(e)] autre	les/d'autres	autrui	quelque chose
	le/la même	les mêmes	quiconque	autre chose
	chacun(e)	plus d'un(e)	je ne sais qui	je ne sais quoi
	quelqu'un	quelques-un(e)s	qui que ce soit	quoi que ce soit
	quelque autre	quelques autres	n'importe qui	n'importe quoi
	un(e) tel(le)	tous/toutes	plusieurs	
	n'importe lequel	n'importe lesquels(le)s	la plupart	
	n'importe laquelle	quel(le)s/certain(e)s	d'aucuns	
Sens négatif	ni l'un(e)	ni les un(e)s	personne	rien
	ni l'autre	ni les autres	nul	
	aucun(e) pas un(e)			

3. Tout

Pronom	Neutre	*Tout* est calme.
	Pluriel	*Ses amis sont **tous** venus le voir. (**s** prononcé)* ***Tous** lui ont apporté un cadeau. (**s** prononcé)* *Ces fleurs sont **toutes** jolies.* *Je les aime **toutes**.*
Adjectif	+ déterminant + nom	*Il a bu **tout** le/mon café.* ***Toute** la/cette ville est détruite.* ***Tous** nos enfants seront là. (**s** non prononcé)* *Il reviennent **toutes** les semaines.*
	+ nom	***Tout** homme est mortel.* *C'est ouvert à **toute** heure.* *En **tout** cas…*
	+ adjectif + nom	***Toute** jeune fille a rêvé du prince charmant.*
Adverbe	+ adjectif masculin	*Il est **tout** surpris, **tout** honteux, **tout** ému.* *Ils sont **tout** surpris, **tout** heureux, **tout** émus.*
	+ adjectif féminin commençant par une consonne et **h** aspiré	*Elle est **toute** triste.* *Elles sont **toutes** hâlées.*
	+ adjectif féminin commençant par une voyelle et **h** muet	*Elle est **tout** attendrie.* *Elles sont **tout** heureuses.*
Nom	Singulier	*Donnez-moi **le tout**.* ***Les touts** (rare)*

Corpus d'observation

1 Ça sent le vécu !

Il était une fois quatre personnes qui s'appelaient :
Tout le monde, **Quelqu'un**, **Chacun** et **Personne**.
Il y avait un très important travail et on a demandé à **Tout le monde** de le faire.
Tout le monde était persuadé que **Quelqu'un** le ferait,
Chacun aurait pu l'avoir fait mais, c'est **Personne** qui le fit.
Quelqu'un se fâcha parce que c'était le travail de **Tout le monde**.
Tout le monde pensait que **Chacun** pouvait le faire, mais **Personne** réalisa que **Tout le monde** ne pouvait pas le faire.
En fin de compte, **Tout le monde** fit des reproches à **Quelqu'un**,
Parce que **Personne** avait fait ce que **Chacun** aurait pu faire.
Moralité :
Au boulot !

2 Horoscope

Bélier	**1. Travail** : Ne vous en laissez compter par **personne**, vous êtes parfaitement capable de maîtriser la situation.
Taureau	**2. Argent** : **Aucun** souci de ce côté-là ces temps-ci. **Quelques** rentrées imprévues améliorent votre ordinaire.
Gémeaux	**3. Amour** : **Quelqu'un** pense à vous très fort. Vous laisseriez-vous attendrir ?
Cancer	**4. Santé** : **Quelques** petits problèmes en perspective si vous continuez la belle vie. Levez le pied sur l'alcool.
Lion	**5. Amitié** : Ne soyez pas trop curieux. **Certaines** réponses pourraient vous faire plus de mal que de bien.
Vierge	**6. Famille** : Non, **rien** de rien, non, vous ne regrettez rien. Répétez-vous cela pour tenir le coup car la semaine va être mouvementée côté enfants !
Balance	**7. Cœur** : Allez-vous enfin rencontrer l'**Autre** avec un grand A ? Les astres y sont favorables, sortez de votre trou.
Scorpion	**8. Chance** : On ne peut pas **tout** avoir, l'argent et l'amour. Vous avez **toutes** les chances de faire un héritage mais pas celle de rencontrer l'âme sœur.
Sagittaire	**9. Rencontre** : Des rencontres friquées sont probables. Attention ! ne vous laissez pas séduire par un **quelconque** nabab, vous valez mieux que ça.
Capricorne	**10. Psycho** : Vous serez tenté de dormir **n'importe où**, de rentrer à **n'importe quelle** heure, et de fréquenter **n'importe qui**. Franchement, c'est **n'importe quoi** !
Verseau	**11. Affaires** : On vous à déjà répété **maintes** fois de foncer, de prendre des risques. Si vous ne saisissez pas votre chance, **nul** n'en sera responsable, sinon vous.
Poisson	**12. Problème** : Vous voyez la fin du tunnel. **La plupart** de vos difficultés vont trouver leur solution rapidement. N'oubliez pas de remercier **chaque** fois que vous recevez de l'aide.

Exercices

Les pronoms indéfinis

31.1 ECR

1 Personne/Rien

Répondez négativement aux questions suivantes.

Exemple : Vous attendez quelqu'un ? Non, je n'attends personne.

1. Quelqu'un t'a pris ton crayon ? – **2.** Avez-vous quelque chose contre la toux ? – **3.** Tu as entendu quelque chose ? – **4.** Il a choisi quelqu'un ? – **5.** Quelqu'un était absent ? – **6.** Elle y est allée avec quelqu'un ? – **7.** Quelque chose vous gêne ? – **8.** As-tu besoin de quelque chose ? – **9.** Quelqu'un vous a fait de la peine ? – **10.** Tu m'as apporté quelque chose ?

2 🌳 Quelqu'un/quelque chose/personne/rien

Complétez les phrases suivantes avec un de ces quatre pronoms.

1. Je n'ai vu ……… – **2.** ……… est venu en mon absence ? – **3.** Il y a ……… de bizarre que je n'arrive pas à expliquer. – **4.** Nous n'avons ……… ajouter à ce que nous venons de dire. – **5.** ……… ne pouvait me faire plus plaisir que ce livre. – **6.** Est-ce que ……… pourrait m'expliquer ce qui se passe ? – **7.** J'ai ……… de drôle à vous raconter. – **8.** « Avez-vous ……… à déclarer ? » a demandé le douanier. – **9.** Je n'ai raconté cette histoire à ………

3 🌳 Personne/Une personne/Quelque chose/Quelques choses

Lequel de ces mots pouvez-vous ajouter ?

1. Je n'ai rencontré ……… – **2.** Nous avons vu ……… qui t'auraient plu. – **3.** Il y a ……… qui a oublié un parapluie. – **4.** J'ai observé ……… d'important. – **5.** ……… est venue apporter un paquet pour vous. – **6.** Avez-vous remarqué ……… intéressantes à acheter ? – **7.** ……… n'était encore arrivé. – **8.** J'ai ……… de grave à t'avouer. – **9.** Il y avait ……… dans la salle. – **10.** ……… ne s'est rendu à son invitation.

4 🌳 Personne/Rien…

Solitude	La complainte du mari énervé
Personne ne le regarde.	Rien n'est bon.
Personne ne lui parle.	Je ne retrouve rien.
Personne ne lui écrit.	Rien n'est rangé.
Il ne connaît personne.	Tu n'es vraiment bonne à rien !

À votre tour, en utilisant rien et personne, faites un petit poème sur : une adolescente mélancolique, un ouvrier en grève, une cliente impatiente, un étudiant mécontent, un enfant déçu à Noël.

Les adjectifs indéfinis

5 🌸 Autre

Mettez les mots en caractères gras au pluriel.

1. Il y a **un autre problème**. – **2.** J'ai repeint **l'autre porte**. – **3.** Nous pouvons chercher **une autre solution**. – **4.** Avez-vous les clés de **l'autre appartement** ? – **5.** J'ai répondu à **l'autre annonce**. – **6.** Il a **un autre frère**. – **7.** Les roues de **l'autre voiture** sont en bon état. – **8.** C'est à **l'autre secrétaire** que j'ai remis mon dossier. – **9. Un autre étudiant** a répondu à sa place. – **10.** J'aurais préféré **une autre couleur**.

Tout

6 🌳 Tous/toutes

Proposez des stéréotypes avec les catégories de personnes suivantes.

Exemple : Tous les Français aiment boire du vin.

1. Les maris. – **2.** Les infirmières. – **3.** Les professeurs. – **4.** Les facteurs. – **5.** Les policiers. – **6.** Les actrices de cinéma. – **7.** Les soldats. – **8.** Les jeunes filles. – **9.** Les journalistes. – **10.** Les médecins.

7 🌸🌸 Tout/toute/tous/toutes

a) Complétez les phrases suivantes par le mot correct.

1. Il a plu …… la journée. – **2.** …… est de ma faute. – **3.** Les feuilles sont …… tombées. – **4.** Les Français aiment …… le fromage. – **5.** …… les ans nous allons à la mer. – **6.** …… les fois qu'il sera absent, je vous préviendrai. – **7.** Les enfants avaient …… leur cartable. – **8.** Elle était …… malheureuse à l'idée de partir. – **9.** Dans ces circonstances il faut s'attendre à …… – **10.** C'est …… l'effet que ça te fait ? – **11.** Les parapluies sont …… en promotion. – **12.** Je lui ai dit ce que je pensais en …… bonne foi. – **13.** Il a acheté un tableau de …… beauté. – **14.** …… son art réside dans le choix des couleurs. – **15.** Le …… -Paris était présent à cette inauguration. – **16.** Elle fait une cure …… les deux ans.

b) *Remplacez ensuite « tout » par un mot synonyme.*

8 🌳 *Dans les phrases suivantes, remplacez « tout » par un mot synonyme.*

1. Il a repeint tout l'appartement.
2. Elles manifestaient toute leur violence par des cris.
3. Elles manifestaient toutes leur violence.
4. Les insectes sont tout petits.
5. On peut faire du sport à tout âge.
6. Votre travail nous a donné toute satisfaction.
7. Il doit se faire une piqûre tous les jours.
8. Elle a eu un sourire pour toute récompense.

Synthèse

9 🌳🌳 Aucun / Certains / Quelques-uns / Les uns, les autres / Plus d'un / Plusieurs / La plupart
Utilisez ces pronoms pour commenter le sondage qui suit.

VILLES PRÉFÉRÉES

Si vous aviez la possibilité de passer trois jours (hors travail) dans une ville europénne, quelle serait dans cette liste votre ville préférée ? Et votre deuxième choix ? Et votre troisième choix ?			
	Cité en premier %	Cité en deuxième %	Cité en troisième %	Total* des citations %
Florence	9	10	5	24
Venise	10	9	5	24
Vienne	10	9	5	24
Athènes	9	6	7	22
Rome	8	8	5	21
Moscou	8	4	9	21
Istanbul	5	5	7	17
Londres	6	5	5	16
Amsterdam	4	7	3	14
Madrid	4	3	5	12
Berlin	3	3	4	10
Paris	3	2	3	8
Séville	3	2	3	8
Stockholm	1	3	4	8
St-Petersbourg	2	3	3	8
Saint-Étienne	0	0	1	1

Total supérieur à 100 en raison des réponses multiples

10 ✿✿ Certain / plusieurs / divers / quelque / tout / différent / chaque / n'importe quel / le même

Parmi ces adjectifs indéfinis, lequels pouvez-vous employer avec les noms : gens, personnes, peuple ?

Complétez les phrases suivantes.

1. J'ai rencontré .... personnes très sympathiques à cette soirée. – **2.** .... personnes ont été témoins de l'incident. – **3.** .... personnes se désintéressent complètement de leurs voisins. – **4.** .... les gens présents étaient satisfaits. – **5.** Elle n'était pas heureuse ici, ... les gens vous le diront. – **6.** Ce sont .... gens qui m'ont indiqué ce docteur. – **7.** .... personnes ont déjà réagi de cette façon. – **8.** Nous ne sommes pas exigeants, ... personne fera l'affaire. – **9.** Le traité de paix de 1919 accorda à .... peuple le droit de disposer de lui-même. – **10.** .... personne devra se procurer un visa. – **11.** .... personne ayant remarqué un événement insolite devra le signaler à la police. – **12.** Il a fait une étude très complète des .... peuples de l'Union soviétique.

11 ✿✿ N'importe qui / n'importe lequel / laquelle / n'importe quel(le)s / n'importe quoi

Complétez par le mot correct.

1. Tu dis .... – **2.** Ne répète pas ce secret à .... – **3.** Je suis libre .... jour. – **4.** Quel gâteau veux-tu ? .... – **5.** Tu peux me téléphoner à .... heure. – **6.** .... vous indiquera où se trouve la gare. – **7.** Josette et Valérie sont secrétaires bilingues et .... est capable de vous traduire cette lettre. – **8.** .... lui sert de prétexte pour ne pas aller au travail. – **9.** .... agriculteur sait la différence entre du blé et de l'orge. – **10.** Tu ne dois pas donner ton numéro de téléphone à ....

théorie générale

1. Principales prépositions et locutions prépositives

Sens	Prépositions et locutions	Exemples
Addition	en plus de / outre	- *En plus d'*une prime, vous aurez une augmentation. - *Outre* deux chats, ils avaient trois chiens.
Appartenance	à / de	- Ce livre est **à** qui ? - C'est le livre **de** Pierre.
Attribution	à / pour	- Donne le livre **à** Pierre. - Une cuillière **à** café - Un lit **pour** deux
Agent	de / par	- Entouré **de** ses amis et suivi **par** son chat.
But	recherché : **pour / afin de / en vue de / dans le but de / de façon à / de manière à** à éviter : **de peur de / de crainte de / pour… ne pas**	- Ils ont révisé **pour/en vue de** l'examen. - Ils ont révisé **pour/afin de/dans le but de/de façon à/de manière à** réussir l'examen. - Ils ont révisé **de peur de/de crainte de** rater l'examen. - Ils ont révisé **pour ne pas** rater l'examen.
Cause	**étant donné / vu / à cause de / en raison de** cause positive : **grâce à / à la faveur de**	- **Étant donné/vu** son grand âge, il n'a pas pu faire la marche en montagne. - Il n'a pas pu le faire **en raison de** son grand âge. - Il a eu ce travail **grâce à** ses relations.
Comparaison	**auprès de / comparé à / en face de / par rapport à / vis-à vis-de**	- Le livre de Dupont est sans intérêt **auprès de/en face de/vis-à-vis de/comparé à/par rapport à** celui de Durand.
Manière	à / de / avec / sans	Il parle **à** voix basse, **d'**un ton sec, **avec** animation, **sans** conviction.
Matière	de / en	- Un verre **de** cristal - Une robe **en** laine (plus fréquent)
Moyen	par / en / avec / sans / au moyen de	- Il est venu **en** avion. - Il tient sa fille **par** le bras. - Il écrit **avec** un stylo. - Il chante **sans** micro. - Il a réparé le sac **au moyen d'**un peu de colle.

Opposition	contre	Le peuple a voté **contre** le président sortant.
Prix	- financier : **à / de / pour** - figuré : **moyennant / au prix de / au risque de / au péril de**	- Des oranges **à** 2 € le kilo - Une robe **de** 40 € (rare) - Il a eu sa maison **pour** 200 000 €. - Il a obtenu ce qu'il voulait **moyennant** quelques promesses. - Il a gardé ce travail **au prix de** sa santé. - Il a plongé **au risque de** se noyer aussi. - Il l'a sauvé **au péril de** sa vie.
Remplacement	**au lieu de / à la place de**	- Je voudrais un café **à la place** d'un thé. - Tu aurais mieux fait de te taire **au lieu de** tout raconter.
Restriction	**malgré** **en dépit de** (littéraire)	- Il s'est levé **malgré** sa fièvre. - Il a agi **en dépit de** mes conseils.
Soustraction	**excepté / hormis / sauf / à l'exception de / à l'exclusion de / en dehors de**	- Je n'aime personne **excepté / sauf / à l'exception de / en dehors de** ma mère. - Il mange de tout **à l'exclusion de** viande.

2. Localisation

Sens	Prépositions et locutions	Exemples
Dans le monde	**à / au / en / sur**	Elle est **à** Paris / **au** Chili. Elle habite **en** Algérie / **sur** la Terre.
Adresse	pas de préposition	Elle habite Paris / rue Monge / place Grenette.
Maison	**à / chez**	- Tu viens **chez** moi ? - Il est **à** la maison.
L'intérieur	- d'un espace : **dans / à l'intérieur de** - d'un groupe : **parmi**	- Il fait chaud **dans** la cuisine. - Le chat s'est caché **à l'intérieur** du placard. - Elle est heureuse **parmi** ses amis.
Le centre	**au centre de / au milieu de**	- **Au centre** de la place se trouve la statue du chevalier Bayard. - Le piano trône **au milieu** du salon.
L'extérieur	**hors de / au dehors de / à l'extérieur de**	- Vous trouverez des champs **hors de** la ville. - Le canari ne sort jamais **au dehors de** sa cage. - Voulez-vous rester un moment **à l'extérieur de** la pièce ?

Sens	Prépositions et locutions	Exemples
La périphérie	autour de / à la périphérie de	- **Autour de** la ville s'élève encore une muraille. - On trouve beaucoup de zones industrielles **à la périphérie** des grandes villes.
La proximité	près de / auprès de / aux alentours de / aux environs de	- Mon bureau est **près de** la maison. - Assieds-toi **auprès de** moi. - La nature est merveilleuse **aux alentours du** village. - Il y a un château **aux environs de** ce village.
La distance	loin de / au-delà de	- **Loin des** yeux, loin du cœur. - Le prochain village se trouve **au-delà de** la colline.
Le haut	sur / en haut de / au sommet de / au-dessus de	- Assieds-toi **sur** le lit. - Le chat a grimpé **en haut de** l'échelle. - Il a planté un drapeau **au sommet de** la montagne. - Un crucifix est accroché **au-dessus de** son lit.
Le bas	sous / en bas de / au-dessous de	- Le grenier est la pièce **sous** le toit. - La maison est **en bas de** la route. - Le chat dort **au-dessous du** lit.
Le devant	devant / à l'avant de / sur le devant de / face à / en face de	- La voiture est **devant** la maison. - **Sur le devant de** la maison il y a un petit jardin. - J'ai mis ton sac **à l'avant de** la voiture. - Elle habite juste **en face du** théâtre. - Il a demandé une chambre **face à** l'océan.
Le derrière	derrière / à l'arrière de	- Le chat est caché **derrière** l'armoire. - Le chien dort toujours **à l'arrière de** la voiture.
Le côté	à côté de	- Je me suis assis **à côté de** Paul.
L'intervalle	entre	- Il était assis **entre** Paul et Jacques.
L'origine	à / de	- Il est né **à** Hongkong. - Ce sac vient **de** Hongkong.
La destination	à / pour / jusqu'à	- Il va **à** Rome. - Il est parti **pour** le Canada. - Il ira **jusqu'au** pôle Nord.
La direction	vers / en direction de	- La fusée se dirige **vers** la Lune. - Ils sont partis **en direction de** Lyon.
Le passage	par	- Les voleurs sont entrés **par** la fenêtre.

3. Situations géographiques

Lieux	Masculin	Féminin	Pluriel
Continents Pays	- *aller* **au** *Congo* - *venir* **du** *Mexique,* **d'***Iran*	… et masculin commençant par une voyelle - *aller* **en** *France,* **en** *Iran* - *venir* **de** *Suisse,* **d'***Afrique,* **d'***Irak*	- *aller* **aux** *Pays-Bas* - *venir* **des** *États-Unis*
Îles		• Petites îles européennes et grandes îles distantes d'Europe ou îles d'États : - *aller* **à** *Chypre, Malte* - *venir* **de** *Madagascar* • Petites îles distantes d'Europe : - *aller* **à la** *Réunion* - *venir* **de** *Guadeloupe* • Grandes îles européennes : - *aller* **en** *Crête* - *venir* **de** *Sardaigne*	Archipels, groupes d'îles : - *aller* **aux** *Baléares* - *venir* **des** *Seychelles*
Départements Zones géographiques	- *aller* **dans le** *Massif central* - *aller* **dans l'***Hérault* - *venir* **du** *Jura* - *venir* **de l'***Ain*	- *aller* **dans la** *Creuse,* **dans** *l'Aude* - *venir* **de la** *Lozère,* **de** *l'Eure*	- *aller* **dans les** *Alpes* - *venir* **des** *Hauts-de Seine*
Régions Provinces États	- *aller* **dans le** *Béarn* - *venir* **du** *Périgord* - *venir* **de l'***Orégon*	- *aller* **en** *Ile-de-France* - *venir* **de** *Californie* - *venir* **d'***Aquitaine* Exceptions ! - *aller* **dans la** *région Midi-Pyrénées* - *venir* **de la** *région Rhône-Alpes*	- *aller* **dans les** *pays de la Loire* - *venir* **des** *pays de la Loire*
Villes	Exceptions : Le Havre, Le Mans - *aller* **au** *Mans*	- *aller* **à** *Madrid* - *venir* **de** *Rome* - *venir* **d'***Helsinki*	- *aller* **aux** *Sables d'Olonne* - *venir* **aux** *Houches*
Rues Places	• Sans préposition - *aller square Martin* - *habiter square Martin* • Avec préposition - *venir* **du** *square Martin*	- *aller rue Thiers, place de l'Étoile* - *venir* **de la** *rue Thiers,* **de la** *place aux herbes*	
Autres lieux	- *être* **au** *marché* - *aller* **à l'***hôtel* - *venir* **du** *restaurant,* **de l'***hôtel*	- *être* **à la** *maison* - *aller* **à l'***université* - *venir* **de la** *gare,* **de l'***épicerie*	

4. Liste des noms de continents et de pays

• Noms féminins

- Ceux qui se terminent par un –e, sauf l'Arctique, l'Antarctique, le Cambodge, le Mexique, le Zaïre, le Zimbabwe,
- Les îles,
- Les noms de ville sont en général sentis comme féminins, surtout ceux qui se terminent par un **e** (Toulouse, Marseille, Nice…)

Attention : on ne dit pas *Paris est belle* mais *Paris est une belle ville* ou *Paris est beau*.

Liste des principaux noms de pays féminins

Algérie	Côte-d'Ivoire	Islande	Slovaquie
Allemagne	Égypte	Italie	Suède
Angleterre	Espagne	Libye	Suisse
Arabie Saoudite	Éthiopie	Malaisie	Syrie
Argentine	Finlande	Mauritanie	Tanzanie
Australie	France	Norvège	Tchéquie
Autriche	Grèce	Nouvelle-Zélande	Thaïlande
Belgique	Hongrie	Pologne	Tunisie
Bulgarie	Inde	République sud-africaine	
Colombie	Irlande	Russie	

• Noms masculins

- Ceux qui se terminent par une consonne,
- Ceux qui se terminent par –a, –i, –o, sauf la Haute-Volta,

Attention, pour les prépositions, il y a deux cas détaillés dans le tableau ci-dessous.

Nom masculin commençant par une consonne		Nom masculin commençant par une voyelle	
• habiter **le**		• habiter **l'**	
• aller **au**	Brésil	• aller **en**	Ouganda
• venir **du**		• venir **d'**	
+ Le Yémen		Attention ! habiter **en** Israël	

Liste des noms de pays commençant par une consonne

le Brésil	le Danemark	le Mali	le Sénégal
le Burundi	le Gabon	le Mozambique	le Soudan
le Burkina Faso	le Ghana	le Nicaragua	le Sri-Lanka
le Bénin	le Honduras	le Niger	le Surinam
le Botswana	le Japon	le Nigeria	le Tchad
le Cameroun	le Kenya	le Paraguay	le Venezuela
le Cap-Vert	le Koweït	le Pakistan	le Vietnam
le Chili	le Lesotho	le Pérou	le Zaïre
le Congo	le Liban	le Portugal	le Zimbabwe
le Canada	le Libéria	le Qatar	
le Costa Rica	le Luxembourg	le Salvador	

Remarques sur l'usage de l'article :

- *Je connais la Tunisie, l'Espagne, le Luxembourg* mais *je connais Israël, Andorre* (la ville d'Andorre-la-Vieille).

- On ne met pas d'article devant les noms de pays suivants : Andorre, Barhein, Djibouti, Haïti, Hongkong, Israël, Monaco, Oman.

Corpus d'observation

B1.1
C/CR

1  Donnez leur chance à vos vacances !

À Amsterdam/En Andalousie/À Athènes et dans le Péloponnèse/En Australie/Aux Baléares/ À Barcelone et en Catalogne/En Bavière et en Forêt Noire/À Berlin/Au Brésil/ À Bruges et à Gand/À Budapest et en Hongrie/En Bulgarie/En Californie/Au Cameroun/Aux Canaries/À Ceylan et aux Maldives/À Chypre/En Corée/En Côte d'Ivoire/En Crète et à Rhodes/En Écosse/En Égypte/À Florence/En Floride/En Guadeloupe/À Hong Kong, à Macao, à Singapour/Aux îles Anglo-Normandes/Aux îles grecques/En Indonésie/En Israël/ À Istambul et en Cappadoce/Au Kenya/À Londres/À Madagascar/Au Mali et au Niger/ À Madrid et en Castille/À Malte/À Marrakech et dans le sud marocain/En Martinique/ À Moscou et à Saint-Petersbourg/Au Népal/À New York /En Nouvelle-Calédonie/À Paris/ À Pékin et en Chine/À Prague, Brno et Bratislava/Au Québec /À la Réunion, à l'Île Maurice, aux Seychelles/À Rome/Au Sénégal/En Sicile/En Syrie/À Tahiti/En Thaïlande et en Birmanie/À Tokyo et à Kyoto/En Tunisie/En Turquie/À Venise en Italie

D'après la liste du document précédent, retrouvez les règles de l'emploi des prépositions devant les noms de pays, de régions, d'îles, de villes. Regroupez les noms cités dans le tableau ci-après et formulez les règles.

Destinations	Masculin	Féminin	Pluriel
Pays	au Brésil	en Australie	
Régions	dans le Péloponnèse	en Andalousie	
Villes		à Amsterdam	
Îles		à Ceylan	aux Baléares

Exercices

Noms de pays, villes, départements, régions

31.1
ECR

1 *Mettez la proposition convenable.*

1. Ils sont déjà revenus …… Canada.

2. Nous partons …… Paris.

3. Ils travaillent actuellement …… Valence, …… Drôme.

4. Il est né …… Mexique.

5. Ils ont fait leur voyage de noces …… Jamaïque.

6. Il a fait ses études …… Afrique, …… Ougadougou.

7. Elle est arrivée …… États-Unis en 1970.

8. Ils passent leurs vacances …… Avignon.

9. Ils partiront …… Birmanie en août pour aller …… Grèce.

10. Nous revenons …… Maroc où nous avons passé d'excellentes vacances.

11. Elle s'en va …… Québec rejoindre son mari.

12. Ils ont acheté une petite maison …… Riom …… Auvergne.

13. Ils se sont mariés …… Pays-Bas, …… Amsterdam.

14. Cette course a lieu chaque année …… Le Mans.

15. Claude fait son service militaire …… Guadeloupe.

16. Ils sont partis camper …… Corse.

17. …… Espagne comme …… Portugal, les automobilistes roulent à droite.

18. En France, on importe beaucoup plus de café …… Brésil que …… Nouvelle-Guinée ou …… États-Unis.

19. C'est …… Australie qu'on trouve le plus de kangourous.

20. Ils ont décidé de s'installer …… Arles.

21. Ils importent la plupart de leur pétrole …… Katar.

22. Elle retournera …… Irlande ou …… Danemark dès qu'elle en aura l'occasion.

23. C'est en campant …… Pyrénées qu'ils ont vu des ours.

24. Il existe un Montpellier …… l'Hérault …… France et un Montpelier …… le Vermont …… États-Unis.

B1.2
ECR

2 Préposition et nom de pays - Puzzle

Voici une série de phrases en désordre. Reconstituez le texte. La première phrase est à sa place (attention aux noms de pays et aux prépositions).

LE TOUR DE LA MÉDITERRANÉE EN MOTO

a) Il y a quatre ans, j'ai fait le tour de la Méditerranée. Je suis parti de Venise,

b) Yémen en traversant la mer Rouge qui, finalement n'est pas si rouge. Du Yémen je suis parti pour l'

c) Grèce où j'ai visité les Cyclades et Rhodes d'où j'ai pris le bateau pour la

d) Algérie je suis passé par la

e) en Italie. Avant de partir, j'ai mangé beaucoup de pâtes! Je suis d'abord allé en

f) Soudan dont la côte sur la mer rouge est très belle, puis vers le

g) Turquie. En Turquie j'ai acheté un petit tapis de soie. J'ai quitté ce pays pour faire un tour en

h) Maroc où je me suis reposé un moment avant de remonter par l'

i) Algérie où j'ai de bons amis. D'

j) Égypte dont je voulais admirer les Pyramides et j'ai continué en direction du

k) Tunisie où j'ai acheté des poteries et ensuite par le

l) Afrique du Nord. Je me suis d'abord arrêté un moment en

m) Espagne que j'adore. Partout j'ai rencontré des gens formidables!

Pour voyager, voici quelques verbes et leurs constructions :

Verbes	À	Au À La Aux	En	De	De... à De... jusqu'à	Pour	Par	Jusqu'à	Pas de Prépo- sition	Exemples
Aller	+	+	+					+		J'irai à Paris/au Mexique/en Italie/jusqu'à Rome/jusqu'aux Alpes.
Atterrir	+	+	+							Nous atterrirons à Roisssy/à Paris/au Canada/en plein désert.
(re) Découvrir									+	Vous découvrez Paris/la France/une belle région/des montagnes.
se Déplacer	+	+	(+)		+			+		Je me déplacerai (à pied, en voiture)/de Moscou à Prague/jusqu'à Bucarest.
Être	+	+	+	(+)						Il est du Canada/de Paris/aux États-Unis/à New York/en France.
S'en aller	+	+		+			+			Il s'en ira de Paris/par le Sud.
Finir	+	+	+				+			Je finirai mon voyage en France/par l'Italie/à Rome.
Habiter	+	+	+						+	Nous habiterons Paris/la France/à Paris, en France.
Monter		+								Il montera à Paris/de province (à Paris ou dans une capitale).
(re) Partir	+	+	+	+		+	+			Il partira à Paris/en Espagne/des États-Unis/pour le Mexique/par les Alpes.
(re) Passer	+	+	+				+			Nous passerons à Rabat/aux Baléares/en Irlande/par le Maroc.
Passer du temps	+	+	+							Nous passerons trois jours à Londres/une semaine en Belgique.
Remonter	+			+						Ils remontent bientôt à Paris/du midi. (On parle depuis une capitale.)

Verbes	À	Au À La Aux	En	De	De... à De... jusqu'à	Pour	Par	Jusqu'à	Pas de Prépo- sition	Exemples
se Rendre	+	+	+							*Ils se rendront un jour à Hongkong/en Asie/ aux Seychelles.*
Résider	+	+	+							*Nous avons résidé longtemps à Athènes/aux Canaries/en Turquie.*
Rester	+	+	+							*Nous désirons rester un moment à Dublin/en Angleterre/aux Marquises.*
Retourner	+	+	+					+		*Nous retournerons à Naples/en Sicile/ jusqu'à la frontière*
Traverser									+	*Il traversa l'océan/ Dallas.*
(re) Venir	+	+	+		+	+	+	+	+	*Il viendra ici/à Paris/là la maison/ en France/de Monpellier à Grenoble/jusqu'à Paris.*
Visiter									+	*Nous visiterons Florence/une église/des ruines.*
Voyager		+	+		+			+		*Nous voyagerons au Ghana, en Éthiopie/jusqu'en Afrique du Sud/de Malte à Tanger.*

Exercices

B1.2
CECR

3 🌻 🌻 Prépositions - Voyages

Vous mettez au point un tour de monde avec des amis. Vous avez beaucoup de temps mais très peu d'argent. Vous devrez faire preuve d'imagination pour les transports et il faudra peut-être gagner de l'argent de temps en temps. Expliquez ensuite votre projet au sponsor qui vous donnera l'argent minimum pour démarrer votre aventure.

Utilisez les tableaux précédents.

B1.2
CECR

4 🌳🌳 *En vous inspirant de cette publicité pour la Tunisie, écrivez, vous aussi, un texte publicitaire pour votre pays, une région, une ville, un village, etc.*

EN TUNISIE, LE DESERT AUSSI SE FAIT MAGIQUE.

Parenthèse de chaleur dans la grisaille hivernale, pour un séjour ou un week-end prolongé, le Grand Sud Tunisien, à parcourir en 4X4, à dos de chameau ou en montgolfière, offre la plus belle des évasions. De Tozeur à Nefta, la magie du désert et de ses nombreuses palmeraies fascine. L'immensité salée du Chott El Jerid, beauté d'une nature à l'état pur, impressionne. Douz, aux marges du grand erg oriental, ouvre les portes du Sahara. Les oasis de montagne et leurs vieux villages, Chébika, Tamerza et Mides, sont d'une telle beauté qu'ils servent souvent de décors naturels au cinéma (Fort Saganne, Le Patient Anglais...). En Tunisie, le désert n'est que richesse.

Votre prochain week-end est à deux heures d'ici.

Au départ de France.

OFFICE NATIONAL DU TOURISME TUNISIEN
32, av. de l'Opéra - 75002 PARIS.
Tél. : 01 47 42 72 67 - Fax : 01 47 42 52 68
12, rue de Sèze - 69006 LYON.
Tél. : 04 78 52 35 86 - Fax : 04 72 74 49 75
Internet : www.tunisietourisme.com.tn

Tunisie

TOUTE L'AMITIE A PARTAGER.

1.2 CR

5 🌳🌳 *Complétez le texte avec les prépositions qui conviennent* (dans, sur, de, pour, au milieu de, en, à, chez, vers, après, par, au-dessus) *et avec les contractions* des, du, au, aux.

NICE, CÔTE D'AZUR

1ᵉʳ jour
Nous partirons ...... plus près de ...... vous ...... un autocar ...... grand tourisme équipé ...... toilettes ...... voyager ...... la vallée du Rhône et ...... la Côte d'Azur, déjeuner libre ...... cours de route. L'après-midi, nous continuerons ...... direction de Cannes et Nice. Nous nous arrêterons ...... Biot ...... visiter une verrerie et ...... admirer le travail des souffleurs de verre.
Nous arriverons ...... Gilette ...... « Domaine de l'Olivaie » ...... fin d'après-midi. Nous nous installerons ...... le dîner et la soirée d'accueil.

2ᵉ jour
Petit-déjeuner et départ ...... Saint-Paul de Vence, la cité des artistes. Vous apprécierez les charmes de ce bourg médiéval, fortifié, vigie ...... des orangers et des cyprès du paisible pays de Vence où vécurent, ... les années 20, les célèbres peintres Signac, Modigliani, Bonnard et Soutine.

...... le repas, après-midi libre ou, en option, excursion ...... Vallauris et Cannes. En début d'après-midi : départ ...... Vallauris, le village ...... potiers, visite d'un atelier. Continuation ...... Cannes et sa Croisette, au pays des pierres précieuses, essences rares, palmiers et grands hôtels. Dîner et logement ...... village.

3ᵉ jour
Petit-déjeuner et journée libre ...... pension complète ...... village, ou, ... option, excursion d'une journée ...... Monaco ; le matin, vous visiterez le musée océanographique, puis vous assisterez ...... la relève de la garde du palais Princier. Déjeuner et temps libre ...... compléter votre visite ...... Rocher. ...... d'après-midi, retour ...... Eze ...... les Corniches. Arrêt et visite d'une

parfumerie. Dîner et logement au village.

4ᵉ jour
Petit-déjeuner et départ ...... Nice. Promenade ...... la vieille ville ...... admirer le marché ...... fleurs et flâner selon votre gré.
Déjeuner ...... village et, ... le repas, départ ...... la région lyonnaise ...... l'autoroute.

Faites, vous aussi, le programme d'un voyage organisé de quelques jours dans un lieu de votre choix : une région que vous aimez particulièrement, la planète Mars, un lieu imaginaire. Tout est possible !

6 🌳🌳 Localisation

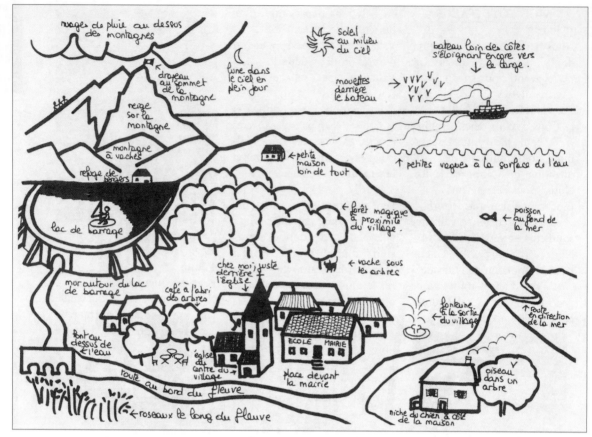

a) Ce dessin représente la situation du village de Justin Ledoux (élève de CM2). Relevez les prépositions dans les phrases qui commentent le dessin.

b) Sur le modèle de ce dessin, faites vous aussi le dessin commenté de votre village ou de votre quartier.

7 🌳 *Pour décrire la situation d'un objet dans un lieu, vous pouvez utiliser :*

• Dans, derrière, devant, sous, sur, vers…	le la l'	lit fenêtre armoire
• Entre	les	fenêtres
• Loin, près • À l'arrière, à l'avant, à côté, à proximité. Au bas, au-dedans, au-dehors, au-dessus, au-dessous Au centre, au milieu, au bord En bas, en dehors, en face, en haut, en travers • Le long	du de la des	placard porte rayonnages

Exemple : Dans la maison, presque au centre de la salle à manger, se trouve un piano. Au-dessus du canapé, le long du mur droit, on peut voir un grand tableau où il y a une dame qui sourit et, au-dessus d'elle, des anges qui dansent. À côté du piano, un grand fauteuil avec, sur le siège, un chat endormi…

Placez dans cet appartement tout ou partie des objets suivants et expliquez où vous les placez et pourquoi.

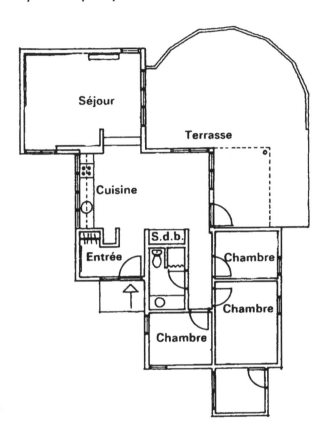

A. Arbustes – Aspirateur – Aquarium – Annuaire – **B**. Banc – Bureau – Bougeoirs. **C**. Chaîne hi-fi – Chaises longues – Cadres. **D**. Divan – Disques. **E**. Évier – Échelle – Étagères. **F**. Fauteuils – Fleurs fraîches – Four. **G**. Glaces – Géranium. **H**. Haltères – Hortensia en pot. **I**. Icône – Instruments de musique. **J**. Jeux de cartes – Journaux – Journal intime – Jouets. **K**. Kimono – Kangourou en peluche. **L**. Lampe de chevet – Lits à 1 place, à 2 places, livres. **M**. Machines à laver, à laver la vaisselle, à écrire – Magnétoscope. **N**. Niche du chien. **O**. Ordinateur – Outils. **P**. Piscine pour enfants – Piano – Plateau. **Q**. Quilles (jeu de). **R**. Radio – Rideaux – Rasoir – Robot ménager. **S**. Statuette – Soldats de plomb – Suspension. **T**. Téléviseur – Tables – Tapis – Tabouret – Téléphone. **U**. Uniforme de grand-père. **V**. Vaisselier – Vêtements – Vaisselle. **W**. Whisky – Wagons du train électrique. **X**. Xylophone. **Y**. Yaourts. **Z**. Zèbre en peluche.

1.2  **8** 🌳🌳 **Héritage**

Vous venez d'hériter de votre grand-père un vaste espace de 200 m². Vous pouvez en faire ce que vous voulez : appartement luxueux, galerie de peinture, salle omnisports…

En groupe, décidez de l'utilisation de cet espace (situation dans la ville, environnement extérieur direct, plan, aménagement intérieur, etc.). Puis proposez votre projet, plan à l'appui, et commentez-le à l'aide des prépositions suivantes : près de, auprès de, à proximité de, pas loin de, aux environs de, aux alentours de, loin de.

Toutes ces prépositions peuvent exprimer la situation dans l'espace, avec des nuances différentes. Certaines d'entre elles peuvent aussi exprimer le temps et la quantité. Consultez le tableau de la page suivante avant de faire l'exercice.

	Espace	Temps	Quantité	Comparaison	Recours
Près de	+ à côté de	+ presque	+		
Auprès de	+ tout à côté de			+	+
À proximité de	+				
Pas loin de	+	presque	+		
Aux environs de	+ du côté	+ à peu près	+		
Aux alentours de	+ dans la région de	+ à peu près	+		
Pas trop loin de	+				
Pas tout près de	+ assez loin de				
Loin de	+	+	+		

Exemples :

Espace
*Il y a une boulangerie **près de** chez lui.*
*Sa mère vit **auprès de** lui.*
*Il habite **à proximité** d'un village.*
*Ils ont déménagé **aux environs de** Grenoble.*
*Il habite **loin de** ses enfants.*

Quantité
*Cela coûte   **près de** 1 000 €.*
*   **pas loin de** 1 000 €.*
*   **aux environs de** 1 000 €.*
*   **aux alentours de** 1 000 €.*
*Cette somme **est loin** d'être suffisante.*

Temps
*Il est   **près de** cinq heures.*
*   **pas loin de** cinq heures.*
*Il a   **près de** quarante ans.*
*   **pas loin de** quarante ans.*
*Ils ne sont   **pas près de** finir.*
*   **sont loin de** finir.*

Comparaison   *Ce roman est mauvais **auprès du** précédent.*

Recours   *Il se plaint toujours **auprès du** patron.*
*Il a fait toutes les démarches **auprès des** institutions.*

B1.2
CECR

9 🌳🌳 Près de / auprès de / à proximité de / pas loin de / aux environs de / aux alentours de / loin de

Complétez avec la préposition qui convient.

UNE BELLE RÉGION

– « Il y a .... trois mois que je n'ai pas vu Martin.
– Normal, il a quitté Paris. Il vit maintenant .... sa mère, quelque part .... Grenoble.
– Il est content ?
– Ravi ! Tu parles, c'est une région formidable : .... brumes du Nord, ... l'Italie, ... la mer, ... stations de ski. La nature est tout .... la ville.
– Quelle chance il a ! .... la vie parisienne, c'est incroyable ! ça fait longtemps qu'il est parti ?

– Ça fait ……… six mois maintenant et il se plaît tellement là-bas qu'il n'est pas ……… de revenir !

– J'aimerais bien, moi aussi, trouver une maison ……… une petite ville.

– Une petite ville, c'est vite dit. L'agglomération grenobloise compte quand même ……… 500 000 habitants.

– C'est ……… d'être petit, en effet.

– Bah, j'irai le voir. J'ai quelques jours de vacances à prendre ……… du 30 mai.

– Et si on allait faire du ski dans une station ……… Grenoble ? »

théorie générale

	À	De	En
Matières (fait de)		un sac de cuir	un sac en toile
Valeur	un journal à 2 euros	un billet de 20 € un chèque de 100 € une robe de prix	un chèque en euro
Contenu (plein de)		une tasse de café	
Composants 1. fait de		une maison de 6 pièces	
2. avec	un gâteau au chocolat une robe à fleurs		
3. qui marche avec	un bateau à moteur une lampe à huile		
Usage 1. fait pour	un verre à vin une machine à écrire une salle à manger		
2. utilisé dans certaines circonstances		une salle de bains un pantalon de ski des lunettes de soleil	
Appartenance 1. possession	Ce livre est à Marc.	C'est le livre de Marc.	
2. origine		Il est de mère indienne. Elle est du Maghreb.	
Lieu 1. de séjour	Il habite à Rome. Il est au kenya.		Elle est en France, en Provence.
2. de destination	Il va à Prague.		Il se rend en Turquie.
3. de départ		Il vient de Londres. Il part des États-Unis.	
Temps 1. heure	Venez à 9 heures.		
2. limites	Le magasin est ouvert de 9 h à 19 h, du lundi au samedi, de janvier à novembre.		

	À	De	En
3. moment	Il vient de partir à l'instant. Nous partirons à l'aube.	Nous partirons de bonne heure. Nous voyagerons de jour (de nuit).	Je l'ai rencontré en revenant de la piscine (gérondif).
4. durée			J'ai cousu cette robe en une heure.
5. mois	au mois de juin		en juin
6. saison	à l'automne, au printemps		en été, en hiver
7. année			en 1991
Moyen 1. avec quoi	tapé à la machine fait à la main		
2. avec quel moyen de transport	venir à pied, à cheval, à bicyclette, à moto		venir en train, en bateau, en avion
Manière 1. comment	parler à voix basse	Je le voyais de dos.	Il était en pantalon. Elle était en larmes.
2. qualification	C'est facile à faire.		
Cause déduction	À être agressif de la sorte, il doit avoir de nombreux ennemis (litt.) À (voir) sa tête on comprend qu'il est triste.	crier de douleur mourir de peur	En étant si souvent agressif, il ne se fait pas que des amis (litt. gérondif).
Aspect particulier En ce qui concerne		De formation, il est linguiste mais de goût, il est peintre.	

Exercices

Prépositions À / DE / EN

10 Adjectif + À + infinitif

Faites 7 phrases avec les éléments ci-dessous (dans certains cas, plusieurs combinaisons sont possibles) selon le modèle suivant.

Exemple : un exercice de français, c'est facile à faire.

– un piano/une escalade de nuit/une exposition/un livre/un enfant/un fruit
– dur/long/intéressant/bon/lourd/impossible/dangereux
– élever/voir/lire/porter/écrire/faire/oublier/manger

11 À , DE, EN

Complétez les phrases suivantes avec « à » ou « de » ou « en ».

– « Maman, j'ai vu une robe …… soie, …… seulement 80 euros !
– Et tu vas me demander un billet …… 100 € pour l'acheter, c'est ça ?
– Mais c'est une occasion …… ne pas manquer ! s'il te plaît…
– C'est une robe …… été ? une robe …… bal ?
– Une très belle robe …… soirée, …… pois roses !
– Et tu veux porter ça quand ?

– ...... la fête d'anniversaire de Sylvain.
– Sylvain est toujours ...... jean !
– Maman, tu n'imagines pas comme cette robe est belle. Elle est cousue ...... la main.
– Bientôt tu vas me dire qu'elle vient ...... chez Dior !
– Presque ! Elle est si jolie ...... regarder.
– Tu as ta robe ...... coton, la bleue.
– L'ourlet ...... décolleté est déchiré.
– Tu peux le réparer.
– C'est plus facile ...... dire qu' ...... faire !
– Achète-la ...... crédit.
– J'ai demandé, c'est impossible, mais 40 €, tu n'as pas 40 € ...... me prêter, petite maman ? Je te les rendrai en juin.
– Ça change tout. J'ai bien cru que tu allais pleurer ...... désespoir pour avoir cet argent !
– Tu vas voir quand je porte cette robe je suis ...... beauté. C'est une robe ...... tourner la tête ...... tous les garçons ...... la terre ! »

12 🌳🌳 À, DE

Complétez les phrases suivantes avec « à » ou « de ».

Étant suffisamment fortuné pour cela, vous avez pensé un jour ...... acheter un tableau ...... maître ou ...... investir dans une sculpture. Vous devez envisager ...... passer un long moment ...... étudier le marché ...... l'art avant de vous décider. Vous devrez parler ...... de nombreux spécialistes. Les tendances les plus ...... la mode ne sont pas forcément appréciées ...... véritables professionnels. Prenez le temps : allez ...... Paris, ... New York, obtenez des renseignements ...... galeristes. Certains s'offriront ...... vous guider. Suivre aveuglément leurs conseils vous exposerait ...... des mésaventures. Renoncer totalement ...... leur aide ne vous permettrait pas ...... connaître suffisamment le milieu. À vous ...... savoir faire preuve ...... discernement. Il serait stupide ...... acheter une toile ...... peu ...... valeur ...... un prix prohibitif. Vous ne serez prêt ...... acheter intelligemment que lorsque vous saurez distinguer un mauvais tableau ...... un bon. Et surtout lorsque vous ne songerez plus ...... investir mais ...... apprécier réellement les œuvres. Une œuvre achetée sur un coup ...... foudre fait plus ...... bien ...... l'âme qu'une œuvre achetée ...... cause ...... sa cote. Bien sûr, personne ne peut vous obliger ...... devenir sensible ...... l'art. Alors achetez le tableau le plus cher ...... la meilleure galerie, enfermez-le dans un coffre-fort et interdisez ainsi ...... quiconque ...... le voir !

Prépositions diverses

13 🌳🌳 EN, DANS - Matière, lieu, temps

Complétez les phrases suivantes avec la préposition qui convient.

1. Ce sac n'est pas ...... cuir, il est ...... plastique. – **2.** Ces chaussures sont coupées ...... un cuir très fin. – **3.** Je n'aime pas la campagne, je préfère habiter ...... ville. – **4.** L'assassin se cache quelque part ...... la ville, soyez prudents ! – **5.** Ils ont peur de l'avion, ils ont préféré venir ...... train. – **6.** Elle a perdu son sac de voyage ...... le train. – **7.** Je travaille vite : votre appartement sera refait ...... une semaine. – **8.** Ils ont été aussi rapides que des professionnels, ils ont refait leur appartement ...... une semaine. – **9.** Il se met toujours ...... colère pour des riens. – **10.** Elle se met ...... des états de nerfs impossibles pour trois fois rien. – **11.** Il a toujours de nombreux projets ...... tête. – **12.** Depuis hier, j'ai cet air ...... la tête, ça m'agace ! – **13.** Celui-là, il remarque tout : il n'a vraiment pas les yeux ...... sa poche. – **14.** Il ne paie jamais son café, il n'a pas un sou ...... poche. – **15.** Il s'était déguisé ...... fantôme ...... s'enroulant ...... un drap. – **16.** Ils habitent ...... Espagne, ... une petite ville.

14 🌳🌳🌳 POUR, PAR

On utilise « par » pour exprimer :
1. un agent (Il a été élevé par sa grand-mère.)
2. une cause (Il a agi par colère.)
3. un lieu de passage (Ils sont entrés par la fenêtre.)

Complétez les phrases suivantes avec « pour » ou « par ».

Maxime Forrestal a été condamné à dix ans de réclusion ...... avoir tué son beau-père. Il n'a pas commis ce crime ...... le plaisir. Il a expliqué qu'il avait agi ...... désespoir et ...... se libérer de la tyrannie du vieil homme. Maxime et sa femme étaient logés ...... le vieillard dans son pavillon de banlieue et le vieil homme faisait tout ...... leur rendre la vie impossible : ...... exemple, ... sortir, il fallait passer ...... la chambre du maître de maison. Si ...... hasard il dormait, pas de problème. S'il était éveillé il fallait lui expliquer en détail ...... combien de temps on sortait et ...... quoi faire. Chaque geste du couple était contrôlé ...... le terrible vieillard qui, croyant agir ...... leur bien, les empêchait de vivre. Le soir du crime, Maxime avait empêché de justesse sa femme de sauter ...... la fenêtre. Alors, poussé ...... le désespoir et ...... sauver sa femme, il a frappé. Quoiqu'en prison ...... de longues années, il semble presque heureux…

15 🌳🌳 Prépositions diverses

Complétez les phrases suivantes par la préposition correcte.

1. Je finis ...... travailler ...... midi. – **2.** ...... quelle heure est-ce que tu sors ...... cours ? – **3.** Cet enfant commence ...... parler. – **4.** Dimanche nous allons ...... Chamrousse. – **5.** Nous partons ...... Paris ...... 8 h et nous allons être ...... Grenoble ...... 15 h. – **6.** Est-ce que vous venez ...... acheter des gâteaux ? – **7.** ...... aller ...... Paris, je vais passer ...... Lyon. – **8.** Nous sommes ...... décembre. – **9.** ...... deux semaines, c'est Noël. – **10.** ...... Grenoble ...... Paris, il y a 600 km. – **11.** Il habite ...... sixième étage ...... ses parents. – **12.** Attends, j'ai oublié mon sac ...... ta voiture. – **13.** Nous partons ...... nos amis ...... faire du ski ...... Val-d'Isère. – **14.** Je viens ...... la campagne ...... voiture. – **15.** Il a invité Sylvie ...... danser ...... lui. – **16.** Ils vont faire le voyage ...... deux heures. – **17.** Je fais du camping ...... Paul : nous voyageons ...... stop et nous dormons ...... la tente. – **18.** Pierre et Hélène viennent ...... arriver ...... Paris ce matin. – **19.** Je suis ...... France depuis deux mois et après je vais aller ...... Angleterre ...... États-Unis, ... Venezuela et ...... Brésil. – **20.** Mettez votre manteau ...... laine rouge avec votre robe ...... soie noire. – **21.** Il veut boire une bonne tasse ...... café. – **22.** Nous voulons un kilo ...... cerises ...... deux euros.– **23.** ...... son anniversaire, on va lui offrir des tasses ...... café. – **24.** Elle va venir ...... cheval. – **25.** Elle est très contente ...... sa nouvelle voiture. – **26.** Dépêche-toi, nous allons être ...... retard et arriver ...... eux. – **27.** Tu as une bibliothèque pleine ...... livres intéressants.– **28.** ...... hiver il y a ...... la neige ...... les montagnes.

16 🌳🌳 *Complétez ce portrait avec les prépositions qui conviennent.*

PORTRAIT D'UN CLOCHARD

C'était un vieil homme très mal habillé qui marchait ...... la rue ...... peine, ... un pas hésitant, presque ...... la pointe des pieds. Il se dirigeait ...... le métro où il voulait dormir. Il portait un chapeau ...... la tête, des lunettes ...... du nez, un journal ...... le bras gauche et un gros sac ...... la main droite. ...... les doigts ...... la main gauche, on pouvait apercevoir une orange qu'il tenait ...... son poing serré. Il avait probablement acheté son pantalon ...... bon marché, ... solde, ... Tati ; ou alors il l'avait trouvé ...... une poubelle ou ...... secours catholique. Son pauvre manteau, décousu ...... bas, usé ...... les fesses, était mal coupé ...... un lainage mince, peut-être ...... une petite couturière ...... un mariage d'autrefois. Ses chaussures ...... plastique ...... mauvaise qualité tenaient ...... des lacets ...... ficelle. Elles étaient tachées ...... le dessus, et trouées ...... la semelle. C'était un vieil homme très fatigué et très seul.

17 🌳 **Prépositions (simples)**

Complétez ces deux portraits, et sur ces modèles, faites entièrement les deux portraits suivants.

Portrait d'un bricoleur	Portrait d'une mère de famille
• Il répare les objets ...... toute vitesse ...... trois secondes ...... facilité ...... tout le monde ...... plaisir ...... son atelier • Il fabrique des objets ...... n'importe quoi ...... bois et ...... métal ...... ses amis ...... imagination	• Elle fait le ménage avec ...... en ...... dans ...... • Elle prépare à manger pour ...... à ...... dans ...... sur ...... • Elle fait jouer les enfants avec ...... dans ...... pour ......
Portrait d'un agriculteur	**Portrait d'un journaliste**

18 🌳🌳 **Prépositions diverses**

Les verbes peuvent souvent se construire avec diverses prépositions. Leur sens est chaque fois légèrement différent.

Exemple : Elle se prépare/à sortir/pour la fête/en vue de l'examen.

Pour les verbes suivants, associez les prépositions de la colonne 1 et les expressions de la colonne 2.

Marcher
1. Cet appareil marche à
2. Méfie-toi, il marcherait sur
3. Le dimanche, il marche avec
4. Annie et François, ça marche à
5. Mon patron n'a pas marché dans
6. Attention ! ne marche pas dans
7. J'ai du mal à le suivre. Il marche toujours à

a) la flaque d'eau.
b) merveille.
c) pas de géants.
d) l'essence.
e) un groupe d'amis.
f) mon histoire de retard. Dommage !
g) les pieds de n'importe qui.

S'habiller
1. C'est un vrai gentleman : il s'habille toujours pour
2. Pour le bal masqué il s'est déguisé en
3. Elle a encore changé de style, maintenant elle s'habille à
4. Quand on a sonné, il s'est habillé en
5. Pour ce rendez-vous il s'est habillé avec
6. Il est toujours habillé

a) plus de soin que d'habitude.
b) dîner, même quand il reste à la maison.
c) clown.
d) comme l'as de pique.
e) l'orientale.
f) toute hâte.

Parler

1. Annie parle trop de
2. C'est drôle : mon frère parle quelquefois en

3. Depuis son accident elle parle avec
4. C'est d'accord pour cette fois. Je te promets de parler pour
5. Mon Dieu ! Ma mère est en train de parler avec

6. Mais si, vous me dérangez ! Vous voyez bien que je parle aux

a) difficulté.
b) mon directeur. J'espère qu'elle ne fera pas de gaffe.
c) clients !
d) rêve, mais il ne se souvient de de rien.
e) ses problèmes. Elle commence à ennuyer tous ses amis.
f) toi. Mais je ne le ferai qu'une fois.

  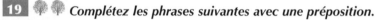

19 *Complétez les phrases suivantes avec une préposition.*

Demander

1. Comme il était malade, il a demandé …… partir. – **2.** Il ne sait rien demander …… crier.– **3.** Elle le lui a demandé …… anglais. – **4.** Comment le patron a demandé ça ? Oh, …… fermeté, comme d'habitude. – **5.** Il nous a demandé …… rester travailler après sept heures aujourd'hui. – **6.** Elle lui a demandé de rapporter du pain …… criant.

Pousser

1. Les policiers ont poussé les malfaiteurs …… le mur pour les fouiller. – **2.** La foule était si nombreuse que les premiers rangs ont été poussés …… avant. – **3.** Cette chute est anormale. On l'a probablement poussé …… la fenêtre. – **4.** Tous les pêcheurs ont aidé à pousser le bateau …… le large. – **5.** Sa mère la pousse …… être médecin, mais elle veut être actrice.– **6.** Cet enfant est insupportable ! Il me pousse …… bout ! – **7.** La voiture était très lourde et les trois hommes la poussaient …… difficulté.

20 Divers verbes

Complétez les phrases suivantes en commençant avec une préposition. Faites trois phrases dans chaque cas.

Exemple : Ils sont allés courir dans le parc / avec leurs amis / pour prendre l'air / pour promener leur chien.

1. Ils se sont rencontrés ……… **2.** Ils se sont revus……… **3.** Ils se sont compris ……… **4.** Ils se sont mariés……… **5.** Ils se sont ………

théorie générale

1. La question sans mot interrogatif

	Sujet: pronom personnel ce on	Sujet: groupe nominal
Intonation (très fréquente en français parlé)	*Tu es arrivé hier ?* *C'est terminé ?* *On a sonné ?*	*Ta petite est ici ?* *Monsieur Dufour viendra ?*
Est-ce que	*Est-ce que tu es arrivé hier ?* *Est-ce que c'est fini ?* *Est-ce qu'on a sonné ?*	*Est-ce que ta petite fille est ici ?* *Est-ce que monsieur Dufour viendra ?*
Inversion simple	*Es-tu arrivé hier ?* *Est-ce fini ?* *A-t-on sonné ?*	(impossible)
Inversion complexe	(impossible)	*Ta petite fille est-elle ici ?* *M. Dufour viendra-t-il ?*

2. La question avec un mot interrogatif

• **Questions introduites par un adverbe interrogatif, un pronom ou un adjectif précédé d'une préposition**

	Mot interrogatif **à la fin** de la phrase	Mot interrogatif **au début** de la phrase
Question dans le langage familier	*Vous viendrez **quand** ?* *Elle s'adressera **à qui** ?* *Alain ira **où** ?*	***Quand** vous viendrez ?* ***À qui** elle s'adressera ?* ***Où** il ira Alain ?*
Question avec EST-CE QUE	Mot interrogatif + EST-CE QUE + sujet + groupe verbal	
	Où ***De qui*** **est-ce que** ***À quoi***	*ton frère* *habite ?* *vous* *avez parlé ?* *les enfants* *jouent ?*
Question avec inversion du sujet	Si le sujet est un pronom personnel ou «ce» ou «on», il y a **inversion simple.** ***Pourquoi** vient-il ?* *Comment est-**ce** arrivé ?* ***De qui** avez-**vous** parlé ?*	Si le sujet est un groupe nominal, il y a **inversion simple ou complexe**. ***Où** vit **Anne** ?* ***Où** Anne vit-**elle** ?* ***De quoi** parlent **les élèves** ?* ***De quoi** les élèves parlent-**ils** ?*

• Questions introduites par un pronom interrogatif sans préposition

	Qui ? / Qui est-ce qui ? (sujet)		Que ? / Qu'est-ce que ? (objet direct ou attribut)
Personnes	*Qui viendra avec nous ?* *Qui est-ce qui viendra avec toi ?*		*Qui avez-vous vu ?* *Qui est-ce que vous avez vu ?* *Qui ton ami attend-il ?* *Qui est-ce que ton ami attend ?* *Ton ami attend qui ?* *Qui sont ces personnes ?*
	Qu'est-ce qui ? (sujet)		**Que ? / Qu'est-ce que ? (objet direct ou attribut)**
Choses	*Qu'est-ce qui t'arrive ?*		*Que font tes parents ?* *Qu'est-ce que font tes parents ?* *Qu'est-ce que c'est ?*
	Lequel		
		Singulier	*Pluriel*
Personnes ou choses déjà citées	*Masculin*	*Regardez ces journaux.* *Lequel préférez-vous ?* *Lequel est-ce que vous préférez ?* *Lequel vous préférez ?* *Vous préférez lequel ?*	*On passe plusieurs films.* *Lesquels voulez-vous voir ?* *Lesquels vous voulez voir ?* *Vous voulez voir lesquels ?* *Lesquels est-ce que vous voulez voir ?*
	Féminin	*Voici des tartes.* *Laquelle veux-tu ?* *Laquelle est-ce que tu veux ?* *Laquelle tu veux ?*	*J'ai acheté beaucoup de fleurs.* *Lesquelles sont les plus jolies ?*

• Questions introduites par un adjectif interrogatif sans préposition

	Quel		
		Singulier	*Pluriel*
Personnes ou choses	*Masculin*	*Quel livre me conseilles-tu ?* *Tu me conseilles quel livre ?*	*Quels films passent en ce moment ?*
	Féminin	*Quelle émission veux-tu regarder ?* *Tu veux regarder quelle émission ?*	*Quelles voitures préfères-tu ?* *Tu préfères quelles voitures ?*

Corpus d'observation

1.1

1 🌳 **Dis maman...**

1. Est-ce que c'est loin la Patagonie? – **2.** Qu'est-ce qu'il y a tout au fond de la mer? – **3.** Où se trouve le plus grand immeuble? – **4.** On peut aller se promener sur les étoiles? – **5.** A quoi servent les étoiles? – **6.** Qui a écrit l'histoire de Cendrillon? – **7.** Tu resteras toujours avec moi? – **8.** Qu'est-ce que c'est qu'un cheval de Troie? – **9.** Comment s'appelle le plus long bateau? – **10.** Est-ce qu'il existe un cheval qui parle? – **11.** Quand est-ce que je serai grand? – **12.** Tu m'aimeras toujours quand je serai vieux? – **13.** Combien de pattes ont les fourmis? – **14.** Quel est l'animal qui court le plus vite? – **15.** À qui est-ce que le monde appartient? – **16.** Où habite le Père Noël? – **17.** Pourquoi on n'habite pas dans la forêt? – **18.** Combien coûte la Tour Eiffel? – **19.** Comment on fait pour parler anglais ou chinois? – **20.** C'est difficile de travailler? – **21.** Est-ce qu'un jour je pourrai voler comme les oiseaux? – **22.** Qui c'est qui fait les nuages dans le ciel? – **23.** Qui répondra à toutes ces questions?

Après avoir observé attentivement les questions ci-dessus, répondez aux questions suivantes.
a) Quelles sont les différentes structures de la forme interrogative?
b) Quels sont les différents outils grammaticaux utilisés pour poser des questions?

Exercices

Différentes formes interrogatives

1.1
ECR

1 🌳 *Mettez les phrases à la forme interrogative (3 formes).*

1. Il est venu avec ses parents. – **2.** Les étudiants sont arrivés en retard. – **3.** Ces voitures sont très chères. – **4.** Les enfants ont regardé la télévision. – **5.** Ces livres sont très intéressants. – **6.** Vous avez pris l'autobus. – **7.** Elles les ont tous vus. – **8.** Le château est très imposant. – **9.** Votre mari est allé à la pêche. – **10.** Les jeunes aiment faire de la bicyclette. – **11.** La maison est située en dehors de la ville. – **12.** Il y en a beaucoup.

1.1
ECR

2 🌳 **Questions perdues**
Trouvez les questions correspondant aux réponses données.

1. J'ai seulement une fille.
2. Je ne pense pas pouvoir venir.
3. Ils arriveront dans trois jours.
4. Nous viendrons en voiture.
5. Ils n'ont pas pu venir parce qu'ils étaient malades.
6. Elle est allée au cinéma avec Annie.
7. Elle a fait ce tableau avec des morceaux de tissus collés sur du papier.
8. Je vais prendre la robe rouge.

Questions introduites par un mot interrogatif

1.1
ECR

3 🌳 **Qui est-ce qui? Qui est-ce que?**
Trouvez la question correspondant à chacune des réponses..

1. C'est Pierre qui a fait ce programme.
2. Hier soir? J'ai rencontré Véronique et Patrick.
3. Je suis sûre que c'est Sophie. Elle oublie toujours ses lunettes.
4. Daniel. Son tableau est joli, n'est-ce pas?
5. Nous avons emmené les enfants et un de leurs copains.
6. Elles ont invité Thierry, Hélène et Catherine.

4 🌳 Qu'est-ce qui ? Qu'est-ce que ?

Trouvez la question correspondant à chacune des réponses.

1. Je ne sais pas très bien mais je crois qu'il a eu une petite attaque cardiaque.
2. J'ai visité le Louvre et le musée d'Orsay.
3. Il ne s'est rien passé du tout, heureusement.
4. Il n'a rien répondu, il est parti.
5. Ce qui a cassé les branches ? C'est l'orage.
6. Le brouillard. Il provoque très souvent des accidents.

5 🌳 Qui / Qui est-ce qui / Qui est-ce que / Que / Qu'est-ce que / Qu'est-ce qui ?

Complétez avec les mots interrogatifs qui conviennent.

1. Ce livre est très intéressant, ... te l'a offert ? – **2.** .... tu veux faire samedi soir ? – **3.** Je ne comprends pas bien, ... vous voulez dire dans cette phrase ? – **4.** .... a gagné la Coupe de France de football ? – **5.** Quand vous étudiiez à Paris, ... faisiez-vous le samedi et le dimanche ? – **6.** .... avez-vous vu samedi soir 25 novembre à 17 h ? – **7.** .... vous avez rencontré ensuite à 20 h ? continue le policier. – **8.** Oh ! là, là ! il y a beaucoup de monde dans cette rue, ... se passe ? – **9.** Moi je prends une bière, et vous, ... prenez-vous ? – **10.** .... avez-vous rencontré, M. Dubois ou Mme Lamotte ?

6 🌳 Quel / Lequel / Laquelle / Lesquels /...

Complétez avec le pronom relatif qui convient (attention aux accords).

1. – Il y a de nombreuses discothèques à Grenoble.
   – Oui, je sais mais .... préfères-tu ?
2. – J'aimerais bien aller au cinéma. Tu viens avec moi ?
   – Oui d'accord, mais .... film allons-nous choisir ?
3. – Tu vas acheter une nouvelle voiture ?
   – Oui mais je ne sais pas .... prendre.
4. – Tu peux me prêter des ciseaux ?
   – Oui, bien sûr, ... veux-tu ? Les grands ou les petits ?
5. – Tu as des disques de Francis Cabrel ?
   – Oui, j'en ai plusieurs. .... chansons veux-tu écouter ?
6. Il y a tellement de jolies chaussures dans ce magasin que je ne sais pas .... acheter.
7. – Pendant mes vacances, j'ai visité la Grèce.
   – C'est beau n'est-ce pas ? .... ville as-tu préféré ?
8. – Hum ! Tu as fait beaucoup de gâteaux ?
   – Oui, ... veux-tu ?
9. – À la télévision, j'aime bien regarder les documentaires. Et toi ? .... programmes regardes-tu ?
10. Vous avez passé tous les examens ? .... vous a semblé le plus difficile ?

7 🌳🌳 Association

Associez les questions de la liste A aux réponses de la liste B.

A. Liste des questions	**B. Liste des réponses**
1. Est-ce que tu veux venir avec nous ?	**a)** Qui peut le savoir.
2. Partez-vous bientôt ?	**b)** Bientôt, il faut que je m'inscrive à un club.
3. Ton frère arrive-t-il jeudi ou samedi ?	**c)** Sûrement pas encore.
4. Faites-vous du ski ?	**d)** Volontiers, mais attention à vos pieds !
5. Voulez-vous danser avec moi ?	**e)** Nous voudrions bien le savoir.
6. Préférez-vous voyager en train ou en avion ?	**f)** Tout ce que j'aime !

7. Qu'est-ce que vous faites dans la vie?

8. Qu'est-ce que vos amis pensent de vous?

9. Qu'aimez-vous chez lui?

10. Que font vos parents?

11. Qui est-ce qui chante?

12. Qui a peur de Virginia Woolf?

13. Combien gagnez-vous?

14. Quand ferez-vous de la gymnastique?

15. Quand les hommes seront-ils raisonnables?

16. De quoi demain sera-t-il fait?

17. Pourquoi faut-il étudier?

18. Quel film choisir?

19. Où allons-nous?

20. Pourquoi ne vous inscrivez-vous pas au club?

21. Est-ce la fin de la crise?

22. À qui confions-nous nos enfants?

23. Laquelle de ces voitures achèteriez-vous?

24. Avec qui voyagez-vous?

g) Où tu veux.

h) Oui, avec plaisir.

i) Personne.

j) Avec ma famille.

k) Pour avoir une formation.

l) Pas assez.

m) C'est une bonne idée, je vais le faire.

n) Samedi, je crois.

o) Va voir *Viva la vie*.

p) Beaucoup de bien, j'espère.

q) Tout.

r) Sans doute jamais.

s) Oui, la semaine prochaine.

t) Oui, une fois par semaine.

u) Ni l'un ni l'autre, je prends ma voiture.

v) La moins chère.

w) C'est mon mari, sous la douche.

x) Ils sont à la retraite, ils voyagent.

Savoir poser des questions

8 🌳 **Interrogatoire**

Pour chaque élément donné, trouvez deux questions équivalentes.

1. Nom – **2.** Prénom – **3.** État civil – **4.** Âge – **5.** Lieu de naissance – **6.** Adresse – **7.** Taille – **8.** Poids – **9.** Langues parlées – **10.** Profession

9 🌳 **Les cinq questions incongrues, ironiques ou méchantes**

Pour chaque question utilisez un mot interrogatif différent.

1. Trouvez les cinq questions stupides à ne pas poser à un sportif.

2. Trouvez les cinq questions méchantes à ne pas poser à un acteur.

3. Trouvez les cinq questions métaphysiques que chacun peut se poser.

4. Trouvez les cinq questions qu'un homme amoureux peut poser à la femme qu'il aime.

10 🌳 🌳 **À propos de...**

Trouvez le maximum de questions que chacun peut se poser à propos de :

a) La pollution. – **b)** L'éducation. – **c)** Le féminisme. – **d)** Le mariage. – **e)** L'union libre.

11 🌳 🌳 *Posez toutes les questions possibles sur chaque texte proposé.*

Exemple: Le petit Pierre a cassé hier la porte du jardin en jouant au ballon avec son ami Jacques.

– Qu'est-ce que Pierre a fait? – Qui a cassé la porte du jardin? – Quand a-t-il cassé la porte du jardin? – Qu'est-ce qu'il a cassé? – Avec qui est-ce qu'il jouait? – Comment est-ce qu'il a cassé la porte?

a) Information

CINÉ EN PLEIN AIR
Soirée pour vos enfants ce soir. Le spectacle se déroulera à partir de 21 h en plein air devant l'office du tourisme d'Arcachon. Le thème: « Les enfants de l'orage ». Repli en cas de pluie à la maison des jeunes. La soirée est gratuite.

b) Publicité

GRAND CONCOURS : LES CHERCHEURS DE DIEU

Ne manquez pas le grand concours « Les chercheurs de Dieu » qui, à partir du 2 novembre, et pendant six semaines, vous fera découvrir l'univers passionnant des grandes religions.

Vous rencontrerez des figures marquantes de ces hommes et de ces femmes qui pendant des siècles et sous toutes les latitudes se sont mis en route pour le trouver.

c) Film

LA VIEILLE FILLE (DE J.-P. BLANC)

Muriel Bouchon est une femme célibataire, approchant la quarantaine. Elle passe ses vacances dans une petite station balnéaire de la Méditerranée. Un célibataire, Gabriel Marcassus, qui s'en va en Espagne, tombe en panne de voiture. En attendant la remise en état de son auto,

Gabriel loge à l'hôtel-pension où est descendue Muriel. Le premier soir, on le place à sa table. Muriel répond avec brusquerie à ses tentatives de conversation. Pendant son séjour forcé, Gabriel va essayer de vaincre la timidité de cette *vieille fille.*

d) Personnage

L'ABBÉ PIERRE

La barbe grise, le béret, la canne et la cape noire symbolisent l'abbé Pierre, figure légendaire s'il en est, l'une des trois personnalités nationales les plus aimées des Français, selon un sondage du début du XXIᵉ siècle. C'est sous le nom de l'abbé Pierre (qu'il choisit durant l'occupation), que tout le monde connaît Henri Grouès, né à Lyon en 1912. D'abord moine capucin, il devient vicaire de Grenoble. Mobilisé en 1939, il entre

ensuite dans la Résistance. En 1945 il est élu député. Quatre ans plus tard, il fonde à Neuilly-Plaisance la première communauté Emmaüs. En 1951, il abandonne la politique. Pour survivre, avec ses compagnons, l'abbé Pierre devient chiffonnier. Aujourd'hui, le mouvement Emmaüs est implanté dans 32 pays, répartis sur 4 continents.

B1.2 CECR **12** **Titre de journaux sous forme de questions**

a) *Observez les verbes et les structures utilisés pour formuler ces titres de journal.*

Exportation : La France a-t-elle le vin triste ?
Psychologie : Peut-on apprendre à être heureux ?
Fêtes des mères : Faut-il en finir avec les cadeaux faits à l'école ?
Gouvernement : Y a-t-il un pilote dans l'avion ?
Hymne national : Doit-on changer les paroles de la Marseillaise ?

b) *Reformulez les titres suivants en utilisant les verbes : être, avoir, devoir, falloir, pouvoir (il y a quelquefois plusieurs possibilités).*

Agriculture : interdire les OGM (organismes génétiquement modifiés) ?
Éducation : laisser faire ou sévir ?
Alimentation : arrêter les régimes ?
Infidélité : tout dire à l'autre ?
Écologie : prêts à réduire notre consommation d'énergie ?
Santé : un lien entre pollution et cancer ?
Voitures : les 4 x 4, utiles en milieu urbain ?

théorie générale

1. La place des éléments de la négation

Avec un temps simple	Sujet + ne + verbe conjugué + pas
Avec un temps composé	Sujet + ne + auxiliaire + pas + participe passé
Avec le mode infinitif	Ne pas + verbe à l'infinitif
Avec le mode impératif	Ne + verbe + pas

2. Les différentes formes de négation

	Formes	Correspondances à la forme affirmative	Exemples
La négation porte sur l'ensemble de la phrase	non		*Tu viens ? Non, je reste ici.*
La négation porte sur le verbe	ne... pas ne... point ne... plus ne... jamais ne... guère	toujours/encore toujours/souvent quelquefois/déjà beaucoup	*Elle ne parle pas français.* *Nous ne sommes point partis.* *Je ne fume plus.* *Mon père ne fait jamais de ski.* *Avec les enfants, je n'ai guère le temps de sortir.*
	sans	avec	*Il est parti sans son manteau.*
La négation porte sur un complément de circonstance	ne... plus	encore	*Mireille ne travaille plus dans cette entreprise.*
	ne... pas encore	déjà	*Nous n'avons pas encore voyagé en avion.*
	ne... nulle part	quelque part	*J'ai cherché partout, je ne l'ai vu nulle part.*
L'élément négatif a fonction de sujet ou de complément	rien... ne ne... rien	quelque chose	*Rien n'est pareil depuis qu'il est parti.* *Elle n'a vraiment rien compris à mon explication.*
	personne... ne ne... personne	quelqu'un	*Personne n'est venu avec moi.* *En entrant chez elle, elle n'a rencontré personne.*
	aucun(e)... ne pas un(e)... ne ne... aucun(e)	quelques des + nom	*Ses filles étaient là, mais aucune ne m'a parlé/pas une ne m'a parlé.* *Ces livres étaient trop chers, je n'en ai acheté aucun.*

	Formes	Correspondances à la forme affirmative	Exemples
La négation porte sur deux éléments	**ne... ni... ni** **ne... pas... ni** **ne... ni ne**		*Elle ne parle ni allemand ni italien.* *Son père ne veut pas qu'elle sorte ni qu'elle invite ses amis.* *Elle n'entend ni ne voit bien.*
Combinaisons de différentes négations	**ne... jamais personne** **... personne nulle part** **... plus personne** **... jamais rien** **... rien nulle part** **... plus rien** **... plus jamais** **... plus jamais rien** **... plus jamais personne** **... plus nulle part**	toujours quelqu'un quelqu'un quelque part encore quelqu'un toujours quelque chose quelque chose quelque part encore quelque chose encore souvent encore souvent quelque chose encore souvent quelqu'un encore quelque part	*Je ne vois jamais personne dans ce magasin.* *Il n'y a personne nulle part.* *Je suis fatigué, je ne veux plus voir personne.* *Elle ne fait jamais rien d'intéressant le dimanche.* *Il n'y a rien d'intéressant nulle part.* *Non merci, je ne veux plus rien manger.* *Je ne voyagerai plus jamais avec lui.* *Puisque c'est ainsi, je ne ferai plus rien.* *Je ne pourrai plus jamais voir personne avec les mêmes yeux.* *Elle ne peut aller nulle part sans son appareil.*
Reprise de la négation	**un nom** **moi, toi, elle, lui, nous, vous, elles, eux** **+ non plus**		*Madeleine ne fume pas et son mari non plus / lui non plus.*
Autres formes	**pas... mal** **non seulement... mais encore** **non sans...** **rien que**		*Vous travaillez beaucoup ?* *Oui pas mal.* *Non seulement il fume, mais encore il boit.* *Nous somme arrivés non sans problème.* *Rien qu'à la voir, on a senti qu'elle allait bien.*
Restriction	**ne... que** **seulement**		*Le matin il ne boit que du café / Il boit seulement du café.*

Corpus d'observation

1

Papa, t'as pas 10 euros ?

Elle n'a connu qu'un seul homme.

Pas de décalage horaire
Pas de « il vient de partir »
Pas d'oubli.
Pas de « je vous l'avais dit ».
Pas de « c'est trop tard ».
Pas de « c'est la nuit ».
Pas de temps perdu.
Pas de « c'est écrit nulle part »
Pas de malentendu.
　　　　　　Réussir
c'est plus simple quand on parle couramment
　　　　　　　　　　　　TELEX

Monsieur, vous n'êtes pas
responsable de ma vie.

Mode d'emploi des Gremlins
Attention !
Ne pas mouiller
Ne pas les exposer à la lumière vive.
Surtout
Ne **jamais, jamais** leur donner à
manger après minuit.

**Un RICARD
sinon rien !**

Ni tout à fait la même...
Ni tout à fait une autre...
C'est toujours vous.

*Personne ne peut
le faire pour vous.
Voyager avec
Air Isère*

**N'ayez plus peur
des voleurs
Faites poser une
alarme.**

*Ne prenez aucun risque avec les assurances
« PROTECTION »*

Vous n'avez pas encore visité PARIS ?
Prenez vite le TGV !

Observez les phrases ci-dessus. Essayez de dégager quelques règles en étudiant :

– les différentes formes de négation employées.
– leur place dans la phrase par rapport aux verbes (observez les temps et les modes).

B1.2
CECR

2 🌳🌳 *Écrivez un petit texte à la manière du pasteur Martin Niemöller.*

> Je n'ai rien dit…
> « Quand ils sont venus chercher les communistes,
> je n'ai rien dit, je n'étais pas communiste.
> Quand ils sont venus chercher les syndicalistes,
> je n'ai rien dit, je n'étais pas syndicaliste.
> Quand ils sont venus chercher les Juifs,
> je n'ai rien dit, je n'étais pas Juif.
> Quand ils sont venus chercher les catholiques,
> je n'ai rien dit, je n'étais pas catholique.
> Puis ils sont venus me chercher,
> et il ne restait personne pour dire quelque chose.
>
> *Pasteur Martin Niemöller (Dachau 1942)*

Exercices

La négation grammaticale

B1.1
CECR

1 🌳 *Répondez négativement aux questions suivantes.*

1. Voulez-vous encore un peu de gâteau au chocolat ? – **2.** Elle fait encore du ski ? – **3.** Il fume encore ? – **4.** Vous prenez encore l'autobus ? – **5.** Vous avez déjà pris votre médicament ? – **6.** Tu pars déjà ? – **7.** Ce disque est déjà sorti chez les disquaires ? – **8.** Tu as déjà acheté cette marque de biscuits ? – **9.** Vous buvez souvent du cognac ? – **10.** Vous prenez toujours un petit déjeuner copieux le matin ? – **11.** Vous allez souvent au théâtre ? – **12.** Les enfants boivent souvent du vin rouge ?

B1.1
CECR

2 🌳 *Répondez négativement aux questions suivantes.*

1. Est-ce que quelqu'un est venu ? – **2.** À la soirée de samedi, vous avez rencontré quelqu'un que vous connaissez ? – **3.** Il a vu quelqu'un d'intéressant hier soir ? – **4.** Il a écrit à quelqu'un ? – **5.** Est-ce que quelqu'un a vu ce qui s'est passé ? – **6.** Tu vas à Paris pour les vacances, tu y connais quelqu'un ? – **7.** Est-ce que quelque chose te ferait plaisir ? – **8.** Tu veux boire quelque chose ? – **9.** Est-ce que quelque chose t'a choqué dans son discours ? – **10.** Attention ! En montagne la température baisse très vite, vous avez pris de quoi vous couvrir chaudement ? – **11.** Vous n'avez pas l'air en forme, il vous est arrivé quelque chose ? – **12.** C'est l'anniversaire de Monique, vous avez pensé à quelque chose pour son cadeau ?

B1.1
CECR

3 🌳 *Répondez négativement en faisant porter la négation sur les deux éléments de la question.*

1. Tu vas en vacances à la campagne ou à la montagne ? – Je ne vais …… à la campagne …… à la montagne, je préfère aller à la mer. – **2.** Vous prendrez le train ou l'avion ? – **3.** Au mariage de ta sœur tu porteras une jupe longue ou une jupe courte ? – **4.** Pour aller au travail, tu prends le bus ou ta bicyclette ? – **5.** Tu as chaud ou tu as froid ? – **6.** Qu'est-ce que tu préfères ? Le camping ou le caravaning ?

4 🌳🌳 *Transformez les phrases selon le modèle.*

Exemple : Elle est sortie. Elle n'a rien dit en sortant. → Elle est sortie sans rien dire.

1. L'étudiant est entré. Il n'a pas fermé la porte. – **2.** L'homme s'est assis. Il n'a pas dit un seul mot. – **3.** Il marchait, perdu dans ses pensées. Il n'a vu personne. – **4.** Il a fabriqué cette machine tout seul. Il n'a pourtant aucune formation. – **5.** Elle était malade. Elle a guéri très vite. Elle n'a pas pris de médicaments. – **6.** Il est parti. Il n'a pas fait de bruit. – **7.** Ce sportif a fait toute la compétition. Pourtant il n'avait pas pu s'entraîner avant. – **8.** J'ai réussi tous mes examens. Je n'ai jamais beaucoup travaillé. – **9.** Il a un bon travail. Il n'avait pas fait de longues études. – **10.** Nous avons fait le trajet Paris-Nice. Nous ne nous sommes pas arrêtés plus d'une heure pour manger.

5 🌳🌳 Puzzle

Reconstituez les phrases.

1. n' – pourquoi – ce – pas – comprends – ne – vous – je – jamais – voyage – fait – avez –

2. m' – proposé – d' – entreprise – rien – a – dans – ne – on – cette – intéressant –

3. la – je – personne – veux – ne – voir – porte – fermez – plus –, –

4. pas – petit – n' – n' – allé – pourquoi – nous – Provence – irions – aucun – nous – ce –? – visiter – d' – jamais – entre – est – de – y – village –. –

6 🌳 Nécessités

Continuez l'exercice selon le modèle. Utilisez différentes formes négatives.

a) Pour ne jamais être malade, il est nécessaire de :
  1. Ne pas fumer. – 2. Ne jamais boire d'alcool. – 3. ………
b) Pour ne pas échouer aux examens, il est nécessaire de : ………
c) Pour faire de la bonne cuisine, il est nécessaire de : ………
d) Pour être un bon président, il est nécessaire de : ………

7 🌳 *Transformez les phrases selon le modèle.*

Exemple : Il ne peut pas aller à Paris. Il en est désolé. → Il est désolé de ne pas pouvoir aller à Paris.

1. Il ne peut plus faire de ski. Il le regrette. – **2.** Il ne fumera plus. Le médecin le lui a ordonné – **3.** Les étudiants n'arriveront plus en retard. Le professeur le leur a demandé. – **4.** Les écoliers ne joueront plus avec le matériel du laboratoire. Le directeur l'a ordonné. – **5.** Nous ne mettrons plus de désordre dans ce bureau. On nous en a prié. – **6.** M. et Mme Duparc n'ont pas pu acheter la maison de leurs rêves. Ils en sont vraiment désolés. – **7.** Ils ne sont pas partis à l'heure prévue. Ils en sont furieux. – **8.** Mes amies ne sont pas venues me voir à l'hôpital. Elles le regrettent beaucoup. – **9.** Ils ne peuvent rien dire. Ils en sont très mécontents. – **10.** À la soirée, je n'ai rencontré personne. J'en suis bien triste. – **11.** Nos voisins ne feront plus de bruit après 22 heures. Nous le leur avons demandé.

8 🌳 Interdictions

Continuez l'exercice selon le modèle. Utilisez différentes formes négatives.

A. Aux enfants
  1. Ne prenez jamais l'ascenseur tout seul.
  2. N'allez nulle part sans prévenir vos parents.
  3. ………
B. Aux maris
C. Aux étudiants
D. Aux professeurs

B1.1
CECR

9 ✿ Portraits opposés

Continuez selon le modèle. Utilisez différentes formes négatives.

	Lui	**Elle**

Il aime le cinéma.   *Elle n'aime pas le cinéma.*
Il ne va pas souvent au cinéma.   *Elle va souvent au cinéma.*

1. Le travailleur/	Le paresseux
2. L'optimiste/	Le pessimiste
3. Le sportif/	Le casanier
4. Le fidèle/	L'infidèle
5. Le généreux/	L'égoïste

B1.1
CECR

10 ✿ Interrogatoire

Monsieur Dinon répond négativement à toutes les questions qu'on lui pose. Faites ses réponses.

1. – Vous voulez bien répondre à quelques questions ?
2. – Vous avez déjà été accusé de quelque chose ?
3. – Vous étiez chez vous samedi dernier ?
4. – Vous étiez avec quelqu'un ?
5. – Quelqu'un vous a vu alors ?
6. – Vous êtes allé au café ?
7. – Vous faisiez des courses ?
8. – Vous étiez bien quelque part ?
9. – Vous faisiez bien quelque chose ?
10. – Et votre femme, elle est toujours chez elle le samedi ?
11. – Elle a un frère et une sœur, elle était chez l'un ou chez l'autre ?
12. – Pourtant elle fait toujours quelque chose le samedi ?
13. – Est-ce qu'il y a quelquefois quelqu'un chez vous le samedi soir ?
14. – Mais vous avez bien vu quelqu'un quelque part ?
15. – Vous n'auriez pas encore quelque chose à me dire ?

B1.2
CECR

11 ✿ ✿ Trouvez la question !

Quelles questions peuvent entraîner les réponses suivantes ?

1. .... ? Jamais. – **2.** .... ? Pas du tout. – **3.** .... ? Nulle part. – **4.** .... ? Moi non plus. – **5.** .... ? Pas beaucoup. – **6.** .... ? Personne. – **7.** ....? Ni l'un l'autre. – **8.** ....? Rien. – **9.** .... ? À personne. – **10.** .... ? Plus jamais. – **11.** .... ? Pas un. – **12.** ....? Plus rien.

B1.2
CECR

12 Lettres

COURRIER DE CŒUR

VALÉRIE, 20 ANS.
Je vous écris pour vous dire que tout va bien. Je ne vis pas seule, je n'ai pas de problème d'argent, je ne suis pas malade, je n'ai pas de problème de couple, je ne me trouve ni trop grosse, ni trop maigre. Je ne suis ni déprimée ni refoulée. Bref, je suis heureuse et totalement libre.

Sur le modèle de cette lettre, faites d'autres lettres qui disent le contraire de ce qu'on entend habituellement dire (c'est-à-dire que tout va mal).
Thème :
Tout va bien   – dans mon pays, dans ma famille, sur la planète Terre, à la télévision, etc.

3. La négation par le lexique

13 🌳🌳 *Complétez le tableau suivant.*

		Sens négatif	Sens positif
Préfixes privatifs	**a**	apolitique …	politique moral
	an	analphabétisation anormal	alphabétisation …
	dé	défaire … découdre déblocage … … …	… boucher … … posséder valorisation boutonner
	des	déshydratation …	… intéresser
	in	infaillible … … inefficace intolérant …	… contrôlable traduisible … … opérant
	im	immangeable … … …	… probable buvable mobile
	il	illégal illégitime	… …
	ir	irréalisable … … irrespectueux	… responsable rationnel …
	mé	mécontent … …	… connaître entente
	mes	mésaventure mésestimer	… …
	mal	maltraiter … …	… habile chance
	non	non-voyant … …	… conforme violent
Adverbes de négation (devant les participes passés)	**mal**	mal dit …	dit fait
	non	non compris … …	… fini su

B1.2
CECR

14 🌳🌳🌳 *En vous aidant du tableau précédent, refaites les phrases suivantes en donnant un sens négatif à l'élément en caractère gras.*
Attention, il faudra parfois apporter des modifications pour que la phrase ait un sens.

*Exemples : Une consommation **modérée** d'alcool est recommandée pour les conducteurs.*
*Une consommation **immodérée** d'alcool **n'**est **pas** recommandée pour les conducteurs.*

1. Franck a acheté un magnifique tableau d'un peintre **connu**.
2. Écoutez les discours de ce philosophe réputé pour sa **moralité**.
3. Vous allez bien, a dit le docteur, votre pouls bat **régulièrement**.
4. Il est **légitime** de prétendre à ce droit.
5. Sa réaction était bien **normale**.
6. Il a décidé de **s'abonner** à cette revue qui lui plaît beaucoup.
7. Confiez la restauration de ce tableau à M. Tricot, je le connais, il est **honnête**.
8. Alors, racontez-moi vos **aventures** en Turquie.
9. Il imite toujours ce que font les autres, il est **conformiste**.
10. Il a commis une faute **pardonnable**.

B1.1
CECR

15 🌳 Portrait négatif
Faites le portrait le plus négatif possible de l'homme le plus détestable que l'on pourrait rencontrer.

B1.2
CECR

16 🌳🌳 Tout va mal !
Racontez la pire mésaventure, la pire journée, la pire soirée que vous pourriez vivre.

B1.2
CECR

17 🌳🌳 Le mauvais rêve
Vous avez rêvé que vous habitiez dans une maison horrible où tout était laid, où tout fonctionnait mal : c'était pour vous un vrai cauchemar. Racontez-le.

Le passif

théorie générale

1. Formation du passif

Seuls les verbes transitifs directs (c'est-à-dire ceux qui ont un complément d'objet direct) peuvent se mettre à la voix passive.

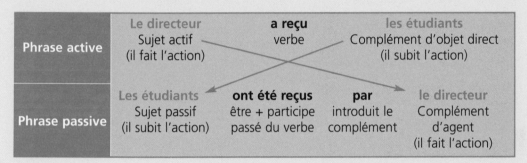

Phrase active	**Le directeur** Sujet actif (il fait l'action)	**a reçu** verbe		**les étudiants** Complément d'objet direct (il subit l'action)
Phrase passive	**Les étudiants** Sujet passif (il subit l'action)	**ont été reçus** être + participe passé du verbe	**par** introduit le complément	**le directeur** Complément d'agent (il fait l'action)

Remarque:
Certains verbes pronominaux peuvent avoir un **sens** passif.
*Exemple: Cette expression ne **s'utilise** plus.*

Exercices

Transformations

1 🌳 *Mettez les phrases suivantes à la voix passive.*

1. La police avait déjà arrêté de nombreux manifestants. – **2.** La municipalité va fermer la piscine. – **3.** Ce tribunal condamne toujours lourdement les accusés. – **4.** Les ravisseurs ont abandonné l'enfant au bord de la route. – **5.** Mon aïeul a construit cette maison en 1875. – **6.** L'entreprise réembauchera les ouvrières licenciées il y a un mois. – **7.** Le ministre vient d'annoncer le blocage des prix. – **8.** Cette nouvelle proposition de travail me tente beaucoup. – **9.** Je croyais que le mauvais temps retarderait l'arrivée de l'avion. – **10.** Je ne savais pas que son professeur avait puni Jacques. – **11.** Nous vous avertirons quand le gouvernement aura donné son accord. – **12.** Il est inadmissible qu'aucun des passagers n'ait secouru la jeune fille.

2 🌳 *Mettez les phrases suivantes à la voix active.*

1. Chaque année la fête est annoncée par de grandes affiches. – **2.** Les enfants étaient paralysés par la peur. – **3.** Les enfants sont comblés de cadeaux par leur grand-mère. – **4.** Les élèves seront accompagnés par tous leurs professeurs. – **5.** Cette maison a été construite par les apprentis maçons. – **6.** Les enfants ont été vaccinés par le médecin. – **7.** Ce roman a été écrit par un jeune écrivain inconnu, Dominique Even. – **8.** Le règlement intérieur devra être rédigé par la directrice. – **9.** Les étudiants sont invités à une réception par le maire de la ville. – **10.** Les réfugiés seront pris en charge par la municipalité. – **11.** L'autorisation de résidence leur a été accordée par la préfecture. – **12.** Plusieurs tonnes de fruits ont été jetées sur l'autoroute par les agriculteurs en colère. – **13.** Un objet volant non identifié aurait été aperçu par des agriculteurs en Auvergne. – **14.** Le gros chêne a été déraciné par le vent violent de la nuit dernière. – **15.** Les derniers survivants de la guerre de 1914-1918 seront reçus par le Président à l'Élysée.

B1.2
CECR **3** 🌳 🌳 *Observez bien la construction des phrases suivantes et essayez de les classer en 6 groupes en complétant le tableau ci-après.*

1. Les enfants ont été punis par leur mère. – **2.** Ce château est entièrement entouré d'eau.– **3.** Le vin blanc doit se boire très frais. – **4.** Cette petite voiture fabriquée chez Renault est très performante. – **5.** Ces artistes sont habillées par Yves Saint-Laurent. – **6.** Privé de ses parents, l'enfant avait de gros problèmes psychologiques. – **7.** Aidée par ses amis, elle a pu se sortir de cette situation difficile. – **8.** Le député a été applaudi par tous les participants. – **9.** Ce tableau de Picasso s'est vendu 500 000 euros. – **10.** Le président de la République est élu au suffrage universel pour cinq ans. – **11.** Le professeur de littérature est respecté de tous les étudiants. – **12.** La petite fille, enlevée dimanche dernier dans un jardin public, a été retrouvée saine et sauve. – **13.** Elle est venue à la soirée accompagnée du maire de la ville.– **14.** Tous les responsables de l'attentat ont été arrêtés hier soir. – **15.** La maison, protégée par une haie d'arbres touffus, était très agréable. – **16.** Tous les examens radiologiques devront être faits rapidement.

Construction passive complète : sujet + être + participe passé du verbe + par + complément d'agent	**n° 5** Ces artistes sont habillés par Yves Saint-Laurent. n° …… n° ……
Construction passive complète …… ……	**n° 2**…… n° ……
Construction passive incomplète …… ……	**n° 10**…… n° …… n°……
Construction avec un verbe pronominal de sens passif	**n° 3** Le vin blanc doit se boire frais. n° ……
Construction passive incomplète ……	**n° 4** Cette petite voiture fabriquée chez Renault est très performante. n° ……
Construction passive incomplète …… ……	**n° 6**…… n°…… n°…… n°……

4 🌳🌳 *Observez les phrases suivantes et faites-en deux groupes. Puis transformez les phrases passives en phrases actives et les phrases actives en phrases passives, quand c'est possible.*

1. Cette émission a beaucoup plu à mes amis.
2. Le président est élu par tous les Français.
3. Le garage de mes parents était encombré par de vieilles bicyclettes.
4. Cette bague a appartenu à ma grand-mère.
5. Ce terrain va être aménagé en terrain de sport par la municipalité.
6. La maison de M. Bart a été vendue aux enchères.
7. Les vendanges sont faites au mois d'octobre.
8. On a installé un interphone dans notre immeuble.
9. Mes amis m'enverront bientôt les photos de nos vacances.
10. La voiture a renversé le cycliste.
11. Les enfants ont décoré le sapin de Noël.
12. Mes voisins ont poursuivi les voleurs qui étaient entrés chez moi.
13. Le juge a interrogé le témoin.
14. L'accusé a été condamné à deux ans de prison.
15. Le conflit sera évité au Moyen-Orient.
16. Les décors ont été faits par Alain Bart.
17. Après l'accident les badauds entouraient le blessé.
18. Il a tellement plu que la cave a été inondée.
19. Le maire l'a chaudement félicitée pour son attitude courageuse.
20. Elle était partie en claquant la porte.

Valeurs de l'actif et du passif

5 🌳🌳 Carnets mondains

*Les entrefilets suivants, publiés dans deux journaux différents, donnent chacun une version différente du même fait, l'un à la forme passive (**Ceux-ci**), l'autre à la forme passive (**Ceux-là**).*

Chaque article met en valeur l'un des protagonistes en le choisissant comme sujet.

MICHEL LUCAS SORT ENCORE DE SES GONDS !

Le célèbre acteur a perdu son sang-froid hier sur la Croisette et, pour des raisons inconnues, a envoyé un énergique aller-retour à son ex-femme. Quelle humiliation pour Laetitia !
(*Ceux-ci*)

LAETITIA BRUTALISÉE PAR SON EX !

La célèbre chanteuse a été giflée en public à Cannes par son ex-mari, l'acteur Michel Lucas, aussi célèbre pour ses accès de mauvaise humeur que pour son talent. Un comportement vraiment regrettable.
(*Ceux-là*)

---

*Sur ce modèle, écrivez les carnets mondains des journaux **Ceux-ci** (à l'actif) et **Ceux-là** (au passif) en vous inspirant des éléments du tableau ci-après.*

Ceux-ci	Les faits	*Ceux-là*
Charles Juliet - se remarier - être amoureux comme un jeune homme - refaire sa vie	Charles Juliet, célèbre acteur de 70 ans change d'épouse pour une femme de 40 ans plus jeune.	**Vanessa, ex-épouse** - délaisser - abandonner - répudier
Caroline Valentin, ex-femme de Luc Levy - gagner en justice - obtenir réparation - garder la maison - bénéficier d'une pension confortable	Un juge accorde un grosse pension alimentaire à l'ex-femme et collaboratrice d'un écrivain à succès.	**Luc Lévy, écrivain à succès** - ruiner - condamner - dépouiller
Bertrand Pietri, chanteur - ne pas s'embêter dans la vie - s'offrir une petite aventure - papillonner - profiter de la vie	Un chanteur corse, bien connu et marié, à une aventure avec une jolie fan.	**Marie Pietri, sa femme** -humilier - décevoir - tromper
Le vainqueur, Jonathan - gagner haut la main - remporter la victoire - réunir 70 % des voix	Un candidat de l'émission de télé-réalité *École de stars* gagne avec 70 % des voix, l'autre perd.	**Le perdant, Bruno** - éliminer - écraser - choisir

Verbes pronominaux de sens passif

B1.2
CECR **6**   Vie quotidienne

Faites des phrases en utilisant un élément de chaque colonne.

Cuisine	la daube la fondue savoyarde le gratin dauphinois les huîtres	se réviser s'acheter se faire se boire se prendre se préparer se servir se vendre se manger s'évaporer se mettre se trouver se construire s'entretenir	- régulièrement - dans une mercerie - après le repas - dans des verres ballons - à gauche de l'assiette - avec des pommes de terre et de la crème - très frais - avec du pain beurré - à droite de l'assiette - avec 3 sortes de gruyère et du vin blanc - avec du béton ou de la pierre - tous les 15 000 km - chambré - dans une librairie - avant le repas - avec de la viande de bœuf - dans une épicerie ou au supermarché - sous l'action de la chaleur
Savoir-vivre	le vin rouge le champagne le couteau le café l'apéritif le cognac la fourchette		
Achats	les livres les alcools les fils		
Divers	l'eau les maisons les cheminées les voitures		

31.2
ECR

7 🌳🌳 Se voir / se faire / se laisser + infinitif

a) *Observez ces entrefilets.*

BRAQUAGE AU BUFFALO-GRILL
_____

Dimanche soir, deux braqueurs ont fait irruption dans le Buffalo-Grill de Sainte-Geneviève et **se sont fait** remettre le contenu du coffre-fort de l'établissement.

ESCROQUERIE AU FAUX JADE
_____

Quinze personnes soupçonnées d'escroquerie ont été interpellées hier dans la région parisienne. Les sept victimes **s'étaient laissé convaincre** d'investir dans des objets en jade prétendument de grande valeur. Près de 200 gendarmes ont été mobilisés pour cette opération.

POITIERS : ESPION VOLÉ
_____

Plusieurs gradés de l'armée de terre ont été obligés de changer de numéro de téléphone portable. Le colonel du régiment **s'était fait voler** son mobile dans lequel étaient enregistrés tous leurs numéros.

NANCY
_____

Un heureux quinquagénaire de Nancy qui avait acheté 3 euros un tableau du peintre Maximilien Luce dans un vide-grenier **s'est vu proposer** 70 000 euros par une galerie après expertise.

---

b) *Faites des phrases au présent de l'indicatif en utilisant un élément de chaque colonne (faites attention au sens des mots).*

Exemples : – *La naïve* **se fait avoir** *assez souvent.*
　　　　　　 – *Le malhonnête* **se voit délaisser** *par ses amis.*
　　　　　　 – *Le masochiste* **se laisse battre** *avec plaisir.*

La naïve		attendrir	
Le malhonnête		tenter	
Le masochiste		écraser	avec plaisir
Le grincheux		délaisser	à toutes les fêtes
La gourmande		offrir	très facilement
Le timide		inviter	facilement
Le parasite		déborder	de l'argent très souvent
La paresseuse		interrompre	des pâtisseries
Le généreux	se faire	émouvoir	par de beaux vêtements
Le comique	se voir +	hospitaliser	fréquemment
Le faible	se laisser	séduire	assez souvent
La bavarde		entretenir	très rapidement
Le fauché		rouler	par ses amis
La coquette		embrasser	par un beau poème
Le menteur		prêter	l'entrée de la discothèque
Le romantique		rejeter	embrasser par son fiancé
L'amoureuse		refuser	par son médecin
L'alcoolique		battre	
Le malade			

2. Passif avec PAR ou DE

• Les prépositions PAR et DE

- **PAR** met en valeur le caractère d'agent réel qui fait vraiment l'action.
- **DE** se rapproche du complément de cause, de moyen ou de manière (construction moins fréquente).

*Exemples: Cette avenue est bordée **d'arbre**s centenaires.*
*Les cambrioleurs ont été arrêtés **par** les policiers.*

• Quelques verbes suivis de la préposition DE

- Ils donnent des renseignements sur l'état: être couvert de, bordé de, être accompagné de, être décoré de, être équipé de, être suivi de, être entouré de, être précédé de, etc.
- Ils expriment des sentiments: être aimé de, être estimé de, être adoré de, être apprécié de, être respecté de, etc.

Exercices

 8 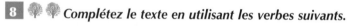 *Complétez le texte en utilisant les verbes suivants.*

équiper/border/dessiner/respecter/offrir/couvrir/aimer/peindre
entourer/léguer/parsemer/décorer/apprécier/aider

Attention! Utilisez la préposition DE ou PAR suivant les cas.

Jacques et Sophie habitent une grande maison blanche qui leur ...... la grand-mère de Jacques. Elle ...... un magnifique jardin avec des pelouses ...... gazon et ...... fleurs de toutes les couleurs. Au centre du jardin s'étend une pièce d'eau ...... massifs de rosiers nains d'un rouge éclatant. Ce jardin ...... le grand-père de Jacques qui était paysagiste et qui l'entretenait avec passion, ... sa femme qui, elle, s'occupait surtout des fleurs. L'intérieur de la maison est très sobre; tous les murs sont blancs ...... tableaux qui ...... Jacques lui-même. Il est peintre et enseigne la peinture à l'école des Beaux-Arts. Il ...... et ...... tous ses élèves. Sophie et Jacques aiment bien préparer de bons petits plats et leur cuisine ...... tous les appareils modernes. Ils utilisent beaucoup leur four à micro-ondes qui leur ...... les parents de Sophie pour leur anniversaire de mariage. Le jeune couple ...... des voisins pour leur gentillesse et leur serviabilité.

3. Passif et organisation du discours

Informations
– *Les rebelles ont poursuivi le président Rigobert.*
– *Le gouvernement français a lâché le président Rigobert.*
– *Ses derniers partisans l'ont abandonné.*
– *Il a pris la fuite la nuit dernière.*

Transformation passive des trois premières phrases de manière que chacune des phrases ait le même sujet

– *Le président Rigobert **a été poursuivi** par les rebelles*
– *Il **a été lâché** par le gouvernement français.*
– *Il **a été abandonné** par ses derniers partisans.*
– *Il a pris la fuite la nuit dernière.*

Organisation du paragraphe autour de ce sujet commun

Poursuivi par les rebelles, lâché par le gouvernement français et abandonné par ses derniers partisans, le président Rigobert a pris la fuite la nuit dernière.

31.2
ECR

9 *Faites des paragraphes.*

À partir des informations données, faites des paragraphes autour du sujet commun en utilisant le passif comme moyen d'organisation.

1. La France apporte son aide à la Mauritanie. Les Algériens approuvent cette aide. Certains hommes politiques la contestent. – **2.** Les patrons ont pris une décision. Les syndicats ont désapprouvé cette décision. Les travailleurs l'ont mal accueillie. Le gouvernement va la modifier. – **3.** Une voiture a renversé M. Martin. Une ambulance l'a transporté immédiatement à l'hôpital. Des médecins qualifiés l'ont sauvé malgré ses très graves blessures. – **4.** Les uns ont annoncé cette mauvaise nouvelle. Les autres l'ont déformée. La presse l'a publiée un peu trop rapidement. Le gouvernement l'a finalement démentie. – **5.** Les conseillers municipaux accueilleront la délégation allemande à l'aéroport. Ils l'emmèneront à la mairie en autocar. Le maire les conviera à un grand dîner. – **6.** Le célèbre mannequin Isabelle Maur est arrivée hier soir au casino au bras de l'acteur Brad Pitt. Yves Saint-Laurent l'avait habillée. Alexandre l'avait coiffée. Valérie Natty l'avait maquillée. – **7.** Ses employés le critiquaient. Ses collègues le pressaient d'expliquer ses agissements. Ses créanciers le poursuivaient. Le directeur a finalement démissionné. – **8.** La jeune actrice, Betty Sillat, s'est réfugiée chez ses parents dans un petit village de Provence. Les photographes l'assaillaient. Ses admirateurs la poursuivaient. De nombreux coups de téléphone l'importunaient.

31.2
ECR

10 **Faits divers**

a) *Observez les articles suivants.*

PRIVÉS DE CANTINE

Pierre et Marie ne peuvent plus déjeuner à la cantine de l'école maternelle de Béville-le-Comte (Eure-et-Loir). Déterminé par un arrêté communal, le règlement de l'école qu'ils fréquentent indique que l'on peut être admis uniquement lorsque les parents travaillent régulièrement. Or, le père de ces deux enfants est réalisateur de films et leur maman comédienne. Ces intermittents ont demandé au tribunal administratif d'Orléans que cette décision municipale soit annulée.

DOUZE PLONGEURS EUROPÉENS SECOURUS EN MER ROUGE

Disparus samedi matin au cours d'une plongée en mer Rouge, douze touristes européens – cinq Britanniques, cinq Portugais et deux Belges – ont été retrouvés en vie hier soir grâce à la mobilisation d'importants moyens de recherche. Ils ont été repérés dans l'eau, très loin de leur zone de plongée, par un hélicoptère de l'armée égyptienne et secourus par les sauveteurs en mer du port de Charm-el-Cheikh.

---

b) *En utilisant les informations ci-dessous et le passif comme moyen d'organisation du discours, écrivez le fait divers.*

Sur la nationale N 21, près de Domène :
– M. Alain Ricou, routier, conduisait son camion.
– Mlle Sophie Marceau, institutrice, conduisait sa 307 Peugeot.
– Un motocycliste a gêné M. Ricou.
– Le motocycliste a obligé M. Ricou à freiner brusquement.
– Mlle Marceau qui roulait derrière le camion l'a percuté violemment.
– Le choc a endommagé gravement sa voiture.
– Le choc a bloqué les portières de sa voiture.
– On a appelé les secours immédiatement.
– Ils ont dégagé Mlle Marceau.
– On l'a transportée à l'hôpital pour des examens.
– Quelques heures plus tard, on l'a raccompagnée chez elle : elle n'avait que des ecchymoses sans gravité.
– Une semaine après M. Ricou a invité Mlle Marceau à dîner au restaurant.
– Quatre mois plus tard, le maire de Domène les a mariés.

  11 ✿ ✿ ✿ **Nos amis les animaux**

SCIENCES

LÉZARD TERRIFIANT RETROUVÉ

On le connaissait par un unique spécimen collecté vers 1870 puis naturalisé. Il n'avait jamais été revu, et on considérait qu'il faisait partie des espèces éteintes. Il vient d'être retrouvé par une équipe du Muséum de Paris lors d'une mission en Nouvelle-Calédonie. Le scinque « terrifiant », considéré comme un super-prédateur, est muni de longues dents courbes et acérées. Protection des espèces oblige, l'animal a été relâché dans la nature après une séance photos.

GASTRONOMIE

ORGIE DE GRENOUILLES

Sept tonnes de cuisses de grenouilles ont été englouties par 20 000 amateurs au cours de la 32e foire à la grenouille de Vittel. Les cuisses, qui avaient été importées congelées d'Indonésie, ont «été cependant très appréciées », a précisé la femme du président du comité d'organisation.

CANTAL

HALLUCINATION COLLECTIVE

Un félin, identifié comme une panthère noire, a été filmé vendredi dernier par un promeneur. Le mystérieux animal, signalé par de nombreux appels téléphoniques, n'a pas été retrouvé malgré des recherches par hélicoptère ce week-end. Les recherches suspendues pendant la nuit de dimanche, reprendront lundi matin.

Sur ce modèle, continuez la rubrique **Nos amis les animaux.** *Vous pouvez proposer vos propres idées ou vous inspirer des suggestions suivantes.*

Sciences : des nouvelles de *Nessie*, le monstre du Loch Ness, en Écosse.
Écologie : une invasion de criquets ravage l'Afrique de l'Ouest.
Mystère : un kangourou attaque une Australienne en plein centre de Calgary.
Zoo : le zoo de Chicago renvoie ses éléphants dans les parcs naturels africains.
Médecine : l'université de Montpellier réhabilite l'usage des sangsues comme traitement dans certaines affections de pléthore.

théorie générale

1. Généralités

La nominalisation est une opération qui intéresse deux propositions et qui consiste à transformer l'une des deux propositions en syntagme nominal et à l'insérer dans l'autre phrase comme sujet, complément d'objet ou complément circonstanciel.
Elle se fait à partir d'un adjectif, d'un verbe ou d'une proposition complétive introduite par **que**.

• Nominalisation à base adjective

Soit deux propositions simples :
1. Sophie est **émotive.**
2. Cela la perturbe pour ses examens.

→ On tranforme la première proposition : l'**émotivité** de Sophie *ou* son **émotivité.**
→ On obtient : L'émotivité de Sophie la perturbe pour ses examens.
            ou   Son émotivité perturbe Sophie pour ses examens.

• Nominalisation à base verbale

Soit deux propositions simples :
1. On **a élu** le député au premier tour.
2. Cela a surpris tout le monde.

→ On tranforme la première proposition : l'**élection** du député.
→ On obtient : L'élection du député au premier tour a surpris tout le monde.

• Nominalisation de la proposition complétive

Soit les deux propositions : <u>J'ai constaté</u> **<u>que Pierre était malhonnête.</u>**
                                    1   2
On tranforme la deuxième proposition : **la malhonnêteté de Pierre.**
On obtient : J'ai constaté la malhonnêteté de Pierre.

Cette opération est très utilisée, surtout à l'écrit, notamment dans les titres de journaux.
Exemple : Hausse du prix du baril de pétrole.

La nominalisation permet de mettre en valeur un certain nombre d'informations plus ou moins abstraites d'une façon concise.
Exemple : Il a tout de suite compris combien le problème était complexe.
→ *Il a tout de suite compris la complexité du problème.*

2. Nominalisations à base adjective

Suffixes	Quelques adjectifs et leur nominalisation		
-ité	aimable/amabilité crédule/crédulité curieux/curiosité divers/diversité efficace/efficacité émotif/émotivité excentrique/excentricité	fidèle/fidélité grave/gravité inutile/inutilité limpide/limpidité maniable/maniabilité ponctuel/ponctualité	réel/réalité sensible/sensibilité sensuel/sensualité simple/simplicité subtil/subtilité rapide/rapidité
-té	beau/beauté bon/bonté bref/brièveté	clair/clarté étrange/étrangeté faux/fausseté	fier/fierté gratuit/gratuité méchant/méchanceté
-ce	abondant/abondance clairvoyant/clairvoyance cohérent/cohérence complaisant/complaisance	constant/constance élégant/élégance fort/force important/importance	insistant/insistance permanent/permanence ressemblant/ressemblance violent/violence
-esse	juste/justesse gentil/gentillesse hardi/hardiesse joli/joliesse	poli/politesse large/largesse maladroit/maladresse petit/petitesse	délicat/délicatesse riche/richesse sage/sagesse
-ie -rie	courtois/courtoisie drôle/drôlerie étourdi/étourderie fou/folie	galant/galanterie inepte/ineptie jaloux/jalousie malade/maladie	mesquin/mesquinerie sensible/sensiblerie sympathique/sympathie
-ise	bête/bêtise franc/franchise	gourmand/gourmandise	sot/sottise
-itude	apte/aptitude certain/certitude exact/exactitude	las/lassitude plat/platitude plein/plénitude	solitaire/solitude seul/solitude
-eur	blanc/blancheur doux/douceur grand/grandeur	laid/laideur lent/lenteur lourd/lourdeur	noir/noirceur pâle/pâleur
-isme (notion abstraite) -iste (la personne)	Vocabulaire abstrait de la politique, de l'économie ou de la littérature		
	germain/germanisme/germaniste americain/américanisme/américaniste anglais/anglicisme/angliciste espagnol/hispanisme/hispaniste extrême/extrémisme/extrémiste français/galliscisme grec/hellénisme/helléniste latin/latinisme/latiniste	national/nationalisme/nationaliste pacifique/pacifisme/pacifiste positif/positivisme/positiviste régional/régionalisme/régionaliste réel/réalisme/réaliste social/socialisme/socialiste symbolique/symbolisme/symboliste	
Absence de suffixe	calme/calme charmant/charme	courageux/courage désespéré/désespoir	éclatant/éclat

3. Nominalisations à base verbale

Suffixes	Quelques verbes et leur nominalisation		
	A. La nominalisation indique l'action du verbe		
-tion **-ation** **-sion** **-ion** **-xion**	administrer / administration annexer / annexion apparaître / apparition arrêter / arrestation augmenter / augmentation autoriser / autorisation comparaître / comparution composer / composition connecter / connexion construire / construction convoquer / convocation	déclarer / déclaration démolir / démolition décrire / description déserter / désertion détruire / destruction dévier / déviation diminuer / diminution disparaître / disparition éditer / édition élire / élection évacuer / évacuation	s'évader / évasion exploser / explosion libérer / libération louer / location nommer / nomination opposer / opposition priver / privation protéger / protection rédiger / rédaction réunir / réunion voir / vision
-ment	abattre / abattement acquitter / acquittement agir / agissement changer / changement commencer / commencement	se comporter / comportement déchirer / déchirement dégager / dégagement détourner / détournement écraser / écrasement	élargir / élargissement emballer / emballement payer / paiement relever / relèvement remplacer / remplacement
-age	abattre / abattage bavarder / bavardage chômer / chômage coller / collage démarrer / démarrage	emballer / emballage éplucher / épluchage essayer / essayage friser / frisage forer / forage	jardiner / jardinage masser / massage passer / passage
-ade	dérober / dérobade glisser / glissade	promener / promenade noyer / noyade	
Suffixe = féminin du participe	arriver / arrivée entrer / entrée mettre / mise conduire / conduite	monter / montée prendre / prise remettre / remise	sortir / sortie
Absence de suffixe	abandonner / abandon appeler / appel arrêter / arrêt bondir / bond changer / change chanter / chant chasser / chasse débuter / début	s'efforcer / effort s'élancer / élan s'envoler / envol essayer / essai s'entretenir / entretien étudier / étude exposer / exposé finir / fin payer / paie	pleurer / pleur poser / pose réformer / réforme relever / relevé rencontrer / rencontre répondre / réponse se révolter / révolte sauter / saut se soucier / souci voler / vol
	B. La nominalisation indique le résultat de l'action (abstrait ou concret)		
-ure	blesser / blessure brûler / brûlure casser / cassure coiffer / coiffure couvrir / couverture	cultiver / culture déchirer / déchirure éplucher / épluchure friser / frisure lire / lecture	mordre / morsure ouvrir / ouverture plier / pliure rompre / rupture signer / signature
-is	semer / semis gargouiller / gargouillis	gazouiller / gazouillis	

4. Base verbale. Cas particuliers

• Nominalisation dérivée du verbe avec modification du radical

évincer/éviction   partir/départ
mourir/mort   ramper/reptation
naître/naissance   revenir/retour

• Double nominalisation

Une même forme verbale peut donner deux nominalisations qui correspondent à deux sens du verbe.

abattre | l'abattage d'un arbre
| l'abattement d'une personne

essayer | l'essayage des vêtements
| l'essai de la nouvelle voiture

arrêter | l'arrêt de l'autobus
| l'arrestation des gangsters

exposer | l'exposé de l'étudiant
| l'exposition de peinture

changer | le change de l'argent
| le changement de saison

payer | il reçoit sa paie le 30 du mois
| le paiement sera fait par chèque

déchirer | la déchirure de la robe
| le départ a été un déchirement

relever | la relève de la garde
| le relèvement d'un prix

emballer | le paquet avait un bel emballage
| son emballement pour ce film était surprenant

Attention !

La transformation nominale entraîne des modifications dans la phrase.

Exemples :   *Phrase verbale : Les coureurs* **partent rapidement.**
                  Phrase nominale : **Départ rapide** *des coureurs.*

L'adverbe se transforme en adjectif.

Corpus d'observation

1 🌳🌳 *Lisez le texte et soulignez les adjectifs. Ensuite, reformulez le texte pour répond-re à la question : «Pourquoi est-ce qu'elle assure ? »*

Exemple : Elle assure à cause de son intelligence.

Quelles transformations avez-vous dû opérer ?

Elle est belle et élégante,
Elle est féminine et douce,
Elle est drôle,
Elle est aussi intelligente,
Ponctuelle et efficace,
Compétente,
Et dure au travail,
C'est le patron, le «BIG BOSS » !
Aujourd'hui les femmes assurent !

Exercices

Nominalisations à base adjective

1 🌳 *À partir des deux phrases données, faites une seule phrase en transformant la phra-se en caractères gras en groupe nominal.*

a) Suffixe -ité/-té
1. Il est ponctuel ; j'apprécie beaucoup cela. – **2. Cet outil est très maniable** ; cela me permet de travailler facilement. – **3. Pierre est curieux** ; cela le pousse à lire énormément. – **4. Alain est émotif** ; cela lui cause quelquefois des problèmes. – **5. La conférence a été brève** ; cela m'a déçu. – **6. Cet homme est méchant** ; je ne comprends pas cela. – **7. Ce film est étrange** ; cela me plaît beaucoup.

b) Suffixe -ce/-esse
1. Les orages ont été très violents ; cela nous a beaucoup surpris. – **2. Ce vendeur est très insistant** ; cela est vraiment désagréable. – **3. Cette secrétaire est très élégante** ; cela pro-voque de grandes jalousies parmi ses collègues. – **4. Elle est maladroite** ; cela m'étonne tou-jours. – **5. Son fiancé est très délicat** ; elle apprécie beaucoup cela. – **6. Les employés sont polis** ; le patron pense que cela est nécessaire pour avoir une bonne ambiance dans l'entre-prise.

c) Suffixe -ie/-rie/-ise
1. Son mari est jaloux ; elle déteste cela. – **2. Elle dit souvent des choses ineptes** ; je ne les écoute pas. – **3. Cet homme est franc** ; j'aime beaucoup cela. – **4. Il est fou** ; cela lui permet de dire n'importe quoi. – **5. Elle est gourmande** ; cela lui a fait prendre plusieurs kilos. – **6. Il est très étourdi** ; cela le perturbe dans son travail. – **7. Stéphane est toujours très drôle** ; il est invité partout à cause de cela.

d) Suffixe -itude/-eur/-isme

1. Les réponses sont exactes; j'en suis absolument sûre. – **2. Ce tissu est très doux**; j'aime beaucoup cela. – **3. L'administration est très lourde**; cela reste un gros problème. – **4. Ce roman est très réaliste**; je déteste cela. – **5. Je suis certain de partir**; cela me remplit de joie. – **6. Elle est toujours seule**; cela est difficile à supporter. – **7. Les Corses sont nationalistes**; cela n'est plus à démontrer.

e) Absence de suffixe

1. Le directeur est extrêmement calme; cela m'étonne toujours. – **2. Cet homme est charmant**; cela lui attire beaucoup de succès féminins. – **3. Valérie est désespérée**; je supporte difficilement cela. – **4. Fabienne est toujours éclatante**; elle est souvent remarquée à cause de cela.

 2 Cause et nominalisation

a) *Transformez les phrases complexes en phrases simples.*

Exemple :   *Je n'aime pas les corridas **parce qu'elles sont barbares**.*
        → *Je n'aime pas **la barbarie des corridas**.*

1. Je déteste la publicité parce qu'elle est inutile. – **2.** Je n'aime pas les tempêtes parce qu'elles sont violentes. – **3.** J'aime ces escalades parce qu'elles sont difficiles. – **4.** J'adore les pays lointains parce qu'ils sont exotiques. – **5.** J'apprécie ces forêts parce qu'elles sont très fraîches. – **6.** J'aime les torrents parce qu'ils sont limpides. – **7.** J'apprécie ces enfants parce qu'ils sont très polis. – **8.** J'aime le TGV parce qu'il est rapide.

b) *Transformez les phrases suivantes en utilisant à cause de/grâce à + nominalisation.*

Exemple :   *Nous avons terminé tôt **parce que nous sommes efficaces**.*
        → *Nous avons terminé tôt **grâce à notre efficacité**.*

1. Mon collègue m'a beaucoup aidé parce que ses explications étaient très claires. – **2.** Elle s'est sortie de cette sombre histoire parce qu'elle était réaliste. – **3.** Sophie plaît à tout le monde parce qu'elle est très douce. – **4.** Il a toujours des problèmes en bricolant parce qu'il est maladroit. – **5.** Sa femme l'a quitté parce qu'il était trop jaloux. – **6.** Il ne peut pas être jockey parce qu'il est grand. – **7.** Il obtient tout ce qu'il veut parce qu'il est sympathique. – **8.** Elle n'a pu faire son exposé parce qu'elle est émotive.

 3 Opposition et nominalisation

Transformez les phrases suivantes en utilisant malgré + nominalisation.

Exemple :   *Elle a pu faire l'exercice **bien qu'il soit difficile**.*
        → *Elle a pu faire l'exercice **malgré sa difficulté**.*
1. Elle l'a aimé bien qu'il soit excentrique.
2. Elle le comprenait toujours bien qu'il soit incohérent.
3. Ils se sont bien entendus bien qu'ils soient différents.
4. Elle l'a épousé bien qu'il soit pauvre.
5. Elle l'a quitté bien qu'il soit fidèle.
6. Elle a demandé le divorce bien qu'il soit désespéré.
7. Il est revenu bien qu'elle soit méchante.
8. Ils se sont disputés bien qu'ils soient habituellement courtois.

1.1
C R

4 🌳 Portraits de famille

1. Portraits négatifs.

Complétez les phrases suivantes en utilisant des nominalisations.

Thierry (le mari) → Je n'aime pas du tout Thierry à cause de ……… .

Florence (la femme) → Nous ne supportons pas la ……… de Florence.

Paul (le fils) → À cause de ……… de Paul, je ne veux pas que mes enfants jouent avec lui.

2. Portraits positifs.

Faites les portraits positifs de Patrick (le mari), Véronique (la femme) et Eléonore (la fille).

→ Nous apprécions tous ……… .

1.2
C R

5 🌳🌳 Publicités

TERRE DE DÉCOUVERTES
L'évasion, le plaisir, la joie de vivre, la joie tout court,
la tranquillité, la redécouverte de la nature, le bonheur tout simple...
DEPUIS LONGTEMPS, **NOUS FAISONS TOUT POUR QUE CELA EXISTE !**

Sur ce modèle, rédigez des publicités pour :
– une grande marque de voitures – un parti politique – un journal – une grande entreprise
– un produit de beauté – un film.

Nominalisations à base verbale

1.2
C R

6 🌳🌳 *Trouvez dans les entrefilets suivants, les formes verbales qui correspondent aux noms écrits en italique dans les titres. Quelles remarques pouvez-vous faire ?*

Exemple :

EMANUELA ORSINI : 200 *INTERPELLATIONS*

La police, qui recherche les ravisseurs d'Emanuela Orsini, a interpellé plus de 200 personnes au cours de la nuit de mardi à mercredi, dans les quartiers de la gare centrale de Rome et de la piazza Navona.

Formes verbales : interpellations / a interpellé (interpeller).

1.

ACQUITTEMENT

À son deuxième procès en appel, le présumé meurtrier de la petite Stéphanie a été acquitté, un témoin ayant permis de retrouver le vrai coupable.

2.

FERMETURE DE LA HALTE-GARDERIE

La halte-garderie de Meylan sera fermée du lundi 1ᵉʳ août au vendredi 19 août. La réouverture se fera lundi 22 août à 8 h 15.

3.

SÉISMES AU MAROC : IMPORTANTES *DESTRUCTIONS*

Le récent tremblement de terre a fait de nombreuses victimes et détruit totalement plusieurs villages de montagne proche de l'épicentre. La population critique la mauvaise organisation des secours.

> **IMMOBILIER : *RACHAT***
>
> 4. Jacques Ribourel quitte le groupe Ribourel, racheté à 100 % par le Crédit du Nord. En treize ans, cette société est devenue l'un des premiers constructeurs français de résidences de loisirs et a vendu 20 000 appartements en bord de mer ou à la montagne.

> **52 *NOYADES* AU JAPON**
>
> 5. Au moins 52 personnes, dont 19 enfants, se sont noyées pendant le week-end où les vacanciers ont envahi plages et piscines pour échapper à la canicule.

> **BIVIERS : *ARROSAGE* INTERDIT**
>
> 6. En raison de la sécheresse, le maire de la commune de Biviers signale qu'il est interdit d'arroser les pelouses.

> ***LAXISME***
>
> 7. Les autorités de Singapour ont levé partiellement l'interdiction de vendre des chewing-gums, décidée pour préserver la propreté des trottoirs. La mesure ne concerne que les gommes à la nicotine pour les personnes voulant arrêter de fumer.

> ***HAUSSE* DES TEMPÉRATURES**
>
> 8. Le pic de canicule de l'été confirme une tendance au réchauffement climatique. En effet, les températures augmentent régulièrement depuis une dizaine d'années. Cette élévation préoccupe les scientifiques.

> ***VOL* DE TIMBRES DE VALEUR**
>
> 9. Une collection de timbres, d'une valeur estimée à 500 000 €, a été volée dans un parking de Saint-Maur par trois gangsters qui ont dévalisé, après les avoir ligotés, un négociant en timbres et deux personnes qui l'accompagnaient.

(**B1.1** CECR) **7** 🌳 *À partir des deux phrases données, faites une seule phrase en transformant la phrase en caractères gras en groupe nominal.*

a) Suffixe -tion
1. On a détruit cette vieille maison ; cela m'a fait de la peine. – **2. Nous nous sommes installés dans cette ville** ; cela a été difficile. – **3.** Dans cette ville, **on ne peut pas louer de vélos** ; cela n'existe pas. – **4.** Il a demandé qu'**on lui permette de sortir** ; on lui a refusé cela. – **5. Le prisonnier s'est évadé** ; cela reste mystérieux. – **6. Monsieur André a disparu** ; on ne comprend pas cela.

b) Suffixe -ment
1. On a chargé le camion ; cela a été long. – **2. On détourne les avions** ; cela n'étonne plus personne. – **3. On va développer les échanges commerciaux avec ce pays** ; cela est nécessaire. – **4. Les uns s'enrichissent**, cela ne profite pas aux autres. – **5. Les campagnes**

s'appauvrissent ; c'est mauvais pour l'économie du pays. – **6. La presse a déformé les événements** ; cela est inadmissible.

c) Suffixe -age

1. L'avion a atterri ; cela s'est bien passé. – **2. Il faut arroser régulièrement les plantes** ; cela les rend belles. – **3. Quand on essaie un nouveau vêtement**, cela dure en général très longtemps. – **4. Il démarre toujours difficilement** car c'est un conducteur débutant. – **5. On emballe les appareils** ; cela se fait automatiquement. – **6. Il chôme depuis longtemps** ; cela le déprime.

d) Suffixe = féminin du participe

1. Les eaux sont montées rapidement ; cela a inondé tout le village. – **2. Un groupe de jeunes est arrivé tard** ; cela a dérangé tout le monde. – **3. Les enfants sont sortis bruyamment** ; cela m'a surpris. – **4. On a mis à l'eau un gros bateau** ; pour cela on a utilisé une grue. – **5. Les réfugiés vont être pris complètement en charge** ; les autorités ont donné leur accord. – **6. On veut remettre en marche la machine** ; cela nécessite beaucoup d'argent.

e) Absence de suffixe

1. Les skieurs sautaient ; nous admirions cela. – **2. Les cigales chantent** ; cela nous réveille la nuit. – **3. Paul m'a regardée** ; cela m'a mise mal à l'aise. – **4. Les militaires marchaient rapidement** ; cela nous a impressionnés. – **5. Il faut étudier la grammaire** ; c'est indispensable. – **6. Les oiseaux se sont envolés** ; nous avons admiré cela.

f) Suffixe -ure

1. On a fermé les portes à six heures ; il est arrivé après cela. – **2. Il a lu ce livre** ; il en était très satisfait. – **3. Il a été blessé** ; cela se cicatrise très bien. – **4. Ils ont rompu brutalement** ; Anne n'a pas supporté cela. – **5. On va signer le contrat** ; pour cela il faut préparer tous les papiers nécessaires. – **6. On cultive du maïs** ; c'est plus intéressant.

8 🌳🌳 *Faites le maximum de phrases après avoir transformé la phrase donnée en syntagme nominal.*

Exemple :   *Paul arrive.* → *L'arrivée de Paul.*
L'arrivée de Paul nous a surpris.
J'attends l'arrivée de Paul avec impatience.
Je suis content de l'arrivée de Paul.
On mangera après l'arrivée de Paul.

1. Le mauvais temps revient. – **2.** On a détourné un avion. – **3.** Le commerce se développe. – **4.** Un nouveau barrage a été construit. – **5.** Les deux présidents se sont entretenus longuement. – **6.** Le contrat a été signé. – **7.** Le satellite a été mis sur orbite. – **8.** Les deux gangsters ont été arrêtés.

9 🌳🌳 *Transformez la proposition complétive en effectuant une nominalisation à base verbale ou à base adjective.*

Exemple :   *J'ai appris que **son mari était parti**.*
→ J'ai appris le départ de son mari.

1. Le responsable a demandé que les salles soient nettoyées tous les jours. – **2.** Les ouvriers ont obtenu que leur salaire soit augmenté. – **3.** La directrice exige que les bureaux soient ouverts à 14 heures. – **4.** Les députés ont demandé que le ministre réponde rapidement à leurs questions. – **5.** Les professeurs n'admettent pas que les étudiants soient insolents. – **6.** Les syndicats refusent énergiquement que ces deux employés soient licenciés. –

7. Les parents n'apprécient pas que leurs enfants soient excentriques. – **8.** Les secrétaires ont demandé qu'on achète des ordinateurs. – **9.** Le chef de service voudrait qu'on examine attentivement le dossier. – **10.** Les élèves souhaitent qu'on élise très vite un responsable de classe.

Et vous ?

– Que demandez-vous ? – Que souhaitez-vous ? – Que refusez-vous ? – Qu'appréciez-vous ? – Qu'exigez-vous ?

B1.2 CECR **10** Programmes

1. *Imaginez que vous êtes un candidat écologiste aux élections. Quel serait votre programme électoral ? (5 propositions et 5 refus)*

Je propose : – ....
Je refuse : – ....

2. *Vous êtes syndicalistes dans une entreprise. Faites la liste des revendications que vous voulez présenter au patron.*

Nous demandons ....

3. *Vous êtes délégué de votre classe. Faites la liste des demandes que vous adresseriez au chef d'établissement.*

Nous souhaitons ....

4. *Vous êtes maire de votre ville ou de votre village. Dites ce que vous proposez pour améliorer la vie des habitants.*

Je propose ....

B1.1 CECR **11** Album de famille

À partir des informations données ci-dessous, écrivez un texte retraçant la vie de Sophie et Alain qui sont deux jeunes professeurs. Voici quelques dates importantes de leur vie commune.

1985 – Rencontre de Sophie et d'Alain chez des amis communs. – Coup de foudre réciproque.

1986 – Fiançailles au mois de mars. – Mariage en novembre à Meylan avec toute la famille. – Voyage de noces aux Antilles. – Installation du couple dans un petit studio à Grenoble.

1988 – Naissance de Stéphanie. – Achat d'un terrain près de Grenoble.

1990 – Construction de la maison. – Adoption de Michaël. – Soutenance de la thèse d'Alain.

1995 – Nomination d'Alain et de Sophie à Pontoise près de Paris. – Vente de la maison. – Déménagement de toute la famille. – Installation à Pontoise dans un petit pavillon.

2005 – Demande de mutations faite par Alain et Sophie. – Mutation obtenue. – Retour à Grenoble en juillet.

B1.2 CECR **12** Informations

a) *Transformez les informations suivantes en titres de journaux (c'est à dire en phrases nominales).*

Exemple :   *Le ministre va diminuer les impôts.*
         → Diminution des impôts par le ministre.

Politique

1. Le nouveau gouvernement sera mis en place dans une semaine. – **2.** Le budget a été accepté par l'Assemblée. – **3.** Les critiques du parti communiste contre le parti socialiste se durcissent. – **4.** Le parti communiste a pris position publiquement.

Social

1. 50 personnes vont être licenciées à l'usine textile de Roubaix. – **2.** Les étudiants ont protesté violemment. – **3.** Les travailleurs ont manifesté à la Bastille. – **4.** Les négociations entre les syndicats et le patronat ont échoué.

Économie

1. L'agriculture sera développée dans le département de la Lozère. – **2.** Le prix de l'essence va beaucoup baisser avant l'été. – **3.** La balance du commerce extérieur français est déficitaire de 5 milliards.

Culture

1. La Joconde a été vendue à un milliardaire inconnu. – **2.** Des cinéastes, des critiques et des intellectuels protestent contre les atteintes à la liberté d'expression. – **3.** Le nouveau roman de J.-M.G. Le Clezio paraîtra au printemps prochain. – **4.** Le directeur de la Maison de la culture a démissionné.

Sports

1. La course de voiliers partira demain à 14 heures. – **2.** L'équipe de France a gagné brillamment le tournoi. – **3.** Le champion du monde de cyclisme a abandonné dans la montée de l'Alpe-d'Huez. – **4.** Les deux skieurs français ont sauté magnifiquement sur le nouveau tremplin inauguré à Chamrousse.

Faits divers

1. Le vieux pont sur l'Isère sera bientôt détruit. – **2.** L'autoroute Lyon-Marseille va être élargie. – **3.** Les auteurs du cambriolage de la BNP ont été arrêtés hier soir. – **4.** Un ovni a atterri sur le campus universitaire.

Météo

1. Il pleuvra abondamment demain toute la journée. – **2.** Des nuages se formeront peu à peu sur les Alpes. – **3.** Les températures s'élèveront de quelques degrés demain dans la journée. – **4.** Des orages s'abattront sur les reliefs. – **5.** Le soleil apparaîtra timidement dans l'après-midi après une matinée un peu perturbée.

b) *À partir des titres de journaux ci-dessous, écrivez une phrase verbale reprenant le nom en caractères gras (rajoutez d'autres verbes si c'est nécessaire).*

Exemple :   *Ottawa.* ***Révision*** *de la Constitution*
                     La constitution sera/va être/a été révisée.

1. Lyon. Grève des surveillants de prisons après **l'agression** de l'un d'entre eux.
2. Pakistan. Neuf blessés lors d'une **manifestation** des opposants au gouvernement.
3. Chômage partiel. **Négociations** pour la révision de l'indemnité journalière.
4. Agriculteurs en colère. **Saccage** de la préfecture à Saint-Étienne.
5. Paris-Rhône. **Rejet** des 1015 suppressions d'emplois par les syndicats.
6. États-Unis. Prochain **lancement** d'un satellite détecteur de sous-marins lance-missiles.
7. France. **Condamnation** d'un ancien Premier ministre.
8. Nicaragua. Vingt-quatre morts au cours d'**affrontements** entre la garde nationale et les guérilleros.
9. Bordeaux. Un chirurgien jugé en appel pour **non-assistance** à personne en danger.
10. Politique. **Préparation** des élections municipales : les écologistes dans la mêlée.

Phrases verbales, phrases nominales

B1.2 CECR **13** **Le Grésivaudan***

a) *Soulignez les nominalisations contenues dans le texte ci-dessous.*

b) *Indiquez quels sont les verbes correspondants.*

> ### DÉVELOPPER, PROTÉGER ET PARTAGER
>
> L'élaboration de la charte de développement durable a été une étape importante dans la mise en œuvre du projet du Pays du Grésivaudan. Les commissions avec les partenaires et acteurs concernés ont fait des propositions en fonction de leur thème de travail. Le document final résulte du travail en commun des représentants des dix commissions et de membres du conseil de développement.

c) *Reformulez chaque proposition de la charte ci-dessous en utilisant une nominalisation.*

Exemple de transformation de la première phrase :
Renforcement de la diversité économique par un soutien aux économies agricole, sylvicole et touristique, par exemple.

> ### LE GRÉSIVAUDAN À L'HORIZON 2015
>
> La charte de développement durable énonce les orientations du Pays pour les 10 prochaines années en fonction des 3 axes stratégiques suivants.
>
> Soutenir le dynamisme
Renforcer les équilibres
Favoriser les solidarités
>
> Concrètement, il s'agit de :
> - Renforcer la diversité économique, par un soutien aux économies agricole, sylvicole et touristique par exemple.
> - Assurer l'équité d'accès au logement.
> - Faciliter les déplacements.
> - Promouvoir l'identité du territoire en soutenant et en encourageant notamment les animations culturelles, sportives et sociales.
> - Gérer l'espace et les ressources de façon équitable, économe et sensée.
> - Préserver la qualité des paysages qui font partie intégrante du cadre de vie.
> - Renforcer les équilibres territoriaux en s'assurant l'équité d'accès aux services et aux équipements.
> - Maintenir le lien social en favorisant les échanges et les relations humaines.
> - Réduire les nuisances et protéger les espaces naturels.
> - Encourager les solidarités entre les générations et vis-à-vis de tous les publics quel que soit le type de difficultés rencontrées.
> - Développer les synergies pour améliorer et faciliter le travail des professionnelles de tous les secteurs : tourisme, industrie, agriculture, aide aux personnes, culture, …

*« Le pays du Grésivaudan » = vallée de l'Isère entre Grenoble et Pontcharra, regroupant 49 communes (90 000 habitants/700 km²).

1.2
ECR

14 🌳🌳 Les revendications sociales se multiplient

Ce mois de mars, le gouvernement va devoir affronter pas moins d'un ou deux mouvements sociaux par jour.

Par exemple, lundi 2 mars : — Journée d'action des salariés de la construction
— Nouvelle mobilisation des intermittents du spectacle

En utilisant les nominalisations qui correspondent aux actions revendicatives suivantes, composez vous-même l'agenda social chargé de la semaine (du lundi au samedi inclus).

1. Les parents marchent silencieusement pour protester contre les violences au lycée.
2. Les chercheurs menacent de démissionner.
3. Les retraités défilent pour défendre leur pouvoir d'achat.
4. Les employés d'EDF coupent le courant pour défendre le service public.
5. Les routiers bloquent les routes pour obtenir de meilleures conditions de travail.
6. Les infirmières font la grève du zèle pour que les effectifs soient augmentés.
7. Les syndicats de policiers protestent contre la politique du rendement.
8. Les étudiants protestent car on a supprimé des postes aux concours.
9. Les buralistes grognent après qu'on a augmenté le prix du tabac.
10. Les agriculteurs se mobilisent contre les importations.
11. Les intellectuels appellent à l'action pour défendre le droit d'asile.

1.2
ECR

15 🌳🌳 *Terminez les paragraphes en utilisant la nominalisation qui correspond au verbe de la première phrase.*

*Exemple : Les représentants des pouvoirs publics **se sont réunis** hier après-midi pour une première séance de travail. Cette réunion était consacrée à la mise au point du programme.*

1. Une femme, mère de deux enfants, a été inculpée d'assassinat pour avoir tué son mari qui l'avait battue violemment. ………
2. Alors qu'il circulait sur la route nationale 27, un camion a dérapé sur une plaque de verglas. Heureusement, ………
3. Une lycéenne de 15 ans a disparu depuis samedi dernier. ………
4. Depuis plusieurs mois, son fils de 16 ans s'oppose constamment à lui. ………
5. La pollution provoquée par les accidents des pétroliers tue peu à peu la faune et la flore des océans. ………
6. La population mondiale continue de croître : 78 millions de personnes de plus l'an dernier selon les dernières statistiques. ………
7. Accident de travail hier à Vizille : M. Joël Fiset est tombé d'un échafaudage. ………
8. La marine argentine a abandonné les recherches de *Santa Isabella*, un navire marchand, qui avait été signalé en difficulté il y a quatre jours au large de la Terre de Feu. ………

Nominalisation et organisation du discours

2.1
ECR

16 🌳🌳🌳 *Organisez les éléments donnés en une seule phrase en utilisant les noms qui correspondent aux verbes en caractères gras.*

*Exemple : Des jeunes gens **manifestent**. On les **arrête**. La gauche **réagit** violemment.*
    *→ **L'arrestation** de jeunes **manifestants** a provoqué de **violentes réactions** de la gauche.*

1. On doit **chauffer** les locaux. On doit les **entretenir**. On doit les **nettoyer**. L'université **prendra** cela en charge. C'est le conseil d'université qui l'a décidé.
2. On a **publié** un plan. C'est un plan pour **développer** l'agriculture. Les syndicats **protestent** vivement. Le gouvernement répond sèchement.
3. Le président de la République a **dissout** le Parlement. On doit **mettre** en place un nouveau gouvernement. Tout est complètement **désorganisé**. Tout le monde **s'affole**.

4. On veut **mettre en place** de nouveaux examens. Les étudiants **protestent**. Les enseignants **ne sont pas d'accord**. Malgré cela le ministre l'a décidé.

5. Les étudiants doivent d'abord **s'inscrire** et **payer** leurs cours. Ensuite ils doivent passer un test de niveau.

6. On doit **étudier** un programme. On doit **acheter** des matériaux. On doit **construire** des machines. Notre compagnie s'occupera de tout cela.

7. On va **vérifier** les freins. On va **remplacer** les bougies. On va **vidanger** l'huile du moteur. On va **contrôler** les pneumatiques. Après cela, vous pourrez conduire en toute sécurité.

B2.2
CECR

17 🌳🌳🌳🌳 **La Révolution française**

À partir des indications données ci-dessous, écrivez un texte sur la Révolution française. Rédigez un paragraphe pour chaque année (n'oubliez pas d'utiliser des phrases verbales).

1788

Mai
– Demande par les parlements et le peuple de la convocation des États généraux.
– Essai par le roi de limiter le pouvoir des Parlements.
– Protestation des magistrats du Parlement à Grenoble.

7 juin
– Exil de ces magistrats et soutien de ces magistrats par la population grenobloise qui jette des tuiles sur les forces armées. (*Journée des tuiles*)
– Victoire du peuple qui réinstalle ces magistrats dans le Parlement.

Juillet – Annonce de la convocation des États généraux par Louis XVI, sans précision de date.
21 juillet – Réunion à Vizille des États du Dauphiné.

1789

Janvier – Élection des représentants aux États généraux.
5 mai – Ouverture des États généraux.
Juin – Proclamation de l'Assemblée nationale.
21 juin – Serment par le Tiers-État de donner une constitution à la France. (Serment du *Jeu de Paume*)
14 juillet – Prise de la Bastille.
16 juillet – Création de la première commune de Paris.
4 août – Abolition des privilèges.
16 août – Proclamation de la *Déclaration des droits de l'homme et du citoyen*.
Décembre – Division de la France en 83 départements.

1790

Février
– Suppression des ordres religieux.
– Vente des biens du clergé.

Juin – Suppression des titres de noblesse
Novembre – Vote de la *loi du serment* par l'Assemblée obligeant les prêtres à jurer la Constitution.

1791

25 juin – Fuite du roi à Varennes

1792

Juin
– Remplacement de Monsieur et Madame par Citoyen et Citoyenne.
– Invasion des Tuileries par le peuple : la famille royale est molestée.
10 août – Arrestation de Louis XVI. Emprisonnement au Temple avec sa famille.

1793

17 janvier – Condamnation à mort de Louis XVI.
21 janvier – Exécution de Louis XVI.

théorie générale

1. Les terminaisons du présent

Verbes terminés par : - ER (parler / manger / chanter, etc.) Et quelques autres verbes : (ouvrir / offrir / cueillir, etc.)			Verbes terminés par :	- IR - RE - OIR (finir / prendre / devoir / venir / écrire, etc.)	
Je	parl cueill	**e**	Je	prend fini	**s**
Tu	parl cueill	**es**	Tu	prend fini	**s**
Il / elle on	parl cueill	**e**	Il / elle on	pren fini	**d** **t**

Nous	parl	**ons**
Vous	offr	**ez**
	pren	**ez**
Ils / elles	écriv	**ent**

• **Verbes irréguliers**

Aller	il va / ils vont
Avoir	j'ai / il a / ils ont
Dire	vous dites
Être	nous sommes / ils sont / vous êtes
Faire	ils font / vous faites
Pouvoir	je peux / tu peux
Vaincre	il vainc
Valoir	je vaux / tu vaux
Vouloir	je veux / tu veux

2. Particularités orthographiques de certains verbes

1. Verbes en -CER / -GER

Les verbes en -cer prennent une cédille devant les lettres **a** et **o**.
Les verbes en -ger prennent un **e** après le **g** devant les lettres **a** et **o**.

Exemples :   commencer → nous commen**ç**ons
                plonger → nous plong**e**ons

2. Verbes en -E... ER

Les verbes en -eler redoublent le **l** devant une syllabe contenant un **e** muet sauf : celer / ciseler / congeler / déceler / démanteler / écarteler / geler / marteler / modeler / peler qui changent le e muet de l'avant-dernière syllabe de l'infinitif en **è** ouvert.

Exemples :   appeler → j'app**elle**, ils app**ellent**, nous app**elons**
               congeler → je cong**èle**, ils cong**èlent**, nous cong**elons**

Les verbes en -eter redoublent le **t** devant une syllabe contenant un **e** muet sauf corseter/crocheter/fureter/haleter/racheter qui changent le **e** muet de l'avant-dernière syllabe de l'infinitif en **è** ouvert.

Exemples :   *jeter* → *je jette, ils jettent, nous jetons*
            acheter → *j'achète, ils achètent, nous achetons*

3. Verbes en -YER / -AYER

Les verbes en -yer changent l'**y** en **i** devant un **e** muet.
Les verbes en -ayer peuvent conserver l'**y** devant un **e** muet.

Exemples : *envoyer* → *j'envoie, ils envoient, vous envoyez*
            essuyer → *j'essuie, ils essuient, vous essuyez*
            payer → *je paie ou je paye, ils paient ou ils payent*

3. Verbes ayant plusieurs bases phonétiques

• Verbes ayant deux bases phonétiques

Verbes	Formes du singulier	Formes du pluriel
Mentir / partir / sentir / sortir... Battre / mettre...	je **sor**s tu **sen**s il **met**	nous **sort**ons vous **sent**ez ils **mett**ent
Lire / conduire / se taire / coudre / plaire / nuire...	je **li**s tu te **tai**s il **cou**d	nous **lis**ons vous vous **tais**ez ils **cous**ent
Connaître / naître paraître... Finir / grandir / salir...	je **connai**s tu **parai**s il **sali**t	nous **connaiss**ons vous **parais**sez ils **saliss**ent
Attendre / entendre / descendre / répondre / perdre / mordre	j'**entend**s tu **descend**s il **répond**	nous **entend**ons vous **descend**ez ils **répond**ent
Écrire / servir / suivre / vivre...	j'**écri**s tu **ser**s il **vi**t	nous **écriv**ons vous **serv**ez ils **viv**ent
Convaincre / vaincre...	je **convainc**s tu **vainc**s il **vainc**	nous **convainqu**ons vous **vainqu**ez ils **vainqu**ent
Craindre / peindre / éteindre / joindre...	je **crain**s tu **pein**s il **join**t	nous **craign**ons vous **peign**ez ils **joign**ent
Savoir valoir mourir résoudre s'asseoir	je **sai**s tu **vau**x il **meur**t je **résou**s tu t'**assied**s / t'**assoi**s	nous **sav**ons vous **val**ez nous mourons / ils **meur**ent nous **résolv**ons nous nous **assey**ons / **assoy**ons

• Verbes ayant trois bases phonétiques

Verbes	Formes du singulier	Formes du pluriel
Pouvoir	je **peu**x	nous pouvons ils **peuv**ent
Vouloir	tu **veu**x	nous voulons ils **veul**ent
Boire	je **boi**s	nous **buv**ons ils **boiv**ent
Devoir	tu **doi**s	nous **dev**ons ils **doiv**ent
Recevoir	il **reçoi**t	nous **recev**ons ils **reçoiv**ent
Dire	je **di**s il **di**t	nous **dis**ons vous **dit**es ils **dis**ent
Prendre	je **prend**s	nous **pren**ons ils **prenn**ent
Apprendre	tu **apprend**s	vous **appren**ez ils **apprenn**ent
Comprendre...	il **compren**d	nous **compren**ons ils **comprenn**ent
Venir	je **vien**s	nous **ven**ons ils **vienn**ent
Revenir...	je **revien**s	vous **reven**ez ils **revienn**ent
Tenir	je **tien**s	nous **ten**ons ils **tienn**ent
Obtenir	il **obtien**t	vous **obten**ez ils **obtienn**ent

• Verbes ayant plus de trois bases phonétiques

Verbes	Formes du singulier	Formes du pluriel
Avoir	j'ai tu as il a	nous avons vous avez ils ont
Être	je suis tu es il est	nous sommes vous êtes ils sont
Faire	je fais tu fais il fait	nous faisons vous faites ils font

4. Les valeurs du présent

Le présent couvre une portion de temps plus ou moins grande par rapport au moment du locuteur.

1. Le présent d'habitude, de répétition

Il est, dans ce cas, presque toujours accompagné d'une expression comme *souvent, régulièrement, tout le temps, habituellement, toutes les semaines*, etc.
Exemple : je commence tous les jours à 8 h 30 sauf le jeudi où je commence à 10 h 30.

2. Le présent de narration (dans un récit)

Exemple : Dimanche dernier, je pars à 10 heures, je fais 20 kilomètres et je tombe en panne.

3. Le présent indiquant un passé très peu éloigné

Le présent indique quelquefois un passé très peu éloigné, surtout avec des verbes marquant une action qui ne dure pas (arriver, sortir, finir, commencer, etc.)
Le verbe est, dans ce cas, souvent accompagné d'une expression comme *juste, à l'instant.*
Exemple : Tu vas pouvoir le rencontrer, il arrive juste.

4. Le présent employé à la place du futur

L'idée du futur est alors donnée par une expression comme *demain, la semaine prochaine, dans huit jours, l'an prochain*, etc.
Exemples : Je pars en vacances dimanche prochain. - L'année prochaine je visite la Turquie.

5. Le présent à valeur universelle reconnue

Exemples : Dans les pays nordiques il fait plus froid que dans les pays méridionaux.

6. Le présent du raisonnement

Exemple : Votre enfant a de la fièvre, dans ce cas (donc) vous appelez le médecin.

Remarque : pour le présent, se reporter à *La Grammaire des premiers temps*, PUG.

Exercices

B1.2
CECR

1 🌳 🌳 Un étrange événement

1. *Relevez les verbes au présent dans le texte ci-dessous et indiquez-en l'infinitif.*
2. *Racontez au présent un événement passé que vous avez vécu ou non.*

C'est un vendredi soir de décembre, à Paris, sur les Champs-Élysées. La foule déambule sur les larges trottoirs de l'avenue, plus dense que d'habitude encore car ce sont les illuminations de Noël. Soudain, sans qu'on puisse savoir pourquoi, se forme une file de gens qui se tiennent les uns à côté des autres, face à la chaussée, comme en un long serpent qui atteint rapidement une bonne centaine de mètres. Et à 20 heures précises, tous allument un petit cierge à étincelles qu'ils brandissent à bout de bras. À ce curieux spectacle, les automobilistes ralentissent, les passants s'arrêtent et s'interrogent. Que se passe-t-il donc ? Une manifestation politique ? Certainement pas, car un long cri parcourt toute la file « Holà, Holà », qui ressemble à celui qu'on entend dans les stades, puis des applaudissements et des rires. Et aussi vite le silence retombe…C'était ce qu'on appelle un *flashmob*, mot nouveau qu'on pourrait traduire à peu près par *foule-éclair*, un rassemblement qui n'a rien de spontané, comme ceux qu'on peut voir autour d'un accident ou d'un bonimenteur. Non, tous ces gens, qui ne se connaissent pas, ont été avertis très peu de temps auparavant, par téléphone ou par mail, et sont venus là pour le simple plaisir, sans aucun but pratique.

théorie générale

1. Les terminaisons du futur

Les terminaisons sont celles du verbe avoir au présent :

R +
-ai
-as
-a
-ons
-ez
-ont

• **Formation régulière**

Verbe en	Infinitif	Futur
-ER -IR	arriver chanter → dormir finir	j'arriverai tu chanteras il dormira nous finirons
	Pour certains verbes, attention aux différences de prononciation *(cf. celle du présent)*	
	j'appelle tu amènes → il étudie	j'appellerai tu amèneras il étudiera
-RE	L'infinitif sert de radical mais perd son **e**. *Exemple : prendre̸ai → je prendrai* comprendre croire → vivre	nous comprendrons vous croirez ils vivront
-OYER -UYER -AYER	L'infinitif sert de radical avec une modification : **y → i** nettoyer essuyer → payer	je nettoierai tu essuieras je paierai/payerai

• Formation irrégulière

Les terminaisons sont les mêmes (**-rai, -ras, -ra, -rons, -rez, ront**) mais le radical est irrégulier. Il est constant pour toutes les personnes.

Type de verbe	Infinitif	Futur
Six verbes prennent RR avant les terminaisons	envoyer voir acquérir courir pouvoir mourir	j'enve**rrai** tu ve**rras** il acque**rra** nous cou**rrons** vous pou**rrez** ils mou**rront**
Certains verbes prennent DR avant les terminaisons	venir convenir tenir contenir valoir falloir vouloir	je v**iendrai** tu conv**iendras** tu t**iendras** tu cont**iendras** tu v**audras** il f**audra** nous v**oudrons**
Certains verbes prennent VR avant les terminaisons	devoir recevoir pleuvoir	je de**vrai** tu rece**vras** il pleu**vra**
Et pour finir...	avoir savoir faire être	j'**aurai** tu s**auras** il f**era** nous s**erons**

2. Expressions de temps pour l'avenir

– Dans quelques secondes, minutes, instants.
– Tout à l'heure.
– Cet après-midi, demain, après-demain.
– Dans deux jours, une semaine, un mois.
– Samedi prochain, l'année prochaine.
– Dans les jours qui viennent.
– Dans les 24 heures.
– D'ici peu, dans peu de temps, bientôt.
– Dès ce soir, dès que possible, dès qu'il sera là.
– Dans quelque temps, un de ces jours, un jour ou l'autre.
– Désormais, dorénavant, à l'avenir, à partir d'aujourd'hui.
– En 2115.
– Après, (quelque temps) plus tard, par la suite.
– Incessamment, prochainement.
– À plus tard, à plus (fam.), à bientôt.
– Ensuite, postérieurement, ultérieurement.

3. Les moyens d'exprimer l'avenir

• Quelques autres valeurs des temps et modes utilisés

Présent	Futur proche	Futur simple	Futur antérieur	Conditionnel
La réalité	rattaché au présent = subjectif	détaché du présent = certitude	rattaché au futur	Mode de l'hypothèse
	La réalité domine mais il y a une part d'hypothèse			

Prévisions d'actions futures Degré de certitude				
Vérité générale - *La Terre tourne autour du Soleil.*		**Aspect constant** - *L'homme sera toujours l'homme.*		
		Certitude objective (informations concrètes, calculables, prévues par le calcul) - *La population continuera à diminuer en Europe.*		
Certitude subjective pour un avenir proche ou lointain				
L'action future est considérée comme sûre à cause de la situation présente. - *Cet été, je navigue en Grèce.* - *Dans dix ans je suis champion de tennis.*	- *Paul va se marier en mai.* - *Dans les années qui viennent, la recherche va s'intensifier.*	Conviction personnelle que l'on veut communiquer - *Nous résoudrons les problèmes de pollution.*		

Modalité de doute sur l'affirmation				
Légère : présent du verbe devoir + infinitif - *L'avion doit décoller à 8 h.* **Plus forte** : présent des verbes croire, penser, compter, avoir l'intention de, avoir des chances de + infinitif - *Il compte arriver le 8.*				**Sérieuse :** conditionnel présent du verbe devoir + infinitif - *La fusée Ariane devrait rentrer dans l'atmosphère à 16 h.* **Très forte** : conditionnel de pouvoir + infinitif - *Le président pourrait annuler la décision.*

Présent	Futur proche	Futur simple	Futur antérieur	Conditionnel
Prévision hypothétique dépendant d'une condition				
- *Si tout se passe bien.*		**Hypothèse sur l'avenir probable** *La fusée décollera à 20 h.*	**Hypothèse explicative sur le passé** - *S'il n'est pas venu, c'est qu'il aura eu un problème.*	**Hypothèse sur l'avenir possible** - *Si la météo s'améliorait, la fusée pourrait décoller.* **Hypothèse sur l'avenir irréel** - *Si un jour j'étais un poisson, je vivrais sous l'eau.*
Proximité temporelle				
Lien avec le présent		**Rupture avec le présent**	**Lien avec une date future**	
Futur immédiat - *Ce soir, je sors.* C'est l'indicateur temporel qui marque le moment (je sors = tout de suite). **Futur moins immédiat** - *Il arrive dans quelques jours* Expressions : être sur le point de + inf., être à deux doigts de + inf. - *Vous êtes sur le point de réussir.*	- *Ce soir, je vais sortir.* - *Il va nous rendre visite.*	**Activité reportée :** - *On verra plus tard.* **Date imprécise :** - *Je t'appellerai.*	**Idée d'accompli :** -*Tu auras fini ta thèse dans quelques mois.* - *Ce sera fini dans quelques secondes.*	
Enchaînement d'actions futures				
1. *À 15 h je sors mais...*	**2.** *je vais revenir à 16 h et...*	**3.** *je le verrai à ce moment-là.*		
	1. *Le pilote va lancer le moteur,*	**2.** *puis l'avion décollera.*		
		Au printemps, il ira à Londres. Après il partira pour Nice.		
		Je t'appellerai dès que je serai rentré. Dans le temps : • première action = *rentrer* • deuxième action = *téléphoner*		
				Il repartirait dès qu'il aurait mangé (conditionnel présent et passé = futurs dans le passé)

Présent	Futur proche	Futur simple	Futur antérieur	Conditionnel
Valeur de promesse				
- La vaisselle est pour moi.	- Laisse, je vais faire la vaisselle.	- Je ferai la vaisselle. **Promesse dépendant d'une condition** - Je ferai la vaisselle si tu descends la poubelle.		
Valeur de prescription				
Ordre, interdiction				
- Tu sors d'ici tout de suite. - Tu ne sors pas.	- Tu vas faire ton lit immédiatement. - Tu ne vas pas sortir comme ça.	- Tu iras chercher le pain. - Tu n'iras pas chez cette fille.		
Conseil, souhait				
		- Vous ferez attention au soleil, il est fort. - Tu viendras m'embrasser en rentrant.		

Corpus d'observation

B1.1
CECR

1 🌿 *Les extraits de presse suivants annoncent des actions futures.*

1. Soulignez les formes verbales qui traduisent cette idée de futur.

2. Quels temps ou formes verbales permettent d'exprimer l'idée du futur ?

CE N'EST PLUS DE LA SCIENCE-FICTION

1 Dans moins de 10 ans, des vaisseaux vertigineusement poussés par le vent des étoiles vont faire la course en plein espace ! Le début d'une migration interstellaire ?

DÉMISSION IMMINENTE DU PREMIER MINISTRE ?

2 Des rumeurs persistantes font état d'une prochaine démission du chef du gouvernement après le vote-sanction des législatives.

V'LÀ L'HEURE D'ÉTÉ

3 Comme d'habitude il faudra se rappeler de changer l'heure du réveil et de la montre. Comme d'habitude les agriculteurs vont s'énerver car l'heure d'été gâte l'humeur des vaches. Comme d'habitude un certain nombre d'entre nous louperont le déjeuner de la belle-mère et la polémique ira bon train.

52% des Français sont contre… mais comme d'habitude, on avance sa montre d'une heure dans la nuit de samedi à dimanche.

ARIANE DEVRAIT DÉCOLLER BIENTÔT

4 La fusée Ariane pourrait finalement décoller demain, les prévisions météo étant bonnes.

ALLONS-NOUS CONNAÎTRE L'ENFER GLOBALIEN ?

5 Dans son roman *Globalia*, l'auteur J.-C. Rufin imagine un présent-futur où la démocratie et le marché auront triomphé… Cela sera-t-il le meilleur des mondes ? Pas si sûr, d'après lui.

BOIRE OU ÉLIRE, PAS BESOIN DE CHOISIR !

6 Vous qui allez voter dimanche à Périgueux, réjouissez-vous ! Un bar de la ville offrira un verre à tous ceux qui présenteront leur carte d'électeur tamponnée, promesse de bistroquet !

L'OMC SE RÉUNIT ENCORE DEMAIN.

7 L'organisation mondiale du commerce doit débattre des déséquilibres mondiaux.

Exercices

Futur simple

B1.1
CECR

1 Promesses

Vous êtes un adolescent prolongé, trente ans et toujours chez papa-maman, paresseux, peu serviable et gardant tout votre salaire pour votre argent de poche. Vos parents, lassés, parlent de vous mettre à la porte. On les comprend ! Cette fois vous aussi vous avez compris qu'ils sont sérieux et vous leur promettez tout ce qu'ils veulent pour ne pas vous retrouver à la rue. Pour faire vos promesses, utilisez le futur simple.

1. Ne pas monopoliser la télévision. – **2.** Ne pas inviter cinquante copains sans prévenir. – **3.** Faire des économies en vue de s'installer un jour de façon indépendante. – **4.** Cesser d'utiliser la voiture familiale. – **5.** Être plus respectueux, etc.

2 🌳 Promesses

Vous êtes un homme politique en campagne électorale. Votre parti a mis au point tout un programme, assez démagogique, pour obtenir le maximum de voix aux élections législatives. Ce soir, vous exposez, avec le maximum de conviction, votre programme pour les années qui viennent.

Pour vos promesses électorales utilisez le futur simple et le « nous » : vous parlez au nom de votre parti.

1. Construire de nouvelles universités. – **2.** Permettre à tous d'aller à l'université. – **3.** Éduquer toute la population. – **4.** Réduire les armements. – **5.** Décentraliser l'administration. – **6.** Supprimer la dette du tiers-monde. – **7.** Mieux répartir les richesses mondiales. – **8.** Diminuer les impôts. – **9.** Encourager la création de petites entreprises. – **10.** Rénover le parc des HLM (habitations à loyer modéré). – **11.** Développer le ferroutage. – **12.** Sanctionner les incivilités, etc.

3 🌳 *Sur le modèle de l'exercice précédent, vous pouvez aussi faire la liste des promesses que l'humanité, enfin consciente de sa responsabilité dans les problèmes écologiques, fait à la planète Terre.*

Exemple : nous ne détruirons plus les forêts pour fabriquer des meubles hideux ou imprimer des publicités idiotes.

4 🌳 *Dans un genre plus léger vous pouvez aussi faire la liste des promesses que font :*

– le jardinier au jardin,
– le chat, amoureux du canari, à celui-ci, qui est un peu inquiet de son affection,
– et bien d'autres couples que vous pouvez imaginer.

5 🌳🌳 Offre d'emploi

La mairie de Valenton (Val-de-Marne) a récemment fait publier l'offre d'emploi suivante :

« **La Ville de Valenton recrute par voie statutaire :** un coordonnateur des événements municipaux (h/f).

Chargé de la mise en œuvre et de la coordination des événements municipaux, vous en piloterez les projets et les actions.

Vous impulserez et assurerez le montage des projets et actions culturelles, notamment ceux de la salle de spectacles.

Vous coordonnerez les relations avec les associations.

Vous encadrerez un agent de développement associatif et culturel, ainsi qu'un agent de maîtrise chargé des fêtes et des cérémonies.

De formation Bac + 3, dynamique et rigoureux, vous devez avoir une réelle capacité à la direction, l'encadrement et l'animation.

Ce poste implique de travailler certains week-ends et en soirée lors des événements et des réunions préparatoires.

Poste à pourvoir immédiatement.

Adresser les candidatures à M. le Maire, Hôtel de Ville, 94460 Valenton. »

Sur ce modèle rédigez une autre offre d'emploi ou une autre publicité – Inventez-les de préférence, mais si vous manquez d'idées vous pouvez utiliser les éléments suivants :

Le Centre de langues pour étudiants étrangers (cours de langue et de civilisation françaises) cherche à recruter un animateur.

Expérience professionnelle souhaitée.

Tâches à assurer : visites de la ville, voyages dans des régions françaises, stages de ski, soirées dansantes, projections de films, etc.

Nécessité : avoir de l'initiative, de l'imagination, un bon contact humain, savoir diriger une équipe et gérer un budget.

6  **Au pays des...**

a) *Vous travaillez dans une agence de tourisme.*
À partir des trois fiches de renseignements ci-dessous, élaborez des textes pour de futurs touristes. Vous pouvez utiliser des verbes de la liste proposée.
*Exemple: Au pays des montagnes enneigées, dans les Alpes, vous **logerez** à Chamonix. Vous **prendrez** le téléphérique et vous **monterez** au sommet de l'Aiguille du Midi à 3 842 m, d'où vous **admirerez** les montagnes les plus hautes d'Europe. Le spectacle vous **plaira**. En été, vous **ferez** du parapente et vous vous **baignerez** dans le plan d'eau biotope à Combloux.*

Liste de verbes :

accéder	(s')arrêter	déguster	gravir	monter	trouver
accueillir	assister	déjeuner	grimper	observer	visiter
admirer	atteindre	(re)descendre	loger	plaire	voir
apercevoir	commencer	emprunter	manger	(se)rendre	
apprécier	découvrir	être hébergé	marcher	(se)situer	

Séjourner	À voir, à faire	Dormir, manger
Au pays des montagnes enneigées : les Alpes Un panorama à vous couper le souffle.	- L'Aiguille du midi par le téléphérique (3842 m) - La mer de glace par le petit train du Montenvers. - Randonnées. Par exemple : • Grand tour du mont Blanc en 8 jours. • Ascension du mont Blanc (4 807 m) en 6 jours. - Nombreuses activités sportives (dont le parapente) dans la vallée de Chamonix. - Baignade dans le plan d'eau biotope de 1 000 m² régénéré en permanence par les plantes, à Combloux.	- Hôtel des Ducs de Savoie avec piscine et merveilleux panorama. 105 à 160 € la chambre double. - Hôtel restaurant Chalet Rémy, ancien chalet d'alpage et bonne table. 52 € par personne pour la demi-pension. - La petite Ravine en pleine nature, sur les hauteurs de Combloux. Déjeuner à partir de 15 €.

Séjourner	À voir, à faire	Dormir, manger
Au pays des criques sauvages : la Corse Entre mer et désert, des criques secrètes protégées par les falaises.	- Le parc des Agriates : 16 000 ha de roches et de criques réservés aux cavaliers et aux amateurs de grands espaces. - La réserve de Scandola : des milliers d'oiseaux (accès en bateau : départ de Calvi ou Porto.) De bonnes chaussures de marche sont nécessaires. - Le petit train des plages qui va de Calvi à l'Île Rousse. - La citadelle de Calvi construite par les Génois au XVe siècle.	- Le relais de Saleccia : belle vue sur le désert des Agriates. 40 à 60 € pour 2 avec petit déjeuner. - Casa Oleanda à Calvi dans un joli jardin avec piscine. 200 € la semaine pour 2. - Le Capuccino à Calvi, une pizzeria très agréable sur le port.

Séjourner	À voir, à faire	Dormir, manger
Au pays des volcans : l'Auvergne Le plus jeune a 6 000 ans, le plus vieux a 6 millions d'années ; ils forment le plus vaste et le plus bel ensemble volcanique d'Europe. 	- Le parc naturel régional des volcans à côté de Clermont-Ferrand. - À Vulcania, des animations réalistes : un cratère tonne, des volcans explosent. - À Murat-le-Quaire : une évocation de l'Auvergne par un spectacle audiovisuel. - L'usine d'embouteillage de l'eau minérale de Volvic. - Une balade en mongolfière pour voir l'Auvergne d'en haut.	- Hôtel de Bailliage : charme et piscine chauffée au cœur de Salers. 64 à 126 € pour 2 avec petit déjeuner. - Ferme auberge de Navaste à Saint-Bonnet-de-Salers. Repas copieux dans cette ferme où on fabrique le fromage Cantal. À partir de 14 €.

b) *Choisissez une région ou une ville de votre pays et faites le même travail. Trouvez un titre et remplissez les rubriques :* **À voir, à faire** *et* **dormir, manger.**

7 ✿ Organisation de l'avenir

1.2
ÉCR

LES VILLES DU FUTUR

a) *Mettez les verbes entre parenthèses au futur simple.*

Si l'on en croit certains chiffres, la population de la planète (avoir) ……… considérablement augmenté en 2050 : 10 à 12 milliards d'êtres humains (devoir) ……… vivre ensemble et 60 % d'entre eux (résider) ……… dans des villes et des mégapoles. Un sacré défi à relever ! À quoi (ressembler) ……… ces villes ?

Certaines villes, comme déjà nos tours d'aujourd'hui, (se dresser) ……… dans les airs. Les Japonais, qui manquent de place, envisagent de construire une tour qui (culminer) ……… à plus de 4 kilomètres de haut et qui (abriter) ………. plus de 700 000 personnes (la population de Bordeaux et ses banlieues). Des trains-ascenseurs (permettre) ……… de s'y déplacer mais ils (devoir) ……… s'arrêter régulièrement pour que les occupants s'habituent à l'altitude. Avantages : ces tours (offrir) ……… une vue magistrale, elles (être inondées) ……… de soleil et les étages supérieurs (planer) ……… au-dessus des nuages. Inconvénients : elles (être sensibles) ……… aux séismes et leur évacuation (poser) ……… des problèmes.

b) *Sur ce modèle, développez en groupe un des projets du tableau suivant et imaginez les avantages et les inconvénients de ce type d'habitat.*

Villes souterraines	Cités marines
Construire des gratte-ciel souterrains très profonds Éclairer en lumière presque naturelle avec la fibre de verre Chauffer avec la géothermie	Agrandissement des villes côtières par des immeubles flottants Utilisation de l'énergie des vagues Dessalement de l'eau de mer Chauffage avec les déchets recyclés
Stations orbitales	**Villes végétales**
Lancement de modules d'habitation dans l'espace Alimentation facile en énergie solaire Culture de plantes hydroponiques Création d'atmosphère artificielle	Utilisation exclusive de matériaux biodégradables Intégration parfaite de l'environnement Toitures recouvertes de végétaux Culture de potager sur les terrasses

c) *Discutez vos idées avec les autres groupes et exprimez vos préférences et vos craintes.*

B1.1
CECR

8 🌳 **Prescriptions**

RÈGLEMENT

Tous les gens prétendent que les jeunes font n'importe quoi, qu'il n'y a plus de discipline dans les écoles, du moins qu'elle n'existe plus. Eh bien, venez chez nous au LEP Maryse-Bastié à Hayange Marspich (Moselle), et vous constaterez par vous-même.

Voici des exemples bien précis de notre règlement intérieur :

– Tu ne fumeras point dans l'établissement et, dans la cour extérieure, il faut avoir dix-huit ans ou une autorisation des parents.
– Tu ne sortiras pas comme tu le veux en cas d'absence d'un professeur.
– Tu ne prendras pas de médicaments sur toi, confie-les à l'infirmière.
– Tu n'emporteras pas d'argent au lycée ni des objets non identifiés scolairement.
– Tu ne mâcheras pas de chewing-gum.
– Tu ne t'appuieras pas contre les murs.
– Tu ne parleras pas mal comme certains adultes le font.
– Tu n'utiliseras pas tes mains pour manger ton poulet.
– Tu ne te placeras pas comme tu veux à la cantine.
– Tu ne diras pas ce que tu penses lors des conseils de classe, car le conseil a toujours le dernier mot.
– Tu seras bien vu dans le lycée si tu te tiens correctement.
– Tu ne mettras pas de talons aiguilles.
– Tu ne mettras pas de mini-jupe.
– Tu n'abuseras pas du maquillage.
– Tu soigneras ta coiffure (pas de longue mèche) et tu feras des coupes décentes (pas de punk, de rasta…).

Avec ces exemples, vous pouvez voir que l'on cherche à nous faire conserver la discipline scolaire, la bonne tenue, et le savoir-vivre.

Qu'en pensez-vous ?

Hélène Ruiz et toute la classe
57300 Mondelange

Observez : Ici on utilise le « tu » à valeur générale. Les règles sont valables pour tous les élèves.

B1.1
CECR
 9 **Prescriptions**

LES DIX COMMANDEMENTS

a) *Voici une liste d'actions qui peuvent servir à faire les dix commandements du bon danseur ou du mauvais danseur. Attention, selon le cas, aux négations à mettre ou à enlever.*

1. Écraser les pieds de sa partenaire.
2. Ne pas suivre exactement le rythme.
3. Oublier de diriger.
4. Porter un parfum très violent.
5. Serrer sa partenaire à l'étouffer.
6. Lâcher sa partenaire pendant une passe de rock.
7. Draguer toutes ses partenaires.
8. Manger de l'ail avant la soirée.
9. Parler de philosophie en dansant.
10. Danser un tango comme un paso.

b) *Si vous préférez imaginer vous-même des commandements vous pouvez en faire pour :*
– les bons ou les mauvais / parents / enfants / séducteurs / présidents de la République / coiffeurs / musiciens / professeurs / cuisiniers / policiers, etc.

10 🌳 Organisation de l'avenir

Léo est décidé à agir rapidement et fixe des dates précises. Dans sa tête, c'est déjà fait : il parle de ses actions futures au présent.

Mathis a bien envie mais n'est pas vraiment décidé ; ou alors il est décidé mais il ne sait pas quand il va agir. C'est encore loin dans son esprit : il parle au futur simple.

Faites parler Léo et Mathis en utilisant les éléments ci-dessous :

Exemples :

LÉO : *« Dès ce soir, j'arrête de boire ».*

MATHIS : *« Bientôt, je ferai le tour du monde ».*

Pour Léo	Pour Léo et Mathis	Pour Mathis
Dès ce soir	Ne plus fumer	Dans quelque temps
Pendant les vacances	Se mettre au régime	Peut-être
Le week-end prochain	Arrêter de boire	Bientôt
Le mois prochain	Commencer à réviser	Un de ces jours
Dans deux mois	Se marier	Un jour ou l'autre
Aussitôt que possible	Prendre une année	Quand ce sera possible
Après les examens	sabbatique	Quand j'aurai le temps
Dès demain	Faire une grande fête	La semaine prochaine, qui
L'an prochain	Apprendre le chinois	sait…
Dans deux ans	Rester à Paris	Un jour
	Faire le tour du monde	

Futur proche

11 🌳 *Observez les phrases suivantes : les verbes en caractères gras sont au futur proche. D'après vous, comment fabrique-t-on un futur proche ?*

– *« Qu'est-ce que **tu vas faire** cet été ?*

– ***Je vais aller** en Turquie. Sans ma copine…*

– *Ah bon ? Qu'est-ce qu'elle **va faire** ?*

– *Travailler avec son amie Martine. Elles **vont vendre** des frites sur une plage. »*

12 🌳 *Répondez en utilisant le futur proche.*

Proposez au moins deux phrases pour chaque réponse. Si vous n'avez pas d'idées, utilisez les éléments entre parenthèses.

Situation 1

Un orage terrible vient d'éclater. Il pleut très fort. Que va-t-il se passer ?

– Le vent ………… (casser les branches / emporter les parapluies).

– La pluie ………… (inonder les rues / tremper les passants).

– Les passants ………… (se mettre à l'abri / courir).

– La circulation ………… (ralentir).

– Les pompiers ………… (avoir du travail).

Situation 2

Les Blanc viennent d'acheter une maison de campagne, une vieille ferme. Il y a beaucoup d'aménagements à faire. Qu'expliquent-ils à leurs amis ?

« Nous avons beaucoup de projets pour cette maison, nous ……… (planter des arbres fruitiers, refaire le toit, installer une cheminée, creuser une piscine, agrandir la terrasse, repeindre le premier étage, etc.). »

Situation 3

Un inconnu étrange, bizarre entre dans la classe.
Qu'est-ce que vous allez faire ?
Qu'est-ce que vous allez éprouver ?
Qu'est-ce que vous allez penser ?
Comment est-ce que les autres vont réagir ?

Futur proche et futur simple

Lorsque vous énoncez une série d'actions futures, vous pouvez le faire entièrement avec le futur simple mais vous pouvez aussi marquer la succession en commençant par un futur proche et en continuant au futur simple.

Exemple : Demain je vais travailler jusqu'à 10 h du soir et après, je me coucherai.

Attention ! ne continuez pas à mélanger ces deux temps. Dans le même texte, il est habituel de continuer au futur simple.

 13 *Nous sommes jeudi soir. Énoncez vos projets pour le week-end.*

Exemple : « Demain soir, je vais sortir : je vais aller voir Wallace et Gromit. Samedi j'irai passer un moment à la campagne, chez ma sœur mais je rentrerai pour passer la soirée chez des amis. Dimanche je resterai tranquillement à la maison. »

– Vos projets : ....
– Les projets de vos amis : ....

 14 Futur proche et futur simple

MÉTÉO

Le temps va se détériorer nettement demain mardi car une dégradation pluvieuse touchera l'ensemble du pays jusqu'à mercredi soir. Une amélioration sensible se manifestera jeudi, mais attention ! gardez vos petites laines : le thermomètre restera à la baisse jusqu'à samedi.

VENISE VA-T-ELLE DISPARAÎTRE SOUS LES FLOTS ?

Il y a un siècle la ville avait les pieds dans l'eau une fois par an, aujourd'hui quarante fois par an. Et cela ne va pas s'arranger : la montée du niveau des mers s'accentuera encore dans les 100 ans à venir à cause du réchauffement climatique.

ALIMENTATION BIOLOGIQUE

La première chaîne de restauration rapide biologique française va installer plusieurs restaurants dans nos grandes villes. Tous les plats servis auront le label Ecovert et on y trouvera également des plats végétariens. Nos compatriotes plébisciteront-ils ce nouveau type de restauration ? La réponse dans les jours qui viennent.

Écrivez d'autres entrefilets annonçant des événements futurs à partir des éléments suivants :

1. Projets du président de la République pour la semaine prochaine : se rendre en visite en Afrique, assister à une conférence inter-États, avoir un entretien avec les chefs de plusieurs États.

2. Une publicité de journal féminin annonce la sortie prochaine d'un nouveau produit miracle pour maigrir. Objectifs : transformer les gens en quelques jours, affiner la silhouette, faire s'envoler les kilos en trop.

3. Information d'EDF sur un projet de centrale électrique : implantation près de Lyon, début des travaux en décembre. Objectif : fournir de l'électricité à toute la région dans trois ans.
4. Ouverture demain de l'exposition *Voyages et Tourisme* à Alpexpo. Inauguration par le maire. Objectifs des agences de voyage : offrir toutes les informations possibles aux Grenoblois, faciliter les réservations, faire connaître des destinations lointaines.

2.2
ECR

15 🌳🌳🌳🌳 **Présent, futur proche ou futur ?**
Pour exprimer l'idée d'avenir dans les phrases suivantes, choisissez entre le présent, le futur proche et le futur simple.

1. Ce jour-là Annie était inquiète, elle craignait une catastrophe et elle n'arrêtait pas de répéter : « Il (se passer) ……… quelque chose de terrible, je le sens. »
2. Vous discutez de mariage, certains sont pour et d'autres contre. Marie qui est très traditionaliste déclare soudain : « Moi, je (se marier) ……… à l'église, et en blanc ! »
Jacques, qui est très sérieux et très organisé dit : « Moi, je (se marier) ……… dans trois ans, après mes études. »
3. Vous demandez des nouvelles de Sophie, et on vous apprend qu'elle a des projets, sérieux mais pas définitifs, de séjour aux États-Unis. Elle (partir) ……… aux États-Unis en avril.
4. Vous voulez voir d'urgence MM. Dupont et Durand, mais leur secrétaire vous répond que c'est impossible : « Désolé, monsieur mais ils (prendre) ……… le train dans une heure. »
5. Votre fils a oublié sa clé et, derrière la porte, il vous crie de lui ouvrir. Que lui répondez-vous ? « Je (ouvrir) ………, mon chéri. »
6. Vous dînez chez une amie qui a l'air très fatiguée. Au moment de faire la vaisselle, vous vous proposez : « Laisse, je (faire) ……… »
7. Vous êtes journaliste à la météo, vous savez qu'on attend de la pluie pour demain. Comment l'annoncez-vous à la télé ? « Pas de chance demain : il (pleuvoir) ……… sur toute la France. »
8. Votre mère, qui a écouté la météo, vous voit partir sans parapluie. Elle vous dit : « Prends ton parapluie, mon chéri : il ……… (pleuvoir). »
9. M. Dupont ne vient pas chaque jour à la même heure au bureau. Personne ne connaît ses horaires précisément. Vous voulez le voir, et on vous répond : « Il n'est pas encore là mais il (venir) ……… dans la matinée. »
10. Vous attendez un coup de téléphone de votre mari qui est en voyage mais votre fille veut aller au cinéma avec vous tout de suite. Vous lui dites : « Ma chérie, je ne peux pas sortir maintenant ton père (téléphoner) ……… »
Très en colère elle vous répond : « Et après ? s'il ne te trouve pas il (rappeler) ……… »
11. Vous espérez un coup de téléphone de votre petit ami, avec qui vous vous êtes disputée. Votre amie Sophie est désolée de vous voir triste et elle dit : « Allons, ne t'inquiète pas, il (téléphoner) ……… »
Votre amie Christine est furieuse que vous restiez là à attendre : « Tu ferais mieux de sortir, tu sais bien qu'il (ne pas téléphoner) ……… »
12. Vous racontez à quelqu'un votre programme pour la soirée : « Je (aller) ……… au cinéma, ensuite je (dîner) ……… au restaurant avec des amis. »
13. Vous ne connaissez pas encore la Grèce mais vous voulez la visiter un jour ou l'autre. « Je ne sais pas quand je (pouvoir) ……… aller en Grèce, mais je (visiter) ……… ce pays. »
14. Vous avez décidé depuis déjà longtemps votre programme pour vos prochaines vacances. Vous rêvez d'y être déjà. « Cet été, nous (partir) ……… en Grèce. »
15. Vous avez des projets pour cet été ? « Oui, nous (voyager) ……… en Grèce. »
16. Quelqu'un vous demande son chemin dans la rue. Vous le lui indiquez : « Vous (prendre) ……… la première rue à gauche. Puis, vous (traverser) ……… le jardin jusqu'à la fontaine, et là vous (demander) ……… à quelqu'un d'autre. »

Futur antérieur

B1.2
CECR **16** 🌳🌳 *Votre mère veut vous envoyer faire les courses. Vous ne voulez pas y aller tout de suite et inventez toute une série de prétextes pour vous défiler. Complétez la liste des prétextes au futur antérieur.*

Exemple: J'irai quand j'aurai fini mes devoirs; quand je me serai coiffé, etc.

B1.2
CECR **17** 🌳🌳 *Mettez au futur antérieur.*

a) *Chez le médecin*

Vous irez mieux:
- quand vous (finir) ……… ce traitement;
- quand vous (se reposer) ………;
- quand vous (être opéré) ……… ;
- quand votre angoisse (disparaître) ………;
- quand vous (décider) ……… de vous battre contre la maladie.

b) *Le monde ira mieux…*

… quand les hommes (comprendre) ……… que la guerre ne sert à rien.

… quand les maladies (être éliminées) ………

… quand les problèmes écologiques (être résolus) ………

… quand les grandes puissances (se décider) ……… à faire la paix.

… quand les classes moyennes (obtenir) ……… l'égalité sociale.

… quand la condition des femmes (se améliorer) ……… dans tous les pays.

… quand tous les enfants (aller) ……… à l'école.

… quand l'esclavage moderne (cesser) ………

B1.2
CECR **18** 🌳🌳 *Mettez les verbes entre parenthèses au futur ou au futur antérieur.*

a) *Recette de cuisine: les œufs durs*

Vous (mettre) ……… les œufs dans une casserole d'eau bouillante. Quand ils (cuire) ……… dix minutes vous les (retirer) ……… du feu et vous les (plonger) ……… dans l'eau froide. Vous (pouvoir) ……… enlever leur coquille quand ils (refroidir) ……… cinq minutes.

b) *L'anniversaire-surprise*

On (préparer) ……… tout en cachette et on (faire) ……… semblant d'avoir oublié l'anniversaire de papa. Bien sûr il (être) ……… un peu triste mais il (ne rien oser dire) ……… Quand on (finir) ……… de manger on lui (souhaiter) ……… bonne nuit. C'est à ce moment-là que maman (arriver) ……… avec le gâteau qu'elle (préparer) ……… et que nous lui (donner) ……… les cadeaux que nous (fabriquer) ……… Déjà là, il (être) ……… très content. C'est à ce moment-là que tous les gens que nous (inviter) ……… (arriver) ………, et on (faire) ……… une fête à tout casser toute la nuit!

c) *Comment se faire des amis*

Tu (avoir) ……… de bonnes relations avec tes voisins quand tu (comprendre) ……… que tu dois prendre de leurs nouvelles régulièrement : tu (proposer) ……… aux personnes agées de petits services surtout quand le mauvais temps les (empêcher) ……… de sortir. Tu (voir) ……… combien ce comportement (changer) ……… ta vie.

Tu te (faire) ……… des amis facilement parmi tes collègues quand ils (se rendre compte)……………… que tu es une fille timide et non orgueilleuse ou égoïste.

Tu (être) ……… étonnée de voir les gens te proposer de sortir avec eux quand tu les (inviter) ……… chez toi à boire l'apéritif ou à manger une pizza.

1.2
CR
19 🌳🌳 Histoire en chaîne

WEEK-END À PARIS

Samedi matin je me lèverai avant l'aube. Quand je me serai habillé je prendrai le train pour Paris. Lorsque je serai arrivé à la gare de Lyon, je me dirigerai vers la Tour Eiffel. Quand j'aurai admiré Paris depuis le sommet de la Tour, j'irai boire un café dans un bistrot. Dès que je serai réchauffé, je repartirai au Louvre pour regarder les sculptures antiques. Quand j'aurai assez vu les sculptures, je déjeunerai dans une brasserie. Aussitôt que j'aurai bu mon café…

Et maintenant, à vous! Continuez ce récit de week-end (à Paris ou dans d'autres lieux).
Ne répétez pas les mêmes verbes quand vous enchaînez les phrases.

1.2
CR
20 🌳🌳 Et maintenant, un peu d'optimisme!

Décrivez l'état futur du monde au futur simple en mettant la cause au futur antérieur.

*Exemple: Il y **aura** moins de misère car les pays pauvres **auront surmonté** leurs difficultés.*

1. L'espérance de vie (augmenter) ……… sur toute la planète car on (trouver) ……… Le vaccin contre le SIDA.
2. Il (y avoir) ……… moins de pollution car on (remplacer) ……… les moteurs à essence par des moteurs à hydrogène.
3. Le monde (être) ……… plus paisible car on (comprendre enfin) ……… que les guerres sont inutiles.
4. Nous (vivre) ……… plus simplement car nous (revenir) ……… à des besoins plus essentiels.
5. Les forêts (couvrir) ……… de nouveau la terre car nous (replanter) ……… des millions d'arbres.
6. Les rivières (être) ……… de nouveau transparentes car nous (apprendre) ……… à limiter la pollution.
7. Le monde (connaître) ……… un plus grand équilibre car l'Asie et l'Afrique (créer) ……… des fédérations.
8. Les hommes et les femmes (prendre) ……… les décisions à égalité dans tous les domaines car les mentalités (définitivement changer) ………

a) *Si vous avez d'autres suggestions, continuez cette liste.*
b) *Il se peut que vous soyez pessimiste. Proposez alors d'autres évolutions, en pire.*

1.2
CR
21 🌳🌳 Futur antérieur et futur

Composez des phrases avec les éléments suivants.

Exemple: Paul – Quand – 1: se laver – 2: aller se coucher.
→ Quand Paul se sera lavé il ira se coucher.

1. Elle – Lorsque – 1: finir son travail – 2: quitter le bureau.
2. Tu – Dès que – 1: terminer la vaisselle – 2: descendre la poubelle.
3. Les enfants – Aussitôt que – 1: rentrer de l'école – 2: faire leurs devoirs.
4. Nous – Tout de suite après que – 1: revenir de vacances – 2: vous téléphoner.
5. Le chat – Dès que – 1: choisir le bon coussin – 2: faire la sieste.
6. Je – Quand – 1: retourner à la maison – 2: terminer le dossier Dupont.
7. Il – Lorsque – 1: rédiger sa thèse – 2: retourner dans son pays pour travailler.
8. Elle – Dès que – 1: élever ses enfants – 2: reprendre une activité professionnelle.
9. Vous – Lorsque – 1: se reposer un peu – 2: rendre visite au responsable de l'agence.
10. Ils – Quand – 1: nettoyer l'appartement – 2: le louer pour l'été.

Futur exprimé par des verbes

B1.1 *CECR* **22** **Verbe devoir au présent**

Pour parler d'un événement futur probable mais pas tout à fait certain (la certitude domine), on utilise **le présent de devoir + infinitif.**

Exemple : Mon mari doit rentrer d'ici peu.

a) *Répondez aux questions suivantes avec le verbe devoir au présent + infinitif.*

1. « Le docteur sera bientôt là ?
   – Oui, ... à 14 heures. » (arriver)
2. « Tu as des nouvelles de Jacques ?
   – Oui, ... ce soir. » (passer à la maison)
3. « Ce n'est pas aujourd'hui qu'Annie revient de vacances ?
   – Si, ... dans une heure ou deux. » (débarquer à Orly)
4. « Les enfants sont là ?
   – Non, mais entre quand même, ... dans cinq minutes. » (revenir)
5. « Alors, c'est bientôt les vacances ? »
   – Oui, nous .... lundi. » (partir)
6. « Tu peux m'accompagner à l'aéroport ? »
   – Non, le patron .... »(m'appeler)
7. « Mademoiselle, je peux disposer de ma matinée ?
   – Non, Monsieur, la presse .... vers 10 heures pour une interview ». (venir)
8. « Je prends un imperméable ou un manteau ?
   – Un manteau car la température .... cette nuit. » (baisser)
9. « Tu viens avec nous au cinéma ce soir ?
   – Non car mon mari .... à 21 heures, et il m'attendra à la gare. » (arriver)

b) *Voici le programme de la journée de deux présidents de la République, celui de la France et celui de l'Italie*

– Arrivée à 9 h, à Orly, du président italien.
– Discours de bienvenue à 9 h 10 du président français.
– Départ pour l'Élysée, discussion de deux heures.
– Déjeuner à l'Élysée.
– Visite commune du nouveau Centre culturel italien.
– Nouveaux entretiens en fin d'après-midi.
– Dîner à l'Élysée en présence de nombreux artistes des deux pays.

Vous êtes le journaliste qui fait le journal radio de 7 heures du matin. Annoncez aux auditeurs le programme des deux chefs d'État : le président italien et le président français.
Exemple : Aujourd'hui à 9 h ....

B1.1 *CECR* **23** **Expression de l'avenir : verbe devoir au conditionnel présent**

Pour parler d'un événement futur qui n'est pas certain, ou s'il y a un doute sur sa vérité, sa date, son déroulement, ses conséquences (le doute domine), on utilise **le conditionnel présent de devoir + infinitif.**

Exemple : L'avion devrait atterrir dans une heure.

TOUT DEVRAIT BIEN SE PASSER

En utilisant le conditionnel présent du verbe devoir + l'infinitif de l'action évoquée, complétez les dialogues suivants.

Exemple : Les Jacquemin, qui partent en vacances, à leur femme de ménage : « Nous devrions être de retour le 16 août. Peut-être le 17. Nous vous téléphonerons pour vous confirmer. »

1. « Tu sors ? À quelle heure rentres-tu ? » demande madame Dumorest à son fils.
   – Je ………

2. J'aurai une bourse de 900 € par mois. Crois-tu que ce sera suffisant pour vivre ? demande Sébastien, étudiant, à un autre étudiant.
   – Tout est cher à Paris, mais tu ………

3. « Vous avez eu une réponse du ministère ? » demande un professeur au représentant syndical.
   – Pas encore, mais normalement ………

4. « Alors, ton patron est d'accord pour nos dates de vacances ? » demande Vincent à sa femme.
   – Je lui ai expliqué notre problème. Il ……… demain.

5. Il y a longtemps que nous n'avons pas de nouvelles des copains de Strasbourg ! dit Victor à sa copine.
   – Ils n'oublient jamais mon anniversaire. Nous ……… bientôt.

6. Le temps est bien bizarre aujourd'hui, bien orageux, vous ne trouvez pas ? » dit Catherine à son voisin paysan.
   – Pour sûr ! nous ……… avant la nuit.

7. Docteur, quand vais-je de nouveau me sentir en pleine forme ? » demande Marie à son chirurgien.
   – Si vous vous reposez bien, vous ……… d'ici trois semaines.

8. Les petites ne sont pas encore rentrées de l'école, dit Christian, inquiet, à sa femme.
   – Elles s'arrêtent toujours chez Nadine pour bavarder. Elles ……… sous peu.

24 🌿🌳 **Expression de l'avenir : verbe devoir au conditionnel + infinitif**

Sur le modèle de l'entrefilet suivant, composez des titres et de courts articles avec les éléments proposés. Ou inventez-en, si vous préférez.

ARIANE DEVRAIT ÊTRE OPÉRATIONNELLE EN JANVIER
L'équipe scientifique annonce que, selon toutes probabilités, la construction du nouveau prototype devrait se terminer courant novembre. « Nous devrions pouvoir lancer Ariane en janvier » a déclaré le responsable du projet, M. Gaffandie.

1. On annonce l'ouverture de la Lune aux touristes pour les années à venir. Les plus gros voyagistes essaient d'obtenir le marché. *Voyages en tout genre* semble le mieux placé pour l'obtenir.

2. Le climat est très perturbé ces dernières semaines. La météo nationale est de plus en plus prudente. Elle prévoit une amélioration relative sur le Sud-Est en début de semaine, sauf si le cyclone Robert change de route. Elle annonce un week-end acceptable.

3. L'actrice Laure Chanaron se retirera bientôt de la scène en raison de son grand âge, d'après son entourage. Mais elle montera probablement une école de théâtre. Ses élèves seront sans doute d'excellents acteurs.

4. Les chefs d'État des pays développés se réunissent actuellement en conférence sur l'allégement de la dette du tiers-monde. Certains sont pour sa suppression pure et simple. Une amélioration de la situation des pays endettés sera vraisemblablement décidée.

5. L'écrivain André Mathuvut est candidat à l'Académie française. Il est soutenu par de nombreux académiciens, surtout les plus âgés. Son élection est probable.

6. Le château de Versailles prend l'eau, il va falloir refaire entièrement le toit. Les travaux seront probablement longs et coûteux. L'état prévoit un budget de 5 millions d'euros. Normalement, les visites ne seront pas interrompues pendant les travaux.

25 🌳 Présent de penser, compter + infinitif

Modélisez les affirmations suivantes sur l'avenir en utilisant les verbes penser, compter + infinitif.

Exemple : Il arrivera demain. → Il compte/il pense arriver demain.

1. Le Sénat modifiera le texte de loi. – **2.** Mon mari rentrera demain soir. – **3.** L'usine licenciera 100 personnes. – **4.** J'obtiendrai un crédit. – **5.** Nous déménagerons en août. – **6.** Tu viendras demain ? – **7.** Le patron ne recevra personne aujourd'hui. – **8.** Vous finirez bientôt ?

26 🌳 🌳 Être sur le point de + infinitif

L'expression «être sur le point de…» exprime un futur proche mais ne peut pas s'utiliser avec une expression de temps.

Répondez aux phrases suivantes en utilisant le présent de « être sur le point de » et l'infinitif entre parenthèses.

Exemple : Le train de Paris est déjà parti – Non, mais il est sur le point de partir.

1. « Pierre et Sophie sont toujours ensemble ?
   – Oui, ils (se marier) ……… ».

2. « Vous avancez dans vos recherches sur le vaccin ?
   – Oui, nous (découvrir la solution) ……… ».

3. « Que pensez-vous de la situation internationale ?
   – À mon avis, la guerre (éclater) ……… ».

4. « Alors, quoi de neuf ?
   – Je (changer de ville) ……… ».

5. « J'aimerais parler à monsieur ou à madame Duchaussoy.
   – Rappelez plus tard, ils (passer à table) ……… ».

6. « On manque encore de locaux dans cette université !
   – Du calme ! Le ministère (débloquer des subventions) ……… ».

7. « C'est décidé, demain je donne ma démission.
   – Ah non ! tu (faire une grosse bêtise) ……… Réfléchis encore ».

8. « Martin, j'ai une bonne nouvelle pour vous.
   – Quoi ?
   – Vous (avoir une promotion) ……… ».

27 🌳 🌳 Avoir des chances de… Être à deux doigts de… + infinitif

Fabriquez des dialogues sur le modèle suivant.

Exemple :

Paul : obtenir l'autorisation de la préfecture.

  → *« À ton avis, Paul a des chances d'obtenir l'autorisation de la préfecture ?*
    – Oui, il est à deux doigts de l'obtenir. »

1. Martin : avoir le poste de Paris.

2. Simone : publier son roman.

3. Daniel : faire une exposition.

4. Guy : partir pour les territoires d'outre-mer.

5. Jacques : devenir directeur.

6. Les Boufoille : trouver un sponsor.

7. Florence : décrocher un stage.

8. Les Maillet : réussir leur pari.

9. Victor : avoir une chambre en résidence universitaire à Paris.

10. Magali : finir sa thèse.

2.1
CR

28 🌳🌳🌳 Présent, passé ou futur ?

Le futur permet de donner une explication. Vous ignorez les raisons d'un événement, mais vous avez une explication que vous trouvez tout à fait probable.

Vous pouvez donner cette explication avec :

– un futur simple
– un futur antérieur
– devoir + infinitif.

Si vous êtes tout à fait sûr de votre explication vous utiliserez de préférence le présent ou un temps du passé.

Exemple : Le poisson rouge a disparu !

→	*certitude :*	*– Le chat l'a (sûrement) mangé.*
		– C'est (sûrement) le chat !
→	*probabilité :*	*– Ça doit être le chat.*
		– Ce sera encore le chat le coupable.
		– Le chat l'aura mangé.

Donnez des explications sûres et des explications probables pour les situations suivantes.

1. Il est en retard d'une heure.
2. Elle est d'une humeur de chien, ce matin.
3. Il a perdu la course alors que tout le monde pensait qu'il la gagnerait.
4. Vous voyez vos enfants rentrer sur la pointe des pieds à la maison avec un gros paquet, en essayant de se cacher.
5. La fenêtre du salon est cassée.
6. Les trams ne fonctionnent pas.
7. Tu as remarqué, elle est blonde maintenant.

1.2
CR

29 🌳🌳 Bataille d'experts

> ### LE TOURISME DANS 20 ANS RESSEMBLERA À ÇA
>
> À quoi ressemblera le tourisme dans vingt ans ? En aurons-nous fini avec les petits hôtels de charme et les châteaux historiques ? Logerons-nous, comme l'affirment certains, dans des sortes de vaisseaux spatiaux démontables à la demande et transportables d'un lieu de vacances à un autre ?
>
> Les experts, surtout les futurologues, sont rarement d'accord. Certains prévoient un avenir catastrophique, d'autres imaginent que la science résoudra tous les problèmes. Qui croire ?

a) Observez les deux tableaux suivants puis faites vos propres prévisions pour compléter le troisième tableau. Utilisez tous les moyens étudiés pour l'expression de l'avenir. Comparez vos idées et discutez-en.

Médecine	
Expert 1	**Expert 2**
L'avenir de l'espèce humaine va rapidement être révolutionné par les nouvelles technologies médicales. Le mariage de plus en plus intime entre la technique et le vivant amènera des jours nouveaux.	Des épidémies de grande ampleur dues à des virus inconnus se produiront un jour ou l'autre et nous ne pourrons pas toutes les contenir.

Travail	
Expert 1	**Expert 2**
Les différences s'aggraveront entre les gens qui auront un travail et ceux qui n'en auront pas, ceux qui seront très bien payés et ceux qui auront à peine de quoi survivre. Mais peut-être répartirons-nous mieux les richesses ? Est-ce que des révolutions nous y obligeront ?	Les travailleurs du futur. Des consultants en temps nous aideront à gérer notre agenda, des coachs en diététique viendront chez nous consulter notre courbe de poids, des marieurs internationaux parcourront le monde pour nous dénicher la perle rare… Ainsi libérés de ces tâches futiles, nous pourrons nous consacrer corps et âme à notre profession, des «conseillers en joie au travail» nous aideront pour ça… tel pourrait bientôt être le monde du travail selon les experts britanniques.

Tourisme	
Expert 1	**Expert 2**
	Nous deviendrons des écocitoyens responsable, même dans nos loisirs. Nous cesserons de faire six heures d'avion pour aller bronzer à l'autre bout du monde (10 fois plus polluant que de bronzer sur la côte d'Azur). Nous privilégierons les voyagistes soucieux de développement durable. Mais oui, il y en aura de plus en plus !

b) *Vous pouvez travailler sur d'autres thèmes possibles : déplacements, amours, famille et procréation, modes vestimentaires, habitat, équilibres politiques, religions et croyances.*

théorie générale

1. Le passé composé

1. Présentation du passé composé

Auxiliaire	Exemples de verbes	Construction du passé composé		
		Auxiliaire être ou avoir au présent	+	participe passé du verbe
ÊTRE	tomber partir venir s'asseoir se couvrir mourir	je tu il / elle / on nous nous vous vous ils / elles	**suis** **es** **est** **sommes** **êtes** **sont**	**tombé(e)** **parti(e)** **venu(e)** **assis(es)** **couvert(e)s** **mort(e)s**
AVOIR	manger finir courir comprendre peindre ouvrir	j' tu il / elle / on nous vous ils / elles	**ai** **as** **a** **avons** **avez** **ont**	**mangé** **fini** **couru** **compris** **peint** **ouvert**

2. Être ou avoir

Être	Être et Avoir	Avoir
14 verbes aller, arriver, descendre, entrer, monter, mourir, naître, partir, passer, rester, retourner, sortir, tomber, venir. - *Elle est partie à 5 heures.* - *Ils sont nés à Nice.* - *Elles sont arrivées le samedi soir.* **Les verbes composés avec certains des 14 verbes** revenir, repartir, etc. - *Nous sommes revenu(e)s en avion.* **Les verbes pronominaux : « se + verbe »** - *Elle s'est promenée dans le parc.* - *Ils se sont levés à midi.*	descendre monter passer rentrer retourner sortir - *Elle est retournée dans son pays.* - *Nous sommes passés par Rennes.* - *Vous êtes rentré(e)s tard ?* / - *Elle a passé trois fois cet examen.* - *Nous avons monté toutes les valises au premier étage.*	**Verbes avec un complément d'objet direct** (verbes transitifs directs) - *Des gangsters ont dévalisé la banque.* **Verbes avec un complément d'objet indirect** (verbes transitifs indirects) - *Nous avons téléphoné à nos amis.* **Verbes qui ne peuvent pas avoir de compléments d'objets** (verbes intransitifs) - *Ils ont marché.* - *Vous avez couru dans le parc.*

3. Les participes passés

Infinitifs terminés par: → Participes terminés par: ↓		-ER (tous les verbes)	-IR	-URE -IRE -AIRE	-DRE	-ENDRE	-TRE -VRE	-OIR (la majorité des verbes) -OIRE
sons	graphies							
[e]	é	aller **allé** manger **mangé**					naître **né** être **été**	
[i]	i		grossir **grossi** finir **fini** partir **parti** maigrir **maigri**	rire **ri** suffire **suffi**			suivre **suivi**	
	is		acquérir **acquis** conquérir **conquis**			apprendre **appris** comprendre **compris**	mettre **mis** transmettre **transmis**	s'asseoir **assis**
	it			frire **frit** interdire **interdit** dire **dit** conduire **conduit** écrire **écrit** séduire **séduit** prescrire **prescrit** traduire **traduit**				
[y]	u		tenir **tenu** courir **couru** venir **venu** survenir **survenu** parvenir **parvenu** parcourir **parcouru**	lire **lu** plaire **plu** taire **tu** conclure **conclu**	moudre **moulu** coudre **cousu** résoudre **résolu** confondre **confondu** perdre **perdu**	entendre **entendu** attendre **attendu** défendre **défendu** descendre **descendu** vendre **vendu**	battre **battu** paraître **paru** vivre **vécu**	avoir **eu** pouvoir **pu** boire **bu** voir **vu** devoir **dû** vouloir **voulu** falloir **fallu** recevoir **reçu** savoir **su** pleuvoir **plu** croire **cru**
[ɛ]	us			inclure **inclus**				
	ait			faire **fait** extraire **extrait** distraire **distrait**				
[ɛ̃]	eint				étreindre **étreint** éteindre **éteint** peindre **peint** feindre **feint** atteindre **atteint**			
	aint				craindre **craint** contraindre **contraint**			
[ɛʁ]	ert		couvrir **couvert** offrir **offert** ouvrir **ouvert** souffrir **souffert**					
[ɔʁ]	ort		mourir **mort**					

4. Accord du participe passé

Connaître la construction des verbes est indispensable car cela détermine en grande partie le choix de l'auxiliaire pour les temps composés du passé.

• Passé composé = ÊTRE au présent + participe passé

Verbes	Accord
• **14 verbes et les composés des verbes en caractères gras** aller/arriver/**descendre**/**entrer**/**monter**/mourir/**naître**/ **partir**/**passer**/rester/retourner/**sortir**/**tomber**/**venir** - *Ils sont venus avec leurs amis.* - *Ils sont revenus avec leurs parents.* • **Verbes pronominaux** Se lever/s'habiller/se promener/etc. - *Elles se sont promenées dans le jardin.* - *Nous nous sommes levés très tôt.*	**Le participe passé s'accorde avec le sujet.**

• Passé composé = AVOIR au présent + participe passé

Verbes	Accord
• **Tous les autres verbes** (autres que les 14 verbes et les composés de certains d'entre eux) - *Nous avons bien man**gé**.* - *Elles ont man**gé** les bonbons.* - *Elles les ont tous man**gés**.* • **Les verbes descendre, monter, passer, rentrer, retourner, sortir** (quand ils sont construits avec un complément d'objet direct). - *Avez-vous mont**é** les valises ?* - *Oui, je les ai mont**ées**.* - *Tu as pass**é** tes examens ?* - *Non, je ne les ai pas encore pass**és**.*	**Cherchez l'objet direct (c.o.d.).** - Pas de c.o.d. ou c.o.d. après le verbe → **Le participe passé reste invariable.** - Le c.o.d. est placé devant le verbe. → **Le participe passé s'accorde avec le c.o.d.**

• Passé composé = pronom réfléchi + ÊTRE au présent + participe passé

Verbes	Accord
Les verbes pronominaux non réfléchis	
• **Le pronom fait partie du verbe** *Exemples : s'évanouir/s'enfuir/s'en aller/s'occuper de/se douter de/etc.* - *Elles se sont évano**uies**.* - *Nous nous sommes occup**és** des enfants.*	**Le participe passé s'accorde avec le sujet.**

Verbes	Accord
Les verbes accidentellement pronominaux	
• **Verbes pronominaux de sens passif** *Exemples : se généraliser / se construire / se développer / se vendre / etc.* - *De nouveaux immeubles se sont construits dans ce quartier.*	**Le participe passé s'accorde avec le sujet.**
• **Verbes réfléchis** → **Le verbe a un c.o.d. qui est le pronom réfléchi** *Exemples : se lever / se laver / se promener / se casser / se briser / etc.* - *Nous nous sommes levés à 8 heures.* → **Le verbe a un c.o.d. autre que le pronom réfléchi** *Exemples : se laver / se casser / se creuser / etc.* - *Est-ce qu'ils se sont lavé les mains ? - Oui, ils se les sont lavées.* • **Verbes réciproques** Le verbe est toujours au pluriel *Exemples : se parler / se dire / s'embrasser / etc.* → **Construction directe du verbe** - *Paul a embrassé Anne. Anne a embrassé Paul* → *Ils se sont embrassés.* (le pronom « se » est objet direct)	**Le participe passé s'accorde avec le complément d'objet direct lorsqu'il est placé devant le verbe.**
→ **Construction indirecte du verbe** - *Paul a parlé à Anne. Anne a parlé à Paul* → *Ils se sont parlé.*	**Le participe passé reste invariable.**

Exercices

1 **Être ou avoir ? Telle est la question**

Complétez les phrases suivantes avec l'auxiliaire qui convient.

1. L'avion ...... décollé à midi. – **2.** Il ...... arrivé avec beaucoup de bagages. – **3.** Je n' ...... pas bien compris la situation. – **4.** Elle s' ...... réveillée de bonne heure. – **5.** Nous ...... vu de nombreux pays. – **6.** Elles se ...... promenées dans la ville. – **7.** Les deux garçons ...... voulu expliquer la situation mais ils n' ...... pas pu le faire. – **8.** Vous ...... descendu tout seul ? – **9.** Je ...... retourné à l'université. – **10.** Anne et Sophie ...... venues en voiture. – **11.** Le ministre de l'économie ...... mort hier soir d'une crise cardiaque. – **12.** Où est-ce que tu ...... né ? – **13.** Mes amis et moi, nous ...... revenus pour tout vous expliquer. – **14.** Le directeur ...... été très content de l'accueil qu'il ...... reçu dans ce pays. – **15.** Excusez-moi, je n' ...... pas pu vous répondre tout de suite. – **16.** L'été dernier nous ...... beaucoup souffert de la chaleur. – **17.** Quand est-ce que vous ...... rentré ? Je ...... revenu de Londres la semaine dernière. – **18.** Quand est-ce que tu ...... allé faire ton dossier ? – **19.** Par où est-ce que vous ...... passés ? Nous ...... pris la route de Lyon. – **20.** Ce matin je n' ...... pas entendu sonner mon réveil, je ...... arrivé en retard.

2 **Trouver le participe passé**

Complétez les phrases suivantes avec le participe passé qui convient.

1. *être*: J'ai ...... bien contente de recevoir ta lettre. – **2.** *quitter*: Le film était mauvais, il a ...... la salle. – **3.** *finir*: Avez-vous ...... les exercices ? – **4.** *rire*: Le film était comique, nous avons beaucoup ...... – **5.** *suivre*: J'ai ...... la conférence avec beaucoup d'intérêt. –

6. *conquérir*: Son charmant sourire a ...... tout le monde. – **7.** *apprendre*: Pourquoi n'avez-vous pas ...... la leçon? – **8.** *mettre*: Pour aller danser, elle a ...... sa jolie robe. – **9.** *s'asseoir*: Pour mieux entendre le cours je me suis ...... au premier rang. – **10.** *dire*: Qu'est-ce que vous lui avez ......? – **11.** *écrire*: Je suis déçue: il ne m'a jamais ...... – **12.** *courir*: Il a ...... le 100 mètres en 12 secondes. – **13.** *lire*: Il aime tellement Victor Hugo qu'il a ...... toute son œuvre. – **14.** *attendre*: Vous avez ...... longtemps? – **15.** *vivre*: Nous avons ...... 10 ans à Paris. – **16.** *sauter/avoir*: Elle a ...... en parachute et elle a ...... très peur. – **17.** *savoir*: La secrétaire n'a pas ...... me répondre. – **18.** *boire*: Il est malade parce qu'il a trop ...... – **19.** *pouvoir*: Est-ce que tu as ...... joindre Véronique? – **20.** *vouloir*: Qu'est-ce qu'ils ont ...... faire? – **21.** *recevoir*: Avez-vous ...... les nouveaux modèles? – **22.** *raconter/croire*: Il m'a ...... une histoire bizarre, je ne l'ai pas ...... – **23.** *craindre*: Elle n'a jamais ...... le froid. – **24.** *ouvrir*: Elle n'aime pas la fumée elle a ...... la fenêtre. – **25.** *mourir*: Victor Hugo est ...... en 1885.

3 🌳 *Mettez les verbes au passé composé (accord du participe passé des verbes conjugués avec être).*

1. Quand il (mourir) .... il était très âgé. – **2.** Pour aller à Paris, ils (passer) .... par Mâcon. – **3.** Le petit village où elle (naître) .... est très joli. – **4.** Mes sœurs jumelles (naître) .... en 1970. – **5.** Alain et Sophie, vous (partir) .... avec des amis? – **6.** Quand je (entrer) .... mon mari parlait avec son directeur. – **7.** Oh! là! là! Patrick, où est-ce que tu (tomber) ....? – **8.** Annie a tellement aimé ce film qu'elle (retourner) .... le voir trois fois. – **9.** Les étudiants (venir) .... très nombreux pour la conférence. – **10.** Allô! Pauline, bonjour. Tu (arriver) .... quand? Et à quelle heure est-ce que tu (repartir) ....? – **11.** Quand elles (entrer) .... dans la salle, tous les étudiants riaient. – **12.** Les syndicats (ne pas parvenir) .... à un accord.

4 🌳 Scénarios (cas des verbes conjugués avec être ou avoir selon leur emploi)

a) *Transformez le scénario suivant en mettant les verbes au passé composé.*

RETOUR À LA MAISON

1. Il sort du bureau. – **2.** Il monte dans le bus. – **3.** Quelques minutes après il descend du bus. – **4.** Il passe chez le boulanger. – **5.** Il sort avec du pain. – **6.** Il monte l'escalier. – **7.** Il rentre chez lui. – **8.** Il passe un survêtement. – **9.** Il descend la poubelle. – **10.** Il sort le chien qui descend en courant. – **11.** Il rentre la voiture au garage. – **12.** Il retourne chez le boulanger pour acheter des gâteaux. – **13.** Il passe un moment avec lui. – **14.** En revenant il monte la poubelle. – **15.** Il passe le pain au four et le retourne pour le faire griller. Puis il passe un moment devant la télé en attendant sa femme.

b) *Écrivez au passé composé le scénario dont les actions vous sont données dans le désordre (vous pouvez en ajouter d'autres).*

L'OMELETTE SUCRÉE DE MIREILLE

Qu'est-ce qu'elle a fait?

1. Passer le sucre glace dans le tamis. – **2.** Descendre l'omelette avec appétit. – **3.** Monter sur une chaise pour attraper la poêle. – **4.** Descendre chez l'épicier pour acheter des œufs. – **5.** Passer chez le crémier prendre le lait frais. – **6.** Retourner l'omelette. Retourner chez l'épicier pour acheter du sucre glace. – **7.** Rentrer chez elle. – **8.** Rentrer la poêle dans le placard. – **9.** Sortir le mixeur pour mélanger les œufs, le sucre et le lait. – **10.** Passer cinq minutes à faire cuire l'omelette. – **11.** Monter ses courses à la maison. – **12.** Sortir pour inviter ses voisins.

c) *À votre tour écrivez des scénarios en utilisant uniquement les verbes descendre, monter, rentrer, sortir, passer, retourner soit avec l'auxiliaire être, soit avec l'auxiliaire avoir.*

Voici des titres: **1.** Les déménageurs. – **2.** Les cambrioleurs. – **3.** La promenade.

B1.1
CECR **5** 🌳 À compléter

Mettez les verbes entre parenthèses au passé composé (accord du participe passé).

1. Nous (manger) .... des poires. – **2.** Les poires que nous (manger) .... étaient très mûres. – **3.** J'(aimer beaucoup) .... les fleurs que vous m'(offrir) .... la semaine dernière. – **4.** Ma mère et ma sœur (aller) .... en ville; elles (faire) .... des achats. – **5.** Ces arbres que vous (voir) .... sont des chênes centenaires. – **6.** Ils (se rencontrer) .... chez des amis. – **7.** Où (mettre/tu) .... les livres que je t' (donner) ....? – **8.** Mademoiselle, les robes vertes, où les (mettre/vous) ....? – **9.** Quand ils (se marier) .... ils avaient vingt ans. – **10.** Est-ce que tu m' (apporter) .... les cassettes que je t'(demander) ....? – **11.** Alors ces dossiers, vous les (terminer) ....? – **12.** Ma secrétaire m'apportera les lettres que j' (écrire) .... et que j' (oublier) .... sur la table.

B1.2
CECR **6** 🌳 🌳 De toi à moi

Construisez des phrases selon le modèle.

Exemple: Me donner des livres/les lire → *Les livres que tu m'as donnés, je les ai lus.*
1. Acheter une voiture/la conduire. – **2.** Faire des gâteaux/les manger. – **3.** M'offrir des bijoux/les porter. – **4.** M'écrire des lettres/les garder. – **5.** M'enregistrer des cassettes/les écouter. – **6.** Construire une maison/l'habiter. – **7.** Peindre des tableaux/les admirer. – **8.** Tourner des films/les voir tous.

B1.1
CECR **7** 🌳 Espionnage

Vous êtes Jane Bon 007. Vous téléphonez à votre chef de réseau pour lui expliquer ce qui vous est arrivé au cours des dernières 24 heures.
Exemple:

Moi	Eux
recevoir mon ordre de mission	→ *l'apprendre*

→ *« J'ai reçu mon ordre de mission, ils l'ont appris.*

Moi	Eux
aller à l'aéroport	
voir une voiture derrière moi	
apercevoir deux hommes à l'intérieur	
se garer dans le parking	→ me suivre
prendre mon billet	→ acheter aussi un billet
m'installer dans l'avion	→ s'asseoir derrière moi
préparer un plan pour les semer	
arriver à destination	
sortir rapidement de l'aéroport	→ me rattraper
	→ m'obliger à monter dans une voiture
crier et essayer de m'enfuir	→ me bâillonner
	→ et m'assommer
me réveiller dans une cave	→ entrer et m'interroger
refuser de parler	→ me frapper
faire la morte	→ sortir
	→ m'enfermer dans la pièce
attendre un moment	
forcer la serrure	
m'enfuir	
prendre une chambre d'hôtel sous un faux nom	

Ne vous inquiétez pas, je pense savoir qui **ils** sont. »

.2
CR

8 🌳 🌳 **Saint-Valentin**

COMMENT SE SONT-ILS RENCONTRÉS ?

J'ai rencontré Bertrand à un bal costumé au Club. Je m'étais déguisée en chatte. Au cours de la soirée, quelqu'un qui s'était travesti en gros matou s'est dirigé vers moi. Nous avons dansé ensemble toute la soirée, nous nous sommes raconté notre vie. Le dimanche d'après, nous nous sommes donné rendez-vous, nous nous sommes plu et nous nous sommes revus. Nous nous entendions de mieux en mieux. Je me suis dit qu'il fallait que je le présente à mes parents car, à cette époque, c'est ce qui se faisait. Tout s'est très bien passé et nous nous sommes mariés six mois plus tard, ça fait maintenant presque 25 ans.

Je m'étais décidée à partir en vacances en Bretagne chez une vieille tante après une année difficile au travail. Cent kilomètres avant d'arriver, je me suis aperçue qu'une fumée noire s'échappait du moteur de la voiture. J'ai essayé de voir d'où venait la panne mais sans succès. Je me suis dit que mes vacances étaient gâchées. Heureusement une voiture s'est arrêtée, le conducteur s'est penché dans le moteur mais n'a pas été plus efficace que moi. Il s'est alors proposé de m'emmener jusqu'à un garage. En fait, je ne me suis pas rendue en Bretagne, j'ai passé les vacances avec Victor, et depuis nous ne sommes plus quittés.

a) *Dans les textes ci-dessus, relevez les verbes pronominaux et placez-les dans le tableau suivant, puis complétez le tableau.*

		Verbes au passé composé	Verbes au plus-que-parfait	Verbes à l'imparfait	Infinitif
Verbes pronominaux réciproques	Construction directe	Se sont-ils rencontrés			rencontrer quelqu'un
	Construction indirecte				
Verbes pronominaux refléchis	Construction directe				
	Construction indirecte	Je me suis dit			se dire à soi-même
Verbes non refléchis					
Verbes pronominaux de sens passif					

b) *À partir des indications données ci-dessous, construisez de courtes histoires.*

Les amoureux : se rencontrer (ils se sont rencontrés)/se voir souvent/se plaire (ils se sont plu) /se prendre par la main/s'embrasser/se marier/etc.

Les amis : se rencontrer/s'écrire/se téléphoner/se perdre de vue/s'oublier/se retrouver/etc.

Les hommes politiques à la télévision : se dire bonjour/se serrer la main/se poser des questions/se répondre/se disputer/s'expliquer leur point de vue/etc.

9 🌳 **Quelle journée !**

Racontez la journée de Sofia, la star. Utilisez le passé composé.

Exemple : Se lever → Elle s'est levée. (Attention aux accords des participes)

Se laver/se laver aussi les cheveux/se faire les ongles/s'habiller/se maquiller les yeux/se coiffer/se piquer le doigt avec une épingle/se suçer le doigt/s'apercevoir qu'elle est en retard/se dépêcher/se précipiter vers sa voiture/s'installer au volant/se rendre au studio à toute vitesse/se faire arrêter par la police/se faire disputer par le metteur en scène à cause de son retard/se fâcher/s'enfermer dans sa loge/se mettre à pleurer/se calmer/se remaquiller/se décider à aller sur le plateau/se faire expliquer son rôle/se préparer à tourner/ s'avancer dans le décor/se prendre les pieds dans les fils électriques/s'étaler par terre/se casser la cheville/se lamenter/se retrouver à l'hôpital/…Quelle journée !

10 🌳 **Cinéma**

Reconstituez une scène d'action d'un film au passé composé.

Remarque : il est possible de raconter un film, un roman, une pièce de théâtre en utilisant le présent mais cet emploi du présent pour parler d'événements passés a un effet de style littéraire.

1. *Un western*

Arriver au grand galop ; s'arrêter devant le saloon ; sauter de son cheval ; entrer dans le saloon ; s'accouder au bar ; commander un verre.

2. Un film policier

3. Un film de science-fiction

4. Un film d'aventure

5. Une comédie

6. Un dessin animé

11 🌳 **Avez-vous un alibi ?**

Vous êtes le juge et vous reprenez l'emploi du temps de Barbara, l'accusée. Utilisez le passé composé.

*Exemple : Midi, sortir de chez vous → À midi, **vous** êtes sortie de chez vous.*

12h30 : arriver au restaurant/dire au serveur que vous attendiez quelqu'un/attendre 1 heure/ boire quelques verres/téléphoner 3 fois/ne pas déjeuner/repartir vers 13h30/prendre votre voiture/démarrer brusquement/rouler pendant un heure ou deux/vous arrêter dans un parc/ ne rencontrer personne/vous promener un moment/vers 16h : aller chez votre ex-mari/discuter avec lui/vous disputer/repartir vers 17 heures/ne voir personne jusqu'à 18 heures/vers 18h : rencontrer M. Brunel, un collègue de travail qui a témoigné que vous aviez l'air perturbé/18h30 : rentrer chez vous/19h : recevoir un coup de téléphone de la police/apprendre l'agression subie par votre mari à 17h30/19h30 : aller au commissariat/20h : être interrogée par la police.

Avez-vous un alibi ?

1.2 **12** 🌳🌳 Quelques événements de 2003

Reformulez les événements de chaque mois en utilisant le passé composé.

Exemple : Le 1ᵉʳ janvier, on a élu un nouveau président au Brésil.

JANVIER

1ᵉʳ – Élection d'un nouveau président au Brésil.
19 – Décès de Françoise Giroud, co-créatrice de *Elle* et de *L'Express* et première secrétaire d'État à la Condition féminine.
20 – Ouverture du procès de Christine Malèvre, l'ancienne infirmière accusée d'euthanasie.
24 – Mort de Giovanni Agnelli, président d'honneur de FIAT.

FÉVRIER

1ᵉʳ – La navette Columbia se désintègre au cours de sa rentrée dans l'atmosphère. Les 7 astronautes sont tués.
2 – 350 000 manifestants se mobilisent dans une centaine de villes pour défendre le régime des retraites.
17 – La société Air Liberté est mise en liquidation.
24 – Le grand chef cuisinier, Bernard Loiseau, se suicide.

MARS

1ᵉʳ – Le Suisse Ernesto Bertarelli gagne la 31ᵉ Coupe de l'America.
11 – 15 millions d'euros sont débloqués par le gouvernement pour le reclassement des 830 salariés de Métaleurop.
15 – L'OMS lance l'alerte au syndrome respiratoire aigu sévère (SRAS), pneumonie mortelle dont le foyer est en Asie.

AVRIL

7 – Saint-Chamond (Loire) : annonce de la suppression de 3 750 emplois chez Giat Industries.
16 – Sommet de l'Union européenne à Athènes et signature du traité d'adhésion de 10 nouveaux États membres.
18 – Refus du projet de réforme des retraites par les syndicats.

MAI

16 – Maroc : 5 attentats suicides font 41 victimes à Casablanca.
30 – Accueil houleux du Premier ministre en Corse.
30 – Dernier vol commercial du Concorde d'Air France.

JUIN

2 – Paris : ouverture du procès des 8 membres du commando ayant assassiné le préfet de Corse.
15 – Paris : Johnny Hallyday fête ses 60 ans au stade de France.
27 – Début du mouvement des intermittents du spectacle contre la réforme du régime assurance chômage.

JUILLET

1er – Silvio Berlusconi devient pour 6 mois le président de l'Union européenne.
11 – Tour de France : 5e victoire de l'Américain Lance Amstrong.
16 – De violents orages font 4 morts et 7 blessés dans l'ouest de la France.

AOÛT

6 – Paris : Marie Trintignant est enterrée au cimetière du Père Lachaise.
14 – Une gigantesque panne d'électricité paralyse le nord-est des États-Unis et une partie du Canada.
31 – Les championnats du monde d'athlétisme au stade de France sont terminés : 7 médailles pour la France.

SEPTEMBRE

3 – Inhumation en présence de Jacques Chirac de 27 victimes parisiennes de la canicule, dont les corps n'ont pas été réclamés par la famille.
10 – Suède : assassinat de la ministre des Affaires étrangères, Anna Lindh.
25 – Mariage à Rome de l'actrice Clotilde Courau avec le prince Emmanuel de Savoie.

OCTOBRE

10 – Le prix Nobel est attribué à l'avocate iranienne Shirin Ebadi.
12 – À Rome, on célèbre le 25e anniversaire du pontificat de Jean-Paul II.
19 – Vatican : Mère Térésa est béatifiée.

NOVEMBRE

18 – Visite officielle, sous haute surveillance, du président américain et de son épouse à Londres.
23 – Géorgie : après 20 jours de crise, l'opposition contraint le président à démissionner
25 – 17 universités sur 154 sont encore en grève pour protester contre le projet de loi de modernisation des facultés déposé par le gouvernement.

DÉCEMBRE

1er – Du jamais vu : Le ministère français des Affaires étrangères a connu un mouvement de grève en protestation contre des restrictions budgétaires. Ses 154 ambassades ont été paralysées.
3 – Côte-d'Ivoire : certains groupes manifestent violemment contre la présence française.

théorie générale

2. L'imparfait

• **Conjugaison de l'imparfait**

Pour tous les verbes		
1ʳᵉ pers. radical du pluriel du présent de l'indicatif sans **-ons**	Terminaisons de l'imparfait	Imparfait
chant -	**ais**	je chantais
finiss -	**ais**	tu finissais
pouv -	**ait**	il pouvait
pren -	**ions**	elle prenait
nous voy -	**iez**	nous voyions
recev -	**aient**	vous receviez
buv -		ils buvaient
fais -		elles faisaient

Exception : L'imparfait du verbe être est formé sur le radical de la 2ᵉ pers. du pluriel du présent de l'indicatif : vous êtes → j'étais, tu étais…

Exercices

13 🌳 **Description et habitudes dans le passé**

a) L'âge de pierre
Décrivez comment vivaient les hommes préhistoriques.

– Habitat
– Nourriture
– Vêtements
– Formes de vies…

b) Les riches et les pauvres.
Pierre et Jacques, deux nouveaux amis, se racontent comment ils vivaient pendant leur enfance. La famille de Pierre était très pauvre. La famille de Jacques était très riche.

Que disent-ils ?

14 🌳 **Expression du regret**

a) *Complétez les phrases*

AH! C'ÉTAIT LE BON TEMPS !

*Quand j'avais cinquante ans de moins, toutes les filles me **tombaient** dans les bras.*

1. Quand j'étais célibataire .... –
2. Quand je n'étais pas à la retraite .... – **3.** Quand j'étais jeune et beau .... – **4.** Quand j'étais fort .... – **5.** Quand je faisais du vélo .... – **6.** Quand je voyais et que j'entendais bien .... – **7.** Quand j'avais toutes mes dents .... – **8.** Quand je n'avais pas de rhumatismes ....

C'ÉTAIT QUAND MÊME MIEUX AVANT, IL Y AVAIT MOINS DE BOUGIES ET PLUS DE GÂTEAU !

b) *À votre tour, exprimez les regrets :*

1. d'une ancienne star. – **2.** d'un ancien joueur de rugby. – **3.** d'un général qui fête ses 90 ans. – **4.** d'une danseuse des Folies-Bergère bientôt centenaire.

15 🌳 **Suggérez une idée**

Observez le dessin. De quelle façon les personnages expriment-ils leurs propositions ? À votre tour, faites des suggestions.

1. Vos amis manquent d'idées pour occuper leur week-end. Vous, vous en avez beaucoup. Vous ne cherchez pas à les imposer, vous les suggérez.

2. Votre ami Pierre a de gros problèmes avec ses enfants. Suggérez-lui délicatement des moyens, même difficiles, d'y faire face.

3. Vous travaillez dans une petite entreprise qui va mal. Le patron convoque une réunion pour que chacun donne des idées pour redresser la situation. Vous n'êtes pas très sûr que vos idées soient géniales mais vous les suggérez quand même.

4. Vous avez rencontré des gens qui vous sont très sympathiques et vous avez envie de les revoir. Que pouvez-vous leur proposer ?

SI ON ALLAIT PASSER L'APRÈS-MIDI AU MUSÉE DE PEINTURE ?

BOF ! C'EST PLUS SYMPA LE CENTRE COMMERCIAL !

5. Léa et Romain vont se marier. Tout est prêt pour le jour de la cérémonie mais ils voudraient aussi préparer leur voyage de noces. Un samedi soir, ils dînent avec leurs amis Axelle et Florent qui seront leurs témoins pour le mariage. Ils discutent du voyage de noces et chacun fait des suggestions.

16 🌱 Autrefois (imparfait) / Maintenant (présent)

Regardez les dessins ci-dessous, puis faites des phrases en opposant la façon de vivre du couple autrefois et maintenant.

Exemple : Ils ont beaucoup changé. Autrefois il avait les cheveux longs, maintenant il va régulièrement chez le coiffeur.

17 🌳 Habitude au présent / exception dans le passé ou dans l'avenir

Complétez les phrases suivantes.

*Exemples : - D'habitude, au petit déjeuner, je **bois** du café ; ce matin j'**ai bu** du thé.*
*- D'habitude, nous ne **buvons pas** de vin au dîner ; ce soir nous **déboucherons / allons déboucher** une bonne bouteille pour nos invités.*

1. Tous les étés nous passons un mois en Bretagne ; l'été dernier ....
2. La plupart du temps elle met des chaussures à talons ; pour cette promenade ....
3. Le plus souvent elle se maquille très discrètement ; mais à cette fête ....
4. Il n'arrête pas de poser des questions ; pour une fois à la dernière réunion ....
5. À Noël, ils vont sur la Côte d'Azur ; exceptionnellement l'hiver prochain ....
6. Habituellement je vais au travail à pied ; demain avec cette neige ....
7. Ordinairement il ne quitte pas sa maison ; pourtant, dans quinze jours ....
8. Le matin nous avons cours à 8 heures, mais la semaine prochaine ....
9. Chaque hiver nous passons une semaine dans une station de ski, mais cet hiver ....
10. Normalement elle prend le bus pour aller à son travail, mais mardi prochain ....
11. D'habitude il prend l'avion pour aller à Paris, mais la prochaine fois ....
12. Mon mari m'invite assez souvent dans un bon restaurant, mais la semaine dernière pour mon anniversaire ....
13. Quand nous allons déjeuner chez nos amis algériens, il y a toujours un couscous, mais dimanche dernier ....

3. Imparfait / Passé composé

B1.1 CECR **18** **Une habitude / Un changement**

Transformez les éléments suivants en utilisant la personne indiquée entre parenthèses.

Exemple : Quand j'étais enfant, je voulais être star. J'ai changé d'avis quand j'ai grandi.

1. Être petit – avoir peur du noir/ma peur disparaître – faire du camping avec des amis. (Je)
2. Être étudiant – sortir tous les soirs/changer de style de vie – se marier. (Nous)
3. Être adolescent – en vouloir au monde entier/son caractère devenir plus agréable – devenir adulte. (Il)
4. Avoir de l'argent – tout dépenser/mon comportement évoluer – me retrouver au chômage pendant quelques mois. (Je)
5. Faire du vélo – être en pleine forme/ta santé se dégrader – cesser de faire du sport. (Tu)
6. Être mariés – se disputer tout le temps/devenir très sympathiques – se séparer. (Ils)
7. Être femme au foyer – ne s'intéresser à rien/se mettre à faire des études – ses enfants quitter la maison. (Elle)
8. Travailler dans cette entreprise – être dépressive/décider de faire un autre métier – retrouver la joie de vivre. (Vous)

B1.1 CECR **19** **Habitude au passé / Fin d'une habitude**

Voici ce que disaient ces différentes personnes l'année dernière :
1. Pierre : « Je ne sais pas parler en public, je n'oserai jamais. » – **2.** Martine : « Je n'arrive pas à tenir sur une planche à voile ; j'ai peur de me lancer. » – **3.** Paul : « Je suis timide, je ne prendrai jamais d'assurance. » – **4.** Marc : « Je ne suis pas comédien ; je ne peux pas jouer, même dans une pièce de théâtre amateur. » – **5.** Annie : « Je ne bronze pas, je ne prends jamais une jolie couleur. » – **6.** Rose : « Je trouve les mini-jupes ridicules. En acheter une, moi ? Jamais ! »

Mais ces personnes sont allées au Club il n'y a pas longtemps et elles ont changé leurs habitudes. Que peuvent-elles dire maintenant ?

Exemple : Avant, je ne savais pas faire de ski nautique, mais au Club j'ai essayé.

Pour exprimer la fin de l'habitude vous pourrez utiliser les verbes : essayer, se lancer, chercher à, s'efforcer de, tenter de, avoir le courage de…
Et vous…

B1.2 CECR **20** **Dur dur d'être parents**
a) *Lisez le texte ci-dessous.*

À l'époque de Freud, qui disait déjà pourtant qu'une éducation est de toute façon ratée, on élevait sa progéniture sans trop réfléchir. On imitait les générations précédentes. Les parents d'aujourd'hui, eux, sont inquiets, lisent tous les livres de psycho, et s'interrogent à l'infini. C'est que le modèle familial classique a éclaté et qu'il n'a pas été remplacé par un modèle unique ; chacun vit avec le mythe du « tout est possible », beaucoup plus angoissant. Quand on faisait dix enfants dont plusieurs mouraient en bas âge, on investissait moins sur les enfants affectivement. Il était plus facile de les éduquer à la dure, c'était les préparer à un monde difficile.

Le monde industriel, les progrès de la médecine et de la psychologie ont tout chamboulé. Le taux de la mortalité infantile s'est beaucoup réduit, on s'est mis à faire moins d'enfants et on a commencé à les considérer comme des personnes.

Aujourd'hui l'enfant-roi et même quelquefois l'enfant-tyran est devenu le centre de la famille. On était là pour les éduquer, maintenant on veut qu'ils nous aiment, on a même parfois peur de leur déplaire.

D'autre part, les parents en difficulté font tout de suite appel à des spécialistes : pédiatres et « psy » de toutes sortes, comme si un savoir-faire ancestral s'était perdu. Ce qui est le cas. Les familles d'autrefois étaient souvent tribales, plusieurs générations vivaient sous le même toit. Il y avait toujours une grand-mère ou une tante qui savait soigner, écouter, sévir. De nombreux enfants d'aujourd'hui passent beaucoup de temps seuls avec la télé ou l'ordinateur. Ils n'ont sans doute pas gagné au change. Les deux parents font de leur mieux, mais ils travaillent. Les divorces se sont multipliés. Le parent isolé, fatigué au retour du travail n'a pas toujours le courage de poser limites et interdits de peur de perdre l'amour de l'enfant. Autrefois

on avait peur de ne pas être à la hauteur de ses parents, aujourd'hui, on redoute plutôt de décevoir ses enfants. Et pourtant, rien de fondamental n'a changé au fond, même si les formes ont considérablement évolué. Les enfants ont toujours besoin d'être aimés et d'être cadrés. L'auteur du manuel *Parents, sachez dire non*, a parcouru la France devant des salles pleines de parents déboussolés en quête de recettes et il est encore surpris du succès de son ouvrage. Pourtant il ne s'agit pas de revenir en arrière, quand le *pater familias* avait tous les droits sur sa progéniture (les formidables acquis des relations parents-enfants sont devenus irréversibles) mais il s'agit d'inventer un nouveau type d'autorité, qui considère l'enfant comme une personne, mais une personne inachevée, immature, qui a besoin d'être guidée, encadrée.

En attendant, les « psys » ont de beaux jours devant eux. « Mais qu'est-ce que j'ai fait, Docteur ? » leur demandent de plus en plus de parents débordés par des enfants ingérables.

Un seul conseil parents ! Détendez-vous. Admettez que vous ne pourrez pas être parfaits et, surtout, n'ayez pas peur de dire non.

b) *Complétez le tableau suivant avec les éléments du texte.*

Avant	*On imitait les générations précédentes.* • .... • .... • ....
Changements	• *Le modèle familial classique a éclaté.* • .... • .... • ....
Aujourd'hui	*Les parents d'aujourd'hui sont inquiets.* • .... • .... • ....

21 🌳🌳 **Le monde a tellement changé!**

Énumérez les changements qui se sont produits depuis 100 ans.

*Exemple: **Autrefois** (avant, il y a 100 ans, etc.), on se déplaçait beaucoup à pied mais **un jour** on a inventé les voitures, et **aujourd'hui** la marche à pied est un sport de vacances.*

En utilisant le vocabulaire du tableau ci-dessous, appliquez cela aux thèmes suivants: Transports, Santé, Loisirs, Voyages, Femmes, Vêtements, Travail, Famille, Confort.

Vocabulaire du changement	
Changement en général	**Nouveauté**
• Changer - Évoluer - Se transformer - Se modifier. • Devenir quelque chose.	• Découvrir. • Créer - Inventer. • Élaborer - Mettre au point.
En plus	**En moins**
• Augmenter - Croître - Grandir - Monter - S'élever. • Prendre de l'importance. • Se développer. • Se diffuser - Se propager - Se répandre. • Se démocratiser - Devenir accessible.	• Diminuer - Baisser - Se réduire. • Disparaître. • Être remplacé par.
En mieux	**En moins bien**
• Faire des progrès (rapides, foudroyants). Progresser (à pas de géant). • S'améliorer (considérablement). • Se simplifier - Simplifier.	• Se dégrader. • Empirer - Devenir de pire en pire. • Régresser. • Se compliquer - Compliquer.

 22 🌳 *Complétez le tableau suivant.*

Situation d'équilibre		Événement, rupture de la situation d'équilibre
1. Il marchait dans la rue	**tout à coup**	il a glissé sur une peau de banane.
2. Elle traversait le carrefour	**soudain**	
3. Elle mangeait du raisin	**brusquement**	......
4. Elle se promenait tranquillement	**à un moment**	elle s'est étranglée avec un pépin.
5. Elle rentrait du cinéma	**c'est alors que**	
6.	**subitement**	....
7. Il jouait au tennis	**soudain**	....
8.	**brusquement**	elle a senti une main dans son dos.
9.	**c'est alors que**	
10.	**tout à coup**	....
11.	**subitement**	une voiture est arrivée en face.
12.	**à un moment**	
		....
		tout le monde s'est levé.
		....

Continuez, faites d'autres phrases.

23 ☘ a) *Analysez le tableau suivant.*

La colonne A présente les actions qui font avancer le récit. Ces actions sont axées sur le personnage principal.

La colonne B présente les actions qui ne modifient pas le récit.

Ces actions introduisent d'autres éléments (cadre, situation, description des lieux ou des personnes).

A. Actions principales	B. Actions secondaires
Paul s'est levé	*pendant que sa femme, Marie, s'habillait,*
et il est allé dans la salle de bain	*où sa fille, Christine, se lavait.*
Christine lui a dit bonjour, *il l'a embrassée puis il s'est rasé.*	*Sa fille chantait. Et pendant ce temps sa femme préparait le petit déjeuner,* *tandis que Christine revoyait sa leçon.*
Marie les a appelés. *Ils ont déjeuné ensemble et il est parti au travail,*	*Marie, elle, préparait ses affaires en chantonnant.* *La journée commençait.*

b) *Dans le texte ci-dessous trouvez quelles sont les actions principales (dont le héros est Martine) et les actions secondaires, puis écrivez le texte au passé.*

Martine sort du taxi avec ses deux grosses valises. Elle entre dans son immeuble et appelle l'ascenseur. Pendant qu'elle l'attend, elle entend des bruits bizarres dans les étages : on traîne des meubles, des casseroles tombent, un bébé hurle, des gens crient. Elle appuie à nouveau sur le bouton de l'ascenseur qui n'arrive toujours pas. Enfin elle comprend : ses voisins déménagent. Elle monte à pied ses deux grosses valises pendant que les déménageurs descendent le piano.

24 ☘ Quand...

Complétez les phrases suivantes en mettant les verbes au passé composé ou à l'imparfait selon le cas.

1. Quand l'acteur est entré en scène, le public (applaudir) .... la jeune première qui sortait de scène. Quand l'acteur est entré en scène, le public (crier sa joie) .... : il l'avait reconnu. – **2.** Quand je suis rentré chez moi, la radio (marcher) .... à pleine puissance. Quand je suis rentré chez moi, mon fils (me sauter) .... au cou : il était content que je rentre aussi tôt. – **3.** Quand le téléphone a sonné, je (sursauter) .... Quand le téléphone a sonné, j' (être) .... sous la douche. – **4.** Quand l'orage a éclaté, Lucie (fermer) .... les fenêtres pour éviter qu'elles claquent. Quand l'orage a éclaté, Lucie (jouer) .... au tennis depuis une heure. – **5.** Quand le train est arrivé, nous (faire) .... encore la queue au guichet. Quand le train est arrivé, nous (se précipiter) .... sur le quai. – **6.** Quand le champion a passé la ligne d'arrivée, le public (l'acclamer) .... : il venait de gagner le Grand Prix. Quand le champion a passé la ligne d'arrivée, son principal adversaire (être) .... loin derrière lui. – **7.** Quand ils ont appris la nouvelle, les journalistes (courir) .... vers le téléphone. Quand ils ont appris la nouvelle, ses parents (dîner) .... tranquillement. – **8.** Quand l'heure du départ est arrivée, elle (discuter) .... encore au téléphone. Quand l'heure du départ est arrivée, elle (prendre) .... son sac et elle (partir) .... précipitamment. – **9.** Quand ils se sont mariés, ils (avoir) .... déjà un enfant. Quand ils se sont mariés, elle (s'évanouir) .... tellement elle était émue. – **10.** Quand la voiture est tombée en panne, nous (rouler) .... sur l'autoroute. Quand la voiture est tombée en panne, nous (pousser) .... la voiture pour sortir de l'autoroute.

25  **Mini-récits**

Voici des successions d'actions principales au passé composé. Ajoutez les actions secondaires, des commentaires, des sentiments et des circonstances à l'imparfait.

1. Hier matin, j'ai manqué le bus et je suis arrivé en retard à mon travail. Je me suis installé à mon bureau et j'ai commencé à lire le courrier. Quelques minutes après, mon patron m'a appelé dans son bureau pour me demander des explications.

2. Pour les vacances d'hiver nous avons loué un studio dans une station de ski. Samedi dernier, le premier jour des vacances, nous sommes partis avec des amis pour aller faire du ski. Nous avons pris la voiture mais à cause de la circulation nous avons mis six heures pour faire 60 km. Nous sommes arrivés très fatigués à 22 heures.

3. Mes filles sont allées à la manifestation du 1er mai. Elles ont rencontré des tas de vieux amis. Elles sont allées boire un pot sur une terrasse. L'après-midi elles sont allées cueillir du muguet et elles ont fini la soirée dans une boîte de nuit. Elles sont rentrées à 4 h du matin.

4. À 26 ans je me suis installé à Lyon. Quelques mois plus tard, j'ai rencontré Marie-Claude. Un an après, nous avons pris un appartement ensemble dans le centre-ville. Et trois ans plus tard notre premier enfant est né.

 26   **Racontez**

Seul ou en groupe vous allez élaborer un récit en suivant les indications données ci-dessous. Choisissez une des propositions données dans le tableau A ou inventez-en une autre. Pour écrire votre récit utilisez les tableaux B et C.

A.

Titre du récit	Cadre, situation	Événements ponctuels
Un mariage mouvementé	- le printemps, le beau temps, - beaucoup de fleurs, - grande église ou petite chapelle ou autre, - beaucoup de monde, vêtements de fête, sourires, joie, - appareils photos, embrassades, - la mariée en robe blanche, - le marié très ému, etc.	*la mariée arrive en retard, elle se dépêche, elle tombe, elle déchire sa robe, elle pleure, on la console, sa mère répare la robe, la cérémonie commence, etc.*
Un match de football (ou autre)	- le stade plein de spectateurs, - les cris des spectateurs : ils agitent des drapeaux ou des banderoles, - les joueurs : vêtements, allure, - l'arbitre : il siffle, lève les bras etc.	*un joueur fait une faute grave, l'arbitre ne le voit pas, le capitaine de l'équipe proteste, l'arbitre l'expulse, ses co-équipiers apostrophent l'arbitre, l'arbitre explique ses raisons etc.*
Au cirque	- la piste, les décorations, la musique, - le chapiteau, les spectateurs, les enfants, etc.	*- Les trapézistes entrent, montent au sommet du chapiteau, commencent leur numéro, le porteur manque sa prise, le voltigeur tombe dans le filet, il recommence et réussit. - les clowns entrent sur la piste, racontent des histoires, s'arrosent, ils font hurler de rire les enfants, etc.*

B.

À l'imparfait	Au passé composé
Décrivez le cadre, la situation : - le temps qu'il fait, - l'atmosphère, - le lieu et son environnement, - les personnages (état physique, état psychologique, attitudes), - ce que ces gens étaient en train de faire.	**Dites quels sont les événements ponctuels qui se sont déroulés dans ce cadre situationnel.**

C. Quelques outils pour vous aider

Indicateurs temporels		Articulateurs du récit	Conjonctions
hier	soudain	d'abord	- **de temps :**
avant-hier	tout à coup	tout d'abord	quand
la semaine dernière	tout d'un coup	puis	lorsque
lundi dernier	brusquement	ensuite	dès que
l'année dernière	à un moment	alors	au moment où
il y a trois jours	un peu plus tard	enfin	après que
il y a une semaine	quelques minutes après	finalement	- **de cause :**
en juillet dernier	alors		parce que
en 2003, etc.			comme

27 🌳 **Passé composé ou imparfait ?**

a) *Observez :*

Pourquoi est-ce que tu n'as pas invité Pierre ?
– J'ai oublié (le verbe au passé composé exprime un résultat accompli).
– Il était malade (le verbe à l'imparfait exprime l'état de la personne au moment de l'action).

b) *Répondez aux questions suivantes avec une phrase au passé composé et une autre phrase différente à l'imparfait.*

1. Maman, tu as encore oublié de laver mon pull-over ! – **2.** Puis-je savoir pourquoi vous êtes arrivés en retard ? – **3.** Tu n'as invité aucune fille à danser au bal, pourquoi ? – **4.** Ton mari n'a pas dit un mot de la soirée, qu'est-ce qui lui a pris ? – **5.** Tiens ! vous voilà enfin, vous deux ! Où est-ce que vous aviez disparu tout l'après-midi ? – **6.** Qu'est-ce que j'ai encore fait de mon trousseau de clés ? – **7.** Pour quelle raison lui as-tu répondu aussi méchamment ? – **8.** Pourquoi n'as-tu pas acheté de raisins ? – **9.** Comment est-ce que tu as pu te tromper de lunettes ? – **10.** Quelle drôle d'idée de lui avoir offert un parapluie !

28 🌳 **Imparfait ? Passé composé ?**

Mettez les verbes à l'infinitif au temps correct.

UNE PANNE MALENCONTREUSE

D'habitude, je vais au travail en voiture. Hier, comme mon auto (être) ……… chez le garagiste, je (vouloir) ……… aller au bureau en bus. Pas de chance, tous les transports en commun (faire) ……… grève ! À ce moment-là, je (penser) prendre un taxi. J'ai téléphoné à un taxi, j'ai attendu plus d'une demi-heure : rien. Je (ne plus savoir) ……… quoi faire ; je (devoir) ……… aller travailler… Finalement, je (décider) ……… de m'y rendre à pied. Je suis arrivée avec une heure de retard mais, pour une fois, mon patron (être) ……… compréhensif !

LE CHIEN DE THOMAS

– Tiens ! je (ne pas savoir) ……… que tu avais un chien.

– Ah, ma pauvre amie, j'avais toujours dit que je (ne pas vouloir) ……… de chien à la maison, mais, avec les enfants, on ne fait pas ce qu'on veut. Donc, il y a une semaine Thomas est revenu de l'école en pleurant. Je (croire) ……… qu'il avait été puni à l'école. Pas du tout… Il venait de croiser le voisin avec un panier qui contenait un petit chien dont il (devoir) ……… se débarrasser : il en (avoir) ……… déjà cinq. Je (ne pas pouvoir) ……… m'empêcher de sourire en écoutant son histoire. Je lui (dire) ……… qu'on allait y réfléchir. Je (penser) ……… qu'il oublierait ce chien. Mais quand je (voir) ……… qu'il n'en dormait plus, il me (falloir) ……… céder. Je (pouvoir bien) ……… lui faire ce plaisir ; c'est un gentil garçon et ce petit chien est si mignon ! Thomas (être) ……… fou de joie et nous (aller) ……… acheter un beau panier pour le coucher. Thomas (l'appeler) ……… Alto.

 29 ✾ *Mettez le texte suivant au passé (Imparfait-Passé composé)*

Il fait beau. Heureuse, elle se promène et elle regarde tranquillement les vitrines. Lui, il la suit car il la trouve très séduisante, mais il n'ose pas lui parler. Soudain, elle est heurtée par un vélomoteur qui prend la fuite et elle tombe. Elle se cogne la tête contre le trottoir et tombe dans les pommes. Aussitôt il se précipite et il la prend dans ses bras. Il est très inquiet. Il l'emporte dans une pharmacie voisine. Quand elle se réveille, car elle n'est pas gravement blessée, il la regarde tendrement. Ils décident de ne plus se quitter. Quelque temps plus tard, ils prennent un appartement. Ils se marient un an après. À cette occasion, ils organisent une grande fête avec leurs amis.

30 ✾ **Arrêt sur images, autoportrait en photos**

a) *Réunissez :*

– une photo de vous enfant ou plus jeune
– une photo d'un lieu qui a beaucoup compté pour vous
– une photo d'une personne (ou de plusieurs) qui a marqué votre vie
– une photo d'un monument que vous aimez particulièrement
– une photo d'un film qui vous a frappé, etc.
   (si vous n'avez pas de photos, faites des petits croquis)

b) *Associez à chaque image un texte au passé.*

C'était quand ? Où ? À quelle occasion ? Que faisiez-vous ?
Pourquoi étiez-vous habillé comme çà ? Qu'est-ce que vous pensiez ?
Qu'est-ce que vous ressentiez ? Qu'avez-vous appris ?
Pourquoi est-ce resté pour vous un souvenir précieux ?

Exemple :
C'est moi à 6 mois dans les bras de ma mère.
C'était dans le jardin de la maison de ma grand-mère à la campagne, au printemps.
Papa et Maman semblaient très amoureux et moi j'étais très heureuse.
J'aime beaucoup cette photo car cette scène s'est passée avant leur divorce.
Elle me console quand je suis triste, je sais que j'ai été aimée.

théorie générale

4. Le plus-que-parfait

• **Construction du plus-que-parfait**

Auxiliaire	Exemples de verbes	Auxiliaire ÊTRE ou AVOIR à l'impafait	+	participe passé verbe
ÊTRE	tomber partir venir s'asseoir se couvrir mourir	j' tu il / elle / on nous nous vous vous ils / elles	étais étais était étions étiez étaient	tombé(e) parti(e) venu(e) assis(es) couvert(e)s mort(e)s
AVOIR	manger finir courir comprendre ouvrir peindre	j' tu il / elle / on nous vous ils / elles	avais avais avait avions aviez avaient	mangé fini couru compris ouvert peint

Corpus d'observation

1 🌳 Soulignez tous les verbes du texte suivant qui sont au plus-que-parfait.

UN PETIT MOT SUR LA TABLE

Pendant que je vais faire mon footing matinal, j'aimerais que tu lises attentivement ces quelques lignes. Hier soir, tu n'as rien vu. Un bisou distrait sur ma joue, puis tu as mangé le bon petit plat que je t'avais amoureusement préparé. Les enfants étaient déjà au lit, je leur avais fait prendre leur bain, ils avaient dîné, puis je leur avais raconté à ta place, puisque tu n'étais pas encore là, leur petite histoire traditionnelle. Bref, tout était pour toi absolument normal. Il ne t'a pas sauté aux yeux que la vaisselle avait été faite, que la cuisine était rangée et balayée. Puis tu as regardé je ne sais quelle stupide émission de variété à la télévision, sans te demander si j'avais envie de voir autre chose. Je n'ai pas eu le courage d'entamer une discussion aussi tard, car tu semblais hors d'état de parler calmement. D'où ce mot. Ne prends pas mal mes récriminations, tu sais que je t'aime, mais j'en ai parfois assez que tu me considères comme un domestique. Ton mari qui t'aime, Olivier.

Exercices

31 🌳 Imparfait, imparfait passif, passé composé ou plus-que-parfait ?
Dans les phrases suivantes, les verbes sont-ils à l'imparfait, à l'imparfait passif, au passé composé ou au plus-que-parfait ?

1. André est rentré à la maison.
2. Sa femme Nicole n'était pas là.
3. Il l'a cherchée partout.
4. Mais elle était partie avec son voisin, Pierre.

5. Elle lui avait laissé un mot :

6. « Chéri, j'étais exaspérée par tes absences répétées.

7. J'avais envie de m'amuser un peu.

8/9. Comme Pierre voulait sortir, il m'a proposé de m'accompagner.

10/11. J'ai été très contente et j'ai accepté. »

12. André ne comprenait pas ;

13/14. Nicole lui avait pourtant toujours dit que tout allait bien.

15/16. Il découvrait qu'elle était déçue par son existence avec lui.

17. Il était bouleversé par cette découverte.

18. Il n'avait rien remarqué.

19. Il avait été négligent.

20. Son bonheur avait pris fin…

21. « Coucou, chéri ! » Rêvait-il ?

22. Avait-il bien entendu la voix de Nicole ?

23. Mais oui, c'était bien elle.

24. Il n'était pas abandonné par la femme de sa vie.

25. Elle était seulement allée à la piscine…

B1.1
CECR

32 🌳 Plus-que-parfait (relation avec l'imparfait)

a) Le retard (Je)

Il y a un mois vous êtes arrivé en retard au travail (au lycée, à un rendez-vous important…).
Expliquez pourquoi à l'imparfait (descriptions) ou au plus-que-parfait (actions précédant le retard).

Imparfait	Plus-que-Parfait
J'étais fatigué …… ……	Je n'avais pas entendu mon réveil. …… ……

b) Un état bizarre (Il)

Mardi dernier, notre ami Bernard était dans un état très bizarre. Pourquoi ? Qu'est-ce qui lui était arrivé avant ? ***Répondez au plus-que-parfait.***

c) Les divorcés (Tu) (jamais)

Ils ont divorcé il y a cinq ans. Aujourd'hui ils déjeunent ensemble et il (elle) explique pourquoi, il y a cinq ans, il (elle) a quitté l'autre.
Exemple : Je suis parti(e) parce que, pendant tout notre mariage, nous n'étions jamais partis en vacances tous les deux en amoureux.
Continuez.

d) Le voyage (Ils)

Ça y est ! Ils sont enfin partis faire le tour du monde pour deux ans. Mais avant de partir, ils s'étaient bien organisés. ***Dites comment.***

e) La visite présidentielle (Vous)

Quel événement extraordinaire ! La visite du président de la République dans votre ville. Vous étiez responsable de l'organisation. Malheureusement la visite a été un vrai désastre parce que vous et vos subordonnés l'aviez mal préparée. Maintenant vous faites des reproches à vos subordonnés.
Rédigez les reproches.

Exemple : C'est insensé ! Vous n'aviez pas pensé à bloquer la circulation devant le cortège !

1. C'est incroyable! (oublier de préparer mon discours d'accueil). – 2. C'est impardonnable! (ne pas amener les retraités et les enfants des écoles). – 3. C'est stupide! (ne pas vérifier la solidité de l'estrade). – 4. C'est de la folie! (ne pas convoquer la télévision). – 5. C'est impossible à croire! (ne pas s'occuper correctement des liaisons téléphoniques). – 6. C'est inouï! (oublier que le président déteste le poisson). – 7. C'est impensable! (ne pas se souvenir que sa femme déteste le vin rouge). – 8. C'est scandaleux! (ne pas faire d'essais avec le micro). – 9. C'est absurde (ne pas penser à repeindre les toilettes). – 10. C'est criminel! (ne pas placer de policiers sur les toits).

5. Synthèse

Antériorité au passé composé ou au plus-que-aprfait						
Passé composé	1	Ce matin	il	tape va taper a tapé	le dossier qu'il	a préparé	hier
	2	Ce matin	il	tape va taper	le dossier qu'il	a préparé	il y a un mois
			il	a tapé		avait préparé	il y a un mois
Plus-que-parfait	3	Hier	il	a tapé	le dossier qu'il	avait préparé	avant hier il y a un mois l'année dernière
	4	La semaine dernière	il	a revu	la fille qu'il	avait rencontrée	la semaine d'avant
		L'année dernière					l'année précédente
		Il y a deux ans					un an plus tôt
		En 1990					en 1989
	5	Ce matin il a enfin tapé le dossier qu'il a étudié hier mais que son patron lui avait confié il y a six mois…					

1.2 CR **33** 🌳 🌳 **Plus-que-parfait en relation avec le passé composé et l'imparfait**

LA FÊTE

a) Le mois dernier nous avons organisé une très grande fête avec plusieurs centaines de personnes, un vrai succès malgré quelques problèmes.

Racontez la fête (actions au passé composé et descriptions à l'imparfait).

PENDANT LA FÊTE

Actions: – Les gens ont dansé toute la nuit. – L'orchestre ……… – Les jeunes ……… – Les adultes ……… – Les journalistes ……… – Nous ……… – Etc.

Descriptions: – Tout le monde était bien habillé : les garçons ………, les filles ……… – La musique ……… – Les boissons ……… – La nourriture ……… – Les serveurs ……… – Nous ……… – Etc.

b) La fête a été un vrai succès parce que nous avions fait des préparatifs très soignés.

Racontez au plus-que-parfait tout ce que vous aviez fait avant cette fête pour qu'elle se passe bien en vous aidant des propositions données page suivante.

Avant la fête

Coller des affiches. – Prévenir la presse. – Faire des annonces à la radio. – Prévoir tous les styles de musique. – Organiser la sécurité. – Offrir des billets aux gens les plus drôles. – Se préparer moralement et physiquement, etc.

c) Heureusement que nous avions tout bien préparé car l'année précédente nous avions aussi préparé une fête, mais vraiment ratée. *Que s'était-il passé ? Racontez.*

La fête ratée

Peu de monde (venir)/Des jeunes (tout casser)/Les gens (pas vouloir danser)/Des loubards (entrer de force)/L'orchestre (mal jouer)/La sono (tomber en panne)/La presse (ne pas se déplacer)/Le buffet (disparaître en une demi-heure)/Les gens (ne pas s'amuser)/Nous (s'é-crouler de fatigue)/etc.

d) *Complétez le texte avec le passé composé, l'imparfait et le plus-que-parfait.*

Fayçal Amor, styliste de Pierre d'Alby

Une des fêtes les plus difficiles mais la plus belle que j'aie jamais organisée a été celle où j'ai réuni mes camarades dispersés dans le monde entier. On (être) ……… une vingtaine, venus de partout, qui (se perdre) ……… de vue depuis trois, cinq ou dix ans et personne ne (savoir) ……… qui d'autre (venir) ……… La surprise (être) ……… totale. Mais la plus belle (se passer) ……… une année où j' (être) ……… amoureux fou. Et heureux, et fier de l'être. J' (organiser) ……… une grande fête de réveillon et soudain j' ……… (avoir envie) d'être seul en tête à tête avec elle. J' (laisser) ……… la fête à mes amis et nous (partir) ……… tous les deux pour Londres avec une bouteille de champagne dans la valise. Il (faire) ……… un froid de loup, il (y avoir) ……… du brouillard, pas un seul taxi à l'aéroport. Finalement, nous (trouver) ……… un hôtel, nous (partir) ……… dans la rue. Arrivés dans un parc, Hyde Park je crois, nous (sabler) ……… le champagne.

e) *Racontez, vous aussi, votre plus belle fête. Comment s'est-elle passée ? Comment avait-elle été préparée ?*

 34 Imparfait, passé composé ou plus-que-parfait ?

Mettez les verbes indiqués au début de chaque série au temps convenable.

a) Rire

1. Quand je suis entrée dans la salle, les gens ……… probablement parce que j'avais mis mon beau chapeau rose.

2. Quand je suis entrée dans la salle, les gens ……… J'ai demandé pourquoi : c'était à cause du chapeau de la fille qui était entrée juste avant moi.

3. Je suis retournée à la réunion dans la même salle cette semaine, mais les têtes étaient tristes. Ils ……… la fois d'avant mais seulement à cause de ce chapeau ridicule, et comme la fille n'est pas revenue…

b) Applaudir

1. Quand je suis arrivé au théâtre, les gens ……… On m'a dit que l'acteur venait juste d'entrer en scène. J'étais ravi car j'avais eu peur d'avoir manqué le début de la pièce.

2. Quand l'acteur est entré en scène, les gens ……… parce qu'ils l'attendaient avec impatience.

3. À la sortie, les gens étaient très contents du spectacle. Certains ont dit qu'ils avaient mal aux mains parce qu'ils ……… trop longtemps.

c) Sortir

1. Je me suis aperçu que j'avais perdu ma montre, probablement devant le cinéma et j'ai commencé à la chercher sans la trouver. Comme tout le monde ……… depuis cinq minutes, quelqu'un avait dû la prendre.

2. J'avais perdu ma montre devant le cinéma et j'ai commencé à la chercher, mais juste à ce moment-là, les gens .... et m'ont bousculé, et je ne l'ai pas trouvée.

3. J'avais perdu ma montre devant le cinéma et j'ai commencé à la chercher, mais comme c'était la sortie de la séance, les gens .... et me bousculaient. Je l'ai cherchée long-temps, je ne l'ai pas retrouvée.

d) Oublier

1. « Je vous avais invités à venir dîner hier ! On vous a attendus mais on ne vous a pas vus. Qu'est-ce qui s'est passé ? » – « Oh ! On .... »

2. « Tu te rappelles la soirée qu'on devait passer chez les Dupont ? Celle où on n'est pas allés ? » – « Oh là là ! Quelle histoire ! On .... Tu crois qu'ils nous ont pardonné ? »

3. On est invités chez les Dupont la semaine prochaine. Marque-le dans ton agenda sinon on va encore oublier. – « Pas la peine, l'an dernier j' .... tout, mais cette année je fais attention, surtout avec eux. »

e) Ouvrir

1. Le 31 décembre nous avons préparé un repas de fête. Nous avions presque fini et nous .... les huîtres quand l'un de nous s'est aperçu que nous manquions de pain.

3. Quand il est arrivé à la boulangerie, elle fermait. Il était encore tôt mais la boulangère lui a expliqué : « Vous comprenez, Monsieur, nous .... pour le 24 décembre, alors aujour-d'hui, nous faisons la fête.

4. Pendant ce temps nous étions drôlement excités : dans l'une des huîtres que nous ...., nous venions de trouver une perle !

f) Se coucher

1. Vendredi nous étions assez fatigués. C'est normal, c'était une rude période au travail et nous .... généralement assez tard.

2. Samedi matin au bureau, nous étions dans un triste état car nous .... très tard vendredi soir.

3. Samedi soir, au lieu d'aller au restaurant, nous .... à huit heures pour essayer de rat-traper le sommeil perdu.

g) S'asseoir

1. Hier soir, ils étaient un peu tristes et quand ils sont arrivés dans la boîte de nuit, ils .... et ils n'ont pas dansé.

2. Ils s'étaient installés au fond, à leur table habituelle. Ils adoraient les rituels et ils .... toujours là.

3. Mais hier soir le garçon est venu leur demander de se déplacer car, sans le savoir, ils .... à une table réservée par quelqu'un d'autre. Incroyable, non ? Ils étaient très fâchés.

31.2 **35** 🌳🌳 **Grande première !**

ECR

Sur le modèle de l'exemple, transformez les phrases suivantes.

Exemple : Il l'a emmenée à Nice. C'était la première fois qu'elle voyait la mer.

→ *Quand il l'a emmenée à Nice, elle n'avait jamais vu la mer.*

1. Il nous a offert des billets, c'était la première fois que nous allions à l'opéra. – **2.** Il m'a passé le volant, c'était la première fois que je conduisais. – **3.** Il vous a embauché comme vendeur. C'était la première fois que vous travailliez dans le commerce. – **4.** Elle nous a pro-menés en haute montagne. C'était la première fois que nous mettions un pied en altitude. – **5.** Ils ont émigré en Australie. C'était la première fois qu'ils partaient si loin. – **6.** Ils sont allés au bal du président. C'était la première fois qu'ils assistaient à une grande réception. – **7.** Nous les avons rencontrés dans la jungle. C'était la première fois que nous voyions des Pygmées. – **8.** Ils sont allés à ce safari. C'était la première fois que vous les rencontriez. – **9.** Elle t'a invité au restaurant. C'était la première fois que tu goûtais de la cuisine indoné-sienne. – **10.** Tu les as rencontrées à Paris. C'était la première fois que tu rencontrais des femmes aussi amusantes.

36 🌳🌳 Plus-que-parfait - Insistance sur l'accompli

Transformez les éléments proposés sur le modèle de l'exemple.

Exemple : Il a fini de manger. Je suis passé chez lui. → Il avait déjà fini de manger quand je suis passé chez lui.

TROP TARD !

1. Elle a brûlé les papiers. Il a voulu les récupérer. – **2.** Le train est parti. Il est arrivé à la gare. – **3.** Elle a appris la nouvelle. Il lui a téléphoné. – **4.** Ils ont eu le temps de cacher l'arme. La police est arrivée. – **5.** Les jeunes se sont enfuis. Les gardiens sont entrés dans le magasin. – **6.** Les employés ont réglé le problème. Le patron a voulu s'en occuper. – **7.** Elle s'est mariée. Il est revenu d'Afrique pour l'épouser. – **8.** Le bateau a coulé. Les secours sont arrivés. – **9.** Les enfants ont mangé le gâteau. Les parents ont voulu se servir. – **10.** Tous les étudiants sont partis. Le professeur est arrivé.

37 🌳🌳 Plus-que-parfait/Imparfait - Habitude (insistance sur l'accompli)

Composez des phrases avec les éléments suivants d'après le modèle ci-dessous. Variez les sujets (attention aux combinaisons).

Exemple : Quand il avait promené le chien, il prenait un bain.

Sujets	Expressions de temps	Action n° 1	Action n° 2
		même sujet pour les deux verbes	
Elle	- dès que - quand	rentrer à la maison lire le journal boire un verre finir le ménage	allumer la télévision sortir faire un tour se mettre à chanter s'offrir un petit gâteau
Je Nous	- toutes les fois que	avoir une journée difficile acheter un nouvelle robe faire un bon repas	gifler les enfants se sentir coupable se mettre au régime
Ils Vous	- quand - aussitôt que	rencontrer un personne intéressante terminer un tableau	demander ses coordonnées le mettre en vente s'excuser
Ils	- chaque fois que	être méchant être trop gentil	devenir agressif tomber malade
Elles	- lorsque	trop travailler faire une promenade vider son sac	s'arrêter à la pâtisserie se sentir détendu se sentir plus léger

38 🌳🌳 Plus-que-parfait dans les relatives

Complétez les phrases suivantes en utilisant le plus-que-parfait (attention au sens et à la construction des verbes).

Exemple : Quand il y est retourné, il n'a pas reconnu la ville où il avait fait ses études et qu'il avait adorée.

1. Après cette expérience il n'a jamais remis les pieds dans cette ville où .... qui .... que ....

2. Nous avons absolument voulu savoir qui était cette fille qui .... que .... pour qui ....

3. Dès que nous l'avons pu, nous avons examiné les photos qui .... que .... au dos desquelles ....

4. Les clients du café se sont tous précipités pour voir l'homme qui .... que .... autour de qui ....

1.1
C R

39 🌳 Plus-que-parfait / Subordonnées de cause

a) *Reliez les phrases données en utilisant « car » ou « parce que ».*

Exemple : Gabriel a réussi brillament son entretien d'embauche : il a eu un emploi.
→ *Gabriel a eu un emploi **car** il avait réussi brillament son entretien d'embauche.*

UNE RÉUSSITE EXEMPLAIRE

1. Il a empêché la femme de son patron de tomber : il a eu une promotion. – **2.** On lui a donné une information confidentielle : il a obtenu un très gros contrat. – **3.** Il a rencontré un homme d'affaires américain au golf : il a monté une entreprise aux États-Unis. – **4.** Il a rendu service à un magnat de la presse : il a épousé l'héritière d'un consortium de journaux. – **5.** Avec sa femme, ils ont acheté beaucoup de tableaux contemporains : ils se sont retrouvés à la tête d'une collection extraordinaire. – **6.** Ils ont revendu leur collection : ils ont pu se retirer des affaires assez jeunes. – **7.** Ils ont acheté une île privée : ils ont fini leur vie sous les cocotiers.

b) *Maintenant reformulez vos réponses avec « **comme** » (attention à l'ordre des éléments).*

Exemple : Comme il avait réussi brillament son entretien, Gabriel a eu un emploi.

1.2
C R

40 🌳 🌳 Plus-que-parfait - Antériorité dans le passé

a) *Observez.*
1. À 8 heures je me suis levé.
À 8 heures 30 j'ai pris mon petit-déjeuner.
À 9 heures je suis arrivé au travail.
→ *On raconte trois actions qui se suivent dans le temps en utilisant le passé composé.*
2. Je suis arrivé à 9 heures à mon travail.
Avant je m'étais levé et j'avais pris mon petit-déjeuner.
→ *C'est la même histoire, mais racontée autrement : on commence par la fin (3) = action au passé composé, puis on remonte dans le temps (1 et 2) = actions au plus-que-parfait.*
b) *Voici six histoires à rédiger. Faites deux récits de la même histoire en suivant les indications données.*
Attention ! *Pensez à structurer votre récit en utilisant des expressions de temps : d'abord, ensuite, puis, après, enfin, finalement, juste avant, avant, auparavant, un peu plus tôt.*

Récits A : 1, 2, 3, 4 1, 2, 3, 4, = Passé composé	Éléments à utiliser	Récits B : 4, 1, 2, 3 4 = passé composé 1, 2, 3 = plus-que-parfait
Je ……	1. se réveiller très tôt 2. préparer les enfants 3. déposer les enfants à l'école 4. arriver au travail	Je ……
Nous (fém.) ……	1. se lever à l'aurore 2. prendre le car pour les Deux-Alpes 3. s'amuser comme des folles sur les pistes 4. retourner très tard à Chambéry	Nous ……
Vous (m/pl.) ……	1. tomber en panne sur l'autoroute 2. laisser la voiture dans un garage 3. passer la nuit à l'hôtel 4. récupérer la voiture	Vous ……

Elle	1. voler dans un supermarché 2. casser des cabines téléphoniques 3. insulter des agents de police 4. finir dans un centre de redressement	Elle ......
Ils	1. partir en vacances en voiture 2. perdre les clés, les papiers, l'argent et la voiture 3. dormir sous les ponts 4. rentrer en stop	Ils ......
Tu (masc.)	1. casser un joli vase 2. se faire mal en tombant 3. se disputer avec sa mère 4. éclater en sanglots	Tu ......

B1.2 **41** ***Observez l'emploi des temps dans ces deux entrefilets. Pourquoi trouve-t-on de nombreux plus-que-parfait ? Quel est l'ordre chronologique des événements ?***

DÉCÈS DE BERTRAND PEQUIGNOT

Le fondateur des Éditions du Cercle, Bertrand Péquignot, est mort mercredi à Paris à l'âge de 70 ans.

Né le 20 octobre 1935, il avait fondé en 1960 les éditions du Cercle dont le nom, trouvé par les auteurs, faisait allusion au cercle d'hommes de lettres qui entouraient l'éditeur.

Il était devenu une figure de l'édition parisienne en publiant des auteurs inconnus au style fracassant comme P. Dijanne et M. Gangot. Bertrand Péquignot devait diriger sa maison d'édition jusqu'en 1995, date à laquelle il avait démissionné car elle avait été rachetée par le groupe européen SPLASH.

Il avait d'autre part écrit de nombreux scénarios de films-catastrophe pour des cinéastes américains sous le pseudonyme de Michel Déluge, dont le plus célèbre est « Danse au-dessus du volcan ».

Ses obsèques seront célébrées ce matin à dix heures trente à l'église de Bourdonné (Yvelines).

ESCROC EN JUPONS

Quand Berton Merrill a consulté ses comptes en mai 2005, pour effectuer une donation caritative, le banquier de la célèbre banque londonienne Goldman & Pepett a été quelque peu surpris par sa découverte. Et pour cause…Son assistante Douna Chérubin qui avait rejoint son service un an auparavant, et dont le procès vient de s'ouvrir à Londres, avait ponctionné pas loin de trois millions d'euros en falsifiant les comptes. Cette modique somme lui avait permis de s'offrir la belle vie: villa sur la Côte, yacht et bijoux Cartier !

Mais le plus drôle, c'est que Mrs Chérubin n'en était pas à son premier coup: elle avait dépouillé ses patrons précédents, également gérants de banque, sans même qu'ils s'en aperçoivent… Doit-on vraiment les plaindre ?

2.1
ECR

42 🌿🌿🌿 *Sur le modèle des deux textes de l'exercice 41, écrivez, vous aussi, deux articles avec les éléments ci-dessous en suivant l'ordre demandé.*

UNE ÉVASION QUI SURPREND TOUT LE MONDE

1. Monsieur Pamalin a mené une vie sans histoire jusqu'en 2001 : employé municipal efficace, époux discret, père de famille attentionné, pêcheur à la ligne le dimanche.

2. 2001 : il décide bizarrement de devenir riche sans plus attendre pour pouvoir émigrer au Brésil (son rêve d'enfance). Il consulte différentes personnes de son entourage, devient mauvais père et mauvais époux.

3. 2002 : il passe une annonce dans la presse locale et régionale. Texte : « Devenez riche en un instant pour 5 euros ! ». Il reçoit des milliers de réponses et de billets de 5 euros. Il n'envoie rien en retour.

4. 2003 : Quelques clients déçus portent plainte et monsieur Pamalin est arrêté pour escroquerie et placé en prison préventive, juste la veille de son départ pour le Brésil.

5. 24 juin 2005 : Procès et condamnation à 2 ans de prison.

6. 30 juin 2006 : Évasion en hélicoptère de la prison de Fleury-Mérogis. On ne connaît pas encore ses complices.

Ordre du texte : 6/5/1 à 4

Date de parution de l'article : 2 juillet 2006

BIOGRAPHIE DE L'ACTEUR ROBERT NEWMAN

1. 1935 : Naissance.

2. 1955 : Premier film, un western : *L'homme de la montagne.*

3. 1960-1970 : série de grands films : *La nuit sombre, Les damnés du petit train, Tirez le premier, À moi les petits déjeuners sauvages.*

4. Premier mariage avec Marylin Hayworth, divorce 6 mois plus tard.

5. Deuxième mariage avec Rita Monroo, divorce 2 jours plus tard.

6. Troisième mariage, définitif celui-là, avec Michèle, une Française.

7. Fondation d'une association de protection des bébés canards.

8. 1976 : début d'une longue et fertile carrière théâtrale, poursuivie jusqu'à sa mort. Quelques titres : *Le jour du supermarché*, 1977 ; *Quand la pluie vient avec le facteur*, 1980 ; *Les petits hommes bleus*, 1985, et, parmi les plus grands succès de ces dernières années, l'inoubliable *Maman cuisinait mieux que toi, mon amour.*

9. 1990-2004 : activités écologiques et politiques : fondation d'une nouvelle association (*L'herbe ne sera pas rouge*). Élection comme sénateur de l'État du Missouri, ministre de la culture, proposé pour le prix Nobel du dévouement, prix de l'individu le plus populaire de l'hémisphère nord, pour ne citer que quelques points.

10. 12 janvier 2006 : décès dans sa maison de Beverly Beach à 70 ans

11. 15 janvier 2006 : obsèques à Hollywood, en présence de nombreuses personnalités et de quelques canards reconnaissants.

Date de parution de l'article : 16 janvier 2006 (Paris)

1.2
ECR

43 🌿🌿 Voyage

Faites deux récits de la même histoire en suivant les indications proposées. Attention aux temps.

1. Annelise et Théo décident d'aller aux États-Unis.

2. Ils travaillent dans une banque pendant leurs vacances.

3. Ils économisent de l'argent.

4. Ils achètent des billets pour New York.

Récit 1 : (1, 2, 3, 4) - Récit 2 : (4, 1, 2, 3)

B2.1 C E C R **44** 🌳🌳🌳 Manifestation pacifiste

Faites quatre fois le récit de cette manifestation en suivant les indications proposées. Attention aux temps; ils changent selon l'ordre du texte.

MANIFESTATION PACIFISTE

---

1. Rassemblement place Victor Hugo à 17 h.
2. Discours de la présidente du mouvement pour la paix.
3. Défilé paisible par le cours Berriat et le cours Jean Jaurès.
4. Quelques incidents entre des jeunes incontrôlés et la police vers 18 h place de la Bastille.
5. Arrivée de la manifestation place Grenette à 18 h 30.
6. Discours des diverses associations représentées.
7. Dispersion dans le calme à 19 h 30.

Récit 1 : (1, 2, 3, 4, 5, 6, 7) - Récit 2 : (7, 1, 2, 3, 4, 5, 6)
Récit 3 : (1, 2, 3, 5, 6, 7, 4) - Récit 4 : (4, 1, 2, 3, 5, 6, 7)

 B2.1 C E C R **45** 🌸🌸🌸 Passé composé, imparfait ou plus-que-parfait

Sur le modèle de l'exemple, donnez des explications aux faits suivants. Attention certains verbes (mais pas tous, à cause du sens) admettent plusieurs constructions.

Exemple : – J'ai très mal joué : j'étais fatigué (état).
– J'avais mal dormi (action antérieure).
– J'ai perdu confiance au milieu du match (événement accompli).

1. Il a raté son examen (être angoissé/ne pas assez travailler/mal comprendre le sujet). – **2.** Elle a quitté son mari (en avoir assez/la battre la veille/se décider en une nuit). – **3.** Tu as cru ce qu'il t'a raconté? (être convaincant/en avoir déjà entendu parler/avoir des doutes). – **4.** Je me suis mis en colère contre les enfants (être fatigué/être insupportables/perdre son contrôle). – **5.** Nous avons raté le train (être en retard/oublier l'heure/se tromper de gare). – **6.** Je ne vous ai pas téléphoné (téléphone être en dérangement/oublier de le noter sur mon agenda/ne pas avoir le temps). – **7.** Je n'ai pas été surpris de son mariage (en rêver depuis longtemps/m'en parler/tout préparer avec lui).

 B1.1 C E C R **46** 🌸 Histoires

Mettez ces histoires aux temps du passé qui conviennent.

a) Il m'arrive une drôle d'histoire : comme je roule en direction de Lyon, un motard m'arrête. Obéissant, je me gare sur le bord de la route et je lui montre les papiers de la voiture. Il a l'air très nerveux et il regarde tout le temps derrière lui. Je trouve ça plutôt bizarre. Puis il me demande de sortir de la voiture pour regarder les pneus et tout d'un coup il prend le volant et part avec ma voiture! je suis tellement étonné que je ne réagis même pas. Heureusement un autre motard arrive et je comprends ce qui s'est passé : c'est un faux motard qui a volé un uniforme et une moto pour s'enfuir… Ils l'arrêtent et je retrouve ma voiture, qui est en bon état.

b) Nous marchons dans la rue et soudain nous entendons des cris sur la droite. Nous allons voir ce que c'est mais nous ne comprenons pas tout de suite. Il y a un gros camion aux portes ouvertes sur un trottoir et des gens qui courent partout. Ils essaient tous de rentrer dans les immeubles et, dans les magasins, nous voyons des têtes apeurées qui regardent la rue. Quelqu'un nous crie en courant de ne pas rester là si nous ne voulons pas nous faire manger : un lion s'est échappé du camion. Nous commençons à regarder autour de nous et nous ne voyons pas le lion. Où est-il? Tout d'un coup nous nous apercevons qu'il est juste derrière nous. Nous avons très peur mais il nous regarde gentiment, et au lieu de nous sauver, nous lui parlons. Il s'assied et nous écoute. Son maître arrive et le fait remonter dans le camion : il a simplement oublié de fermer la porte et est allé boire un pot au café. Les gens qui ont été si peu courageux avec le lion le sont maintenant beaucoup plus avec son maître et lui font des reproches. Assis sur son derrière le lion regarde tout ça avec un air très calme…

c) Il la (suivre) ……… depuis un moment. Elle (être) ……… sûre qu'il (vouloir) ……… la tuer. Autrefois ils (s'aimer) ……… mais elle l' (quitter) ……… pour continuer ses études. Lui, il (ne pas comprendre) ……… qu'une femme préfère des études à un mari. Il (ne pas être) ……… très moderne. Elle (penser) ……… qu'il (ne jamais lui pardonner) ……… Et maintenant il la (suivre) ……… Elle (se sentir) ……… paniquée. Que (falloir) ………-il faire ? Elle (pouvoir) ……… demander de l'aide, mais qui la croirait ? Il (avoir) ……… l'air si bien élevé. Brusquement elle (tourner) ……… au coin de la rue et (se mettre) ……… à courir en regardant de temps en temps derrière elle. Un chien (passer) ……… malencontreusement par là. Elle (ne pas le voir) ……… et elle (tomber) ……… la tête contre un arbre. L'homme qui la (suivre) ……… (écarter) ……… les passants, (la ramasser) ……… et (l'emporter) ……… Elle (mourir) ……… de peur. L'air préoccupé, il (ne rien dire) ……… Il (la déposer) ……… dans sa voiture et il lui (dire) ……… : « Chérie, tu as l'air fâchée contre moi, pourquoi ? ».

1.2
ÉCR

47 🌿🌳 *Complétez les textes avec les temps qui conviennent (présent compris).*

QU'EST-IL DEVENU ?

Il y a vingt ans, il (être) ……… boucher à Laval. Aujourd'hui il (avoir) ……… ses habitudes chez Maxim's. Jean-Claude Bouttier (faire son chemin) ……… Il (ne pas être) ……… le meilleur sur le ring : Carlos Monzon (lui prendre) ……… le titre de champion du monde mais il (devenir) ……… un très bon homme d'affaires. Il (installer) ……… ses bureaux dans un quartier chic. Il (déjà vendre) ……… 50 000 flacons de son eau de toilette. Sa collection de jogging (être exposée maintenant) ……… dans des grands magasins. Il (décider) ……… autrefois d'être boxeur : il (le faire) ……… Il (rêver aussi) ……… de gagner beaucoup d'argent : il (y arriver) ……… Aujourd'hui il (se considérer) ……… comme un homme heureux. Son maître d'école (lui dire) ……… qu'il (n'être) ……… bon à rien. Cette déclaration (le traumatiser) ……… à l'époque. Aujourd'hui il (en rire) ……… de bon cœur et il (déclarer) ……… : « J' (peut-être réussir) ……… à cause de ces paroles. Elles (me mettre en colère) ……… et je (tout faire) ……… pour donner tort à mon instituteur. Je lui (devoir) ……… de grands remerciements. » Et il (éclater) ……… de rire. Je vous (le dire) ……… : c' (être) ……… un homme heureux !

JEANNE D'ARC

Cette adolescente qui (naître) ……… en Lorraine, à Domrémy, (rester) ……… modeste et sage dans sa courte vie et ne se (présenter) ……… jamais que sous le seul nom de « Jeanne ». Elle (entrer) ……… pourtant dans la légende avant sa mort le 30 mai 1431. Lorsqu'elle (entendre) ……… ses voix qui lui (demander) ……… de libérer la France, le royaume (être) ……… alors déchiré entre des forces rivales, et on (entendre) ……… des prophétesses annoncer que le pays (devoir) ……… être sauvé par une vierge venue de Lorraine. Elle (avoir) ……… le courage d'aller trouver le représentant du roi, elle (rejoindre) ……… ce dernier à Blois, et lui (affirmer) ……… qu'elle (pouvoir) ……… conduire l'armée à la victoire. Elle (réussir) ……… à vaincre ses ennemis qui (assiéger) ……… Orléans, (faire) ……… couronner le roi à Reims, mais on la (faire) ……… prisonnière et elle (être) ……… livrée aux Anglais qui la (brûler) ……… à Rouen comme hérétique. C'est alors qu'elle (devenir) ……… la plus célèbre de nos héroïnes nationales.

48   Histoires d'eau

Mettez les verbes entre parenthèses aux temps du passé qui conviennent. Pour vous aider : actions au passé composé, actions antérieures au plus-que-parfait, description, état ou durée à l'imparfait.

Il y avait longtemps que nous .... (décider) d'aller nous installer à la campagne. Aussi, quand finalement nous .... (trouver) une maison, nous l' .... (acheter) sans hésiter. Nous .... (être) très contents. Le précédent propriétaire .... (faire) beaucoup de travaux et la maison .... (être) en bon état. C'est du moins ce qu'il nous .... (sembler) jusqu'au jour où il .... (pleuvoir) énormément dans toute la région. L'eau .... (couler) dans la salle à manger. Nous .... (penser) qu'il y .... (avoir) une fuite dans le toit, aussi nous .... (monter) au grenier que nous .... (ne pas visiter) avant, grosse erreur. Nous y .... (trouver) des casseroles et des cuvettes que le précédent propriétaire .... (installer) là pour des cas de ce genre et qui, ce jour-là, ... (ne pas suffire) à arrêter le déluge, exceptionnel il est vrai. Nous les .... (vider) et .... (replacer) sous les fuites. Pauvre toit ! Des tuiles .... (se déplacer) à cause du vent et nos casseroles .... (être) un bien pauvre remède. Finalement la pluie .... (s'arrêter) mais il en .... (tomber) tellement que toute la maison .... (être inondée). Voilà un problème qui nous .... (ne pas arriver) en appartement. Si, une fois, quand le voisin du dessus .... (oublier) de fermer le robinet de sa baignoire et qu'il .... (inonder) les plafonds. Dans le fond je préfère l'eau du ciel à l'eau du bain de mon voisin : elle est sans doute plus propre.

49   Journal de voyage

a) *Mettez le texte ci-dessous au passé.*

Grenoble, place Saint-André

La Table Ronde, le plus vieux café de France après *Le Procope* à Paris. Cela fait quatre heures qu'il est assis à la terrasse à observer le brassage des diverses tribus de la vie grenobloise. Il ne le regrette pas. Pendant l'après-midi, à la terrasse, il a sympathisé avec différents jeunes et chercheurs. Cela lui donne une impression à la fois intellectuelle et montagnarde de la ville.

19 heures. Son estomac réclame. L'envie fugitive de changer de lieu le traverse, mais il change aussitôt d'avis. Son guide ne décrit-il pas ce lieu comme une bonne table ? Il se contente donc de migrer à l'intérieur.

Une grande table réunit des employés municipaux. Il commande un gratin dauphinois et écoute leur conversation. Son image de la ville se précise : inventive, frondeuse, nostalgique de son beau passé social, et leader dans les industries de pointe.

La bouteille de Côtes-du-Rhône le détend délicieusement. Il est mûr pour finir la soirée au *Grenier*, cabaret spectacle au-dessus du restaurant.

Une bonne journée, somme toute.

b) *Sur ce modèle, faites vous aussi un journal de voyage au passé (3 jours).*

théorie générale

1. Conjugaison

• **Formes du conditionnel présent**

Racines du futur + terminaisons de l'imparfait						
Verbes	**Futur**			**Imparfait**		**Conditionel présent**
venir	je	**viendr**	ai	je ven	**ais**	**je viendrais**
aller	tu	**ir**	as	tu all	**ais**	**tu irais**
finir	il	**finir**	a	il finiss	**ait**	**il finirait**
savoir	nous	**saur**	ons	nous sav	**ions**	**nous saurions**
être	vous	**ser**	ez	vous ét	**iez**	**vous seriez**
avoir	ils	**aur**	ont	ils av	**aient**	**ils auraient**
pouvoir	je	**pourr**	ai	je pouv	**ais**	**je pourrais**
faire ...	tu	**fer**	as	tu fais	**ais**	**tu ferais**

• **Formes du conditionnel passé**

Conditionnel présent de l'auxiliaire ÊTRE ou AVOIR	+		Participe passé du verbe
Conditionnel présent de être ou avoir	**Verbes**	**Passé composé des verbes**	**Conditionnel passé**
je serais	**aller**	je suis allé	**je** **serais allé**
tu aurais	**venir**	tu es venu	**tu** **serais venu**
	chanter	il a chanté	**il** **aurait chanté**
	faire	nous avons fait	**nous aurions fait**
	voir	vous avez vu	**vous auriez vu**
	écrire	ils ont écrit	**ils** **auraient écrit**
	se lever	ils se sont levés	**ils se seraient levés**

2. Valeurs du conditionnel en indépendantes

Le conditionnel présente l'action comme éventuelle, imaginaire, ou encore dépendant d'une condition (phrases avec si).

Exemple : L'acteur Niby Taibeau se serait marié la semaine dernière aux Antilles.

Dans la concordance des temps, le conditionnel est un temps et il exprime le futur du passé.

Notion exprimée	Conditionnel présent	Conditionnel passé
Nouvelle incertaine **Doute**	**Sur le présent** - *La navette rejoindrait l'atmosphère à 16 h.* - *Aurait-il une nouvelle voiture ?*	**Sur le passé** - *La navette se serait écrasée dans l'antarctique.* - *Se serait-il trompé ?*
Imagination	**Le présent et le futur** - *Je serais le roi et tu serais la reine.* - *Demain nous partirions sur la Lune…*	**Le passé** - *Elle aurait eu une robe de bal et elle aurait dansé toute la nuit.*
Projet hypothétique	- *Il serait intéressant de construire des abris antiatomiques. Ils protégeraient la population.*	
Futur du passé	**En relation avec un moment du passé** - *Il était fatigué. Dans cinq minutes il s'arrêterait de travailler.*	**Futur antérieur du passé** Après un moment du passé et avant une action à venir - *Il regarda sa montre : il aurait fini avant son arrivée.*

• Formes de politesse : emploi limité à certains verbes

Notion exprimée	Conditionnel présent	Conditionnel passé
Ordre formel Pouvoir - vouloir	- *Pourriez-vous me remplacer ?* - *Voudriez-vous m'aider ?*	
Demande atténuée Avoir - Connaître - Pouvoir - Être - Savoir	- *Auriez-vous des géraniums ?* - *Pourriez-vous me renseigner ?* - *Vous serait-il possible de venir ?* - *Sauriez-vous où je peux trouver Marie ?* - *Me permettriez-vous de vous poser une question ?*	Les possibilités de verbes sont très nombreuses : elle correspondent à toutes les demandes possibles au passé composé, atténuées : - *Auriez-vous connu un certain Martin ?* - *Auriez-vous vu un petit chat noir ?* - *Aurais-tu pris mon pull bleu ?*
Conseil Devoir - Il faut	- *Tu devrais sortir un peu.* - *Il faudrait que tu sortes.* - *À votre place, je partirais quelques jours.*	A posteriori - *Tu aurais dû lui parler.* - *Il aurait fallu que tu sortes.* - *À ta place, je l'aurais giflé !*
Suggestion Aimer - Dire - Plaire - Pouvoir - Vouloir	- *Aimeriez-vous sortir ?* - *Ça te plairait de sortir ?* - *Vous voudriez un verre ?*	- *Ça vous aurait dit de sortir ?* - *Vous auriez pu sortir.*
Reproche Devoir - Pouvoir	- *Tu devrais te laver de temps en temps !* - *Tu pourrais me laisser tranquille !*	- *Tu n'aurais pas dû dire ce que tu pensais.* - *Vous auriez pu vous en occuper.*

• Le souhait

Verbe employé	Conditionnel présent	Conditionnel passé
Aimer - Désirer - Souhaiter - Apprécier - Préférer - Vouloir	- *Je préférerais un café.* - *J'aimerais te voir.*	

• Le regret

Verbe employé	Conditionnel présent	Conditionnel passé
Aimer - Souhaiter - Apprécier - Préférer - Vouloir		- *J'aurais préféré un peu plus de temps libre.* - *J'aurais aimé être un artiste.*

Exercices

Conditionnel présent

1.1
ECR

1 🌲 Conditionnel - Imaginer un futur irréel

a) *Lisez le texte suivant.*

LE MONDE IDÉAL

Dans le monde idéal, les contes pour enfants disparaîtraient parce que le monde des contes serait réalisé. Mais on ne pourrait pas se bercer d'illusions non plus.
Personne ne se battrait pour la liberté car tout le monde l'aurait. Ce serait la fin des militants.

b) *Mettez les verbes entre parenthèses au conditionnel.*

1. L'idée du vice (ne pas exister) ……… et par conséquent la vertu (être démodée) ……… – **2.** Personne ne (essayer) ……… de chercher le bonheur car on (ne pas savoir) ……… ce que c'est. – **3.** La sagesse apportée par le malheur (disparaître) ……… avec lui. – **4.** La jalousie et la haine qui ont créé tant de conflits (se volatiliser) ……… – **5.** Les violences (s'éteindre) ………, il (ne plus y avoir)……… de jeunes gens qui (se tuer) ……… pour des idées éphémères. – **6.** Dans ce monde-là, nous (ne pas avoir peur) ……… les uns des autres car nous (savoir) ……… que nous sommes tous semblables.

1.1
ECR

2 🌲 Futur passé

Voici le résultat d'un sondage réalisé en 1967 auprès d'un panel de Français dont la question était : «Qu'imaginez-vous pour l'an 2000 ?»

AUJOURD'HUI TEL QU'ON LE VOYAIT HIER

– 61 % pensent qu'on prendra sa retraite à 60 ans ;
– 59 % sont persuadés que les rapports entre employés et employeurs seront plus faciles ;
– 57 % qu'on pourra suivre des cours toute sa vie ;
– 54 % que presque toutes les femmes auront un emploi ;
– 53 % que les grandes entreprises industrielles (automobile, chimie…) auront fusionné.
Pour d'autres réalisations possibles, les Français ont moins d'assurance :
– 43 % croient à la semaine de 30 heures et à des congés payés de deux mois ;
– 41 % pensent qu'un tiers au moins des adultes seront passés par l'université.

Qu'est-ce qu'on pensait en 1967 ? Transformez les phrases pour répondre à cette question.

Exemple : En 1967, on pensait qu'en l'an 2000 on prendrait sa retraite à 50 ans.

3 **Récit - Futur du passé**

Mettez les verbes entre parenthèses au conditionnel pour exprimer le futur du passé.

Avec mon frère, Patrick, nous attendions toujours le week-end avec joie. Nos parents nous emmenaient à la campagne, dans la maison de vacances familiale. Dès le jeudi soir nous nous mettions à compter les heures qui nous séparaient de ces deux jours dont nous connaissions le programme par cœur et que nous nous répétions à l'avance : samedi matin, 9 heures, toute la famille monterait dans la voiture, direction le Vercors. Pendant tout le trajet Patrick et moi ferions des concours. Celui des deux qui (compter) ……… le plus de voitures rouges, ou bleues, (gagner) ……… Bien entendu, nous (essayer) ……… de tricher et nous nous (disputer) ………, cela faisait partie du jeu. Les parents (se fâcher) ……… et nous (menacer) ……… de nous interdire de faire du vélo. Nous (faire) ……… semblant d'avoir très peur de cette punition et nous (être) ……… sages comme des images jusqu'à l'arrivée, mais nous (rire) ……… en cachette. Dès notre arrivée là-haut nous nous (précipiter) ……… vers nos bicyclettes et nous (partir) ……… en exploration. Il y (avoir) ……… de l'herbe et des fleurs, on (entendre) ……… les oiseaux chanter. On (s'arrêter) ……… à la ferme et les fermiers nous (donner) ……… du lait encore tiède, nous (avoir) ……… peut-être la chance d'assister à la naissance d'un petit veau ou alors ils nous (emmener) ……… faire les foins, ou ils nous (montrer) ……… quels champignons on pouvait cueillir sans danger. Quand nous (rentrer) ………, couverts d'herbe et sentant la vache, maman (faire) ……… semblant de nous trouver dégoûtants et elle nous (mettre) ……… dans un grand bain bien chaud avec de la mousse. On (jouer) ……… à la mer, l'eau (déborder) ……… un peu. Papa (venir) ……… nous sécher et nous (passer) ……… tous à table, nous (manger) ……… comme des trous, nous nous (régaler) ……… avec la tarte aux pommes.

4 **Conditionnel présent - Projets hypothétiques**

Léo-Paul, 11 ans, a une grande inquiétude : si un nouveau déluge se produisait ?
Il passe beaucoup de son temps libre à faire la liste des animaux à sauver et à mettre dans des bouteilles des messages des gens qu'il connaît pour qu'ils ne soient pas oubliés si cela se produisait… Il décida à l'occasion de Noël d'écrire au président de la République. Dans une enveloppe où il avait simplement écrit : « Général de Gaulle, Élysée, Paris », il glissa cette lettre :

Monterville-les-Bains, le 20 décembre 1963

Cher Général,
Cette année, j'ai eu onze ans et je n'ai rien demandé pour Noël à mes parents, parce que c'est de vous que je veux obtenir une faveur. Quand je vois toutes les violences, toutes les guerres, celle de l'Algérie qui vient de se terminer, celle du Vietnam qui continue, je suis certain que le Dieu des catholiques ne restera pas indifférent. Déjà, je vois des signes de son irritation : Monsieur H., le président de l'ONU que j'aimais beaucoup, est mort, le président Kennedy également, et même Jean XXIII n'y a pas échappé. J'ai peur que ça aille un jour jusqu'à un deuxième déluge et j'aimerais que la France soit le pays qui ait prévu de sauver le monde vivant. Pouvez-vous donc prévoir, à proximité du zoo de Vincennes, un énorme avion à réaction, stationné en permanence, pouvant emporter un exemplaire de chaque race d'animaux ? Le gardien et la gardienne du zoo représenteraient la race humaine et s'occuperaient de la nourriture et des soins pendant le voyage. Une piste d'atterrissage pourrait également être aménagée vers la mer de Glace, à proximité du mont Blanc qui, entre parenthèses, ne fait que 360 mètres de moins que le mont Ararat où Noé avait échoué avec son arche, ce qui fait que toute cette affaire resterait entièrement française.
Bon, je vous quitte parce que je ne vois plus rien à dire. Je vous souhaite, ainsi qu'à Madame de Gaulle, un joyeux Noël et une bonne année 1964.

Léo-Paul Kovski.

Au mois de janvier, une lettre intrigua tous les employés de la poste de Monterville qui se la repassèrent les uns après les autres pour essayer de percer son secret. Elle était adressée à Léo-Paul Kovski, et, sur le coin gauche de l'enveloppe, était indiqué en lettres à relief : Présidence de la République. Bien avant que Léo-Paul sût qu'une telle lettre l'attendait, toute la ville parlait du Général qui avait envoyé un courrier au jeune Kovski. Quand il rentra de l'école à midi, Léo-Paul trouva sur la table de la cuisine, à côté du couvert que sa mère lui avait préparé avant de partir pour l'hôpital, la fameuse lettre venant de Paris. Avant de la décacheter, Léo-Paul la regarda, la soupesa, la caressa même et essaya d'imaginer de quel décor elle pouvait provenir et quelles mains l'avaient touchée. Il ferma les yeux, il la respira une dernière fois avant de l'ouvrir. Il sortit une feuille dactylographiée, pliée en quatre et qu'il mit bien à plat sur la table avant de la lire :

> Cher jeune Léo-Paul,
> Je vous remercie pour votre lettre, dont j'ai pris bonne note, et tiens à vous assurer que tout ce qui est en mon pouvoir sera fait pour mener au mieux, dans la réalité, votre suggestion. Merci également pour vos vœux. Je vous prie d'accepter les miens, non seulement pour l'année en cours, mais pour qu'un avenir radieux et à votre mesure vous attende, à condition que vous fassiez tout, je dis bien tout, pour y accéder.
> Le président de la République.

Sous cette dernière ligne aux lettres imprimées, il y avait manuscrite et à l'encre la signature prestigieuse : Charles de Gaulle.

Léo-Paul relut plusieurs fois la lettre, à haute voix pour que les murs l'entendent, pour que sa chambre, la cuisine, le réchaud à gaz, tout le décor qui vivait avec lui chaque jour entende bien ce qu'un président de la République lui avait écrit, à lui, Léo-Paul Kovski, fils d'un cheminot-mireur de bouteilles et d'une aide-soignante-femme de ménage. Il eut envie de pleurer quand il prononça en déliant bien les mots : Cher/jeune/Léo-Paul/Charles/de Gaulle. Il ne mangea pas et rangea son couvert. Avant de repartir en classe, il replia le courrier extraordinaire et glissa l'enveloppe sous son maillot de corps, contre sa peau.

Quand il se retrouva dans la rue, qu'il entendit le crissement de la neige sous ses pieds, il porta la main vers son cœur, vers la lettre et se demanda s'il avait neigé aussi à Paris.

Yves Simon

a) *Observez le texte de Yves Simon et en particulier l'usage du conditionnel dans la lettre de Léo-Paul.*

b) *Complétez le texte suivant qui propose un modèle alternatif de développement durable. Utilisez le conditionnel présent.*

Il devient nécessaire d'abandonner le modèle économique actuel qui met sur le marché des produits les moins chers possibles avec une durée de vie courte, car il est trop coûteux en terme d'environnement.

(Il faut) .... privilégier des produits plus chers mais de meilleure qualité. Leur fabrication (demander) .... plus de savoir-faire, (utiliser) .... plus de main-d'œuvre et (consommer) .... moins de matières premières. Comme ces produits (durer) .... plus longtemps, on en (jouir) .... plus longtemps. Bien sûr, ils (coûter) .... plus cher à l'achat mais le consommateur (s'y retrouver) .... à long terme car il (devoir) .... les remplacer moins souvent. L'impact écologique (être réduit) .... d'autant plus que le recyclage (être prévu) .... dès la fabrication.

c) *Écrivez une lettre au président de la République, de l'Union européenne, du conseil régional… pour exposer un projet (par exemple remplacer les centrales nucléaires par des éoliennes).*

Introduction : Notre idée, c'est de…/dans le but de…/parce que ……

Développement : votre texte doit utiliser le conditionnel présent de suggestion polie et d'hypothèse et répondre aux questions suivantes :

1. Qu'est-ce que ça serait ? – **2.** À quoi, à qui cela servirait ? – **3.** Qu'est-ce que ça apporterait ? À court terme ? À long terme ? – **4.** Combien ça coûterait ? – **5.** Comment on le financerait ? – **6.** Qui seraient les responsables et les exécutants ? Pourquoi ? – **7.** Dans quel délai ? – **9.** Quelles échéances devrait-on respecter ? – **10.** Quand est-ce que ce serait terminé, opérationnel ?

Conditionnel passé

 5 **Que de regrets !**

a) *Observez les textes suivants et soulignez les verbes au conditionnel.*

Autrefois Marie et Jacques ont failli se marier mais Marie a préféré la sécurité que lui offrait Georges. Déçu, Jacques est parti barouder à l'autre bout du monde.

> Marie : « J'ai épousé Georges parce qu'il représentait la sécurité mais je n'aurais pas dû parce que j'aimais Jacques qui était aventureux.
> Avec Jacques, on aurait été heureux… J'aurais vécu une vie moins tranquille mais je me serais plus amusée. On aurait pris des risques, on aurait voyagé, on aurait rencontré toutes sortes de gens. On aurait mené notre vie tambour battant comme une aventure… On se serait moqué du qu'en dira-t-on… J'aurais pu être une autre femme… »

> Jacques : « J'aurais dû convaincre Marie de m'épouser au lieu de partir voyager. J'aurais eu une vie plus classique mais plus calme. J'aurais connu la vie de famille, j'aurais eu un travail stable, elle m'aurait chouchouté, j'aurais été un papa-poule. On serait allé en camping toujours au même endroit retrouver nos vieux copains. J'aurais joué à la pétanque. J'aurais été totalement différent… »

b) *Formulez les regrets des personnages suivants en utilisant le conditionnel passé.*

– Un employé de banque qui rêvait d'être artiste mais qui n'a pas osé prendre le risque.
– Un champion olympique qui n'a pas eu de jeunesse à cause d'un entraînement intensif pendant des années.
– Une victime de la mode obsédée par les régimes, le look, la chirurgie esthétique et incapable d'avoir de vraies relations avec les autres.
– Une personne en difficulté financière parce qu'il a toujours jeté l'argent par les fenêtres sans économiser un sou.

§1.2
ÉCR

6 🌿🌿 Reproches - Devoir et pouvoir au conditionnel passé

Les verbes devoir et pouvoir au conditionnel passé expriment une nuance de reproche, particulièrement à la deuxième personne du singulier et du pluriel.

Observez les reproches suivants, fréquents dans la vie quotidienne et imaginez dans quelles situations il est possible de les dire.

– tu aurais pu faire attention ! / mieux faire ! / y penser ! / m'aider !
– tu aurais dû prévoir ! / prendre les choses en main ! / faire un effort !
– tu n'aurais pas dû te laisser faire ! / te montrer agressif ! / dire la vérité !
– tu aurais mieux fait de te taire ! / de me prévenir ! / de me demander mon avis !

§1.1
ÉCR

7 🌿 Demandes polies

a) *Conjuguez à la deuxième personne du pluriel du conditionnel présent les verbes entre parenthèses selon le modèle.*

Exemple : – **Auriez-vous** cinq minutes à me consacrer ?
  – Est-ce que **vous auriez** cinq minutes ?

1. (Avoir) .... un stylo à me prêter, par hasard ? – **2.** (Savoir) .... où se trouvent les clés du garage ? – **3.** (Pouvoir) .... m'indiquer la marche à suivre pour ce dossier ? – **4.** (Accepter) .... de m'accompagner à la gare ? – **5.** (Être) .... assez aimable pour me déposer à l'aéroport ? – **6.** (Avoir la gentillesse) .... de m'attendre encore un quart d'heure ? – **7.** (Être assez aimable) .... pour m'aider ?

b) *Complétez les formules suivantes avec des demandes polies.*

1. Est-ce que ça vous ennuierait…/gênerait…/dérangerait… de .... ?
2. Vous serait-il possible .... ?

c) *Réutilisez toutes ces formules pour demander des services à vos camarades de classe. (Remarque : ces formules peuvent aussi être utilisées de manière sarcastique.)*

 Sondage

a) Élaborez un questionnaire à l'intention de vos camarades de classe concernant leurs désirs et leurs rêves en utilisant les expressions suivantes au conditionnel présent.

Vous aimeriez/voudriez/souhaiteriez/désireriez/auriez envie de/accepteriez/seriez d'accord pour… Ça vous plairait de/ferait plaisir de/chanterait de/amuserait de/tenterait de /distrairait de/intéresserait de/conviendrait de… Vous trouveriez sympa/excitant/agréable de/intéressant de…

*Exemple: Ça vous **amuserait** de faire du tourisme spatial?*

Voici quelques idées possibles (mais toutes les vôtres sont les bienvenues):
– être beau comme un dieu, riche, célèbre, artiste, nomade, explorateur, gourou…
– avoir du pouvoir, de grosses responsabilités, une famille nombreuse, plusieurs maisons…
– faire un voyage spatial, le tour du monde, connaissance de personnes célèbres, du bien autour de nous…
– vivre sur une île déserte, dans le luxe, incognito, 140 ans…

b) Par groupe de 2 (ou plus) répondez aux questionnaires. Utilisez les structures suivantes:
– ça me rendrait heureux, fou de joie, malheureux…
– ça me ferait un sacré plaisir, plaisir, de la peine…
– ça serait drôlement bien, super, génial, fantastique, affreux, horrible…
– je serais super content, satisfait, déçu…
– ça pourrait être intéressant, m'amuser, me distraire…
– ça me conviendrait bien, super bien…
– j'accepterais volontiers, sans hésiter…
– qu'est-ce que ça me plairait de…, serait bien de…, serait drôle de…
– ça m'amuserait, me distrairait, me satisferait, me donnerait de l'assurance…
– ça m'apporterait beaucoup, m'enrichirait, me ferait progresser, m'élargirait les idées…

Formes de politesse

  Proposer

a) En utilisant les expressions suivantes, proposez à des personnes difficiles diverses idées pour:
– le week-end,
– la soirée,
– un menu,
– des vacances,
– un lieu de rendez-vous.

Exemples d'expressions:

– Aimeriez-vous	prendre un petit verre?
– Voudriez-vous	un petit verre?
– Désireriez-vous	

| – Que diriez-vous | de prendre un petit verre? |
| – Que penseriez-vous | d'un petit verre? |

– Ça vous plairait de prendre un petit verre?
– Un petit verre, ça vous plairait?

| – Non? Alors | préféreriez-vous… | aller au cinéma? |
| | aimeriez-vous mieux | |

– Toujours non ? Alors, on pourrait faire une balade.

– Encore non ? Quand même, | j'aimerais / je voudrais | vous revoir bientôt

b) *Faites parler un vendeur (de meubles, de livres, de disques ou autres) face à un client hésitant.*

1.1
ECR

10 🌳 **Conseil - Formes atténuées par le conseil**

a) *Observez les formules utilisées pour donner des conseils.*

1. Il faudrait le féliciter quand tout va bien.
2. Vous devriez surveiller ses devoirs.
3. Vous pourriez lui suggérer des techniques de travail.
4. Vous ne voudriez pas lui offrir un ordinateur ?
5. Pourquoi ne lui feriez-vous pas prendre des leçons particulières ?
6. Ce serait sans doute une bonne idée de récompenser les bons résultats.
7. Ce serait certainement mieux de ne pas lui mettre la pression inutilement.
8. Vous feriez mieux de dialoguer au lieu de le réprimander.
9. À votre place, je ne laisserais pas s'installer des lacunes.
10. Si j'étais vous, je ne lui dirais jamais qu'il n'arrivera à rien.
11. Moi, j'irais régulièrement discuter avec ses professeurs.

b) *Réutilisez ces formules dans les situations suivantes de la vie quotidienne.*

1. Aglaë : « Vite, une idée sympa pour une invitation de dernière minute. »
2. Ludivine : « Qu'est-ce que je fais pour ne pas devenir folle avec tous les ennuis que me font les enfants, mon mari et les copains ? »
3. Lauriane : « Un travail, bien sûr, c'est ce que je veux… Mais quel genre de travail ? »
4. Mathilde : « Aujourd'hui je sais ! Mais demain et après-demain comment lui refuser encore un rendez-vous ? »
5. Marina : « Demain je rencontre mon beau-père. Mais qu'est-ce que je peux bien lui raconter ? »
6. Valérie : « Un truc pour maigrir qui soit efficace ? »

c) *Donnez des conseils. Inspirez-vous des idées proposées et/ou créez les vôtres.*

1. Vous êtes depuis plusieurs années l'assistante du patron d'une petite entreprise. En ce moment il est particulièrement sous pression et il aurait besoin d'une meilleure hygiène de vie. Comme il a confiance en vous, vous pouvez lui suggérer délicatement quelques idées.
- Réduire le café, fumer moins, manger mieux.
- Respirer, prendre un vrai week-end, faire trois jours de thalassothérapie, passer une heure par jour à ne rien faire, méditer.
- Laisser l'ordinateur portable au bureau, débrancher le téléphone portable quand il sort avec sa femme, déléguer.
2. Un de vos amis, étudiants comme vous, a peur de rater ses examens. Vous lui rappelez quelques conseils.
- Assister à tous les cours, étudier davantage, être très attentif et prendre des notes très précises. Relire ces notes chaque soir. Faire tous les devoirs donnés par le professeur. Aller régulièrement en bibliothèque. Réviser avec des amis.
- Faire moins la fête. Dormir huit heures par nuit. Manger sainement des fruits et légumes.
- Faire un peu de sport.

B1.2 **11** Conditionnel présent et conditionnel passé

---

1. RÉHABILITATION

Cro-Magnon vient d'être innocenté du crime de génocide contre Néandertal ! Le vrai tueur serait une vague de froid glaciaire. Selon une équipe de Cambridge, Néandertal n'aurait pas su développer les outils nécessaires à la survie.

---

2. KARAOKÉ-THÉRAPIE

Les Japonais étudient très sérieusement le karaoké comme thérapie de groupe dans des centres tout ce qu'il y a de plus officiels et très courus. Explication : le karaoké permettrait de libérer les émotions, il faciliterait l'expression des sentiments et il satisferait sans danger les impulsions narcissiques.

---

3. BONNE NOUVELLE !

Un milliard et demi de personnes dans le monde n'ont pas accès à l'eau potable et, chaque jour, 6 000 enfants meurent pour avoir bu de l'eau polluée. Bonne nouvelle ! Il y aurait de l'eau sur la planète Mars !

---

4. AUTRICHE : CRASH

D'après la police de Rorshach, il n'y aurait aucun survivant dans l'accident d'avion de tourisme privé qui a eu lieu jeudi. Une défaillance technique aurait causé le crash.

---

5. UN FERRY COMORIEN AURAIT COULÉ AVEC 113 PERSONNES

Le navire ne répond plus depuis le passage du cyclone tropical Gafilo. Celui-ci aurait fait par ailleurs plus de 60 000 sans-abris selon les autorités.

---

a) *Repérez les verbes au conditionnel. Pourquoi l'utilise-t-on ?*

b) *Sur le modèle de ces entrefilets, développez les titres suivants en donnant des explications et des informations que vous considérez comme possibles mais pas certaines.*

1. Découverte d'une nouvelle molécule antidouleur aux États-Unis.
2. Disparition de la femme du Premier ministre.
3. Déraillement du train Lyon-Paris.
4. Sophie Marceau abandonnerait le cinéma.
5. Réunion secrète de terroristes à Marseille.

théorie générale

1. Tableaux de conjugaison

1. Formation du subjonctif présent

• Verbes réguliers

Personnes concernées	Construction	Terminaison	Exemples

je
tu
il
 	
ils
	• 3e personne du pluriel du présent de l'indicatif en enlevant **-ent**.
	    aim
	    finiss
	    prenn
	(ils) voi
	    perçoiv
	    peign
	    dis
		e (1re sing.)
		es (2e sing.)
		e (3e sing.)
		
		ent (3e pl.)
			1re, 2e, 3e pers. du singulier
			3e pers. du pluriel du subjonctif
			
			que j'aime
			que tu finisses
			qu'il prenne
			qu'elle voie
			qu'ils perçoivent
			qu'elles peignent
			qu'ils disent

nous vous	• 1re et 2e personne du pluriel de l'imparfait sans changement. nous aimions nous finissions nous prenions vous voyiez vous receviez vous peigniez vous disiez	ions iez	que nous aimions que nous finissions que nous prenions que vous voyiez que vous receviez que vous peigniez que vous disiez

• Verbes irréguliers

Avoir	Être	Aller	Faire	Falloir
que j'aie que tu aies qu'il ait que nous ayons que vous ayez qu'ils aient	que je sois que tu sois qu'il soit que nous soyons que vous soyez qu'ils soient	que j'aille que tu ailles qu'il aille que nous allions que vous alliez qu'ils aillent	que je fasse que tu fasses qu'il fasse que nous fassions que vous fassiez qu'il fassent	qu'il faille

Pleuvoir	Pouvoir	Savoir	Valoir	Vouloir
qu'il pleuve	que je puisse que tu puisses qu'il puisse que nous puissions que vous puissiez qu'ils puissent	que je sache que tu saches qu'il sache que nous sachions que vous sachiez qu'ils sachent	que je vaille que tu vailles qu'il vaille que nous valions que vous valiez qu'ils vaillent	que je veuille que tu veuilles qu'il veuille que nous voulions que vous vouliez qu'ils veuillent

2. Formation du subjonctif passé

...que + auxiliaire avoir ou être au subjonctif + participe passé du verbe					
que	j'aie	pris	que	je sois	parti
	tu aies	vu		tu sois	monté
qu'	il ait	accepté	qu'	elle soit	revenue
que	nous ayons	fait	que	nous soyons	allés
	vous ayez	souri		vous soyez	sortis
qu'	ils aient	dit	qu'	elles soient	arrivées

2. Emplois du subjonctif

Le subjonctif exprime une action non encore réalisée ou une attitude subjective.

1. Après certains verbes

• Expression des sentiments

Le doute	La crainte
Je doute Je ne crois pas Il est possible Il se peut qu'il **vienne**. Il est impossible Il n'est pas possible Il est improbable **Attention !** Il est probable qu'il **viendra**.(Indicatif)	(on utilise le **ne** explétif) Je crains J'ai peur qu'il ne **vienne** Il est à craindre trop tard. Je tremble Pour dire le contraire, on emploie la négation « ne... pas ». - Je crains qu'il **ne vienne pas**.
Le souhait	**Le regret**
Je souhaite J'aimerais Je prie qu'elle **vienne**. Je voudrais Je désire **Attention !** - J'espère qu'il **viendra**. (Indicatif)	Je regrette Je suis désolé qu'elle ne **vienne** pas. Quel dommage
L'ordre	**Le jugement impersonnel et moral**
Je veux J'ordonne Je conseille Je permets qu'il **vienne**. Je demande J'interdis Je ne veux pas	Il faut Il ne faut pas Il est regrettable Il est juste qu'elle **vienne**. Il est temps Il est absurde

• Expression d'une opinion

<table>
<tr><td colspan="2" align="center">Avec les verbes : déclarer, dire, raconter, annoncer, etc.</td></tr>
<tr><td colspan="2">**Phrases affirmatives, négatives ou interrogatives**
Il déclare
Il ne dit pas   *qu'elle est intelligente.*
Il affirme</td></tr>
<tr><td colspan="2">**Attention !** *Ne dit-il pas qu'elle est belle ?* (Indicatif)</td></tr>
<tr><td colspan="2" align="center">Avec les verbes : croire, penser, trouver, supposer, deviner, s'imaginer,
compter, être sûr, être certain, espérer, etc.</td></tr>
<tr><td colspan="2">**Phrases affirmatives ou interrogatives avec « est-ce que »**
Il croit
Il pense   *qu'elle viendra.*
Il est certain</td></tr>
<tr><td colspan="2">**Attention !** *Est-ce qu'il pense qu'elle fera le voyage ?* (Indicatif)</td></tr>
<tr><td colspan="2">**Phrases négative ou interrogatives avec inversion du sujet**
Il ne croit pas
Il ne pense pas   *qu'elle vienne.*
Il n'est pas sûr

Croyez-vous   *qu'elle fasse ce travail ?* (Subjonctif)
Pensez-vous</td></tr>
</table>

Remarques

a. Il est important de comprendre qu'il existe une marge de choix réelle dans ce cas : toute nuance d'appréciation (donc de subjectivité) entraîne l'indicatif.
Exemple : « *Je ne crois pas qu'elle viendra* » signifie « *Je crois qu'elle ne viendra pas.* »

b. Certains verbes demandent une construction plus compliquée (verbes construits avec la préposition « à »).
– *Je m'attends*
– *Je m'oppose*   *à ce qu'elle vienne.*
– *Je tiens*

c. Quand le sujet est le même dans les deux propositions, on met le verbe de la seconde à l'infinitif parfois précédé de « de » (lorsque la construction du verbe le demande).
– *Je souhaite réussir.*
– *Je suis heureux de partir.*

d. Après les verbes ordonner, demander, écrire, défendre, dire, empêcher, persuader, permettre à quelqu'un de faire quelque chose, on utilise aussi une construction infinitive.
– *J'ordonne à ma fille de ranger sa chambre.*
– *Il lui a défendu de sortir samedi soir.*
– *La grève les a empêchés d'arriver à temps.*

2. Dans les propositions relatives

• **Après certains verbes comme chercher, vouloir, désirer**…
– Quand l'antécédent est indéterminé ou précédé d'un indéfini, on utilise le subjonctif.
*Exemple : Je **cherche** quelqu'un (un homme/une femme) qui **sache** faire la cuisine.*

– Quand l'existence de l'antécédent est certaine, on utilise l'indicatif.
*Exemple : J'ai rencontré quelqu'un qui **sait** faire la cuisine.*

• **Quand le pronom relatif** est précédé d'un superlatif ou d'expressions comme seul, unique, premier, dernier… et que l'on veut exprimer une opinion subjective, on utilise le subjonctif.
*Exemple : C'est le plus bel homme que je **connaisse**. (opinion personnelle)*

Mais si on constate une réalité reconnue par tous, on utilise l'indicatif.
*Exemple : C'est le meilleur étudiant qui **a obtenu** la bourse.*

3. Après certaines conjonctions

Relations logiques Conjonctions	Conjonctions toujours suivies du subjonctif 1	Conjonctions suivies du subjonctif si les sujets des deux verbes sont différents 2	Prépositions de remplacement + infinitif si les deux sujets sont les mêmes 3	Exemples
But		Pour que Afin que De façon que De manière que De sorte que De peur que De crainte que	Pour Afin de De façon à De manière à De peur de De crainte de	2. Il explique la leçon **de façon que** nous comprenions. 3. Il explique la leçon **de façon à** être compris.
Opposition Concession	Bien que Quoique Quelque… que Si…que Pour…. que Qui que Où que Quoi que Quel que Encore que	Sans que	Sans	1. Je l'aime **quoiqu'**il soit colérique. 2. Il est parti **sans que** ses parents s'en aperçoivent. 3. Il a sauté **sans** avoir peur.
Condition Hypothèse	À supposer que En supposant que En admettant que Pourvu que Pour peu que Si tant est que Pour autant que Soit que… soit que	À condition que À moins que	À condition de À moins de	1 - 2. J'irai à la soirée **pourvu que / à condition que** tu viennes. 3. Je ferai ce travail **à condition** d'être bien payé.

Temps	Jusqu'à ce que D'ici à ce que Du plus loin que	Avant que En attendant que	Avant de En attendant de	*1 - 2. Je lirai **jusqu'à ce qu' / en attendant qu**'il vienne.* *3 . Je réviserai **avant de** passer l'examen.*
Cause	Non que Soit que…soit que Ce n'est pas que			*1. Je ne l'aime pas, **non qu**'il soit désagréable, mais parce qu'il est vulgaire.*
Conséquence		Trop + adj. Assez + adv. + pour que	Trop de + adj. Assez de + adv. + pour	*2. Il est **trop** jeune **pour qu**'on puisse lui confier ce travail.* *3. Il a **assez** d'argent **pour** acheter sa maison.*

Exercices

Conjugaison

1 🌳 *Observez les phrases suivantes.*

a) *Quels sont les verbes au présent et ceux à l'imparfait ? (Les autres sont au subjonctif.)*

b) *Éventuellement, essayez de déterminer ce qui entraîne l'emploi du subjonctif.*

1. Quand viennent-ils ?
2. Il faut qu'elle vienne.
3. Elle doute que tu partes avec nous.
4. Est-ce que c'est sûr que tu pars avec nous ?
5. Il est certain qu'ils boivent trop.
6. Il faudrait qu'ils boivent moins.
7. Il exige que j'aie fini le compte rendu avant 18 h.
8. Les verbes du premier groupe finissent en « er ».
9. Il est impossible que nous prenions la voiture.
10. Je ne pense pas que tu connaisses cette jeune fille.
11. Elle est arrivée au moment où nous prenions le thé.
12. Depuis quand connaissiez-vous la vérité ?
13. Il est douteux, dans ce cas, que vous fassiez des progrès.
14. Je suis sûr qu'ils vont à la mer cet été.
15. Je croyais que vous faisiez du ski.
16. Leur père ne veut pas qu'elles aillent voir ce film.
17. Il est indispensable que vous soyez d'accord.
18. J'étais persuadée que vous étiez encore en vacances.
19. Je regrette que vous ayez eu tellement d'ennuis.
20. Pourquoi aviez-vous peur de lui ?
21. Il semble qu'elle soit déjà partie.
22. Je trouve improbable qu'elle mente.
23. Aviez-vous déjà entendu parler de cette histoire.

2 🌳 *Mettez les verbes à l'infinitif au subjonctif présent.*

1. Il est temps qu'il (apprendre) ……… à se servir de cet appareil. – **2.** Je suis étonné qu'elle (craindre) ……… autant la chaleur. – **3.** Il a recommandé que nous (ne pas ouvrir) ……… les portes avant huit heures. – **4.** Il y a peu de chances qu'il (recevoir) ……… un avis favorable. – **5.** Je désire que tu (se mettre) ……… au travail. – **6.** Le docteur a exigé qu'elle (voir) ……… un autre spécialiste. – **7.** Cela me surprend que vous (ne pas connaître) ……… encore votre voisine. – **8.** Il déplore que ses étudiants (se servir) ……… si peu de leur dictionnaire. – **9.** Je crains qu'il ne (attendre) ……… encore longtemps. – **10.** Je suis enchantée que ce bijou vous (plaire) ……… – **11.** Pourquoi interdit-il qu'on (écrire) ……… avec un crayon ? – **12.** Il vaudrait mieux que votre fille (s'asseoir) ……… ; elle a l'air fatiguée.

3 🌳 *Mettez les verbes à l'infinitif au subjonctif présent.*

1. Êtes-vous certaine qu'elle (pouvoir) ……… venir ? – **2.** Malheureusement, je crains qu'il ne (faire) ……… pas beau. – **3.** Il est possible que Sophie (être) ……… au courant. – **4.** Crois-tu qu'elle (avoir) ……… entièrement raison ? – **5.** Les agriculteurs aimeraient bien qu'il (pleuvoir) ……… un peu plus. – **6.** Il est douteux qu'elles (savoir) ……… la vérité. – **7.** Elle voudrait que son mari (aller) ……… consulter une voyante. – **8.** Il est peu probable qu'il (vouloir) ……… lui rendre ce service. – **9.** Je ne suis pas sûr qu'il (falloir) ……… être aussi intransigeant. – **10.** J'ai peur que vous (ne pas vouloir) ……… me prêter votre voiture.

théorie générale

3. Mode du verbe subordonné

Si les sujets du verbe principal et du verbe subordonné sont différents, on utilise le subjonctif.

Subjonctif présent : simultanéité/postériorité	Infinitif présent : simultanéité/postériorité
Verbes + subjonctif Elle veut que le repas soit prêt pour huit heures. Elle souhaitait que son fils revienne. Elle n'a pas voulu que nous revenions ensemble. Elle sera heureuse que tu sois invité. Elle aimerait que son fils puisse faire ce voyage.	**Verbes + infinitif** Elle veut faire plaisir à tout le monde. Elle souhaitait acheter une nouvelle voiture. Elle n'a pas voulu revenir avec nous. Elle sera heureuse d'être invitée. Elle aimerait pouvoir faire ce voyage.
Conjonctions + subjonctif Il se dépêche Il s'est dépêché pour que le repas soit prêt. Il se dépêchait	**Prépositions + infinitif** Il se dépêche Il se dépêchait pour arriver avant l'orage. Il s'est dépêché
Subjonctif passé : antériorité	Infinitif passé : antériorité
Verbes + Subjonctif Il regrette Il regrettait qu'elle n'ait pas pu Il a regretté venir à son mariage. Il regrettera	**Verbes + Infinitif** Il regrette Il regrettait de n'avoir pas pu aller Il a regretté au mariage d'Irène. Il regrettera

Exercices

4 🌳 **Subjonctif passé / Achèvement**

NOËL, JOUR J MOINS...

Toute la famille arrive le 24 décembre.

Quand ils arriveront pour la fête, il faudra que nous ayons terminé une longue série de préparatifs. Qui va faire quoi ?

Attribuez des tâches aux divers membres de la famille. (Grand-mère, Papa, Maman, Victor 15 ans, Sophie 13 ans, Yasmina 6 ans, Nous = tout le monde)

*Exemple : Pour le 25, il faudra que Papa **ait acheté** le sapin, qu'il **l'ait installé** au salon, et que Grand-mère **l'ait décoré** avec les enfants.*

Liste de ce qu'il y a à faire

– **pour la maison** : faire le ménage, ranger, faire les vitres, faire les lits.
– **pour le décor de Noël** : acheter, installer, décorer l'arbre de Noël, mettre en place la crèche, suspendre les guirlandes extérieures, accrocher la couronne de bienvenue, mettre des bougies partout.
– **pour la table de Noël** : sortir la belle vaisselle, frotter l'argenterie, repasser la nappe de fête, préparer le décor de la table avec du houx, mettre le couvert, écrire les menus.
– **pour la nourriture** : commander la dinde et la bûche de Noël, choisir le foie gras et le cuisiner à l'avance, ouvrir les huîtres, réchauffer les escargots, déboucher le champagne.
– **pour les cadeaux** : choisir, acheter, emballer, étiqueter les cadeaux.
– **pour nous-mêmes** : se laver, se coiffer, se parfumer, s'habiller joliment.

5 🌳 🌳 **Subjonctif passé - Achèvement et prescription**

Voici les consignes que le directeur de stage donne à ses étudiants en octobre : « La soutenance est fin juin, ce sera bientôt là. Soyez très organisé et respectez les étapes et les délais que je vais vous donner. »

Transformez les phrases suivantes selon le modèle.

*Exemple : Définissez précisément votre sujet d'ici 10 jours / **c'est impératif**.*
*→ **Il est impératif que vous ayez défini** votre sujet d'ici 10 jours.*

1. Lisez tous les livres nécessaires avant Noël / c'est vital. – **2.** Sélectionnez les informations indispensables d'ici janvier / je le veux. – **3.** Terminez le plan de votre mémoire pour la fin janvier, dernier délai / je l'exige. – **4.** Rédigez la première version avant fin mars / c'est indispensable. – **5.** Montrez-moi votre texte avant mi-mars / c'est préférable. – **6.** Faites les corrections pour fin avril / c'est important. – **7.** Donnez-moi votre texte définitif début mai / c'est essentiel. – **8.** Rencontrons-nous pour les dernières mises au point avant la fin mai / il faudra. – **9.** Terminez votre exposé de soutenance avant le 15 juin / il vaut mieux. – **10.** Répétez-le plusieurs fois devant un public avant la soutenance / c'est nécessaire.

6 🌳 🌳 **Subjonctif présent ou subjonctif passé ?**

Complétez les phrases avec le subjonctif présent ou le subjonctif passé.

1. Je souhaiterais qu'elle (aller) .... à sa rencontre. – **2.** Je regrette qu'elle (ne pas encore finir) .... son travail. – **3.** Pierre doute que ses parents (rentrer déjà) .... – **4.** Vous n'avez pas encore été remboursés ? C'est scandaleux qu'on (mettre) .... si longtemps à le faire. – **5.** Faut-il que nous (prendre) .... le bus ou le métro ? – **6.** Il exige que vous (terminer) .... avant 17 heures. – **7.** Je ne pense pas que Marianne (partir déjà) .... Tu peux lui téléphoner. – **8.** Il est dommage qu'on (ne pas peindre) .... avant de poser la moquette. – **9.** – « Voilà ma nouvelle voiture ! » – Je suis contente que vous (pouvoir)……… en changer. – **10.** Les vacances approchent, il est indispensable que vous (prendre) ……… vos réservations. – **11.** Ses parents sont désolés qu'elle (échouer) ……… à son examen.

théorie générale

4. Utilisation du subjonctif

1. L'expression de la permission, de la prescription, de l'ordre, de l'interdiction

	VERBES PERSONNELS Que + subjonctif À / De + infinitif		VERBES IMPERSONNELS (Portée générale) Il / c' est… que + subjonctif Il est / c'est… de + infinitif	
Permission	J'admets J'autorise Je concède Je consens (à ce)	*qu'il sorte.*	Il est permis, autorisé, admis - *que cette formule soit employée.* - *d'employer cette formule.*	
	Je permets je veux bien	*qu'il sorte avant les autres.*		
	Je l'autorise à Je lui permets de	*sortir avant les autres.*		

Prescription / Conseil	Il a prescrit
	Il a recommandé
	Il a préconisé
	Il a prôné
	Il a conseillé
		qu'elle parte un mois en altitude.	Il est prescrit
			      recommandé
			      conseillé
				de boire beaucoup d'eau en été.

			Il est préférable il vaut mieux	*qu'il prenne du repos.*
	Il lui prescrit recommande	*de partir.*		
	Cela stipule [juridique] *que le bail soit renouvelé.*			

Ordre	Le directeur…
	  exige
	  demande
	  impose
	  veut
	  réclame
	  commande
	  est d'avis
	  ordonne
		que les ouvriers fassent 38 heures.	Il faut
			Il est
			      nécessaire
			      essentiel
			      indispensable
			      obligatoire,
			      vital
			      fondamental
			      capital
				que vous preniez vite une décision.

	Il force
	  oblige *les ouvriers*
	  contraint
		à faire / de faire 38 heures.	important
			utile
			primordial
			requis
				d'avoir une bonne vue.

	Il les somme (litt.) *de faire 38 heures.*		Il est inévitable
			      inéluctable
			      fatal
				qu'il en soit ainsi.

Interdiction	Il ne veut pas Il a interdit Il a empêché (à ce) Il a défendu Il s'est opposé	*que la vérité soit révélée.*	Il est interdit défendu proscrit prohibé exclu	*de faire des visites après 20 heures.*

Exercices

.2
CR

7 🌳🌳 **Ordres**

a) *Observez le tableau ci-dessous.*

	Subjonctif	Infinitif
Ordonner	Je veux que J'exige que Je demande que	Je t'ordonne de Je te demande de
Accepter	Je veux bien que J'accepte que J'admets que	Je t'autorise à Je te permets de
Interdire	Je ne veux pas que J'interdis que Je refuse que Je n'accepterai pas que Je m'oppose à ce que Je ne tolèrerai pas que Il faut que…	Je t'interdis de Je te défends de Il ne faut pas…

b) *Reformulez les injonctions parentales suivantes.*

Exemples : – *Tu dois aller te coucher (je veux)* → *Je veux **que tu ailles** te coucher.*
     – *Tu ne dois pas jouer si tard (je t'interdis)* → *Je t'interdis **de jouer** si tard.*

1. Tu dois te laver les dents (j'exige). – **2.** Tu ne dois pas frapper ta sœur (je te défends). – **3.** Tu dois embrasser ta tante (je veux). – **4.** Tu ne dois pas être grossier (je t'interdis). – **5.** Tu peux regarder la télévision (je t'autorise). – **6.** Tu peux dormir chez ta copine (j'accepte). – **7.** Tu ne dois pas rentrer après 19 heures (je refuse). – **8.** Tu peux emprunter mon écharpe (je te permets). – **9.** Tu peux amener ton copain pour goûter (je veux bien). – **10.** Tu ne peux pas inviter toute la classe (je m'oppose).

.1
CR

8 🌳 **Prescription** → **infinitif**
   → **subjonctif (vous et / ou nous)**

Reformulez les conseils ci-après de deux façons à l'aide des expressions suivantes : il faut, il faudrait, il vaut mieux, il vaudrait mieux ; il serait (ce serait) bien, bon, conseillé, indiqué, indispensable, préférable, recommandé, souhaitable, important, intelligent, utile, prudent, raisonnable.

Exemples : – Conseil à valeur générale → **infinitif**
     Il faut se préparer tout au long de l'année.

     – Conseils adressés à des personnes spécifiques → **subjonctif**
     Il faut que nous nous préparions tout au long de l'année.

MÉMENTO SÉCURITÉ MONTAGNE

– se préparer tout au long de l'année,
– consulter, si besoin, votre médecin,
– préparer l'itinéraire,
– choisir un itinéraire à votre mesure,
– évaluer correctement les difficultés,
– prévoir des itinéraires de repli,
– prévenir quelqu'un de votre départ et de votre destination,
– avertir de l'heure normale de votre retour,

– consulter la météo et tenir compte des conditions atmosphériques,
– emporter l'équipement adapté à votre objectif,
– s'équiper avec du bon matériel,
– surtout ne pas oublier la veste polaire, la cape de pluie et la crème solaire,
– prévoir de quoi s'hydrater pour éviter les coups de chaleur,
– emporter des aliments très énergétiques contre les coups de pompe,
– doser vos efforts,
– consulter régulièrement la carte,
– tenir compte du balisage,
– être prudents à proximité des cours d'eau (crues soudaines),
– rester groupés,
– savoir s'adapter, voire renoncer,
– faire demi-tour en cas de difficultés imprévues,
– se former aux gestes de premiers secours,
– avoir un téléphone portable et une bonne assurance en cas d'accident.

B1.2
CECR
9 **Élaboration de dialogues**

a) La discussion est violente entre Anne, 16 ans, et son père. Elle a des idées très définies sur ce qu'elle veut faire ; elle veut le faire librement et sans contrôle. Son père, lui, est plus traditionnel et veut mettre des limites.

Imaginez le dialogue entre le père et la fille.

Elle veut :
– Vêtements provocants, coiffure bizarre, maquillage excentrique, piercing, etc.
– Amis amusants, marginaux, artistes, routards, fêtards, etc.
– Sorties libres, tardives, sans prévenir, sans limite horaire, où ça lui chante, etc.

Il exige :
– Vêtements présentables, coiffure correcte, maquillage discret, pas de piercing, etc.
– Amis bien éduqués, sérieux, convenables, etc.
– Sorties limitées au samedi, heure de retour fixe, lieu connu des parents, etc.

b) Voici le nouveau règlement intérieur de l'agence bancaire « Pognon et Cie ». Le nouveau directeur général est beaucoup plus autoritaire que le précédent, et les employés d'un service se plaignent à ceux d'un autre service.

Imaginez les réflexions de chacun.

Exemples : – ***Il exige que nous portions*** *des costumes ou des tailleurs, tu imagines ! Moi qui ne porte que des jeans ! Et en plus,* ***il a refusé que je porte*** *un tailleur rose !* ***Il m'a même défendu de mettre*** *un chemisier rose ! Au xxie siècle !*
– *Ma pauvre ! Moi,* ***il m'a interdit de*** *porter des cravates de couleur.* ***Il accepte que je mette*** *une chemise bleue mais pas une jaune. Il est malade, ce type !*

Obligatoire	Interdit	Autorisé
Costume / tailleur	Fumer dans les bureaux	Fumer dans le patio
Allure impeccable	Pique-niquer dans les bureaux	Pique-niquer dans la salle
Chaussures bien cirées	Emporter papiers, crayons,	de repos
Coiffure nette	stylos, à la maison	Prendre une pause-café
Maquillage, parfum	Surfer sur Internet	par demi-journée
Toujours le sourire, aimable	Donner des coups de	Passer un coup de fil occa-
Toujours garder son calme	téléphone personnels	sionnel en cas d'urgence
Appliquer strictement les règles	Interpréter les règles	médicale ou familiale
Se référer au chef en cas de	Prendre des initiatives	Suggérer des idées
doute	isolées	en réunion

10 Expressions impersonnelles de jugement normatif
+ infinitif (règle générale)
+ subjonctif (cas particulier)

À l'aide des éléments donnés ci-après, composez des phrases qui décrivent, selon vous,
la situation en France et dans votre pays (règle générale et cas particuliers).

*Exemples : – En France **il est interdit de fumer** dans les lieux publics, mais **il est assez fré-***
*quent que les fumeurs ne respectent** pas la loi.*
*– En France **il n'est pas autorisé de se promener** nu dans la rue, mais dans les*
*camps de naturistes, **il est normal que tout le monde soit nu**.*

Acteurs :
– tout le monde, on – hommes, femmes, enfants, adolescents, jeunes, adultes, personnes
âgées – français, étrangers, immigrés – élèves, professeurs – employés, directeurs, vendeu-
ses, clients – médecins, patients – certaines (quelques) personnes – quelques individus, etc.

Adjectifs utilisables pour fabriquer des impersonnelles de jugement :
Il est – obligatoire, légal, autorisé
– indispensable, bon, convenable, bien vu, poli
– naturel, banal, commun, habituel, usuel, fréquent, répandu
– admis, toléré, pas vraiment condamnable
– peu fréquent, peu commun, inhabituel, rare, exceptionnel
– original, étrange, insolite, extravagant
– impoli, incorrect, mal vu, déplacé, inapproprié
– impardonnable, inadmissible, grossier
– condamnable, interdit, illégal…

Comportements plus ou moins courants :
– boire un pot à une terrasse – amener son chien au restaurant – manger avec ses doigts –
doubler dans la file d'attente – laisser sa place dans le bus – lire le journal à table pendant
le repas – boire du vin avec le repas – embrasser sa copine dans la rue – se faire la bise –
parler très fort – parler une langue familière – répondre impoliment à une personne âgée –
porter des vêtements sexy – cracher par terre – manger la bouche ouverte, etc.

Actions plus ou moins répréhensibles :
– ne pas payer le tram ou le train – voler chez un commerçant – tricher au jeu – se mettre
en faux congé de maladie – tricher sur les horaires de travail – dépasser les limites de vitesse et faire sauter les contraventions – conduire en état d'ivresse – rouler sans assurance – travailler au noir – tromper son conjoint – ne pas payer la pension alimentaire de ses enfants
– employer des gens au noir et les payer au-dessous du SMIC (salaire minimum) – tenir des
propos racistes – se moquer des autres.

---

2. Expression du souhait

11 Infinitif ou subjonctif

*Observez le sondage ci-dessous. Pourquoi le verbe **préférer** est-il suivi de l'infinitif dans*
le premier cas et du subjonctif dans le deuxième cas ?

Un magazine a publié en 2004 les résultats d'un sondage adressé aux femmes et aux hom-
mes sur le travail des femmes.
• Aux femmes : Si vous aviez le choix, préféreriez-vous :
Travailler : 68 % – Rester à la maison : 28 % Sans opinion : 4 %
• Aux hommes : Si vous aviez le choix, préféreriez-vous que votre femme :
Travaille : 52 % – Reste à la maison : 43 % – Sans opinion : 5 %

12 **Compatibles ?**

a) *Complétez les phrases du tableau suivant avec le subjonctif présent.*

Bastien et Livia vivent ensemble, mais sont-ils vraiment assortis pour les vacances ? On pourrait en douter.

Bastien	Livia
J'aimerais que l'ambiance (être)_____ calme.	**Je préfèrerais qu'**il y (avoir)_____ une ambiance de fête.
Je voudrais bien qu'on (passer)_____ des soirées tranquilles.	Ah ! non ! **J'ai envie que** nous (aller) _____ danser tous les soirs.
Ça me plairait qu'on (pouvoir)_____ tout faire à pied, qu'il ne (falloir)_____ pas prendre la voiture.	S'il te plaît, chéri… **ça me plairait que** nous (prendre)_____ la voiture pour être plus libres.
J'aimerais bien que le climat (être)_____ doux et qu'on n'(avoir)_____ pas trop chaud.	Moi, **je désire qu'**il (faire)_____ chaud, que nous (pouvoir)_____ rester en tee-shirt toute la journée et qu'il ne (pleuvoir)_____ jamais.
J'apprécierais que nous (camper)_____ dans la nature, qu'on (entendre)_____ les animaux la nuit, que ça (sentir)_____ les fleurs.	**Je rêve que** tu (vouloir) _____ bien aller dans un bon hôtel confortable, pour une fois !
Ça serait bien que nous ne (dépenser)_____ pas trop.	**Je voudrais que** l'hôtel (valoir)_____ très cher et que le service y (être)_____ parfait.

a) *Continuez la conversation.*

Bastien : se baigner dans une petite crique – éviter les coups de soleil – fuir la foule – s'habiller simplement – lire de bons livres

Livia : se baigner sur une plage privée – bronzer, bronzer, bronzer ! – aller là où tout se passe – frimer sur le port – s'éclater en discothèque

13 **Espérer + indicatif. Attention ! Exception !**

Les vœux et les espoirs sont exprimés à l'aide de :

Souhaiter Désirer Avoir envie	+ subjonctif
Espérer	+ indicatif

a) *Observez le texte suivant.*

Les parents de Joséphine souhaitent que leur fille ne soit pas seule dans la vie, mais ils n'ont pas envie qu'elle fasse n'importe quoi avec les garçons, c'est pourquoi ils espèrent qu'elle ne ment pas quand elle dit qu'elle sort avec une amie.

b) Faites des phrases avec les éléments donnés.

*Exemple : **Je souhaite que** tu épouses ton copain et **j'espère que** ton mariage marchera.*

1. Nous/les enfants/faire de bonnes études/trouver un bon emploi
2. Les étudiants/un examen facile/les professeurs/mettre/une bonne note
3. L'auteur/son livre/plaire/se vendre bien
4. Les enfants/le père Noël/être généreux/apporter beaucoup de cadeaux
5. Les agriculteurs/pleuvoir/ne pas y avoir d'inondations

14 🌳🌳 ***Reformuler les affirmations ci-dessous concernant l'école en utilisant les verbes suivants :*** Attendre, souhaiter, désirer, vouloir ; trouver souhaitable (préférable); espérer (attention + indicatif)

Exemple : L'école doit avant tout enseigner des savoirs.
→ ***J'attends que l'école enseigne** avant tout des savoirs.*

1. Elle doit inculquer la discipline. – **2.** Elle doit informer les élèves de leur avenir. – **3.** Elle doit servir d'intégrateur social. – **4.** Elle doit être égalitaire. – **5.** Elle doit apprendre à vivre ensemble. – **6.** Elle doit rendre les enfants curieux. – **7.** Elle doit savoir enseigner à tous. – **8.** Elle doit pouvoir compenser les clivages sociaux. – **9.** Elle doit permettre le brassage social. – **10.** Elle doit favoriser l'apprentissage d'un métier. – **11.** Elle doit développer l'esprit critique. – **12.** Elle doit être laïque et garantir un même enseignement à tous les citoyens.

15 🌸🌸 **L'expression du souhait par une subordonnée relative au subjonctif**

Monsieur et madame Legrand cherchent un appartement pour leur famille (3 enfants : un bébé de 2 ans, une fillette de 7 ans et leur aîné de 13 ans). Ils vont dans une agence et demandent des renseignements en expliquant leurs besoins : surface, prix, tranquillité et qualité de vie du quartier, une chambre pour chacun, proximité de garderie ou crèche, école maternelle, collège, commerces, grande surface, terrain de sport, cinémas…

Formulez leurs demandes à l'aide des expressions suivantes.

Nous cherchons			
Nous aimerions		qui	
Nous voudrions		que	
Auriez-vous	+ un nom	où	+ subjonctif
Existerait-il		près duquel	
Pourrions-nous trouver		dans lequel	
Connaîtriez-vous		dont	
Y aurait-il			

16 🌸🌸 **Relatives - Indicatif de réalité ou subjonctif de souhait**

a) Sur le modèle de la situation 1, continuez les situations 2, 3, 4.

Réalité	Souhaits
1. J'ai une femme… - qui ne sait pas faire du VTT. - que je n'aime pas. - avec qui je m'ennuie. - sur qui je ne peux pas compter. - dont je ne suis pas fier.	Oh, comme je voudrais une femme… - qui sache faire du VTT. - que je puisse aimer. - avec qui je ne m'ennuie pas. - sur laquelle je puisse compter. - dont je sois fier.
2. Je suis un pauvre petit garçon ! J'ai des parents ------------	Ah ! ce que je voudrais avoir des parents ------------
3. J'habite un appartement affreux. C'est un appartement ------------	Je voudrais trouver une maison ------------
4. Mes voisins sont effrayants ! Ce sont des gens ------------	Ah ! si je pouvais avoir des voisins ------------

b) *Et maintenant, compliquons un peu les choses. Vous pouvez rêver de deux types de choses :*

- De choses que vous n'avez pas mais que vous connaissez, qui existent. Dans ce cas-là vous utiliserez l'indicatif après le pronom relatif.

Exemple : Je voudrais la nouvelle Lamborghini qui fait du 250 kilomètres à l'heure.

- De choses que vous ne connaissez pas encore ou qui n'existent pas (comme dans l'exercice précédent). Dans ce cas vous utiliserez le subjonctif.

Exemple : J'aimerais une voiture qui ne fasse absolument aucun bruit.

Complétez le tableau suivant :

L'ÎLE DE MES RÊVES

1. Mon rêve existe, je l'ai rencontré.	2. Mon rêve n'existe que dans ma tête.
Je souhaite acheter la jolie petite île *Lola* - qui _____ dans les Caraïbes (être) - où on _____ du cheval sous les palmiers (faire) - sur laquelle _____ les oiseaux migrateurs (venir) - que peu de gens _____ (connaître) - dans laquelle _____ une rivière (coule) - à laquelle une belle Espagnole _____ son nom (donner) - que j' _____ cet été (visiter) - dont les agences ne _____ rien (dire)	Je souhaite acheter une île - qui _____ dans une mer chaude (être) - où il n'y _____ pas de serpents (avoir) - sur laquelle _____ des orchidées (pousser) - que personne ne _____ (connaître) - dans laquelle _____ une ou deux rivières (courir) - à laquelle je _____ donner le nom que je veux (pouvoir)

17 🌳🌳🌳 **Le superlatif + pronom relatif + indicatif ou subjonctif**

Mettez les verbes à l'infinitif au mode qui convient.

1. Vous êtes déjà allés en Bretagne ? Non, c'est la première fois que nous y (aller) ………

2. Ce millefeuille est le meilleur gâteau que je (avoir jamais mangé) ………

3. Le sentiment de bonheur le plus intense qu'il (avoir éprouvé) ………, c'est à la naissance de ses jumeaux.

4. Pour elle, *Les noces de Figaro* est le plus bel opéra que Mozart (avoir composé) ………

5. Marseille est la plus grande ville en bord de mer que vous (pouvoir) ……… visiter en France.

6. C'est le plus beau musée que nous (avoir visité) ………

7. C'est le dernier étudiant de la liste qui (obtenir) ……… la meilleure note.

8. C'est bien la seule occasion où il lui (avoir fait) ……… des compliments.

9. Le mot le plus long que vous (trouver) ……… en français est « anticonstitutionnellement ».

10. L'unique image de sa grand-mère dont elle (se souvenir) ……… était celle d'une petite dame voûtée et silencieuse.

théorie générale

3. L'expression des sentiments

La liste des verbes dans le tableau de la page suivante – qui n'est pas exhaustive – est classée de gauche à droite du plus personnel au plus général.

	Verbes personnels + que + subjonctif + de + infinitif	ça me …que + subjonctif ça me …de + infinitif	il / c'est + adjectif + que + subjonctif + de + infinitif
Étonnement	**Il était étonné**, surpris, ébahi, stupéfié, abasourdi, stupéfait, renversé (fam.), déconcerté, effaré - *qu'elle n'ait pas réussi.* - *de n'avoir pas réussi.*	**Ça me surprend**, ça m'étonne, ça me stupéfie, ça me renverse, ça me déconcerte - *qu'il ait été élu.* - *d'avoir été élu.*	**Il est étonnant**, surprenant, stupéfiant, renversant, déconcertant, incroyable, inimaginable, effarant, invraisemblable, déconcertant, inattendu - *qu'il ait agi ainsi.* - *de constater une telle violence.*
Colère Irritation	**Il était irrité**, en colère, en rogne (fam.), mécontent, furieux, furibond, courroucé, - *qu'elle ne soit pas venue.* - *d'avoir été trompé.* **Il rageait**, enrageait, fulminait d'être le *sujet perpétuel de leurs moqueries.* **Il n'admet pas**, ne tolère pas, n'accepte pas, ne supporte pas, - *qu'on le contredise.* - *d'être contredit.*	**Ça me met en colère**, ça m'énerve, ça m'irriter, ça me fâche, ça m'agace, ça m'exaspère, ça me mécontente - *de ne pas être obéi.* - *qu'elle n'obéisse pas.*	**Il est / je trouve inadmissible**, intolérable, inacceptable, insupportable, enrageant, exaspérant, irritant - *que la moitié de la planète soit sous-alimentée.* - *de constater une telle injustice.*
Regret Tristesse Douleur	**Nous regrettons**, déplorons, - *qu'il ait si mal agi.* - *d'avoir été mal compris.* **Il était triste, navré**, désolé, au regret, attristé, chagriné, accablé, - *que son geste ait tant déplu.* - *d'avoir tant déplu.* **Elle était atterrée**, consternée, effondrée, catastrophée, désespérée, - *que le diagnostic soit si grave.* - *de lui annoncer cette nouvelle.* **Elle souffre** - *que sa fille soit seule.* - *d'être seule.*	**Ça me navre**, ça me désole, ça m'attriste, ça m'afflige, ça m'accable - *qu'il soit aussi malveillant.* - *de n'être plus capable de l'aider.* **Ça me fait mal** - *qu'il soit parti sans me dire adieu.* - *de n'avoir pas pu le voir avant son départ.*	**Il est regrettable**, navrant, désolant, déplorable, lamentable, attristant, affligeant, pitoyable, consternant, atterrant, accablant catastrophique - *que cet enfant soit orphelin.* - *de constater les terribles conséquences de la tornade.* **Il est douloureux**, pénible, difficile, cruel, éprouvant, dur, atroce, terrible, épouvantable, barbare, monstrueux - *de séparer une mère de ses enfants.*

	Verbes personnels + que + subjonctif + de + infinitif	ça me ...que + subjonctif ça me ...de + infinitif	il / c'est + adjectif + que + subjonctif + de + infinitif
Joie **Plaisir** **Amusement** **Amour**	**Il se réjouit**, se félicite, jubile - *que sa fille ait le poste.* - *d'avoir obtenu le poste.* **Il était heureux**, ravi, aux anges, content, enchanté, joyeux, radieux, béat, gai, comblé, satisfait - *que sa femme lui donne enfin un fils.* - *d'avoir enfin un fils.* **Elle aimait**, adorait, appréciait, préférait - *qu'on lui fasse des compliments.* *Il aime aller au théâtre.*	**Ça me fait rire**, ça m'amuse, ça me réjouit, ça me distrait, ça me divertit, ça me délasse ça m'est agréable - *d'aller voir des opérettes.*	**Il est amusant**, plaisant, agréable, divertissant, réjouissant, distrayant, délassant, drôle, comique, marrant, rigolo (fam), hilarant, désopilant, burlesque, cocasse - *que sa femme ne l'ait pas reconnu avec ses cheveux teints en rouge.* - *de revoir les films de Tati.*
Peur	**La fillette avait peur**, redoutait, craignait, appréhendait, tremblait - *que le chien lui fasse mal.* - *d'être mordue par le chien.*	**Ça lui fait peur**, ça l'effraie, ça la terrifie, ça l'épouvante - *de voir des chauves-souris.*	**Il est effrayant**, épouvantable, terrible, terrifiant, redoutable, horrible, atroce - *d'être bloqué dans un ascenseur quand on est claustrophobe.*
Haine	**Il n'aime pas**, il n'apprécie pas, il déteste, il a en horreur, il exècre, il abhorre (litt.) - *qu'on l'oblige à boire de l'alcool.*	**Ça ne lui plaît pas**, ça le dégoûte, ça lui répugne - *de manger des huîtres.*	**Il est horrible**, détestable, exécrable, dégoûtant, répugnant - *de devoir vivre dans une telle odeur.*

Remarques

a. Le choix entre le subjonctif et l'infinitif dépend de la règle générale de la présence d'un seul sujet ou de deux sujets différents :

– *Il est stupéfait que sa femme ait obtenu cette promotion* (2 sujets différents : subjonctif).

– *Il est stupéfait d'avoir obtenu cette promotion* (c'est lui qui est stupéfait et qui a obtenu la promotion. Un seul sujet infinitif).

Cas particulier avec les pronoms : – *Ça le stupéfie d'avoir obtenu cette promotion.*

b. Pour les tournures impersonnelles avec « il est » ou « c'est », l'infinitif renforce la valeur généralisante de la phrase.

c. Les verbes peuvent parfois être remplacés par leur nominalisation. Dans ce cas le choix du mode suit les mêmes règles :

– *Quel bonheur qu'elle soit déjà revenue* !

– *Quel bonheur d'être enfin en vacances* !

d. Certains verbes de sentiment ne se construisent ni avec « que + subjonctif », ni avec « de + infinitif » : être coléreux, colérique.

Exercices

18 🌳 *Transformez ces phrases en utilisant le subjonctif présent (les sujets des deux verbes sont différents).*

1. Quand on me fait des compliments, j'adore ça. – **2.** Il aime quand on lui fait des cadeaux. – **3.** Quand tu boudes, ça m'exaspère. – **4.** Tu me prends pour un imbécile. J'ai horreur de ça. – **5.** Viens près de moi… j'en ai envie. – **6.** Ne nous accompagne pas à cette conférence ; on aimerait mieux ça. – **7.** Dis-moi la vérité. Si, si, je préfère. – **8.** Quand on est gentil avec lui, il apprécie beaucoup. – **9.** Tu restes au lit toute la journée. Je n'aime pas beaucoup ça ! – **10.** Ne t'en va pas, ça m'arrangerait.

19 🌳 Simultanéité - Sentiment au passé + subjonctif présent

Faites une seule phrase avec les deux en commençant par l'expression de sentiment.

Exemple : Maman était consternée que Papa…

1. Papa a pris une place de parking pour handicapés. Maman était consternée. – **2.** Ce type a craché devant la porte d'entrée. Mes parents étaient horrifiés. – **3.** Nous avons dit des gros mots. Ma tante était embarrassée. – **4.** Vous lui avez dit qu'elle avait mauvaise mine. Ça l'a vexée. – **5.** Ils ont voulu payer leur part et pas un centime de plus. Ça l'a écœurée. – **6.** Nous avons bâillé pendant tout le concert. Ils étaient vraiment mal à l'aise. – **7.** Il lui a dit de faire un petit régime. Elle s'est sentie humiliée. – **8.** Vous avez demandé son âge à ma mère. Ça l'a beaucoup gênée. – **9.** Mon copain ne m'a pas raccompagnée après le concert. Je me suis sentie insultée.

20 🌳🌳 *Transformez ces phrases en utilisant le subjonctif présent, ou l'infinitif présent si les deux sujets sont les mêmes.*

1. Quand on fait les courses à ma place, je suis ravie ! – **2.** Je les taquine souvent ; j'adore ça. – **3.** Je suis en retard, je le regrette infiniment. – **4.** Il fait trop froid dehors, il le craint. – **5.** Elle est placée devant, elle aime mieux ça. – **6.** Il ne sait rien faire de ses dix doigts ; elle ne peut pas le supporter. – **7.** Tu me dis ça seulement maintenant ; je suis surpris. – **8.** Il veut toujours commander, ça m'exaspère. – **9.** Il pleut encore. J'en ai vraiment assez ! – **10.** Je ne peux pas vous aider, j'en suis désolée. – **11.** Vous êtes là, ça me fait plaisir. – **12.** Il faut partir ; c'est dommage.

21 🌳 *Faites de ces deux phrases une seule phrase avec le subjonctif passé.*

Exemple : On ne t'a pas prévenu ? c'est regrettable.
    → *Il est regrettable qu'on ne t'**ait pas prévenu**.*

1. Vous avez décidé d'acheter une maison. Nous en sommes très heureux. – **2.** Mon patron m'a refusé une augmentation ; je suis furieuse. – **3.** Vous avez gagné ce concours. Nous en sommes fiers. – **4.** Tu m'as raconté des histoires ! Je n'apprécie pas du tout ! – **5.** Ils ne sont pas venus ; finalement j'aime mieux ça. – **6.** Elle lui a dit ses quatre vérités ; il est furieux ! – **7.** On leur a fait une visite surprise ; ça leur a fait très plaisir. – **8.** Elle est arrivée encore en retard ; ses parents étaient furieux. – **9.** On a encore égaré mon dossier ; je suis exaspéré. – **10.** La mairie vous a accordé une bourse ? Je m'en réjouis.

22 🌳🌳 *Transformez ces phrases en utilisant le subjonctif présent ou passé.*

Exemple : Madame Chardin est ravie : son mari a obtenu une promotion (les sujets des deux verbes sont différents).
    → *Madame Chardin est ravie **que son mari ait obtenu** une promotion*

1. Je suis désolée : mon mari a été grossier. – **2.** Ils sont désespérés : leur fils a disparu. – **3.** Il est fou de joie : sa femme est sortie de l'hôpital. – **4.** Je suis surpris : les enfants veulent venir avec nous. – **5.** Nous sommes honteux : la conversation a mal tourné. – **6.** C'est dommage : Pierre ne peut pas prendre de vacances cette année. – **7.** Nos parents sont satisfaits : nous avons réussi notre bac. – **8.** Nous sommes extrêmement inquiets : il ne nous a pas téléphoné depuis huit jours. – **9.** Ta mère est très fière : tu as réagi comme il le fallait. – **10.** Il est fou de rage : elle lui a posé un lapin. – **11.** Elle est vraiment déçue : nous ne lui avons pas fait signe. – **12.** Le directeur est très fâché : les dossiers ne sont pas prêts.

B1.2
CECR

23 🌳 🌳 *Faites de ces deux phrases une seule phrase avec l'infinitif passé. Attention ! les deux sujets sont les mêmes mais il y a antériorité.*

Exemple : *J'ai oublié de lui souhaiter son anniversaire ; je suis ennuyée.*
→ *Je suis ennuyée d'**avoir oublié** de lui souhaiter son anniversaire.*

1. Je n'ai pas réussi ma mayonnaise, j'en suis désolée. – **2.** Elle n'a pas été sélectionnée ; elle est très déçue. – **3.** Ils ont raté cette affaire ; ils sont fous de rage. – **4.** Elle a cassé le vase de cristal ; elle est triste. – **5.** Il a oublié son rendez-vous ; il est gêné. – **6.** Tu as menti à ta sœur ; tu as honte. – **7.** Ils ont fini leur livre à temps ; ils sont très satisfaits. – **8.** Il est très ennuyé ; il a perdu son portefeuille. – **9.** Il n'a pas été invité ; il est horriblement vexé. – **10.** J'ai pu me libérer pour cette soirée ; je m'en réjouis.

B1.2
CECR

24 🌳 🌳 *Faites de ces deux phrases une seule phrase. Vous devez choisir entre le subjonctif présent, le subjonctif passé, l'infinitif présent et l'infinitif passé.*

1. Il prend des risques ; sa mère est angoissée. – **2.** Sa mère lui fait des cadeaux ; elle adore ça. – **3.** Elle a obtenu une mauvaise note ; elle en est dépitée. – **4.** Revenez la semaine prochaine ; j'aimerais mieux ça. – **5.** Nous ne changerons pas d'avis ; elle le déplore. – **6.** Tu as réparé la machine à laver ? J'en suis ravie. – **7.** J'ai gagné le gros lot ? Je n'en reviens pas ! – **8.** Vous me téléphonez en pleine nuit ; Je déteste ça. – **9.** Il sera réélu ? Ça m'étonnerait beaucoup. – **10.** Nous sommes stupéfaits ; nous pourrons quand même obtenir un prêt.

B1.2
CECR

25 🌳 🌳 *Remplacez le nom par un verbe au subjonctif.*

Exemple : *Elle a apprécié l'augmentation de son salaire.*
→ *Elle a apprécié que son salaire soit augmenté.*

1. Je suis heureux de son départ. – 2. Nous souhaitons son bonheur. – **3.** J'ai peur du mauvais temps. – **4.** Nous regrettons l'échec de Pierre. – **5.** Je suis surpris par le beau temps. – **6.** Il est fier de la réussite de son fils. – **7.** J'appréhende son retour. – **8.** Elle craint la mauvaise humeur de son patron. – **9.** Il apprécie la modification du règlement. – **10.** Nous attendons avec impatience la vente de notre appartement.

B2.1
CECR

26 🌳 🌳 🌳 **Deux constructions possibles avec le verbe trouver + certains adjectifs**

Exemple : *Il a oublié de surveiller les enfants ; je trouve ça impardonnable.*
→ *Je le trouve impardonnable **d'avoir oublié** de surveiller les enfants.*
→ *Je trouve impardonnable **qu'il ait oublié** de surveiller les enfants.*

a) Mettez les phrases suivantes au subjonctif.

1. Je la trouve détestable d'avoir agi comme ça. – **2.** Je le trouve gentil d'avoir pensé à moi. – **3.** Je vous trouve aimable d'avoir répondu à ma lettre. – **4.** Il nous trouve dégoûtants de l'avoir laissé tomber. – **5.** Vous les trouvez injustes d'avoir critiqué Pierre. – **6.** Le patron vous trouve courageux d'avoir assumé cette responsabilité.

b) Transformez les phrases suivantes à l'infinitif.

1. Je trouve très courageux que vous ayez plongé pour sauver cet enfant. – **2.** Je trouve gentil qu'ils aient pensé à inviter ta mère. – **3.** Il trouve détestable qu'ils se soient moqués de cette pauvre fille. – **4.** Je trouve honnête qu'il ait reconnu son erreur. – **5.** Je trouve peu scrupuleux que vous ayez trompé notre client. – **6.** Je trouve grossier qu'elle soit partie sans prévenir.

c) **Utilisez les deux constructions.**

1. Il a cru ces mensonges. Je trouve cela méprisable. – **2.** Il t'offre des fleurs. Tu le trouves gentil. – **3.** Elle tient souvent compagnie à sa grand-mère. Nous la trouvons sympathique. – **4.** Ils se sont mis en colère. Vous trouvez cela idiot. – **5.** Tu as démissionné ? Je te trouve insensé. – **6.** Ils ont insulté leur mère. Leur père trouve cela impardonnable.

27 🌳🌳🌳 Le bonheur de vivre en France

Reformulez les énumérations du texte ci-dessous à l'aide des moyens linguistiques suivants.

Apprécier Approuver Se réjouir	+ que + subjonctif

Trouver Estimer Juger	satisfaisant, appréciable important, remarquable réjouissant, enthousiasmant rassurant, réconfortant plaisant, agréable, enchanteur	+ que + subjonctif

Exemple : **Il se réjouit que les Français vivent** *sous la loi de 1905 qui sépare les Églises de l'État et* **il juge important que cette loi garantisse** *aussi le libre exercice de toutes les religions.*

TÉMOIGNAGE

Il faut venir d'ailleurs pour apprécier le bonheur d'être Français. Je ne parlerai que du bonheur, pas du reste. Je vous livre quelques remarques qui font que ce bonheur existe ; certains Français n'en sont pas conscients.

– Être en possession de la carte vitale. La Sécurité sociale pour tous est l'honneur de ce pays (aux États-Unis la carte vitale s'appelle carte de crédit).

– Vivre sous la loi de décembre 1905, qui institue la séparation des Églises et de l'État tout en garantissant la libre pratique de toutes les religions.

– Savoir que le service public s'étend aussi bien à l'éducation qu'à l'audiovisuel et aux transports.

– Savoir qu'une partie de nos impôts sert à subventionner des productions et réalisations les plus diverses et parfois les plus audacieuses (même si ce n'est pas suffisant).

– Devoir faire la queue en plein hiver devant le Grand Palais, le Louvre ou le centre Pompidou.

– Voir le peuple de France se soulever quand les assises de la démocratie et de ses valeurs sont menacées (la grande manifestation contre le Front national après le 21 avril 2002).

– Savoir que l'Assemblée nationale a voté à l'unanimité des lois contre le racisme et l'incitation à la haine raciale.

– Savoir que cette même Assemblée a aboli la peine de mort.

– Pouvoir critiquer en toute liberté tout ce qui se fait ou ne se fait pas par le gouvernement, les syndicats, les partis politiques, etc.

– Savoir qu'il existe *une exception culturelle française* et pouvoir la défendre contre les divers impérialismes, qu'ils se nomment mondialisation, américanisation ou uniformisation.

Faut-il ajouter à cette liste tout ce qui fait l'identité gastronomique de la France, ses paysages, ses saveurs, ses parfums et épices ?

théorie générale

4. L'expression de la pensée

La certitude → Indicatif		Le doute → Subjonctif	
Je pense Je crois J'estime J'affirme Je juge Je trouve Je considère J'imagine Je prévois Je suis sûr, certain Je suis persuadé Je suis convaincu Je suis d'avis J'ai l'impression Il est probable	**qu'il reviendra bientôt.**	Pensez-vous, croyez-vous, Estimez-vous, affirmez-vous Jugez-vous, trouvez-vous, considérez-vous	**que ce soit une bonne idée ?**
		Il ne pense pas Il ne croit pas, Il n'estime pas Il n'affirme pas Il ne juge pas Il ne trouve pas Il ne considère pas	**qu'elle ait raison.**
Il est vraisemblable, Il est plausible*, admissible* Il me semble Je suis d'avis*	**qu'il dit la vérité.**	Je ne suis pas sûr, pas certain, pas persuadé, pas convaincu	**qu'il veuille partir.**
		Il est peu probable, peu vraisemblable Il est possible, plausible, admissible	**qu'il réussisse.**

Les expressions avec un astérisque peuvent être suivies de l'indicatif ou du subjonctif selon la dose de réalité ou de doute que l'on veut ajouter.

Exercices

B1.2 **CECR** **28** *Mettez le verbe entre parenthèses au mode qui convient.*

1. Croyez-vous qu'il (être) ……… sage de partir en randonnée par un temps pareil ? – **2.** Je suis persuadée qu'elle (ne pas vouloir) ……… vous choquer. – **3.** Est-ce qu'elle est certaine que ce train (avoir) ……… des couchettes ? – **4.** J'ai l'impression qu'il (ne pas dire) ……… la vérité. – **5.** Elle ne trouvait pas que l'hôtel (être) ……… aussi confortable et agréable qu'on lui avait dit. – **6.** Il est peu probable qu'elle (pouvoir) ……… revenir avant votre départ. – **7.** Je ne suis pas convaincu qu'il (vouloir) ……… vraiment vous aider. – **8.** Il est incontestable que cette loi ne (pouvoir) ……… jamais être appliquée sans être modifiée. – **9.** Tu es sûre qu'elle (comprendre) ……… ce qu'on lui a dit ? – **10.** J'imagine que vous (devoir) ……… le prévenir s'il y a un changement de décision. – **11.** Trouvez-vous vraiment vraisemblable qu'elle (avoir tous les torts) ……… dans cette situation ? – **12.** D'après moi, il est peu plausible qu'il (revenir) ……… à Paris.

29 🌳 Une même opinion, deux formulations

Complétez les phrases suivantes avec l'indicatif ou le subjonctif.

Exemple : Tu as vu Jacques ces derniers temps ? (non, il est absent)
       – ***Je crois qu'il*** *est absent.*
       – ***Je ne crois pas qu'il*** *soit ici en ce moment.*

1. Paul a promis de t'aider à déménager ? (oui, mais il ne le fera pas)
       – Je pense que ....
       – Je ne pense pas que ....
2. Aurore mérite d'avoir cette promotion ? (non, elle est trop jeune)
       – Je considère que ....
       – Je ne trouve pas que ....
3. Faut-il annuler cette randonnée à skis ? (non, il n'y a pas de danger)
       – Le guide est sûr ....
       – Le guide n'estime pas ....
4. Ce garçon peut-il réussir à ce concours ? (oui, il est très accrocheur)
       – Son professeur affirme ....
       – Son professeur ne doute pas ....
5. Vos parents vont-ils divorcer ? (non, ils resteront ensemble)
       – Nous sommes convaincus ....
       – Nous ne croyons pas ....

30 🌳 🌳 Une situation, deux opinions

Complétez les phrases suivantes avec le subjonctif ou l'indicatif.

1. Le gouvernement a promis de débloquer de l'argent pour les chômeurs. Va-t-il tenir sa promesse ?
       – Je suis convaincu que ....
       – Il est douteux que ....
2. Yvan a demandé à ses parents de financer ses vacances. Vont-ils le faire ?
       – Je suis persuadé que ....
       – Je doute fortement que ....
3. Ils sont très en retard ! Pourvu qu'ils n'aient pas eu un accident !
       – Il est probable que ....
       – Il est possible que ....
4. Les prix de l'immobilier ne cessent d'augmenter. Vont-ils redevenir raisonnables ?
       – Il est vraisemblable que ....
       – Il n'est pas sûr que ....
5. Est-ce que ma copine sera d'accord pour vivre avec moi ? Quelquefois, j'ai des doutes.
       – Sois certain que ....
       – Il n'est pas évident que ....

31 🌳 🌳 🌳 Vrai, faux, crédible, peu crédible, etc.

MONSIEUR MARTIN A-T-IL TUÉ LE CHIEN ?

Situation : Le chien de monsieur Dupont a été tué samedi soir, vers 21 heures, d'après les experts. M. Dupont accuse M. Martin de ce forfait. Les enquêteurs essaient de comprendre.

a) *Mettez les verbes entre parenthèses à l'indicatif ou au subjonctif, suivant le cas.*
Policier 1 – M. Martin affirme que (ne pas sortir) .... après 20 heures, mais le patron du bistrot dit que (être au bar) .... jusqu'à 20 h 30 environ. Ne trouvez-vous pas suspect que M. Martin (ne plus savoir) .... où il était à 20 h 30 ?

Policier 2 – Je ne sais pas… Il est exact qu'ils (ne pas dire) ……… la même chose, mais cela ne prouve pas que M. Martin (mentir) ……… Un samedi soir, après quelques bières, il est possible qu'il (faire) ……… erreur, tout simplement.

Policier 1 – Ouais,… D'autre part sa copine confirme qu'il (être à la maison) ……… après 21 heures, mais je trouve curieux qu'elle (avoir l'air troublé) ……… pendant l'interrogatoire. Il se peut qu'elle (ne pas dire la vérité) ……… pour le protéger.

Policier 2 – En effet, il n'est pas impossible qu'elle (cacher) ……… quelque chose, mais quoi ? Ils prétendent tous les deux qu'ils (regarder) ……… la télévision, mais je trouve peu plausible qu'ils (oublier) ……… tous les deux le programme.

Policier 1 – Tu vois… Je ne sais pas ce qui (se passer) ………, mais je suis persuadé que M. Martin (ne pas être) ……… si net que ça !

Policier 2 – Tu es persuadé mais tu ne peux rien affirmer. Examinons les autres aspects avant de dire que c'est lui le coupable.

b) ***Sur le même modèle, continuez l'enquête en utilisant les expressions d'opinion du tableau ci-après.***

Vérité, conviction	Mensonge, doute
Indicatif	Subjonctif
Pour faire une déclaration: - Dire, répéter, raconter, déclarer, affirmer, prétendre, confirmer **Pour dire que quelque chose est vrai:** - Nous savons, nous avons constaté - Il est sûr, certain, exact, vrai, confirmé, prouvé, incontestable, indubitable **Pour exprimer une conviction:** - Je suis convaincu, persuadé, tout à fait sûr - J'ai la certitude, la conviction, je pense sérieusement **Pour exprimer une presque certitude:** - Il est probable, vraisemblable, je suis presque sûr, quasiment certain, il me semble	**Pour formuler une question:** - N'est-il pas, ne trouvez-vous pas étonnant, surprenant, curieux, bizarre, étrange, anormal, suspect, douteux ? **Pour formuler un hypothèse possible mais non confirmée:** - Je trouve possible, plausible, crédible - Il se peut, il se pourrait, il semble **Pour exprimer un doute:** - Il n'est pas exact, confirmé, prouvé - Je ne suis pas sûr, certain - Il est contestable, invraisemblable, incroyable, peu crédible, peu plausible

32 Info ou intox ? Qu'en pensez-vous ?

a) ***Utilisez les expressions du tableau « Vérité, conviction ; mensonge, doute » de l'exercice 31 pour discuter les affirmations suivantes.***

1. D'après un responsable du comité d'organisation des Jeux olympiques, il ne faut pas être naïf : pour arriver à ce niveau de performances, tous les sportifs se dopent. Faut-il le croire ?

2. Selon une équipe de chimistes marseillais, le chocolat serait le meilleur antidépresseur du marché. Il contient tant d'éléments nécessaires au bien-être qu'il est nettement plus efficace que le pastis local. Encore une galéjade marseillaise ?

b) ***À votre tour faites un bulletin d'informations mélangeant des informations vraies et fausses.***

Ensuite, discutez-en en groupe en utilisant les expressions du tableau « Vérité, conviction; mensonge, doute ».

2.1
CR

33 🌳 🌳 🌳 Opinion/phrases impersonnelles
+ que + subjonctif présent
+ que + subjonctif passé
+ de + infinitif
+ infinitif

a) *À l'aide des entrefilets ci-dessous, reformulez les informations sur les principaux problèmes de la planète selon le modèle suivant : mobile de révolte + une idée d'action.*

Exemple : Un homme sur cinq souffre de malnutrition.

→ ***Je trouve consternant qu'un*** *homme sur cinq* ***souffre*** *de malnutrition.*
→ ***Il est effarant qu'on n'ait pas encore résolu*** *ce problème au XXIᵉ siècle.*
→ ***On ne peut pas accepter*** *que ce scandale* ***continue.***
→ ***Il est impératif de trouver*** *des solutions.*

LES MALADIES

Chaque année, 17 millions de gens meurent de maladies infectieuses (paludisme, sida, tuberculose). 90 % de cette mortalité affecte les pays du tiers-monde, alors que 92,6 % du marché des médicaments se partage entre l'Amérique du nord, l'Europe et le Japon. 40 millions de personnes dans le monde sont infestées par le virus du sida, dont 28,5 % en Afrique subsaharienne.

Solutions : obliger les laboratoires pharmaceutiques à baisser leurs prix, financer des recherches sur les maladies infectieuses, etc.

LA RARÉFACTION DES RÉSERVES EN EAUX

Aujourd'hui, 1,3 milliard de personnes n'ont pas accès à l'eau potable. L'eau contaminée (choléra, malaria) tue chaque année 5 millions d'êtres humains, soit bien plus que le sida. Un Américain utilise en moyenne 600 litres d'eau par jour, un Européen 250 litres, un Africain 30 litres.

Solutions : construire des réseaux d'eau potable, réduire la consommation d'eau des pays développés, recycler l'eau, etc.

LE RÉCHAUFFEMENT DE LA PLANÈTE

Au cours de ce siècle, la température devrait augmenter de deux à six degrés à cause des émissions de gaz à effet de serre.
Seuls 20 % des déchets produits dans le monde sont traités.

Solutions : utiliser de l'énergie propre, etc.

LES INÉGALITÉS

Le revenu des 5 % des personnes les plus riches est 114 fois supérieur au revenu des 50 % les plus pauvres. 20 % de la population mondiale de plus de 15 ans est analphabète ; près des deux tiers des analphabètes sont des femmes. Un enfant sur quatre travaille.

Solutions : taxer la richesse excessive, créer un revenu minimum mondial, alléger, voire supprimer la dette, etc.

LES MENACES SUR LE MILIEU NATUREL

Le tiers des terres émergées dans le monde est touché par la désertification, et ce phénomène concerne 800 millions de personnes. Sur les 3870 millions d'hectares de forêt, on en détruit 9,4 chaque année. Plus de 11 000 espèces d'animaux et de plantes sont menacées d'extinction d'ici peu.

Solutions : replanter des forêts et éduquer les populations, etc.

LA MALNUTRITION

Un homme sur 5 souffre de malnutrition, principalement en Afrique subsaharienne et en Asie, et, sur les 800 millions de personnes qui ont faim (soit 17 % de la population mondiale), 200 millions sont des enfants.

Solutions : améliorer l'agriculture, mieux distribuer les productions alimentaires, payer les petits producteurs un juste prix, etc.

L'AUGMENTATION DE LA POPULATION

La population mondiale devrait augmenter de 50 % d'ici à 2050, nous serons donc 9 milliards d'hommes, et les pays en développement représenteront plus de 85 % de cette population.

Solutions : limiter les naissances, etc.

LES CATASTROPHES NATURELLES ET LES GUERRES

Entre 1991 et 2000, 700 000 personnes ont péri dans des catastrophes naturelles, dont 83 % en Asie. Les conflits armés tuent trois fois plus de personnes.

Solutions : améliorer la prévention des catastrophes, former des équipes d'intervention d'urgence, etc.

LA BAISSE DE SOLIDARITÉ INTERNATIONALE

L'aide publique au développement a chuté de 29 % depuis 10 ans.

Solutions : augmenter l'aide internationale, créer un impôt solidarité international, etc.

L'URBANISATION

En 2025, 60 % des gens vivront en ville (contre 25 % en 1995), dont la moitié dans les pays en développement.

Solutions : réduire l'exode rural, etc.

b) *Inspirez-vous de la liste des principaux problèmes de la planète pour créer un questionnaire d'enquête avec des questions avec inversion et impersonnelles*
+ subjonctif présent/passé.
+ infinitif.

Exemple : N'est-il pas scandaleux ⎫
Est-il acceptable ⎬ *qu'un homme sur cinq meure de faim ?*

Trouvez-vous normal ⎫
Ne trouvez-vous pas honteux ⎬ *qu'on n'ait pas encore résolu le problème de la faim ?*

Voici quelques expressions pour donner son opinion.

Pour s'indigner
- Il est étonnant, surprenant, saisissant, stupéfiant,
- Il est attristant, désolant, consternant, navrant, démoralisant, désespérant,
- Il est inquiétant, terrifiant, effrayant, glaçant, choquant, révoltant,
- Il est affreux, honteux, scandaleux,
- Il est inacceptable, inadmissible, insupportable, intolérable,
- Il est idiot, stupide,
- Il est incompréhensible, inconcevable, inexplicable, inimaginable, insensé, inouï.

Pour proposer
- Il serait bon, utile, bien, juste, souhaitable, équitable,
- Il est (grand) temps, il est urgent,
- Il faut, il est (absolument) nécessaire, (véritablement) indispensable, impératif,
- Il est important, vital, essentiel, primordial,
- Il est de la plus grande importance,
- Il importe.

c) *Discutez en groupes, posez vos questions, répondez à celles des autres, discutez des solutions proposées. Pour ce débat, utilisez aussi les verbes d'expression de la pensée (je ne crois pas que…, ça ne me semble pas très réaliste…, etc.).*

1.2

34 🌳🌳 Indicatif ou subjonctif?

Mettez les verbes au mode qui convient.

1. J'espère que vous (être) ……… satisfait de votre choix. – **2.** Attendez un peu, je ne pense pas qu'elle (terminer) ……… son rapport. – **3.** Il est possible qu'il (se rendre) ……… à Paris la semaine prochaine. – **4.** Nous sommes tout à fait certains qu'elle (pouvoir) ……… faire ce stage. – **5.** Est-ce qu'il est possible que vous (faire) ……… ce travail pour moi? – **6.** J'aimerais bien que vous (demander) ……… un autre devis. – **7.** Il est fort probable qu'il (ne jamais retrouver) ……… un travail aussi intéressant. – **8.** Nous croyons fermement que notre collègue (être élu) ……… président du comité de gestion. – **9.** Heureusement que nous (pouvoir) ……… le prévenir à temps que la séance était annulée. – **10.** La directrice a annoncé que les examens (avoir lieu) ……… la semaine prochaine. – **11.** Hier soir, il lui a semblé que le public (réagir) ……… favorablement. – **12.** Pensez-vous qu'elles (pouvoir) ……… faire une chose aussi abominable? – **13.** Il paraît que tous les modèles défectueux (être retirés) ……… de la vente dès demain. – **14.** J'aurais bien mangé un peu de chocolat. Dommage que tu (tout le finir) ……… ! – **15.** Je doute que cette couleur (plaire) ……… à notre fille. – **16.** Penses-tu qu'il (être normal) ……… que je (faire) ……… tout ce travail toute seule? – **17.** Il est heureux que l'heure du rendez-vous (convenir) ……… à tous. – **18.** Elle aime la vitesse; nous avons tous peur qu'elle (avoir) ……… un accident. – **19.** Je me trompe peut-être mais il est peu probable que cette information (être confirmée) ……… – **20.** Ma mère est absolument certaine que je (savoir) ……… m'occuper de cet enfant. – **21.** Le président demande que tous les directeurs (venir) ……… à l'heure au conseil d'administration. – **22.** Les médecins recommandent que tous les enfants (prendre) ……… du lait tous les jours.

2.1

35 🌳🌳🌳 Infinitif ou subjonctif?

Terminez les phrases en utilisant le mode qui convient (attention au sens des phrases).
*Exemple: Il t'a envoyé des fleurs **pour que tu voies qu'il pense à toi**.*
            *Il t'a envoyé des fleurs **pour te faire plaisir**.*

1. J'ai vraiment tout fait pour que ………/pour ……… – **2.** Ne vous inquiétez pas pour les enfants, nous ferons ce qu'il faut afin que ………/afin de ……… – **3.** J'irai te chercher à la gare à moins que ………/à moins de ……… – **4.** Il s'est habillé chaudement de peur que ………/de peur de ……… – **5.** Je lirai un livre en attendant que ………/en attendant de ……… – **6.** Nos parents ont écrit pour que ……… pour ……… – **7.** Il viendra à condition que ………/à condition de ……… – **8.** Sébastien a fait un cadeau à Sofia avant que ………/ avant de ……… – **9.** Maxime a dix ans, il est assez grand pour que ………/pour ……… – **10.** Qu'est-ce que le patron a demandé? Il a demandé que ………/de ………

2.2

37 🌳🌳🌳🌳 Indicatif, subjonctif présent ou subjonctif passé?

Dans les phrases suivantes, mettez les verbes au temps et au mode qui convient.

1. Nous resterons près de toi jusqu'à ce que tu (retrouver) ……… une bonne santé. – **2.** Tu as dit des paroles injurieuses à Léa, je crains qu'elle (t'en vouloir) ……… – **3.** Nous pourrons partir dès que je (terminer) ……… de faire mes bagages. – **4.** Nous irons à Strasbourg en voiture pourvu que le garagiste (la réparer) ……… – **5.** L'année dernière il a tellement travaillé et il était si fatigué qu'il (être obligé) ……… de prendre un long congé. – **6.** Le vin de Bordeaux est le seul que nous (acheter) ……… et que nous (boire) ……… avec plaisir. – **7.** Je n'ai jamais rencontré un étudiant qui (savoir) ……… parler plus de quatre langues. – **8.** Veuillez parler plus fort que nous vous (entendre) ……… mieux. – **9.** Ils vous trouveront où que vous (être) ……… et quoi que vous (faire) ……… – **10.** Existe-t-il quelque part un homme avec qui elle (pouvoir) .... être heureuse? – **11.** Tout médecin qu'il (être) ...., il n'a pas pu trouver de quoi elle souffrait. – **12.** Mathis n'a pas été recruté, non qu'il (ne pas avoir) .... le profil mais parce qu'il (exiger) .... un salaire trop élevé. – **13.** Jennifer a enfin trouvé une voiture qui lui (plaire) .... et qui (se conduire) .... facilement. – **14.** Cette actrice ne voulait pas être importunée dans la rue, c'est pourquoi elle mettait toujours des lunettes noires et une perruque de sorte que personne ne (la reconnaître) .... – **15.** Nous avons eu tant de travail que nous (ne pas pouvoir) .... vous rendre visite. – **16.** Prévenez-les rapidement qu'ils (réagir) .... vite et bien.

B2.2 CECR **37** 🌳🌳🌳🌳 **Indicatif? Subjonctif présent?**

Choisissez la conjonction et le temps qui conviennent (attention au sens de la phrase).

1. J'ai lu tout le livre (en attendant que/vu que/à moins que) mon mari (revenir) .... – **2.** Il est parti (tant que/avant que/à moins que) nous (pouvoir) .... lui parler. – **3.** Elle l'aime (étant donné que/tant que/tandis que) elle (faire) .... n'importe quoi pour lui faire plaisir. – **4.** Nous irons faire du ski (de sorte que/vu que/à moins que) les routes (être trop enneigées) .... – **5.** Ils sont partis plus tôt (pour que/sous prétexte que/à tel point que) qu'ils (avoir) .... un rendez-vous. – **6.** Sophie a fermé la porte de son bureau (pour que / pour peu que/parce que) ses collègues (ne pas la déranger) .... – **7.** Vous ne pourrez jamais vous faire pardonner vos mensonges (bien que/alors que/quoi que) vous (faire) .... – **8.** Hier, pendant le cours, le professeur avait mal à la gorge, il parlait très faiblement (pour que/si bien que/bien que) nous (ne pas comprendre) .... ce qu'il a dit au sujet des examens. – **9.** Tu peux rester ici (aussitôt que/pour que/pour peu que) tu (se conduire) .... positivement. – **10.** Ce fournisseur a fait beaucoup d'efforts pour les livraisons (alors que/après que/si bien que) ses clients (être) .... très satisfaits.

B2.2 CECR **38** 🌳🌳🌳🌳 **Indicatif? Infinitif présent? Infinitif passé? Subjonctif présent? Subjonctif passé?**

Remettez en ordre chaque phrase proposée et utilisez les modes et les temps qui conviennent.
1. être très contente/obtenir le poste/après/Sophie/deux entretiens/de/seulement
2. être très satisfaits/en juin dernier/que/réussir/les parents d'Axel/le bac/leur fils
3. être désolé de/Jonathan/samedi dernier/ne pas pouvoir/à ton anniversaire/venir
4. être accordées/que/il est/les subventions/probable/demandées
5. ne pas comprendre/regretter/de/le patron/de/le problème/sa secrétaire/en avril dernier
6. venir/Nadia/que/le week-end prochain/Hugo/être déçue/ne pas pouvoir
7. être interdit/cette piste/du ski/pourquoi/?/faire/de/sur
8. déclarer/ne pas être augmenté/le ministre du Travail/le salaire minimum/que/cette année
9. les salariés/le patron/le stage/que/permettre/faire/leur/être satisfaits/de
10. aux États-Unis/assez d'argent/Maëlle/pouvoir/pendant ses vacances/gagner/pour/partir
11. regretter/partir/leurs meilleurs amis/si loin/que/mes parents/habiter
12. accepter/s'imaginer/sa proposition/les clients/que/peut-être/il
13. à Paris/prochain/visiter/pour/le musée d'Orsay/le mois/aller/ils
14. sortir/les parents/le soir/seule/que/interdire/leur fille/souvent
15. lui/l'institutrice/ses élèves/être très émue/scolaire/offrir/que/un cadeau/à la fin de l'année
16. étudier/devenir/Julien/avocat/dans le but de/le droit
17. votre décision/ne pas rester en France/comprendre/nous/avant que/l'expliquer/vous
18. ses devoirs/sortir/sa mère/ne pas vouloir/avant de/que/elle/finir
19. Agathe/de longues études/ses enfants/pouvoir/travailler/gagner/afin que/faire
20. assez d'argent/pour/réunir/faire/une petite fête/sa retraite/avant que/nous/organiser/notre/prendre/collègue/réussir

L'expression du temps

théorie générale

1. Conjonctions de temps

	Antériorité	Simultanéité	Postériorité
Indicatif	Avant le moment où En attendant le moment où Jusqu'au moment où	**Moment précis** Quand Lorsque Au moment où Le jour où **Durée courte** Comme Alors que Tandis que **Durée longue** Nuance d'opposition : Pendant que Alors que Tandis que **2 actions évoluent parallèlement** À mesure que **2 actions durent ensemble** Aussi longtemps que Tant que **Habitude** (deux actions se présentent ensemble) Toutes les fois que Chaque fois que quand + présent / imparfait **Point de départ de 2 actions** Depuis que Maintenant que	**Succession de 2 faits** Après que Une fois que **Succession rapide de 2 faits** Dès que Aussitôt que Sitôt que
Subjonctif	Avant que Jusqu'à ce que En attendant que		
Infinitif	Avant de En attendant de	Au moment de	Après + infinitif passé
Participe présent		En	

2. Les prépositions de temps

Antériorité	Moment précis	Point de départ d'un événement	Durée	Postériorité
Avant son arrivée **En attendant** l'été **Jusqu'à** lundi	**À** midi / Noël **En** hiver **Au moment de** l'accident	**Dès** son retour **Depuis** leur déménagement **À partir de** cette semaine **D'ici à** samedi	**Dans** un mois **Depuis** quelques jours **Pendant, durant** le voyage **Au cours de, lors de** ce voyage Partir **pour** 1 mois Finir **en** 2 jours	**Après** sa naissance

3. Expression de la date

Nous avons rendez-vous	mardi. ce mardi. mardi 25 (janvier). le mardi. tous les mardis.
Elle est née	un mardi (de janvier). un mardi 25 janvier. le mardi 25 janvier. en janvier. au mois de février. en hiver, en été, en automne, au printemps. en 1968. au XIXe siècle.

4. Marqueurs temporels

Par rapport au moment du locuteur		Par rapport à un autre moment (passé ou futur)	
jadis autrefois naguère il y a un(e) an(née) l'an(née) dernier(ère)	aujourd'hui en ce moment à l'heure actuelle actuellement ce mois-ci ce soir	jadis autrefois naguère un jour l'avant-veille la veille	ce soir-là le lendemain le surlendemain la semaine précédente / d'avant la semaine suivante/
la semaine passée l'autre jour avant-hier hier ce matin	demain après-demain la semaine prochaine l'an / l'année pro-chain(e)	ce matin-là ce jour-là à ce moment-là alors ce mois-là	d'après l'année précédente / d'avant l'année suivante / d'après

Corpus d'observation

1 🌳 *Soulignez les expressions de temps dans les entrefilets suivants.*

Nord-Pas-de-Calais

UN COLLÈGE EN CHANTIER

Le futur collège du Touquet sera construit d'ici à cinq ans. Les travaux commenceront dès la semaine prochaine et la première partie des travaux devrait être terminée pour l'été. Certains parents s'inquiétaient des problèmes de sécurité lors des travaux, mais toutes les garanties ont été prises.

Poitou-Charentes

RAISIN TRICENTENAIRE

Il n'y a pas que les chênes qui peuvent devenir pluriséculaires ! Un cep de vigne, de cépage chauché gris, qui serait âgé de 300 ans, vient d'être retrouvé sur l'île de Ré, dans une treille de La-Couarde-sur-Mer (Charente-Maritime). Tombé en désuétude depuis le XIXᵉ siècle, ce raisin aurait été utilisé pendant cinq siècles dans le vignoble charentais. Sans attendre, le conservatoire des cépages a effectué une vinification à partir de ces raisins. Rendez-vous dans trois mois pour apprécier ce vin inhabituel.

Basse-Normandie

SURPRENANT

Un couple de Britanniques de 52 et 60 ans comparaissait hier au tribunal de Cherbourg (Manche) pour détention et transport de drogue. En juillet dernier, les douaniers les avaient interpellés en possession de 2,4 tonnes de résine de cannabis. Le procureur a requis 5 ans et 4,6 millions d'euros d'amende. À la surprise générale, le couple a finalement été relaxé, après avoir expliqué que cette cargaison avait été embarquée dans leur camion à leur insu.

Corse

UN NOUVEAU PORT POUR BASTIA

Le nouveau port de Bastia pourra accueillir les navires courant 2013 si tout va bien. Le lancement des travaux se fera en début d'année prochaine. Rappelons que la Corse a accueilli 2,2 millions de passagers en 2003 et compte en accueillir beaucoup plus dans les années qui viennent.

Picardie

ALCOOL AU VOLANT

Boire ou conduire, il faut choisir : plus question de boire de l'alcool avant de prendre le volant. Les contrôles seront intensifiés au cours du week-end. Tolérance zéro désormais sinon le retrait du permis sera immédiat.

Exercices
Expression de la date

1 **Biographie**

a) Repérez tous les éléments qui permettent d'organiser les événements dans le temps.

Une femme vient d'être nommée chef de réception d'un hôtel 4 étoiles luxe de Paris. Daphné Attour trente-quatre ans, a effectué toute sa carrière dans l'hôtellerie : elle débute au Trianon Palace, hôtel 3 étoiles de Paris, après un BTH passé à Bourges. Elle est ensuite nommée première attachée de direction féminine à l'hôtel Intercontinental où elle passe deux ans et demi avant de partir un an au Canada, à l'hôtel Bonaventure. Enfin, elle revient à Paris pour s'occuper de la *main-courante* au Georges V, et est présente à la réouverture du Scribe en 2002. C'est en ce même endroit qu'elle vient d'être promue, accédant ainsi à l'AICR, Amicale internationale des sous-directeurs et chefs de réception des grands hôtels, en tant que premier membre féminin. Une ascension irrésistible… même pour un des derniers bastions masculins !

b) Rédigez un court article sur la carrière de Pierre Tronchet avec les éléments ci-dessous.
Date de naissance : 1950
Études : licence de droit, réussite au concours de la police : 1972.
Carrière :
– 1973 : inspecteur dans la police à Nevers.
– 1976 à 1977 : stagiaire dans la police new yorkaise.
– 1978 : inspecteur de la police criminelle à Dreux.
– 1979 : stagiaire à Paris.
– 1980 : inspecteur principal à Lyon.
– 1985 : chef de la police judiciaire au Quai des Orfèvres à Paris.
– 1995 à 1997 : conseiller pour la sécurité au ministère de l'Intérieur.
– 1997 à 2003 : responsable de la police des polices.
– 2004 : retraité.

2 **Rédigez des entrefilets à partir des éléments donnés ci-dessous. Utilisez les expressions de temps adaptées. Cherchez la précision.**

1. Publié le 17 avril 2005
Accident : voiture et moto – Campus – Devant le restaurant universitaire – 16 avril 2005/14 heures.

2. Publié le 2 mai 2005
Réunion du Conseil de l'Europe – Strasbourg – Objet : les surplus agricoles – Dates : 8 mai, 9 h → 15 mai, 17 h – Horaires : 9 h-12 h et 14 h-17 h.

3. Publié le 24 mai 2005
Procès du cambrioleur Pierre Jacquet : 25 mai 2005 – Arrestation : 8 novembre 2004 – Prison préventive : 10 novembre 2004 → 24 mai 2005 – Peine prévisible : 3 mois de prison.

4. Publié le 16 juin 2005
Syndicat CGT de la SNCF – Grève à la SNCF – Quand : le 20 juin – Durée : inconnue.

5. Publié le 28 juin 2005
Départs en vacances – Encombrements : 31 juin et 10 juillet – Heures les plus chargées : 9 h-16 h – Conseils de Bison Futé : éviter de rouler à ces heures.

6. Publié le 15 février 2005
Annonce du syndicat intercommunal de l'agglomération grenobloise – Objet : la construction de la ligne 5 du tramway – Date de début des travaux : juillet 2015 – Durée prévue du chantier : 4 ans.

théorie générale

5. Expression de la durée

Pour situer une action (date ou durée), on utilise «depuis que», «il y a», «il y a… que», etc.

• Discours en référence à aujourd'hui

Expressions du temps	Voici l'histoire d'Ornella qui travaillait, a perdu son emploi et cherche un autre emploi aujourd'hui			Temps du verbe
	L'action ne continue pas aujoud'hui			
Il y a + une période de temps (deux heures, trois jours, quatre ans)	**Il y a**	3 ans	Ornella travaillait.	**imparfait** (Repère temporel donc une durée passée) **ou passé composé** (Évènement à un moment précis du passé)
	Il y a	2 ans	Ornella a perdu son emploi.	
	L'action continue aujoud'hui			
Depuis + date **Depuis + nom d'action** **Depuis que + passé composé**	• on veut situer le début de l'action			**présent** (l'action continue aujourd'hui)
	Depuis	cette date…		
	Depuis	son licenciement…	…Ornella cherche un autre emploi.	
	Depuis	**que** son usine a fermé…		
Depuis **Il y a** **Cela fait** +durée	• on veut exprimer la durée de l'action			**passé composé** (la situation n'a pas changé)
	Depuis **Il y a** **Cela fait**	2 ans **qu'**	…Ornella n'a pas retrouvé d'emploi.	

• Discours à un moment du passé

Expressions du temps	Voici l'histoire de Jules qui a habité Lyon puis s'est marié en 1997 et est allé habiter à Paris. (L'année 1999 sert de référence pour les exemples.)			Temps du verbe
Depuis + date **Depuis + nom d'action** **Depuis que + plus-que-parfait**	• on veut situer le début de l'action			**imparfait** (l'action continue au moment qui sert de référence dans le passé.)
	Depuis	1997…	…Jules **habitait** à Paris.	
	Depuis	son mariage…	…Jules **n'habitait plus** à Lyon.	
	Depuis	**qu'**il s'était marié…		
Depuis… **Il y avait… que** **Cela faisait… que** + durée	• on veut exprimer la durée de l'action			**plus-que-parfait** (On mesure la durée écoulée entre l'action et le moment référence du passé.)
	Depuis	deux ans…	…Jules **avait quitté** Lyon.	
	Il y avait	deux ans **que**…		
	Cela faisait	deux ans **que**…		

231

3 Depuis / il y a

Complétez les phrases suivantes par l'expression correcte.

Exemples :

*– Il pleut **depuis** une heure/il pleuvait **depuis** une heure.*
L'action de pleuvoir a duré un certain temps (une heure) et continue au moment où le locuteur s'exprime (présent) ou jusqu'au repère dans le passé.

*– Il est parti **il y a** une heure.*
L'action de partir a eu lieu un certain temps (une heure) avant le moment où le locuteur s'exprime.

*– **Il y a** une heure, il pleuvait.*
L'action de pleuvoir se déroule dans le passé ; « il y a » indique un repère dans ce passé.

1. .... deux ans, les jupes étaient bien plus courtes. – **2.** Ils ne vont plus sur la Côte d'Azur .... bien longtemps. – **3.** Je l'ai rencontré .... une dizaine d'années. – **4.** Il garde le lit .... plusieurs jours. – **5.** Le facteur a apporté une lettre recommandée .... une heure. – **6.** Elle ne sortait plus car, ... plusieurs jours, il soufflait un vent glacial. – **7.** Quelle pluie ! Quand je pense que .... un mois nous étions sur la plage à nous faire bronzer. – **8.** On ne la voyait plus parce que .... trois semaines elle était en cure à Luchon.

4 Depuis / Depuis que

Reformulez les phrases suivantes en remplaçant « depuis + nom » par « depuis que + verbe ». Attention au temps de ce dernier.

Exemple : Depuis la rupture de leurs fiançailles, ils ne se sont pas revus.
    → *Depuis qu'ils ont rompu leurs fiançailles, ils ne se sont pas revus.*

1. Depuis le retour du beau temps, les paysans passent leurs journées dans les champs. – **2.** Depuis l'enlèvement du milliardaire, la police est sur les dents. – **3.** Depuis sa chute à ski, Marielle marchait avec une canne. – **4.** Depuis le départ des voisins, la vie lui semblait bien triste. – **5.** Depuis sa nomination au Conseil d'État, il est devenu d'un prétentieux ! – **6.** Depuis sa promotion, Sylvie a complètement coupé les ponts avec ses amis. – **7.** Depuis sa défaite aux élections, il est très morose. – **8.** Depuis l'expiration du délai, il n'a toujours pas réglé son loyer.

5 Depuis, il y a... que, voilà... que, cela fait... que

Reformulez les phrases suivantes en mettant en évidence la durée écoulée entre la date indiquée et le moment du locuteur avec les expressions indiquées ci-dessus.

Exemples : Nous sommes arrivés dans cet immeuble en 1995.
    → ***Il y a** dix ans **que** nous habitons cet immeuble.*
    → ***Voilà** dix ans **que** nous habitons cet immeuble.*
    → ***Cela** fait dix ans **que** nous habitons cet immeuble.*
    → *Nous habitons cet immeuble **depuis** dix ans.*

L'action d'habiter n'est pas terminée au moment où le locuteur parle et le verbe « habiter » implique une idée de durée ; on va donc utiliser le présent.

1. Pierre a épousé Sophie le 15 juin 1990. – **2.** Gérard est devenu médecin en 1993. – **3.** On a restauré l'église au XIXᵉ siècle. – **4.** Ils ont décidé de vivre ensemble en 2000. – **5.** Elle n'est arrivée qu'hier. – **6.** La paix a été signée le 10 mars 1990. – **7.** Le beau temps est revenu avant-hier. – **8.** Les frontières ont été fixées au XIVᵉ ou au XVᵉ siècle.

1.2

6  **Depuis, il y avait... que, voilà... que, cela faisait... que**

Reformulez les phrases suivantes en mettant en évidence la durée écoulée et en utilisant les expressions ci-dessus.

Exemples : Gilles avait rendez-vous avec Marielle à 11 heures. À midi elle n'était toujours pas là.

> → ***Cela faisait** une heure **qu'il l'attendait.***
> → ***Voilà** une heure **qu'il l'attendait.***
> → ***Il y avait** une heure **qu'il l'attendait.***
> → *Il l'attendait **depuis** une heure.*

L'action d'attendre n'est pas terminée dans le passé. De plus le verbe « attendre » implique une idée de durée ; on va donc utiliser l'imparfait.

1. Simone est rentrée chez elle ; à six heures elle a mis des œufs à cuire pour une salade, elle a commencé à faire couler un bain, elle a mis un disque, elle a téléphoné à son ami Yves. À huit heures, elle était toujours au téléphone…

2. Guy est arrivé à deux heures chez Dominique pour préparer un exposé qu'ils devaient présenter ensemble la semaine suivante. À huit heures ils se sont arrêtés ; ils étaient épuisés.

3. Pierre Duval est parti en Australie. Il a préféré ne pas louer la petite villa où il habite. Il est revenu après cinq ans d'absence. Il s'est rendu chez lui, mais dans quel état il a trouvé sa maison !

1.2

7 **Il y a / Il y a... que / Il y avait... que / Il y aura... que / depuis / depuis que / cela fait / cela faisait... que / cela fera... que / voilà / voilà... que**

Complétez les phrases en mettant au temps approprié le verbe entre parenthèses.

1. En 1999, cela faisait quarante ans que Boris et Sarah (se marier). – **2.** Nous (décider de quitter la capitale) il y a de longues années et nous ne l'avons jamais regretté. – **3.** Le chat (ne plus sortir dans le jardin) depuis qu'il s'était mis à neiger. – **4.** Il a eu cet accident début 2005 et, depuis, il (avoir beaucoup de mal à marcher). – **5.** À Noël, cela fera cinq ans que le pays (être libéré), on fera une fête formidable. – **6.** Hacène regardait sa montre avec impatience car cela faisait presque une heure qu'il (attendre sa copine). – **7.** À la fin du mois, cela fera dix ans que Maria (travailler) pour la famille Aichoun. – **8.** Voilà un certain temps que je (ne pas recevoir) de nouvelles de ma sœur. – **9.** Voilà des jours qu'il (se plaindre) du bruit.

1.2

8 **Depuis, il y a... que, voilà... que, cela fait... que**

Jean-Claude arrive à la gare ; il veut prendre le TGV de 17 heures pour Paris. Il ne voit pas le train ; il s'informe auprès d'un employé de la SNCF qui lui répond : « Mais, Monsieur, **il y a** vingt minutes **qu'il est parti** ce train ! / **cela fait** vingt minutes **qu'il est parti**… / **voilà** vingt minutes **qu'il est parti**… / il est parti **depuis** vingt minutes, ce train ! »

C'est la durée écoulée depuis le départ du train qui est cette fois évaluée ; le verbe « partir » ne contient pas d'idée de durée ; il est donc au passé composé. Les verbes fonctionnant ainsi sont les verbes arriver, décéder, descendre, disparaître, monter, mourir, naître, partir, parvenir, rentrer, repartir, retourner, revenir, sortir.

Trouvez ce que disent les personnes.

1. Sabine rencontre son amie Martine mariée avec Fabrice, tendrement enlacée au frère de ce dernier, Luc. Elle n'y comprend plus rien, mais Martine lui explique la situation. Que lui a-t-elle dit ? (rencontre de Fabrice avec une autre fille…)

2. Madame Trognon a décidé à cinquante ans d'adopter deux caniches. Elle a toujours refusé à son mari et à ses enfants de prendre un animal à la maison. Que s'est-il donc passé ? (Monsieur Trognon a quitté le domicile conjugal…)

3. Gabriel qui se déplaçait toujours en Mercédès roule depuis une semaine à vélo. Qu'est-ce qui a pu lui arriver ? (vol, accident, raison de santé…)

9 🌳🌳 **Depuis, il y avait... que, voilà... que, cela faisait... que**

Nouria aurait bien voulu revoir son cher professeur de piano. Comme elle devait se rendre à Nancy, elle est allée sonner chez lui. C'est sa fille qui lui a ouvert. Hélas, **cela faisait** deux ans **qu'il avait disparu** / **il y avait** deux ans **qu'il avait disparu** / **voilà** deux ans **qu'il avait** disparu / il avait disparu **depuis** deux ans.

On évalue la durée écoulée entre un événement passé et un moment précis du passé. Le verbe ne contient pas d'idée de durée, on le met donc au plus-que-parfait.

Reformulez les phrases suivantes en vous situant quelque temps plus tard.

Exemple : Le 15 juin 2003 un restaurant chinois avait ouvert au coin de la rue. Que direz-vous en prenant comme repère le 15 août 2003.

→ ***Cela faisait*** *deux mois* ***qu'****un restaurant chinois avait ouvert au coin de la rue.*
→ ***Il y avait*** *deux mois* ***qu'****un restaurant…*
→ ***Depuis*** *deux mois un restaurant…*

1. Le soleil s'était levé. Plusieurs heures après ....
2. Robert avait annoncé à sa femme sa décision de partir en Australie. Une semaine plus tard ....
3. Étant donné son état de santé, elle avait arrêté de fumer. Trois ans plus tard, elle ne fumait toujours pas ....
4. On avait commencé les travaux de démolition de l'usine le 1er septembre. Le 1er février ....
5. Il avait décidé de ne plus manger de viande. Deux mois plus tard ....
6. Le 3 octobre 1850, il avait débarqué avec toute sa famille aux États-Unis. Le 3 octobre 1860 ....
7. Elle était arrivée chez elle. À peine cinq minutes plus tard, le téléphone sonnait ....
8. Il avait renoncé aux voyages à cause de l'état de sa femme. Cinq ans après ....

 10 🌷🌷 **Cela fait... que, voilà... que, il y a... que, depuis...**

Monsieur Carton, paysan, se lamente : la pluie est tombée en mars et en avril. Mai, juin, juillet, c'est la sécheresse : **cela fait** trois mois **qu'**il n'a pas plu / **voilà** trois mois **qu'**il n'a pas plu / **il y a** trois mois **qu'**il n'a pas plu / il n'a pas plu **depuis** trois mois.

On évalue la durée écoulée entre un moment passé et le présent mais c'est un verbe qui exprime la durée et à la forme négative : le verbe est au passé composé. Par contre on dira : cela fait trois mois qu'il ne pleut plus.

Vous utiliserez les expressions indiquées ci-dessus pour dire ce que madame Lacoste reproche à son mari et ce que monsieur Dupont reproche à sa secrétaire.

1. Madame Lacoste en a plus qu'assez. Son mari rentre de plus en plus tard du bureau, plus de sorties ni de repas au restaurant, jamais de vacances, plus de femme de ménage, un appartement exigu, etc. Bref rien ne va plus. Mais, ce soir, madame Lacoste va dire à son mari tout ce qu'elle a depuis si longtemps sur le cœur. Tous ses griefs lui reviennent à la mémoire et elle se rappelle bien quand cela a commencé.

Exemple : Il ne lui souhaite pas son anniversaire.
→ *Ça fait quatre ans que tu ne m'as pas souhaité mon anniversaire.*

2. Monsieur Dupont trouve que cette fois-ci sa secrétaire a dépassé les bornes : toujours en retard, le courrier pas classé, des fleurs fanées sur son bureau, pas de réponses aux clients, des promesses de renseignements non tenues… et ça fait bientôt une année que ça dure ! Il va lui donner ses huit jours ; mais, avant, elle va l'entendre !

Exemple : Le bureau est sale.
→ *Il y a trois mois que vous n'avez pas nettoyé votre bureau.*

.2
11 🌳🌳 Dès / dès que / depuis / depuis que

Complétez les phrases suivantes.

1. .... ton départ, il n'a pas cessé de pleuvoir. – **2.** Vous voudrez bien prendre contact avec notre représentant, ... réception de cette lettre. – **3.** .... sa femme est partie, il boit comme un trou. – **4.** .... il a eu vent de cette affaire, il a voulu en profiter. – **5.** .... les premiers jours de son mariage, il se montra odieux envers elle. – **6.** .... il était soigné, ses migraines disparaissaient. – **7.** Nous avons quitté Paris avec la pluie mais .... Lyon, c'est la neige qui nous a gênés. – **8.** Il te fera signe .... il aura reçu ton télégramme. – **9.** .... son arrivée, il a couru retrouver ses copains. – **10.** .... sa mère est partie, le bébé n'a fait que pleurer. – **11.** Elle pourra sortir .... elle aura terminé ce travail. – **12.** Cher ami, je vous écris .... Tahiti, je suis en vacances .... quelques jours. – **13.** Nous partirons .... la fin de la course. – **14.** .... il avait fini de manger, il s'endormait.

.2
12 🌳🌳 Pendant / pour

Exemples :

> *- Il s'est absenté **pendant** une semaine (on évalue une durée terminée au passé).*
> *- Il s'absente (s'absentera) **pendant** une semaine (on évalue une durée qui se terminera dans le futur).*
> *- Il s'absentait **pendant** une semaine (idée d'habitude).*
> *- Ils sont partis **pour** un mois (on évalue le terme d'une durée. Le verbe peut être à un temps du présent, du passé et du futur. Seuls le verbe être et les verbes synonymes de partir acceptent cette construction).*

a) *Complétez les phrases suivantes avec l'expression correcte.*
b) *Indiquez celles où « pendant » pourrait être supprimé.*

1. Ils s'en vont ...... un semestre au Canada. – **2.** Elle te téléphonera ...... la matinée. – **3.** Je vous envoie ...... un mois en stage dans une entreprise allemande. – **4.** Retéléphonez la semaine prochaine, ils sont ...... quelques jours à Paris. – **5.** Nous allons jouer aux cartes ...... la soirée ; voulez-vous vous joindre à nous ? – **6.** Il restait ...... des heures immobile à la fenêtre à contempler le ciel. – **7.** Il est nommé ...... une durée indéterminée au Quai d'Orsay. – **8.** Chaque année elle partait ...... trois semaines au Club Méditerranée. – **9.** Il a été gardien ...... plusieurs années dans cet immeuble. – **10.** Un incident technique s'est produit ...... l'atterrissage.

.2
13 🌳🌳 En / dans

Exemples :

> *- La voiture sera prête dans quelques heures (on évalue une durée future à partir du moment du locuteur).*
> *- Le garagiste a réparé (répare, réparera) la voiture en trois heures (on évalue la durée nécessaire à la réalisation de l'action).*

Complétez les phrases suivantes avec l'expression correcte.

1. Je reviens ...... cinq minutes. – **2.** Il a fait l'aller-retour ...... une heure. – **3.** Ce devoir doit se faire ...... temps limité. – **4.** Patiente un peu, j'aurai terminé ...... quelques minutes. – **5.** Il avait réalisé ce film ...... un temps record. – **6.** Je n'aurais jamais cru que ...... si peu de temps il fasse tant de progrès. – **7.** Il a pris cette décision ...... trois secondes. – **8.** Il a bâclé son travail ...... un quart d'heure. – **9.** Autrefois, on allait à Paris ...... une journée ; maintenant, on y va ...... trois heures et demie ; ...... quelques années, on s'y rendra sans doute ...... moins de trois heures. – **10.** On commence à construire ici et, ... une décennie, cet endroit sera sans doute méconnaissable.

B1.2
CECR
14 🌳🌳 *Les actions suivantes se passent en même temps. Reliez-les à l'aide des expressions suivantes: chaque fois que, toutes les fois que, quand, tandis que, alors que... Attention aux temps que vous utiliserez. (Certaines phrases ne peuvent pas être composées avec le présent.)*

1. On lui fait une critique/Il se met en colère. – **2.** Je prends l'avion/J'ai peur. – **3.** Elle s'évanouit/Le dentiste lui arrache une dent. – **4.** Elle boit tout le whisky/Nous sommes au cinéma. – **5.** La tempête se déclenche/Ils sont en mer. – **6.** Il s'enfuit par derrière/Les policiers fouillent l'entrée. – **7.** La chaleur augmente/Les voyageurs vont vers le sud. – **8.** Il perd ses lunettes/Il marche dans les dunes. – **9.** Je ne dis rien/Il reste là. – **10.** Il chante/Il conduit. – **11.** Il refuse de parler/Vous le traitez en coupable. – **12.** Nous faisons la sieste/Les enfants sont chez nous.

B1.2
CECR
15 🌳🌳 Au moment où, à l'instant où, à la seconde où, le jour où, à l'heure où *Répondez aux questions suivantes.*

1. Quand est-ce que vous avez compris qu'on avait volé votre portefeuille? – **2.** Quand est-ce que votre moto fait ce bruit bizarre? – **3.** Quand la police a-t-elle bloqué la rue? – **4.** Martine est ressortie furieuse de la pièce où étaient son fiancé et leur amie Françoise. Elle est sûrement arrivée à un mauvais moment? – **5.** Quand t'es-tu aperçu que tu n'avais plus tes clés? – **6.** Tu as eu une contravention injuste pour un feu rouge, je crois? – **7.** Je dois donner l'argent pour acheter cette maison quand je signerai les papiers? – **8.** Vous avez eu de la chance de tirer le premier... il avait une main sur le revolver?

B1.1
CECR
16 🌳 Pendant que + verbe à l'imparfait

Ils étaient faits pour vivre heureux ensemble mais ils ne se sont jamais rencontrés car ils n'avaient pas les mêmes habitudes.
Elle: 1. Faire de l'aviron. – 2. Aller à la discothèque. – 3. Jouer au tennis. – 4. Voyager en stop. – 5. Se dorer au soleil. – 6. Faire la planche.
Lui: 1. Naviguer sur un voilier. – 2. Assister à des concerts. – 3. S'entraîner au basket. – 4. Prendre le train – 5. Visiter des musées – 6. Faire les boutiques.

Construisez des phrases à l'aide des éléments ci-dessus.

Exemple: Pendant qu'elle étudiait à la bibliothèque, il travaillait dans les cafés.

B1.2
CECR
17 🌳🌳 Comme, alors que, tandis que
Sur le modèle de l'exemple, et en utilisant les expressions de temps ci-dessus, répondez aux questions en expliquant comment s'est passé l'événement.

Exemple: Qu'est-il donc arrivé à monsieur Lebidois?
→ *Comme il **marchait** à petits pas, tranquillement dans la rue, un pot de géranium **est tombé** sur sa tête et l'**a assommé**.*

1. Comment madame Dugrand a-t-elle été mordue par ce chien?
2. Comment Amina a-t-elle fait connaissance de son mari?
3. De quelle façon avez-vous découvert le cambriolage?
4. Dans quelles circonstances avez-vous vu cet OVNI?
5. Mais comment avez-vous pu découvrir une vache dans l'ascenseur?
6. Comment avez-vous découvert que votre femme était une sorcière?
7. Comment a eu lieu le naufrage de votre voisin?
8. Votre fils a un œil au beurre noir; que lui est-il arrivé?

18 🌿🌿 **Antériorité**

Pour exprimer l'antériorité, on dispose des expressions suivantes.

Avant + nom
    + de + infinitif présent
    + que + subjonctif présent
	J'ai quitté la fête	avant la fin.
		avant d'être fatigué.
		avant qu'elle devienne folle.

Après + nom
    + infinitif passé
    + que + indicatif
	J'ai quitté la fête	après le champagne.
		après avoir mangé le déssert.
		après que mon ex-mari m'a
		fait une scène.

a) *Sur ce modèle, réécrivez la triste histoire d'Aurore et Victor qui se sont séparés.*

Utilisez : **Avant**

1. L'été approchait.

2. Victor allait la quitter.

3. Aurore commençait à s'ennuyer.

4. Aurore commençait à le détester.

5. Victor commençait à devenir autoritaire.

Utilisez : **Après**

1. Ils ont voyagé ensemble en Sicile.

2. Aurore a rencontré Antonio.

3. Victor a trompé Aurore.

4. Aurore a rencontré la famille de Victor.

5. Aurore a compris que Victor ne changerait pas.

6. Aurore a appris que Victor avait eu des problèmes avec la police.

b) *Continuez les phrases suivantes.*

1. Il a quitté son pays…

2. Ils ont quitté la ville…

3. Elle a quitté son travail…

4. J'ai quitté les lieux…

5. Etc.

19 🌿🌿 **Avant, avant que, avant de**

Reformulez les phrases suivantes en remplaçant « avant » par « avant que » ou « avant de ».
Attention aux modes.

*Exemples : Il est revenu **avant** le coucher du soleil.*

→ *Il est revenu **avant que** le soleil se couche/soit couché*
(les deux sujets sont différents → avant que + subjonctif).
*Mon grand-père boit une tisane **avant** son coucher*
→ *Mon grand-père boit une tisane **avant de** se coucher*
(les deux sujets sont les mêmes → avant de + infinitif).

1. Je vous téléphonerai avant votre départ. – **2.** Avant l'augmentation des impôts, le Premier ministre a convoqué le Conseil. – **3.** Avant le démarrage, vous devez tirer le starter. – **4.** Il avait rassemblé toutes ses troupes avant l'invasion des Pays-Bas. – **5.** Avant l'évasion du prisonnier, son complice lui avait fait parvenir des armes. – **6.** Avant l'atterrissage de l'avion, les passagers bouclent leur ceinture. – **7.** Avant son aveu, personne ne le soupçonnait. – **8.** Avant la construction d'une maison, il faut demander un permis. – **9.** Avant son départ, le patron a pris soin de régler toutes les formalités.

Antériorité, simultanéité, postériorité

20   **Dès que, aussitôt que, à peine... que, une fois que**

Transformez les phrases suivantes.

Exemple : *Quand le professeur entre dans la salle, les élèves arrêtent de bavarder.*
→ ***Dès que** le professeur entre dans la salle, les élèves arrêtent de bavarder.*

1. Quand le film a commencé, les gens se sont tus.
2. Quand Sophie sera arrivée, il cessera de bouder.
3. Quand le soleil brille, elle s'installe dehors pour bronzer.
4. Quand il avait trouvé des informations intéressantes, il les communiquait à ses collègues.
5. Quand Pierre parle politique, c'est la dispute dans la maison.
6. Quand le garagiste a réparé le pneu, il a remonté la roue.
7. Quand il avait fini ses corrections, il partait se promener.
8. Quand il avait labouré et fumé la terre, il semait le blé.

21   **Antériorité ou postériorité ?**

Reliez les deux éléments par diverses expressions de temps marquant que l'une a lieu avant ou après l'autre dans le temps. Attention, toutes ne sont pas possibles. Attention aussi aux modifications de structure. Utilisez des temps différents.

Exemple : – 8 h : les propriétaires ont fermé la porte de la cave.
– 8 h 10 : ils sont partis.
→ ***Dès que** les propriétaires ont fermé la porte de la cave, ils sont partis.*
→ *Les propriétaires sont partis **après avoir** fermé la porte de la cave.*

Action 1 dans le temps	Action 2 dans le temps
1. les gangsters/sortir de prison	faire un hold-up
2. je/être à Paris	je/te téléphoner
3. nous/maintenir notre action	le gouvernement/prendre une décision
4. il/réussir le bac	il/entrer à l'université
5. elles/finir leurs études	elle/chercher du travail
6. le directeur/revenir de voyage	nous/vous fixer un rendez-vous
7. Paul/ tapisser la chambre	il/poser la moquette
8. Sabine/finir son régime	je/lui acheter un joli maillot de bain
9. l'alarme/se déclenche	la police/arriver
10. ils/faire leurs achats	les clients/payer leur note

22 **Terminez les phrases suivantes avec diverses expressions de temps.**

Exemple :

Elle l'a aimé
| *jusqu'à sa mort.* |
| *trois jours.* |
| *dès qu'elle l'a vu.* |
| *avant de le connaître.* |
| *au premier coup d'œil.* |

1. L'avion a décollé .... – **2.** Je te raconterai tout .... – **3.** Il a fait du sport .... – **4.** Il écrivait une thèse .... – 5. Nous ne passerons pas à table .... – **6.** Il n'a pas dit un seul mot .... – **7.** Il ne vous donnera pas d'autorisation de sortie .... – **8.** Il avait décidé de partir au Togo .... – **9.** Il faudra que vous suiviez un régime sévère .... – **10.** Elle s'était maquillée soigneusement ....

23 🌳🌳🌳 *Complétez les phrases avec l'expression qui convient.*

1. Nous prendrons patience ……… le magasin ouvre. – **2.** Je lirai un peu ……… tu sois prête. – **3.** ……… tu auras fini, nous pourrons partir. – **4.** Il a changé d'avis ……… avoir étudié le dossier. – **5.** Il a dit n'importe quoi ……… savoir quel était le problème. – **6.** Nous devrions tout ranger ……… les invités arrivent. – **7.** Un peu de courage ! Tu sais bien que nous devons travailler ……… six heures. – **8.** Il serait plus prudent de partir ……… la nuit. – **9.** J'ai compris ce qu'il voulait vraiment seulement ……… Marie m'a expliqué sa pensée. – **10.** J'ai horreur de sortir du lit tôt, surtout l'hiver ……… le lever du soleil. – **11.** Ils sont sortis de la pièce ……… nous sommes arrivés. – **12.** ……… la voiture sera réparée, nous filerons dans le midi. – **13.** ……… arrivés à la maison, ils se sont précipités pour piller le frigo. – **14.** La jeune fille gardera le bébé ……… les parents reviennent du cinéma. – **15.** Je te le répéterai ……… tu n'auras pas pris la décision d'arrêter de fumer.

_____ Synthèse

24 🌳🌳 **Emplois du temps**

Michel, ouvrier d'usine		Danièle, scénariste de films		Basile, *branché* parisien	
6 h	réveil	8 h	réveil en musique, aérobic	6 h	coucher
6 h 30	départ au travail			12 h	premier réveil
7 h	entrée à l'usine	8 h 30	petit-déjeuner dans la salle de bains	14 h	réveil définitif
7 h 30	début du travail			16 h	choix difficile d'une tenue
10 h	pause-café	9 h 30	début du travail : rendez-vous par téléphone		
10 h 15	reprise du travail			16 h 30	petit-déjeuner au café-tabac du coin
12 h	déjeuner à l'usine	10 h 30	rendez-vous avec un metteur en scène	17 h	série de coups de téléphone
14 h	reprise du travail				
18 h	sortie de l'usine	12 h 30	déjeuner avec les enfants	18 h	pot dans un café avec un copain
18 h 30	arrivée à la maison				
19 h	bricolage	14 h	café avec une amie	19 h	vernissage d'une exposition de peinture
20 h	dîner à la maison	14 h 30	écriture de scénarios		
20 h 30	télévision	18 h	séance de relaxation	20 h	apéritif avec des amis
22 h	toilette	19 h	sur le tournage d'un film aux studios de Boulogne	21 h	dîner (invité) dans un restaurant chic
23 h	au lit				
				22 h 30	cinéma
		20 h	apéritif à la cafétéria des studios	1 h	dans une fête branchée
				2 h 30	dans une boîte de nuit
		20 h 30	courses chez le fleuriste d'un supermarché	4 h	dans un club privé
				5 h 30	retour par le premier métro
		21 h	dîner chez des amis	5 h 45	une bonne douche
		24 h	au lit	6 h	au lit

a) *Racontez l'emploi du temps d'une de ces trois personnes en utilisant des expressions d'antériorité.*

Exemple : Après s'être réveillé à 6 h, Michel part au travail à 6 h 30.
À 10 h 15, dès qu'il a bu son café, il se remet à travailler, etc.

b) *Comparez les emplois du temps de ce trois personnes.*

Exemple : À l'heure où Michel se lève, Basile se couche. Pendant ce temps-là, Danièle dort, etc.

25 ❀ ❀ ❀ *Reformulez les phrases suivantes en utilisant tous les procédés exprimant l'antériorité, la simultanéité ou la postériorité que vous avez appris dans ce chapitre.*

Conjonctions	+	indicatif
Conjonctions	+	subjonctif
Prépositions	+	nom
Prépositions	+	infinitif

Exemple: Il a mangé **puis** il est sorti.

→ *Il est sorti* | **dès qu**'il a fini de manger.
| **après** son repas.
| **tout de suite après** avoir fini son repas.

1. Le garagiste réparait les freins de la Peugeot; pendant ce temps-là, Yves son ouvrier, changeait une ampoule du phare cassé. – **2.** Léa est partie en Inde; avant, son mari avait demandé une année de congé sabbatique et sous-loué leur appartement à un ami. – **3.** Il a aperçu sa femme dans les bras d'un autre homme; il a immédiatement demandé le divorce. – **4.** Tu loueras une voiture; tu pourras tout de suite après partir visiter la région. – **5.** Elle a pris un somnifère, puis elle s'est endormie. – **6.** Je lui faisais une remarque; à chaque fois elle se mettait en colère. – **7.** Ils sont arrivés à la gare; le train partait juste. – **8.** Les Dugrand étaient en voyage au Brésil; c'est alors que leur villa a été cambriolée. – **9.** Elle a déménagé à Nice début mai; depuis, il n'a pas plu. – **10.** Le ténor commençait son grand air; le feu a alors pris dans les combles de la salle de concert. – **11.** Sonia n'est pas encore rentrée du marché; en attendant son mari fait le repassage. – **12.** Il s'est retourné pour voir si les enfants suivaient; à cet instant, une voiture l'a renversé. – **13.** Le film se termine; tous les spectateurs se lèvent et quittent la salle. – **14.** Bonne nouvelle pour les fonctionnaires le premier janvier; leur salaire va augmenter ce jour-là. – **15.** Il mange moins; il a beaucoup maigri. – **16.** La Syldavie a rompu ses relations diplomatiques avec le Ravadjistan; le gouvernement a tout de suite demandé à ses ressortissants de quitter le pays. – **17.** Carole est tombée dans l'escalier; après ça elle n'a plus pu faire de ski. – **18.** Ils vivaient heureux depuis dix ans ensemble; ils ont décidé de se marier. – **19.** Aude et Sylvain Texier sont partis au Canada; avant leurs amis avaient préparé en secret une fête en leur honneur. – **20.** Les charpentiers travaillaient sur le toit; en même temps les maçons montaient un mur autour de la propriété.

théorie générale

1. Tableaux généraux

• **Ordre des mots**

	Style direct	Style indirect
Ponctuation	• Le message est précédé par deux points et il est introduit et fermé par des guillemets. • Le verbe introducteur peut se mettre avant, au milieu ou à la fin du message. • Notez l'inversion du verbe par rapport au sujet dans ces deux derniers cas. *Sylvie dit à Pierre, l'instituteur :* *« Mon fils a de la fièvre et il n'ira pas à l'école. »* *« Mon fils a de la fièvre, dit Sylvie à Pierre, et il n'ira pas à l'école. »* *« Mon fils a de la fièvre et il n'ira pas à l'école », dit Sylvie à Pierre.*	• Le verbe introducteur précède obligatoirement le message. • Les deux points sont remplacés par un mot de subordination (ici : « que » et « si »). Les guillemets, les points d'interrogation ou d'exclamation disparaissent. • L'inversion (ou l'expression « est-ce que ») de l'interrogation est remplacée par l'ordre normal des mots. *Sylvie dit à Pierre, l'instituteur, que son fils a de la fièvre et qu'il n'ira pas à l'école.*

• **Modalité de la phrase et mot de subordination**

	Style direct	Style indirect
Assertion	*Le directeur dit à ses employés :* *« les bureaux seront fermés la semaine prochaine ».*	**Le mot de subordination = que** *Le directeur dit à ses employés que les bureaux seront fermés la semaine prochaine.*
Question	*« Pourrez-vous rattraper votre travail ? » « Quel moment vous conviendra le mieux ? » « Qu'est-ce que vous préférez ? »*	**Le mot de subordination = si** lorsque la question porte sur le verbe. Sinon, on utilise le même mot interrogatif que dans la question. Attention : « qu'est-ce que » donne « ce que » « qu'est-ce qui » donne « ce qui ». *Il leur demande si elles pourront rattraper leur travail, quel moment leur conviendra le mieux et ce qu'elles préfèrent.*
Ordre	*« Avertissez le concierge. »*	**Le mot de subordination =** **que + subjonctif** **de + infinitif** *Il dit qu'elles avertissent le concierge.* *Il leur dit d'avertir le concierge.*

• Changement des pronoms personnels et des pronoms et adjectifs possessifs

	Style direct	Style indirect
	Bernard dit à son frère Luc : «*J'ai perdu mes clés : peux-tu me prêter les tiennes ?*»	*Bernard dit à son frère qu'il a perdu ses clés et lui demande s'il peut lui prêter les siennes.* *Mais si c'était Luc qui rapportait les paroles de son frère, on aurait :* *Bernard me dit qu'il a perdu ses clés et me demande si je peux lui prêter les miennes.* **Le changement dépend donc de la personne qui rapporte le message.**

• Changement de temps

	Style direct	Style indirect
Le verbe introducteur est - au présent - à l'impératif - au futur - au conditionel présent	*Monsieur Martin demande à son voisin : «Est-ce que le facteur est passé ?»*	**Aucun changement de temps du verbe au style indirect.** *Monsieur Martin demande à son voisin si le facteur est passé.*
Le verbe introducteur est à un des temps du passé de l'indicatif ou au conditionnel passé	**• Le verbe du message est :** **– à l'imparfait** **– au plus-que-parfait** **– aux conditionnels présent ou passé** *Sébastien a demandé à Irène : « C'était bien cette fête ? Tu avais prévenu les amis de mon absence ? Tu pourrais me dire qui était là ? J'aurais tant aimé être avec vous. »* **• Le verbe du message est** **– au présent** **– au passé composé** **– au futur** **– au futur antérieur** *Valérie a téléphoné à ses parents : «J'ai raté mon train, il n'y en a plus ce soir, je reviendrai demain, j'aurai bientôt fini ces voyages.»*	**Pas de changement de temps.** *Sébastien a demandé à Irène si cette fête était bien, si elle avait prévenu les amis de son absence, si elle pourrait lui dire qui était là ; il a ajouté qu'il aurait tant aimé être avec eux.* **Le verbe du message rapporté est** **- à l'imparfait** **- au plus-que-parfait** **- au conditionnel présent** **- au conditionnel passé** *Valérie a téléphoné à ses parents qu'elle avait raté son train, qu'il n'y en avait plus ce soir-là, qu'elle reviendrait le lendemain, qu'elle aurait bientôt fini ces voyages.*

	Style direct	Style indirect
Cas de l'impératif	**Quel que soit le temps du verbe introducteur, si le verbe du message est à l'impératif, il change au style indirect.** *Le père dit à son fils: «Aide ta sœur.»* *Le père a dit à son fils: «Aide ta sœur.»*	**Le verbe du message rapporté se construit avec:** **de + infinitif** **que + subjonctif (rare)** *Le père dit/a dit à son fils d'aider sa sœur. qu'il aide sa sœur.*

• **Adaptation des expressions temporelles dans le cas où le verbe introducteur du message est à un temps du passé**

	Style direct	Style indirect
	Il y a un an l'année dernière la semaine passée avant-hier/hier ce matin aujourd'hui en ce moment/actuellement ce mois-ci demain/après-demain la semaine prochaine l'année prochaine dans un an tout à l'heure ici	un an avant/auparavant l'année précédente/d'avant la semaine précédente/d'avant l'avant-veille/la veille ce matin-là ce jour-là à ce moment-là ce mois-là le lendemain/le surlendemain la semaine suivante/d'après l'année suivante un an après/plus tard quelque temps avant/après là

• **Variété et nuances des verbes du discours rapporté**

	Style direct	Style indirect
	Le maire a déclaré: «De nouveaux bâtiments sociaux vont être construits.»	*Le maire a déclaré (affirmer, assurer, répéter, raconter, attester, garantir, promettre…) que de nouveaux bâtiments sociaux allaient être construits.*
	Un adjoint a demandé: «La date est-elle déjà fixée?»	*Un adjoint a demandé (interroger, questionner, poser une question…) si la date était déjà fixée.*
	Le maire a répondu: «Nous allons la fixer au prochain conseil municipal.»	*Le maire a répondu (rétorquer, riposter…) qu'ils allaient la fixer au conseil municipal suivant.*
	Un membre de l'opposition a dit: «Il faudra que cette date soit respectée!»	*Un membre de l'opposition a dit (demander, vouloir, exiger, ordonner/souhaiter, être d'avis, proposer, suggérer, conseiller…) qu'il faudrait que cette date soit respectée.*

Exercices

Ordre des mots et ponctuation

B1.1 CECR **1** *Mettez les phrases suivantes au style indirect.*

Exemple : Elle dit : *« Le chat a mangé le camembert ».*
→ *Elle dit que le chat a mangé le camembert.*

1. Pierre demande à son frère : « Est-ce que les voisins sont rentrés ? » – **2.** Paul dit : « Il fait très froid. » – **3.** Le passant demande : « Quelle heure est-il ? » – **4.** Le policier ordonne aux manifestants : « Dispersez-vous ! » – **5.** Elle demande : « Pourquoi ce bébé pleure-t-il tant ? » – **6.** Il ordonne aux élèves : « Taisez-vous ! » – **7.** Il voudrait savoir : « Combien le client a-t-il payé la réparation de la voiture ? » – **8.** Madame Rouvel demande : « Qui est-ce qui a cassé la sonnette ? » – **9.** Le pompier crie au public : « Évacuez la salle ! » – **10.** Il veut savoir : « Qu'est-ce que les enfants mangent à quatre heures ? » – **11.** Elle se demande : « Qu'est-ce qui a bien pu faire ce bruit ? »

Changement de pronoms et d'adjectifs

B1.1 CECR **2**   *Mettez les phrases suivantes au style indirect.*

Exemple : Le concierge dit : « Je n'aime pas les locataires bruyants. ».
→ *Le concierge dit qu'il n'aime pas les locataires bruyants.*

1. Ils nous disent : « Vous devez partir. » – **2.** Elle me dit : « Tu me mens. » – **3.** Pierre me promet : « Mon patron essaiera de faire quelque chose pour ta fille. » – **4.** Ils nous font savoir : « Notre voiture est tombée en panne à quelques kilomètres de chez vous. » – **5.** Le ministre déclare : « Nous réglerons ce problème quand nous aurons étudié les dossiers. » – **6.** Elle leur affirme : « Vous réussirez certainement. » – **7.** Vous nous dites : « Nous ne pourrons pas venir vous aider. » – **8.** Ma mère me répète tout le temps : « Il ne faut pas que tu sortes seule le soir. » – **9.** Les étudiants déclarent au maire : « Nous ferons notre manifestation même si vous l'interdisez. » – **10.** Pierre me dit : « Je ne suis pas d'accord avec toi. »

B1.1 CECR **3**   **Qui rapporte le message ?**

Mettez les phrases suivantes au style indirect ; le verbe introducteur sera toujours au présent.

Exemple : Madame Brun à son fils Anatole :
- Anatole, **tu** dois ranger **ta** chambre avant l'arrivée de **tes** amis ! Anatole tu entends ce que je dis ?
- Mais oui, maman ! Tu me dis que **je** dois ranger **ma** chambre avant l'arrivée de **mes** amis, je ne suis pas sourd.

1. Le père à son fils : « Pourrais-tu mettre mes lettres à la poste ? »
Le fils rapporte ces paroles à Sylvie →
2. Nicolas à André : « J'ai rencontré tes parents chez mon oncle. »
André à René →
René à Paul →
3. Madame Thibaud à sa fille : « Si tu vas au marché, rapporte-moi une laitue et une douzaine d'œufs. »
Madame Thibaud à sa voisine →
La fille à une amie →
4. Bernard à Marc : « Tu te souviens du jour où je t'avais enfermé dans la cave ? »
Marc à son père →
Bernard à Hélène →

5. Raphaël à Robert : « J'ai oublié de souhaiter à Anne son anniversaire. Comment me faire pardonner ? »

        Robert à Anne →

        Anne à sa mère →

6. Le journaliste à la radio : « Tous les trains sont en grève ; évitez de prendre tous votre voiture. »

        Un Parisien à sa femme →

        Un Belge à un collègue →

4 🌳 **Message rapporté par différentes personnes**

Madame Legrand explique à Ludivine, la jeune fille qui s'occupe des enfants, qu'elle doit s'absenter pour quelques jours avec son mari et elle lui laisse ses consignes avant de partir.

« Ce soir, vous irez chercher les enfants à l'école. Vous leur expliquerez que je dois partir quelques jours avec leur père pour notre travail. Je vous laisse ma voiture pour que vous perdiez moins de temps. Voici mes clés ; vous avez bien votre permis de conduire dans votre sac ? Rappelez à Océane qu'elle doit prendre ses médicaments : elle aurait tendance à les oublier. Charles doit penser à rapporter son survêtement. Je crois vous avoir tout dit. Ah ! s'il y a un message pour moi ou pour mon mari, dites qu'on me rappelle dans quelques jours. »

a) En fait, Ludivine est tout à fait étourdie et deux heures après, elle ne se souvient plus de rien. Elle demande à Madame Martin, la femme de ménage qui était là quand madame Legrand lui a laissé ses consignes, de lui rappeler ce qu'elle a à faire.
Madame Legrand vous dit d'aller chercher…

Mettez le texte au style indirect.

b) Marianne transmet aux enfants ce qui les concerne. Votre mère me charge de vous dire qu'elle doit partir… ***Continuez.***

Concordance des temps

5 🌳 ***Mettez la phrase complète au passé.***

Exemple : Je crois qu'il arrive le 12.
      → *Je croyais qu'il arrivait le 12.*

1. Vous dites qu'il passait vous voir tous les soirs ?
2. Vous savez qu'il est parti en voyage et qu'il ne reviendra pas avant huit jours ?
3. Ils disent que les soldats sont arrivés en camion et qu'ils seront bientôt repartis.
4. Il prétend qu'il avait tout de suite compris la vérité.
5. On raconte que tu vendras la ferme quand ton père sera mort.
6. Je t'affirme qu'elle t'aime et qu'elle viendra à ton rendez-vous.
7. Elle dit qu'elle préférerait des fleurs.
8. Tu dis qu'il a réussi son permis de conduire et qu'il va s'acheter une moto.

6 🌳 ***Mettez les phrases suivantes au style indirect.***

Exemple : J'ai répondu : « Je suis pressé ».
      → ***J'ai répondu** que **j'étais pressé.***

1. J'ai expliqué à l'étudiant : « Il faut d'abord aller à la préfecture. » – **2.** Ton fils m'a dit : « Je ferai ce qu'il me plaira quand ça me plaira. » – **3.** La radio a annoncé : « On n'a pas retrouvé les terroristes. » – **4.** Ce soir-là, nous disions : « Nous ne serons pas absents longtemps. » – **5.** Le journaliste a écrit : « Les terroristes se sont enfuis avec une voiture volée, ensuite ils l'ont abandonnée. » – **6.** La radio a annoncé : « Les policiers ont cherché partout les gangsters mais ils ne les ont pas trouvés. » – **7.** Il a déclaré : « Les habitants de ce village seront sauvés. » – **8.** Elle m'a affirmé : « Il n'aime pas les romans policiers. »

7 🌳 *Mettez les phrases suivantes au style indirect.*

B1.1
C E C R

1. Il lui a affirmé : « Mais oui, Madame, j'embauche aussi des femmes. » – **2.** Elle m'a dit : « Il vient dîner tous les soirs ici. » – **3.** Tu m'avais dit : « Il est venu et il est reparti tout de suite. » – **4.** Il me disait : « Gilles s'est levé à cinq heures, ensuite il est parti et on ne l'a pas revu. » – **5.** Claude m'a dit : « Je n'ai pas osé avouer à mes parents que leur voiture était complètement cassée. » – **6.** Elle m'a expliqué : « Nous allons partir pour un mois à la mer quand Colette sera revenue de son stage. » – **7.** Sa mère m'a dit : « Ils ont décidé de ne plus se voir parce qu'ils n'avaient plus rien à se dire. » – **8.** Je crois qu'il a dit : « Quand maman aura terminé la vaisselle, elle pourra te donner un coup de main. »

 8 🌳🌳 « Alors on m'a dit »

B1.2
C E C R

Mettez chaque phrase du texte suivant au discours rapporté.
Exemple : Un copain m'avait dit que si je faisais des études de lettres, il faudrait que j'aille jusqu'au bout et que je fasse un doctorat.

Un copain m'avait dit avec assurance après mon bac : « Si tu fais des études de lettres, va jusqu'au bout et fais un doctorat. » J'ai fait ma licence, une maîtrise, et un doctorat. La soutenance s'est très bien passée, on m'a félicité et j'ai demandé comment je pourrais enseigner à l'université. Alors, on m'a dit : « Un doctorat, ce n'est pas grand-chose. Il faut d'abord se faire connaître. » J'ai écrit, péniblement, douze articles que j'ai eu du mal à publier dans une revue connue. Alors on m'a dit : « Il suffit de te présenter pour obtenir un poste. »
Pensez-vous ! J'ai bien été qualifié pour être maître de conférences, mais les rares postes libres me sont passés sous le nez, et on m'a clairement signifié : « Si vous aviez été agrégé, vous auriez eu plus de chances, car la profession est très encombrée. » Alors ? Alors je prépare mon agrégation comme je peux, je fais des remplacements dans un lycée, j'ai perdu dix années – les plus belles – de ma vie, et, de plus, je me suis entendu dire : « Si tu avais été moins ambitieux, il y a belle lurette que tu serais professeur ! »

Choix du verbe introducteur

 9 🌳 Quel verbe utiliser au style indirect ?

B1.1
C E C R

Transformez les phrases de la première colonne au style indirect avec les verbes appropriés.

Style direct	Style indirect Les verbe introducteur est au présent : il dit que il demande si/de il répond que	Style indirect Le verbe introducteur est au passé : il a dit que il a demandé si/de il a répondu que
1. Pierre à sa mère : «J'aime le chocolat.» **2.** Nicole à ses amis : «Je n'irai pas au cinéma.» **3.** Alain à Karine : «Tu viendras avec moi ?» - Karine : «Non, je ne peux pas.» **4.** Yves à Paul : «Est-ce que ta mère est arrivée ?» - Paul : «Non, pas encore.»		

5. Philippe à sa sœur : « Qui est-ce qui est venu ? »		
6. Anne à Sylvie : « Qui partira avec toi ? »		
7. Bernad à Anne : « Qu'est-ce que tu veux ? »		
8. Paul à Jean : « Qu'est-ce qui s'est passé et de quoi parliez-vous ? »		
9. Nadine à son mari : « Ne pars pas tout de suite. »		
10. Yves à Marc : « À qui a-t-elle téléphoné et pourquoi a-t-elle fait ça ? »		
11. Claude à Marc : « Quelle était sa fleur préférée ? »		
12. Pierre à ses amis : « Entrez vite. »		
13. Luc à ses voisins : « Où irez-vous en vacances ? »		
14. Aline à sa fille : « Veux-tu m'apporter un verre d'eau ? »		

10 🌳 🌳 *Mettez les phrases suivantes au style indirect passé en choisissant le verbe introducteur approprié.*

Vous pourrez utiliser les verbes : demander, exiger, prier, souhaiter, reconnaître, admettre, avouer, accepter, refuser, déclarer, annoncer, expliquer, répéter, confirmer, nier, promettre, garantir, certifier, assurer.

1. Monsieur Goude à son fils : « Tu vois, tu dois tenir ton marteau comme ça. »
2. Un touriste à un passant : « Pardon, Monsieur, où se trouve la gare ? »
3. Pierre à son frère : « C'est vrai, tu as raison. »
4. Luc à sa mère : « C'est moi qui ai cassé le vase, maman. »
5. Un homme politique : « Je n'ai jamais fait de telle déclaration à la presse. »
6. Pierre à Anne : « Ce n'était pas lui, j'ai dû me tromper. »
7. Monsieur Blanc à son fils : « Non, je ne te prêterai plus la voiture. »
8. Le professeur aux élèves : « Vous vous taisez immédiatement ! »
9. Mathilde à ses amies : « J'attends un bébé. »
10. Le président : « La séance est ouverte. »
11. Simone à son fils : « Je veux bien que tu dormes chez ton copain. »
12. Thérèse au téléphone : « Nous revenons bien, samedi, par le TGV de 21 h. »
13. Un serveur à un groupe de jeunes : « S'il vous plaît, pouvez-vous faire moins de bruit. »
14. Un commerçant : « Comme je vous l'ai déjà dit, nous n'avons pas cet article. »
15. La vendeuse : « Soyez tranquille, Madame, cette machine est tout à fait silencieuse. »
16. Le moniteur d'auto-école au jeune homme : « Vous devez toujours regarder dans le rétroviseur avant de doubler une voiture. »

11 🌺 🌺 Variations temporelles

Lorsqu'on rapporte les paroles de quelqu'un le jour même, mais quelques heures après le moment où celles-ci ont été prononcées ou bien le lendemain de ce jour, certains changements (de temps, d'expressions temporelles) n'auront pas à être effectués. Par contre, si le décalage entre le moment de l'énonciation et l'instant où l'on rapporte le message est important, toutes les modifications devront être faites.

Complétez le tableau suivant.

Attention à certaines expressions caractéristiques de l'oral et qui ne peuvent passer telles quelles au discours rapporté.

Exemple : – « Ça va ? » – « Bof ! »
→ *Il lui a demandé comment ça allait, et son ami lui a répondu que ça allait moyennement.*

Message au style direct	Message rapporté peu de temps après	Message rapporté longtemps après
17 novembre 2001 à 9 heures Simon à Jean : « Ça y est, j'ai reçu ma nomination, je pars demain pour Paris. »	**17 novembre 2001 à 18 heures** Jean à sa femme : « *Simon m'a raconté qu'il a enfin reçu sa nomination et qu'il part demain à Paris.* »	**25 juin 2005 à 12 heures** Jean à un collègue qui lui demande des nouvelles de Simon : « *Ce matin-là, Simon m'avait dit qu'il avait enfin reçu sa nomination et qu'il partait le lendemain à Paris.* »
10 octobre 2002 le matin Pierre à Nicolas : « *J'en ai vraiment assez de ce travail. Hier, encore, rien n'était prêt pour la rentrée ; je vais changer de boulot !* »	**10 octobre 2002 le soir** Nicolas à Lise :	**20 septembre 2005** Nicolas parle de Pierre à Marc :
1er juin 2003 dans la matinée Sébastien à Nathalie : « *Quelle histoire ! Le week-end dernier Jacques a failli être tué dans un carambolage sur l'autoroute.* »	**1er juin 2003 au dîner** Nathalie parle de Jacques à son mari :	**28 septembre 2005** Nathalie parle de Jacques à Marie :

12 🌺 🌺 *Après toute une journée passée ensemble, Marc propose à ses amis : « Et si vous veniez tous dîner chez moi ce soir ? »*

Comment ont-ils accepté ou refusé ? Aidez-vous du tableau ci-après.

Exemple : Matthieu s'est jeté sur l'idée avec enthousiasme.
Matthieu, enthousiasmé, a accepté sans hésiter.
Matthieu, enchanté par l'idée, a sauté sur l'occasion.

Matthieu : – Ouais ! c'est une idée géniale.
Hugo : – C'est vraiment gentil de ta part. Je t'aiderai si tu veux.
Pierre : – D'accord. Qu'est-ce que j'apporte ?
Michel : – J'ai un rendez-vous…
Jeanne : – Oh ! quel dommage, je dois aller voir ma mère ce soir.

Sophie : – Bof, pourquoi pas ?

Annie : – Non merci, ça ne me dit rien du tout.

Laure : – Si ça te fait plaisir.

Roselyne : – Passer la soirée ensemble ? Ah ça non ! je vous ai assez vus !

Roland : – Ça, c'est l'idée du siècle !

Étaient-ils	Ont-ils	Se sont-ils

• enchantés
• ravis
• enthousiasmés
• contents
• sans enthousiasme
• froids
• gentils
• de mauvaise humeur
• agressifs
• embarrassés
• serviables
• reconnaissants
• désolés
• sincèrement désolés
	• sauté sur l'occasion
	• trouvé l'idée sympathique
	• accepté sans hésiter
	    avec enthousiasme
	    avec plaisir
	    avec reconnaissance
	    par gentillesse
	    par désœuvrement
	    chaleureusement
	• refusé avec regret
	    avec embarras
	    froidement
	    sèchement
	    catégoriquement
	• proposé un coup de main
	    de participer
		• jetés sur l'idée
		• excusés gentiment
		    maladroitement
		    sincèrement
		    avec un prétexte
		    sans délicatesse

1.2

13 🌳 🌳 **Comment ont-ils réagi ?**

D'habitude le petit frère (Raphaël) est très admiratif vis-à-vis de son grand frère (Raymond). Mais aujourd'hui Raymond a, sans le faire exprès, cassé un jouet de Raphaël. Celui-ci explose :

Raphaël (en colère) : – Pauvre crétin !

Raymond (surpris) : – Euh…

Raphaël (agressif) : – Tu pourrais répondre, au moins !

Raymond (qui a retrouvé ses moyens) : – Maintenant ça suffit ! Tais-toi, ou je te donne une gifle !

Rapportez les paroles, les sentiments et les attitudes des deux frères à l'aide des éléments suivants.

Pour Raphaël	Pour Raymond
- en colère / hors de lui / furieux	- surpris / stupéfait / renversé (fam) / estomaqué (fam)
vexé, bléssé, ulcéré	
- se mettre en colère, exploser, sortir de ses gonds - attaquer, agresser, insulter, injurier	- ne rien trouver à répondre, ne pas savoir quoi dire, rester sec, rester bouche bée, rester sans réaction, rester muet, bafouiller
	- répondre sur le même ton, rétorquer du tac-au-tac
	- sortir de sa réserve, cesser d'être conciliant, se montrer ferme, devenir combatif, menacer
avec agressivité, violence, colère, méchanceté, force, fermeté	

B1.2 CECR **14** **Inquiétude**

Charlotte est convoquée par son patron pour la première fois. Elle se confie à une collègue et amie, Léa :

Charlotte : – Léa ! le patron veut me voir. Qu'est-ce que ça veut dire ?

Léa : – Je ne sais pas, moi. Peut-être rien.

Charlotte : – Non, non… je sens quelque chose de pas très clair dans cette histoire.

Léa : – Je ne crois pas, tu dramatises toujours tout.

Charlotte : – Tout de même, je ne me sens pas tranquille ! Il ne m'a jamais convoquée.

Léa : – Allons, allons, ne t'affole pas. Il veut peut-être te confier d'autres responsabilités.

Charlotte : – Tu crois ? J'ai plutôt peur qu'il trouve que je ne suis pas à la hauteur.

Léa : – Tu ne vas pas recommencer à te dénigrer. Tu fais du bon travail, tu le sais.

Charlotte : – Tu sais bien que je n'en suis jamais sûre.

Léa : – Cesse de te poser des questions inutiles, tu te fais du mal, du mal pour rien. Tu n'es plus une enfant, quand même !

À l'aide des éléments de lexique suivants, transcrivez en discours rapporté le dialogue de Charlotte avec Léa. Le verbe introducteur sera au passé.

Adjectifs :
– nerveuse, inquiète, craintive, paniquée
– peu sûr d'elle, incertaine, hésitante, sceptique
– calme, compréhensive, rassurante, maternelle
– ferme, décidée, catégorique.

Verbes :
– avoir l'impression, le sentiment, la sensation, une interprétation
– exprimer une inquiétude, de l'appréhension, de la crainte, de l'agacement
– se poser des questions, réconforter, remonter (parlé)
– désapprouver, blâmer, critiquer
– réprimander, sermonner, secouer (parlé), houspiller

Adverbes :
– gentiment, doucement, calmement, patiemment
– fermement, catégoriquement

B1.2 CECR **15** **Il n'y a pas de dialogue impossible**

Deux personnages, objets ou animaux qui n'auraient, en temps normal, aucune raison de se rencontrer ont l'occasion de discuter. Rapportez leur conversation au style indirect.

Exemples : - *Georges discute toute la nuit avec un aspirateur. Que se sont-ils dit ?*
   - *Une grenouille se retrouve au bord d'une rivière avec un sac-poubelle.*

Le discours rapporté et les textes de presse

B1.2 CECR **16** *Soulignez et relevez les expressions qui servent à rapporter le discours.*

1. ÉCONOMIE	2. SOCIAL
Le ministre de l'économie a souligné hier dans une conférence de presse à Bercy, les bons résultats économiques des six derniers mois. Il a réaffirmé avec force la volonté du gouvernement d'aider les entreprises, et il a annoncé que des simplifications administratives étaient en préparation.	Interrogé sur le volet social gouvernemental, hier à la chambre des députés, le Premier ministre s'est montré très discret : il s'est contenté d'indiquer qu'il avait créé un nouveau groupe d'études sur « la fracture sociale ».

3. SANTÉ DU CHEF DE L'ÉTAT

Le porte-parole de l'Élysée a démenti formellement les rumeurs de maladie concernant le chef de l'État. Certains députés de l'opposition s'étaient récemment inquiétés à ce sujet. Il a même souligné l'excellente forme physique du président de la République en racontant quelques anecdotes.

4. DÉMENTI

Le président du Sénat a fait savoir qu'il se retirerait de la scène politique à la fin de son mandat, mais pas avant… Certains avaient annoncé un peu vite que sa démission était imminente.

5. INONDATIONS

Le chef de l'État a assuré les victimes de son soutien et s'est engagé à débloquer une aide financière importante pour les zones sinistrées.

6. CONSOMMATION

Tous consommateurs part en guerre contre les grandes surfaces : il dénonce leurs procédés commerciaux douteux, s'indigne que le gouvernement laisse faire, réclame une moralisation du secteur et appelle les consommateurs à agir.

7. SÉCURITÉ

Un communiqué du ministère de l'intérieur met en avant les bons résultats de la lutte contre la criminalité. Les syndicats de policiers ne partagent pas cet optimisme et certains contestent même les méthodes statistiques utilisées. La Ligue des droits de l'homme, quant à elle, déplore l'augmentation des bavures policières.

8. SERVICE PUBLIC

Les syndicats de fonctionnaires s'inquiètent de la politique actuelle (suppression de postes, fermeture de guichets) qui, selon eux, cache une volonté de privatiser tous les services de l'État. Ils alertent l'opinion sur cette évolution et exigent un débat parlementaire sur la question du service public. Le gouvernement affiche, lui, sa volonté de moderniser l'administration… Dialogue de sourds.

1.2 **17** 🌿 🌳 **Déclarations**

Voici une série de 10 déclarations. Reformulez chaque déclaration en faisant une phrase complète. Vous choisirez parmi la liste des verbes suivants celui qui vous paraît le plus adapté à la situation (plusieurs formulations sont possibles).

Exemple : Le directeur du musée Beaubourg a assuré/affirmé que c'était notre sensibilité qui changeait d'échelle.

> Accepter, affirmer, annoncer, assurer, attirer l'attention sur, conclure, confier, conseiller, croire, (se) déclarer, se demander, estimer, être convaincu, interroger, juger, lancer une mise en garde/un cri d'alarme/une proposition, manifester son opposition, mettre en garde, penser, proposer, refuser, révéler, souligner.

1. « C'est notre sensibilité qui change d'échelle. » (le directeur du musée Beaubourg)
2. « Faut-il rétablir la proportionnelle ? » (un député de l'opposition)
3. « Il n'y a aucune excuse pour la discrimination. » (un écrivain sud-africain)
4. « Attention à ne pas sous-estimer l'angoisse du temps inoccupé. » (le directeur d'un cabinet conseil en management)
5. « Surtout conservez votre emploi pendant la préparation du dossier. » (le président de l'APCE, agence pour la création d'entreprise)
6. « Chez GO, j'ai fait tous les jobs, ça aide. » (Le P.-D.G. de GO voyages)
7. « La recherche médicale peut-elle rester compétitive ? » (un généticien, directeur de recherche à l'INSERM)

8. « Le commerce équitable, c'est portable. Loin du look baba cool, une ligne de vêtements éthiques envahit les boutiques. » (un membre de l'association Max Havelaar)
9. « Tous attachés pour tous arriver » (la prévention routière)
10. « Ce n'est pas en changeant la loi Evin qu'on sauvera le vin français. » (Patrick Ricard, producteur de spiritueux)

 18   **Déclarations**

a) *Faites une phrase complète pour rapporter les déclarations des personnes suivantes. Vous choisirez parmi la liste suivante le verbe qui vous paraît le plus adapté à la situation. Pour certaines déclarations, plus longues, vous devrez utiliser plusieurs verbes. Plusieurs formulations sont possibles.*

> – croire, penser, estimer, juger, être convaincu
> – souligner, attirer l'attention sur, conclure
> – déclarer, se déclarer, annoncer, révéler, confier
> – se demander, s'interroger, se poser des questions
> – avertir, mettre en garde, lancer une mise en garde, lancer un cri d'alarme
> – proposer, faire une proposition, conseiller
> – refuser, s'élever contre, manifester son opposition à
> – garantir, promettre, s'engager à

1. « La chaleur humaine permet l'ouverture. Vous découvrirez que tous les êtres humains sont comme vous, tout simplement. » (le Dalaï-lama)
2. « Nous devons de toute urgence agir pour protéger l'environnement. Demain il sera trop tard. » (Hubert Reeves, un scientifique)
3. « Quand on voit la faible participation des électeurs à certains scrutins, on reste perplexe. Faut-il rendre le vote obligatoire ? (Julien Duchaussoy, député)
4. « Un homme qui frappe sa femme n'a aucune excuse, jamais. Il doit se faire soigner pour maladie mentale. » (Michel X… ; campagne contre les violences conjugales)
5. « Beaucoup de gens s'inquiètent des conséquences de la mondialisation, souvent à juste titre, mais ils ne sont pas toujours conscients de ses nombreux aspects positifs. » (Ludovic Barois, sociologue)
6. « Pas question de laisser les mains libres aux extrémistes de tous bords. Je défendrai toujours la démocratie contre les fanatiques. » (Passarcaud, militant des droits de l'homme)
7. « Mais non, le niveau du bac ne baisse pas ! Cette idée est très répandue mais elle est fausse ! On a fait passer le bac de 1920 à des élèves et ils ont été bien meilleurs que les élèves de l'époque en mathématiques et en rédaction. Seul petit bémol : leur orthographe est moins bonne. » (Valérie Suchard, inspecteur d'académie)
8. « Un voyage suffit à lui-même. On croit qu'on va faire un voyage, mais bientôt c'est le voyage qui vous fait ou vous défait. (…) Le voyage ne vous apprendra rien si vous ne lui laissez pas aussi le droit de vous détruire. » (Nicolas Bouvier, écrivain voyageur)
9. « Ce conflit a assez duré. Arrêtons la casse avant de couler l'entreprise ! » (Joseph Duvernay, patron d'une PME)
10. « Un certain nombre de mesures de l'Union européenne vont être simplifiées pour en faciliter le fonctionnement. Je peux garantir qu'il y aura bientôt des améliorations importantes. » (R. M. porte-parole de l'UE)
11. « Tout le monde aura bientôt sa puce sous la peau. Facultative, elle sera présentée comme tellement pratique et moderne que chacun voudra avoir la sienne. (Eaupure sur le forum « actu » de *Psychologies magazine*, septembre 2004)

12. « Stop au dopage des jeunes sportifs ! Il est en train de massacrer toute une génération. Certes le dopage a toujours existé, sous une forme ou sous une autre, et on ne pourra jamais l'éradiquer totalement mais trop, c'est trop ! Protégeons au moins les jeunes ! »

b) *Écrivez deux entrefilets sur les déclarations suivantes, chacun avec un point de vue différent. Vous pouvez relire les exemples 6 – 7 – 8 de l'exercice 16 avant de commencer.*

1. Le chômage augmente. Le gouvernement est rassurant. Les syndicats sont inquiets.
2. Les prix augmentent. Les chiffres officiels de l'INSEE sont stables. Les chiffres relevés par les consommateurs sont en hausse.
3. La chasse est interdite le mercredi. Les chasseurs sont furieux. Les écologistes et les promeneurs sont contents.

2.1
C R

19 🌸 🌸 🌸 Histoire d'une passion

Relevez dans le texte ci-dessous les verbes qui ont servi à rapporter les paroles d'Emmanuel Le Roy Ladurie. À quoi servent les citations ?

HISTOIRE D'UNE PASSION.

Dans le documentaire qui lui est consacré ce soir à 21 heures, le grand historien revient sur son parcours et ses engagements :
« Il y a deux catégories d'historiens : les truffiers et les parachutistes. Moi je crois que j'ai été les deux », confie Emmanuel Le Roy Ladurie, professeur au Collège de France, dans cet entretien d'une heure mené par Marc Riglet. L'un des tenants de la « nouvelle histoire » revient d'abord sur le succès inattendu de son célèbre essai *Montaillou, village occitan*, et sur les personnages qui le peuplent.
De ses années d'études – son passage rue d'Ulm,

à l'École normale supérieure, et son agrégation –, il se souvient d'un milieu athée et communiste dont la fréquentation l'a détourné d'une vocation religieuse : « À ce moment donné, je pensais devenir prêtre. » Il évoque aussi ses origines normandes, sa famille qui appartient à une « droite dure », et le passé vichyste de son père. Il raconte aussi la vraie rupture avec son « coin de Normandie natale », quand il s'engage au sein du parti communiste français puis du parti socialiste unifié. On parcourt ainsi sa riche carrière de professeur, d'historien, d'administrateur de la Bibliothèque nationale et de chercheur. »

Émilie Blanchet, *Télécinéobs*

1.2
C R

20 🌸 🌸 *Pour chaque phrase de la déclaration, choisissez le verbe qui convient, et faites la phrase de discours rapporté.*

DÉCLARATION DU PRÉSIDENT DE LA COMMISSION DES LOIS

1	« Le risque de déviation par rapport à la loi existe dans tous les domaines, pas seulement dans celui des contrôles d'identité.	insister confier estimer
2	La délinquance, l'insécurité, ce n'est pas le seul fait des étrangers.	raconter souligner conclure
3	Cela veut dire que les policiers savent qu'ils sont soumis au contrôle de la légalité de leurs contrôles d'identité.	demander révéler expliquer
4	Il est évident que le délit de *sale gueule* est parfaitement inadmissible dans une démocratie. »	confier juger proposer

Jacques Albert est un scientifique spécialisé en génétique, un écrivain et un homme engagé dans la société d'ajourd'hui. Il se préoccupe de ce que va devenir le genre humain et des nombreux périls qui le menacent. Ses maîtres mots sont communiquer et coopérer car il est toujours émerveillé par la spécificité du cerveau humain, qui permet la communication et la rencontre.

Vous travaillez dans un journal scientifique et vous êtes le journaliste qui a recueilli les paroles de Jacques Albert. Vous devez maintenant écrire un article qui rapporte ses propos mais cela ne peut pas rester sous cette forme.

a) Sélectionnez les idées les plus importantes que vous voulez garder, souligner ou mettre en valeur.

b) Sélectionnez les phrases qui vous paraissent les plus intéressantes pour les garder au style direct afin de faire deux ou trois citations dans votre texte.

c) Écrivez l'article. Utilisez les verbes proposés dans les exercices 17 et 18.

« Les hommes doivent relever un défi essentiel : il faut qu'ils apprennent à vivre ensemble. Il n'y a pas de *surhomme*, d'homme plus puissant, plus fort. Les hommes ne peuvent dépasser leurs limites qu'en unissant leurs forces, sans compétition. C'est la seule façon d'atteindre des performances supérieures ; il faut le répéter, le surhomme est un homme collectif.

La rivalité est une idée reçue. Les hommes préhistoriques chassaient en groupe, sans quoi ils n'auraient pas réussi à capturer des animaux, c'est l'évidence. L'évidence aujourd'hui, avec 6 milliards d'individus sur la planète, c'est que, sans coopération, l'espèce humaine court à la catastrophe.

Malheureusement la société semble sclérosée, paralysée par le conformisme, la répétition des mêmes erreurs. Je suis désolé de voir l'enseignement favoriser cela au lieu de susciter la curiosité et l'inventivité. Je fais ce que je peux pour alerter les responsables, je sens que les jeunes me comprennent, mais les choses avancent si lentement !

De nombreux problèmes urgents demandent notre attention : la fin annoncée du pétrole, la préservation des milieux naturels, les catastrophes climatiques. Il faut absolument affronter cela, mais intelligemment. Sinon la loi du plus fort ou l'attentisme nous amèneront dans le mur. Si nous coopérons au niveau individuel comme international, nous pouvons faire face.
Sinon…

L'éducation est la clef de cette culture de la coopération, c'est l'école qui peut toucher le monde, n'est-ce pas ? Mais quelle école ? Une école fondée sur les classements, les notes, les réussites et les échecs individuels encourage une compétition absurde. L'école devrait éduquer à la rencontre car l'autre n'est pas facile à rencontrer : nous le sentons obscur, angoissant, il nous fait peur. Il faut donc s'entraîner à le rencontrer, à le comprendre, à reconnaître sa richesse. Cela devrait être le but essentiel de tout enseignement.

Le mépris envers les idiots, les faibles, les exclus est intolérable, je ne le répéterai jamais assez. Tout homme a droit à une vie qui lui permette de se construire.

Chaque homme apporte sa note spécifique à l'ensemble, nous avons besoin de tout le monde. Si notre civilisation de compétition internationale ne le réalise pas, elle pourrait bien périr. »

22 🌿 🌿 **Entrefilet**

LEUR VOITURE HEURTE JEANNE D'ARC : DEUX MORTS

Un virage mal négocié, une voiture de grosse cylindrée lancée à toute vitesse, à 5 h 35, rue des Pyramides, Paris-1ᵉʳ, et c'est l'accident mortel. Les deux passagers de la C3, Jean-Marie Hugo, vingt-six ans, originaire de Cannes-La Bocca (Alpes-Maritimes) passager à l'arrière, et Roland Lelaidier installé à la place avant et domicilié dans le 17ᵉ, sont morts. Le conducteur du véhicule, lui, est sorti indemne de la voiture disloquée, immobilisée contre un pilier dans un angle de la place des Pyramides après avoir heurté, hier matin, le socle de la statue de Jeanne d'Arc. « J'ai entendu des crissements de pneus, raconte le concierge de l'hôtel Regina, tout proche. Instinctivement, je me suis dirigé vers la fenêtre. Je n'ai vu qu'un éclair de phare et j'ai entendu le bruit de la masse de tôle qui s'écrasait sur la colonne. Cela ressemblait à une explosion. Je me suis précipité et j'ai très vite compris. »

---

a) Extrayez les informations sur l'accident.

– Heure	– Déroulement de l'accident
– Lieu	– État de la voiture
– Conducteur	– État du conducteur
– Passagers	– État des passagers
– Type de la voiture	– Témoin
– Cause de l'accident	– Informations apportées par le témoin

b) Comparez le témoignage direct du concierge et sa version en discours rapporté (ci-dessous).

Le seul témoin, le concierge de l'hôtel Régina, tout proche des lieux de l'accident s'est dirigé instinctivement vers la fenêtre lorsqu'il a entendu les crissements de pneus. Il n'a vu qu'un éclair de phare et a entendu comme une explosion au moment où la masse de tôle s'écrasait sur la colonne. C'est seulement après s'être précipité dehors qu'il a compris ce qui s'était passé.

c) Mettez en scène l'interrogatoire du conducteur par la police. Prenez des notes et faites-en le rapport en discours rapporté.

d) Vous êtes journaliste. Transcrivez en discours rapporté cette version du témoignage du conducteur.

« Je suis encore très choqué. Je ne sais pas ce qui s'est passé vraiment. On avait fait la fête, on avait un peu bu. Quand j'ai vu le virage j'ai cru pouvoir le prendre correctement. C'est là que je me suis aperçu que j'allais trop vite, je n'ai pas pu redresser la voiture. Elle a dérapé. Il y a eu un premier choc, puis un deuxième. J'étais sonné. Ce n'est qu'en sortant de la voiture que j'ai compris. C'est affreux. Jamais plus je n'aurai de voiture aussi puissante. »

23 🌿 🌿 **Rédigez un article de faits divers à partir des éléments suivants.**

Information sur l'accident :
- Heure : 8 h.
- Lieu : croisement du cours Jean-Jaurès et du cours Berriat à Grenoble.
- Voiture fautive : 307.
- Conducteur de la 307 : Paul Robert, 24 ans, habitant 24 rue Millet à la Tronche.
- Faute du conducteur de la 307 : a brûlé le feu rouge au croisement.
- Accident : la 307 a heurté de plein fouet une C3 venant du cours Berriat et allant vers le centre ville.
- Conductrice de la C3 accidentée : Marie Dussolier, 22 ans, habitant à Corenc.

Conséquences de l'accident:
- C3 : côté gauche enfoncé
- Conductrice de la C3 : blessée aux jambes et à la tête / état satisfaisant.
- Circulation : bloquée pendant une demi-heure.

Témoins:
Nombreux et tous d'accord : la 307 était en tort. Un témoin, Renaud Marquet : « J'étais arrêté au feu rouge qui marque le croisement du cours Jean-Jaurès avec le cours Berriat quand j'ai vu une voiture me dépasser par la gauche. J'ai à peine eu le temps d'avoir peur, l'accident était déjà arrivé. La 307 a brûlé le feu rouge et a percuté de plein fouet la C3 qui venait du cours Berriat. Après quelques secondes, le temps de réaliser, je me suis précipité vers l'accident pour voir ce que je pouvais faire. La jeune femme était blessée, alors j'ai couru dans un café appeler les secours.

  24  **Discours rapporté et texte romanesque**

Voici un extrait de *L'Étranger* d'Albert Camus. Repérez les passages au style indirect, puis transposez-les au style direct.

> Le soir, Marie est venue me chercher et m'a demandé si je voulais me marier avec elle. J'ai dit que cela m'était égal et que nous pourrions le faire si elle voulait. Elle a voulu savoir alors si je l'aimais. J'ai répondu comme je l'avais déjà fait une fois, que cela ne signifiait rien, mais que sans doute je ne l'aimais pas. « Pourquoi m'épouser alors ? » a-t-elle dit. Je lui ai expliqué que cela n'avait aucune importance et que si elle le désirait, nous pouvions nous marier. D'ailleurs, c'était elle qui le demandait et moi je me contentais de dire oui. Elle a observé alors que le mariage était une chose grave. J'ai répondu : « Non. » Elle s'est tue un moment et elle m'a regardé en silence. Puis elle a parlé. Elle voulait simplement savoir si j'aurais accepté la même proposition d'une autre femme, à qui je serais attaché de la même façon. J'ai dit : « Naturellement. » Elle s'est demandé alors si elle m'aimait moi, je ne pouvais rien savoir sur ce point. Après un autre moment de silence, elle a murmuré que j'étais bizarre, qu'elle m'aimait sans doute à cause de cela mais que peut-être un jour je la dégoûterais pour les mêmes raisons. Comme je me taisais, n'ayant rien à ajouter, elle m'a pris le bras en souriant et elle a déclaré qu'elle voulait se marier avec moi. J'ai répondu que nous le ferions dès qu'elle le voudrait.
>
> Albert Camus

© Éditions Gallimard

a) *Relevez tous les verbes utilisés pour rapporter le discours.*

b) *Écrivez le dialogue (discours direct) entre les deux protagonistes. Mettez entre parenthèses tous les éléments non verbaux puis jouez la scène en tenant compte de ces éléments non verbaux.*

théorie générale

1. La comparaison

	La comparaison porte sur :		
	un adjectif / un adverbe	un nom (n)	un verbe (v)
La supériorité	plus { + adjectif / + adverbe } + que *Anne est plus grande que Nicole.* *L'avion va plus vite que le train.* **Attention aux irréguliers !** • Les adjectifs **Bon** → **meilleur que** **Mauvais** → **plus mauvais que** → **pire que** *Les champagnes sont meilleurs que les vins mousseux.* *Ses notes sont pires que celles de son frère.* • L'adverbe **Bien** → **mieux que** *L'équipe de football de Marseille joue mieux que celle de Lyon.*	plus davantage } de + n + que *Nous avons davantage (plus) de travail que lui.*	verbe + plus que *Nous travaillons plus que lui.*
L'infériorité	moins { + adjectif / + adverbe } + que *Il est moins attentif que son frère.* *Il comprend moins facilement que lui.*	moins + nom + que *Ils cultivent moins de blé que leur voisin.*	verbe + moins que *Elle mange moins que moi.*
L'égalité	aussi { + adjectif / + adverbe } + que *Cette robe est aussi chère que ce pantalon.* *Il conduit aussi brusquement qu'elle.*	autant de + nom + que *Elle achète autant de pain que nous.*	verbe + autant que *La Renault 5 consomme autant que la Peugeot 205.*
L'insistance	encore beaucoup } plus bien } moins } + adj / adv + que tout aussi *Ce problème est bien plus difficile que l'autre.* *Pierre court tout aussi vite que toi.*	encore beaucoup } plus bien } moins } de+n+que tout autant *Nous avons beaucoup plus de difficulté avec lui qu'avec vous.* *Nous aurons tout autant de soleil à Nice qu'à Sète.*	encore v + beaucoup } plus (+que) bien } moins v + tout autant + que *J'aimerais voyager encore plus.* *Il travaille tout autant que son père.*

	La comparaison porte sur :		
	un adjectif / un adverbe	un nom	un verbe
La différence	**plutôt + adjectif + que** *Ce manteau est plutôt noir que gris.*	**un(e) autre + nom + que** *Elle a une autre allure que la tienne.*	**verbe + autrement que** *Elle travaille autrement que moi.*
L'identité		**le / la même / les mêmes + nom + que** *Il a les mêmes cheveux que sa mère.*	
La ressemblance	**adjectif + comme** *Elle est jolie comme un cœur.*	**ressembler à** **se ressembler** **être égal à** ** équivalent à** ** pareil à** ** semblable à** ** identique à** ** comparable à** *Sa robe était pareille à un arc-en-ciel.* *Jean ressemble à Jacques.*	**comme + nom / pronom** **comme + phrase** **comme si** ** quand** ** lorsque** ** le jour où** ** au moment où** **+ phrase** **comme pour + infinitif** ** nom / pronom** **comme avec** ** + nom / pronom** ** avant** **comme après + n** ** pendant** *Il mange comme quatre.* *Il travaille comme il l'a toujours fait.* *Il criait comme si on l'avait battu.* *On fait la fête comme quand on était jeunes.*
La progression dans la comparaison	**de plus en plus** **toujours plus** **chaque fois plus** **de moins en moins** + adj / adv **toujours moins** **chaque fois moins** *Elle est de plus en plus belle.* *Je prépare ce gâteau chaque fois plus vite.*	**de plus en plus** **toujours plus** **chaque fois plus** **de moins en moins** de + n **toujours moins** **chaque fois moins** *Elle a toujours plus de charme.* *Nous avons chaque fois moins de problèmes.*	**de plus en plus** v + **toujours plus** **chaque fois plus** **de moins en moins** v + **toujours moins** **chaque fois moins** *Je travaille de plus en plus.* *Je comprends chaque fois moins.*
			plus **plus** + v (et) **plus** **moins** .... **moins** + v **moins** .... **plus** *Plus elle travaille, (et) plus elle est fatiguée.* *Plus elle apprend, (et) moins elle sait.*

2. Les superlatifs

	L'expression de l'intensité porte sur :		
	un adjectif/un adverbe	un nom	un verbe
Les superlatifs absolus (le plus haut degré de qualité)	très + adjectif bien + adverbe super hyper extra archi + adjectif si extrêmement drôlement *Ce film était très drôle, super drôle, si drôle !*	beaucoup de beaucoup trop de bien trop de + nom énormément de *Il y a énormément (beaucoup) d'étudiants.*	beaucoup beaucoup trop verbe + bien trop si bien énormément *Elle chante si bien !* *Il mange beaucoup trop.*
Les superlatifs relatifs (degré de qualité le plus haut ou le plus bas dans un ensemble)	le la plus + adj (+ de) les moins + adv *C'est Alain qui court le plus rapidement.* *Jean est le plus sympathique (de tous).* *Ces livres sont les moins intéressants (de ceux que tu m'as prêtés)* **Attention aux irréguliers !** • Les adjectifs : **Bon → le/la meilleur(e) → les meilleur(e)s Mauvais → le/la plus mauvais(e) → les plus mauvais → le/la/les pire(s)** • L'adverbe : **Bien → le mieux**	le plus de le moins de + nom *Dans le groupe, c'est Léa qui a le plus de vitalité et Claude qui a le moins d'énergie.*	le plus verbe + le moins *C'est Sophie qui travaille le plus.*

Remarque : certains adjectifs portent en eux l'idée superlative et ne peuvent donc pas se mettre au superlatif.
Exemples : *excellent, unique, exquis, hideux, etc.*

Corpus d'observation

1 🌳 *Analysez les textes publicitaires 1 à 12 et remplissez le tableau.*

1 Nous avons conçu nos appartements comme des maisons.

2 *Faites l'amour plutôt que la guerre.*

4 Créer et construire en cinquante ans autant que nous l'avons fait pendant toute notre histoire.

3 Le Carré Frais, c'est un fromage aussi simple que du lait, de la crème et du sel.

5 Quand on veut partir, on sait plus ou moins ce qu'on trouvera, plus ou moins ce qu'on fera. Avec **le Club**, en juin, on sait : **le sport, la mer, les gens, la fête, c'est plus, plus, plus. Et moins cher.**

6 Avec AIR-RASMUS, un jour de voyage en moins, c'est un jour d'Irlande en plus.

8 **Nous voulons plus d'énergies propres et moins de pollution.**

7 Vous attendiez une informatique plus douce, plus juteuse, plus séduisante, plus chaleureuse, moins chère ? Vous êtes mûr pour ORDY. Jamais des ordinateurs personnels n'ont été aussi agréables d'emploi. Aucun ne vous propose autant de facilités qu'ORDY. Le mieux, pour vous, c'est ORDY.

11 *Les produits les plus chers ne sont pas toujours les meilleurs*

9 En faisant cela, vous gagnerez plus de considération que d'argent.

10 *Envisageons le pire. Pour KLEBER, la meilleure performance, c'est la confiance des constructeurs.*

12 Aujourd'hui nous mangeons beaucoup trop de graisses et sucres.

N°	Moyen de comparaison utilisé	Sur quel mot porte la comparaison : adjectif, adverbe, nom, verbe
1		
2		
3	aussi… que	simple/frais (adjectifs)
4		
5		
6		
7		
8	plus de/moins de	Énergie/pollution (noms)
9		
10		
11		
12		

Exercices

Moyens grammaticaux pour exprimer la comparaison

1 ✸ Plus ou moins

Faites des phrases comme dans l'exemple suivant.

Exemple : Alain travaille 8 heures par jour, Stéphane travaille 7 heures.
→ Alain travaille plus longtemps que Stéphane.
→ Stéphane travaille moins qu'Alain.

1. Une Ferrari peut rouler à 200 km/h, une Peugeot 205 peut rouler seulement à 150 km/h. – **2.** En France il y a environ 60 millions d'habitants, en Espagne, il y en a environ 40 millions. – **3.** Stendhal est mort à 59 ans, Victor Hugo est mort à 83 ans. – **4.** Grenoble est à 600 km de Paris, Lyon est à 500 km. – **5.** Un sportif de haut niveau s'entraîne intensivement tous les jours, un sportif moyen s'entraîne deux ou trois fois par semaine. – **6.** Charles de Gaulle a été président de la République française de 1958 à 1969, Georges Pompidou, qui lui a succédé, a été président de 1969 à 1974.

2 ✸ Expression de l'égalité

Complétez les phrases suivantes avec « aussi que », « autant… que », « autant que », « autant ».

1. J'aime .... les films policiers .... les films poétiques. – **2.** Ils ont acheté .... boissons .... il est nécessaire. – **3.** Valérie court .... vite .... les autres. – **4.** Nous allons .... au cinéma .... au théâtre. – **5.** Ils se sont montrés .... désagréables .... leurs voisins. – **6.** Elle mange .... moi. – **7.** La Renault Clio coûte .... cher .... la Peugeot 107. – **8.** Elle fait la cuisine .... bien .... sa mère. – **9.** En été, il y a .... de vacanciers à Nice .... à Cannes. – **10.** Maintenant Jacques travaille moins, mais il gagne ....

3 ✸ Expression de la supériorité

Complétez les phrases suivantes avec : plus… que, plus de… que (de), davantage de… que (de), plus que.

1. Ma nouvelle voiture consomme .... la précédente. – **2.** Les Français mangent .... viande .... pain. – **3.** Il y a .... alcool dans le cognac .... dans le vin. – **4.** Mes enfants aiment .... les frites .... les épinards. – **5.** Les prix sont .... avantageux dans les grands magasins .... dans les petites boutiques. – **6.** Jean est intelligent et travailleur, il a .... chances de réussir .... Paul qui est paresseux. – **7.** Le TGV (Train à Grande Vitesse) est .... rapide .... un train ordinaire. – **8.** En France, il pleut .... en Bretagne .... en Provence. – **9.** Dépêchons-nous, nous aurons .... vite fini .... les autres. – **10.** Les stations de ski accueillent aujourd'hui .... vacanciers .... autrefois.

4 ✸ Expression de l'infériorité

Complétez les phrases suivantes avec : moins… que, moins de… que (de), moins que.

1. J'achète .... fruits en conserve .... fruits frais. – **2.** Les roses se conservent .... longtemps .... les tulipes. – **3.** Les places de cinéma coûtent .... cher .... les places de théâtre. – **4.** Les légumes surgelés sont .... bons .... les légumes frais. – **5.** Dans la ville il y a .... circulation entre 9 heures et 11 heures .... entre 17 heures et 19 heures. – **6.** Elle a .... difficultés à parler anglais .... à parler allemand. – **7.** Nous mangeons beaucoup .... pain .... vous. – **8.** Mon fils dépense bien .... ma fille. – **9.** Pierre Corneille est .... connu .... Victor Hugo. – **10.** Elle vient me voir .... souvent .... sa sœur.

5 **Expression de l'insistance**

Toute la famille Atout, sauf le fils, a un complexe de supériorité ; ils sont les meilleurs et tout ce qu'ils ont est mieux que ce qu'ont les autres, en particulier leurs voisins, la famille Supin, auxquels ils se comparent sans cesse. Qu'est-ce qu'ils disent ?

Complétez les phrases suivantes et variez les moyens de comparaison.

LE PÈRE :
– Je travaille **beaucoup plus que** monsieur Supin.
– Je gagne ....

LA MÈRE :
– Madame Supin a **bien moins de** bijoux **que** moi.
– Les vêtements qu'elle porte ....

LA FILLE :
– Je suis **beaucoup plus** belle **que** leur fille.
– Mes résultats aux examens ....

LE FILS, lui, pense qu'il y a peu de différences :
– Le fils Supin est **tout aussi** intelligent **que** moi.
– Ses petites amies ....

6 **Meilleur, mieux...**

Complétez les phrases suivantes avec : bien, meilleur, moins bon, mieux, moins mauvais, plus mauvais, pire.

a) AU CONCERT

« J'adore ce morceau de jazz ! Il est nettement .... que le précédent.
– Tu as raison, le premier morceau était .... que celui-ci.
– Mais il était .... que celui qu'on a entendu l'an dernier. Tu te rappelles les couacs ?
– Oh, là, là : une vraie catastrophe. Mais je crois que la façon de jouer du groupe qui était venu à Noël était encore .... !
– Ceux-là, on devrait leur interdire de jouer. N'importe quel amateur joue .... qu'eux.
– Oh ! oui, on pourrait leur donner le prix du .... groupe de jazz français !
– On est un peu durs quand même, c'est difficile de .... jouer.
– Quand on ne joue pas .... on ne fait pas de concert ! »

b) DANS LE BUREAU DU PATRON

– « Cette année nous avons un .... bilan que l'année dernière.
– C'est vrai, les ventes de téléviseurs ont été .... que celles de l'année dernière.
– Et c'est encore .... pour les caméscopes !
– À votre avis, quelle serait la .... solution pour améliorer notre chiffre d'affaires ?
– Il faudrait peut-être .... utiliser la publicité et .... prévoir l'évolution du marché.
– Ne pensez-vous pas qu'il serait bon, aussi, d'engager de .... vendeurs et de .... les former ?

7 **Différences et ressemblances**

Faites des comparaisons sur les éléments donnés.

a) Un petit village/une grande ville
le cadre de vie – le prix des loyers, des maisons, des appartements – la pollution – les loisirs – les spectacles – les magasins – etc.

b) Une star du cinéma/une grande sportive
leur vie – leurs sorties – leur alimentation – leurs revenus – les soins donnés à leur corps – etc.

c) Une moto/une voiture

d) Un médecin/un mécanicien.

1.2
CR

8   **Le match voiture contre car**

À l'aide des informations données faites des comparaisons entre la voiture et l'autocar.

Marcel se rend cinq jours sur sept en voiture de Crémieu à Lyon pour son travail, soit une centaine de kilomètres aller-retour. Un ami lui a dit : « Moi, je prends le car c'est bien mieux. » Alors ils ont comparé cinq critères.

Critère	Voiture	Car
Temps de trajet	1 h 10	1 h 10
Prix	Carburant et autoroute : 236 euros/mois	Pass mensuel : 60 euros
Sécurité	Danger d'accidents Véhicule quelques fois mal entretenu Conducteur fatigué après le travail	Chauffeur professionnel Vehicule contrôlé régulièrement Voies réservées, rapides. Respect des limitations de vitesse
Liberté d'utilisation	Horaires libres (disponible à toute heure du jour ou de la nuit)	Horaires fixes : fréquence élevée en journée mais horaires peu satisfaisants pendant la nuit
Qualité de transport	Tension due à la conduite	Repos total, lecture, musique
Bagages	Possibilité de transporter du matériel	Difficulté pour transporter des objets encombrants ou lourds

1.2
CR

9 C'est l'Européen

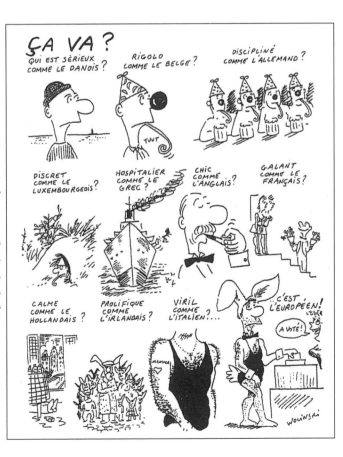

a) *Observez bien la bande dessinée ci-contre.*
Que montre-t-elle ? À votre avis, pourquoi le dessinateur fait-il ces comparaisons ?

b) *En choisissant un trait caractéristique des habitants de chaque région de votre pays, faites le portrait de ce que pourrait être l'habitant type de votre pays.*

B1.2 **10** 🌳🌳 DORMIR COMME UN LOIR

Il existe en français de nombreuses expressions idiomatiques qui ont cette structure.
Les comparaisons sont faites sur un verbe ou sur un adjectif suivis de **comme** et d'un élément
donnant une sorte d'image. Beaucoup de ces images sont données par des noms d'animaux.

a) *Associez les verbes suivants aux noms d'animaux proposés. Aidez-vous des définitions.*

Verbes : dormir, chanter, siffler, être fait, courir, sauter, souffler
Adjectifs : têtu, gai, paresseux, bavard, frisé, rusé, sale

Dormir comme un loir	**Loir :** petit animal rongeur qui se niche dans le creux des arbres ou des rochers et qui ne sort pas de tout l'hiver.
... comme un rat	**Rat :** petit mammifère rongeur à très longue queue que l'on attrape avec un piège.
... comme un rossignol	**Rossignol :** petit oiseau passereau qui charme par ses mélodies très harmonieuses.
... comme un cabri	**Cabri :** petit de la chèvre qui se déplace presque toujours en faisant des bonds.
... comme un merle	**Merle :** oiseau passereau au plumage noir qui émet un son aigu et modulé.
... comme un phoque	**Phoque :** mammifère amphibie aux membres courts et palmés, au cou très court et au pelage ras.
... comme une gazelle	**Gazelle :** mammifère d'Afrique à longues pattes fines qui se déplace très vite.
Têtu comme une mule	**Mule :** hybride de l'âne et de la jument qui a la réputation de ne pas bien obéir.
... comme une pie	**Pie :** oiseau à plumage noir qui chante toujours beaucoup.
... comme un pinson	**Pinson :** petit oiseau passereau qui chante tout le temps.
... comme un lézard	**Lézard :** petit reptile qui aime rester immobile au soleil.
... comme un cochon	**Cochon :** animal domestique souvent malpropre.
... comme un renard	**Renard :** mammifère carnivore sauvage à pelage très fourni qui a une réputation d'adresse et de fourberie.
... comme un mouton	**Mouton :** animal domestique à toison laineuse et bouclée.

b) *Associez les verbes ou les adjectifs de la colonne I aux éléments de la colonne II.*
Chaque comparaison donne une idée de forte intensité.

Exemple : « Être rouge comme une tomate » signifie « être très très rouge »

I		II	
1. mentir	**9.** heureux	**a.** un ogre	**i.** Job
2. fumer	**10.** jolie	**b.** un cœur	**j.** un roi
3. manger	**11.** bête	**c.** un Turc	**k.** un bossu
4. rire	**12.** maigre	**d.** un coquelicot	**l.** le jour
5. fort	**13.** blond	**e.** Hérode	**m.** un pompier
6. riche	**14.** rouge	**f.** un arracheur de dents	**n.** les blés
7. vieux	**15.** belle	**g.** ses pieds	**o.** un haricot
8. pauvre	**16.** pâle	**h.** Crésus	**p.** un linge

c) *Complétez les situations données avec les expressions idiomatiques suivantes :*

– être accueillant comme une porte de prison.
– être rouge comme une tomate.
– crier comme un putois.
– être comme un coq en pâte.
– manger comme un oiseau.
– parler comme une vache espagnole.
– arriver comme un cheveu sur la soupe.
– être muet comme une carpe.
– pousser comme un champignon.
– être bête comme chou.
– se voir comme le nez au milieu de la figure.

*Exemple : Arrête de courir, repose-toi un peu, regarde ton visage, **tu es rouge comme une tomate.***

1. Imagine comme il est bien : il vit encore chez ses parents, sa mère prépare ses repas, lave ses vêtements, range sa chambre, il ……… – **2.** C'est un secret, d'accord, je ne dirai absolument rien, je ……… – **3.** Écoute-le protester, il n'est vraiment pas content, il ……… – **4.** Il est en France depuis longtemps mais il ne fait pas d'efforts pour apprendre la langue, il ……… – **5.** Comme elle est grande, votre fille ! Eh ! oui, elle a beaucoup grandi, elle ……… – **6.** Tu n'y arrives pas ! Et pourtant cet exercice est très simple, il ……… – **7.** Elle a été très malade, elle est encore très fatiguée, elle ne peut presque rien avaler, alors elle ……… – **8.** Cette secrétaire n'est pas sympathique, on n'ose pas aller lui demander des renseignements, elle ……… – **9.** Il ment, c'est évident, ça ……… – **10.** Tu te rends compte le culot qu'elle a ! Hier soir, c'était notre anniversaire de mariage ; j'étais tranquillement avec mon mari en train de dîner, elle ……… et elle est restée à nous raconter ses problèmes jusqu'à minuit.

d) *En utilisant des expressions idiomatiques étudiées en a, b et c, faites le portrait :*
– d'un enfant que vous aimez bien – d'un vieux monsieur très sympathique – d'un jeune homme – d'une amie à vous – de votre père – de votre mère – d'un professeur – etc.

1.1
ECR

11 🌿 Un peu d'imagination

Vous pouvez, vous aussi, faire vos propres comparaisons. Terminez les phrases proposées en laissant libre cours à votre imagination.
1. Cette femme est belle comme ……… – **2.** Ce gâteau est bon comme ……… – **3.** Cette voiture est rapide comme ……… – **4.** Il travaille comme ……… – **5.** Elle marche comme ……… – **6.** Elles se ressemblent comme ……… – **7.** Ce petit village dans la vallée est comme ……… – **8.** Dans ce ballet Marion dansait comme ………

Comparaisons et autres notions

1.2
ECR

12 🌿🌳 Comme si + plus-que-parfait = comparaison + hypothèse

Transformez les phrases suivantes en utilisant « comme si ».

Exemple : On entend un bruit de pas dans la maison ; un voleur est peut-être entré.
    → *On entend un bruit de pas dans la maison **comme si un voleur était entré**.*

1. Leïla court très vite ; on a l'impression qu'elle a entendu un bruit bizarre. Leïla court ……… – **2.** L'homme a avalé son repas en cinq minutes ; il n'a peut-être pas mangé depuis deux ou trois jours. L'homme ……… – **3.** C'est la première fois qu'il s'occupe du bébé et pourtant on a l'impression qu'il a fait ça toute sa vie. Il s'occupe ……… – **4.** Murielle agit très mal ; on dirait qu'elle a perdu la tête. Murielle ……… – **5.** Elle a sauté en parachute, elle a eu peur et elle nous a insultés, pourtant on ne l'a pas forcée. Elle nous a insultés……… – **6.** Il fait très chaud, les enfants transpirent énormément ; on dirait qu'ils ont couru pendant plusieurs kilomètres. Les enfants ………

B1.2 CECR **13** 🌳🌳 Comme quand/lorsque/au moment où/le jour où + indicatif = comparaison + temps

Terminez les phrases suivantes en tenant compte de la situation donnée et en utilisant une des expressions ci-dessus.

1. Il y a trois ans, leur fils a obtenu son doctorat; pour fêter cet événement ils avaient organisé une grande soirée. La fête d'hier soir était exactement la même. Hier soir ils ont organisé .... – **2.** La première fois que j'ai vu ce tableau, j'ai été très émue. Je l'ai revu la semaine dernière et mon émotion a été la même. J'ai été émue .... – **3.** La première fois que ses parents sont partis en voyage en le laissant seul, il s'est senti libre; il a eu la même impression pendant son voyage en bateau. Il s'est senti libre .... – **4.** Pendant sa jeunesse, il allait à l'université et il étudiait beaucoup. Dernièrement il a fait un stage et, là aussi, il a dû beaucoup étudier. Il a étudié .... – **5.** Il y a quelques semaines, il a sauté en parachute pour la première fois et il a eu une sensation étonnante. Hier en plongeant de cinq mètres dans la piscine, il a eu la même sensation. Il a eu une sensation étonnante .... – **6.** Le 30 juin 1995, il a obtenu son diplôme d'ingénieur et il a été très satisfait. La semaine dernière, il a été élu député et il a eu la même satisfaction. Il a été satisfait .... – **7.** Dimanche dernier, avec mon fiancé, j'ai rendu visite à ma grand-mère. Elle nous avait préparé un magnifique gâteau au chocolat ....

B1.2 CECR **14** 🌳🌳 Comme avant/après/pendant + nom = comparaison + temps
Terminez les phrases comme dans l'exemple suivant.

*Exemple: Le mois passé, j'ai fait du bateau **comme pendant mes vacances d'été 2003**.*

1. Hier soir il était heureux .... – **2.** La veille des élections il était excité .... – **3.** Quand je l'ai rencontré, il avait l'air fatigué .... – **4.** Après la naissance de sa fille, elle a fait un régime .... – **5.** Dimanche dernier, il a gagné la course, il était fier .... – **6.** À son spectacle elle a dansé .... – **7.** Mardi prochain, elle passe l'oral de son concours, elle est stressée ....

B1.2 CECR **15** 🌳🌳 Comme pour + infinitif = comparaison + but
Terminez les phrases comme dans l'exemple suivant.

Exemple: Elle faisait ses courses le samedi, elle s'habillait comme pour aller danser.

1. À chaque repas elle se préparait .... – **2.** Il conduit très vite .... – **3.** Cette jeune femme travaille beaucoup .... – **4.** Il a pris beaucoup de photos .... – **5.** Le député s'est installé devant le micro .... – **6.** Quand il se disputait avec sa femme il prenait sa valise .... – **7.** Pour la grande fête d'anniversaire de Thomas, elle s'était maquillée et avait mis sa plus belle robe ....

Le superlatif

B1.1 CECR **16** Questions
a) *En petits groupes, répondez aux questions suivantes.*

1. Quelle est la chose la plus importante du monde? – **2.** Qu'est-ce que vous aimez le moins faire? – **3.** Quel est, à votre avis, le pire événement de l'année? – **4.** Où aimez-vous le mieux passer vos vacances? – **5.** Qu'est-ce qui vous fait le plus rire? – **6.** Quel est votre meilleur souvenir d'enfance? – **7.** Qu'est-ce qui vous met le plus en colère? – **8.** Quel est pour vous le pire défaut? – **9.** Quel est le livre qui vous a fait le plus de bien? – **10.** Quelle personne admirez-vous le plus? – **11.** Pour quel type de chose dépensez-vous le plus d'argent?

b) *À votre tour, faites des questions sur ce modèle et posez-les à vos camarades.*

1.2
ECR

17 🌱 🌱 Superlatifs de « votre ville »

La vie du touriste : se déplacer, visiter, manger, dormir, acheter, rencontrer… vous voulez tout savoir.

*Exemple : **Manger***

QUESTIONS : – *Quel est l'endroit où l'on mange le mieux ? – Quel est le restaurant qui sert les plats les plus typiques ? – Quelle est la spécialité gastronomique la plus prisée ?*

RÉPONSES : – *Le meilleur restaurant, c'est probablement* Le bistrot, *qui offre le plus grand choix de plats typiques.*
– *Le moins cher du moins cher, c'est Chez* Toto, *mais attention ! C'est aussi là-bas qu'on mange le moins bien.*
– *Vous trouverez le meilleur rapport qualité-prix chez* Bidulos. *Personnellement, je trouve que c'est le restaurant le plus classe de la ville.*
– *Chez moi on adore l'ail. Allez à* L'Aigo Boulido, *c'est là que vous trouverez une des meilleures soupes à l'ail du pays.*
– *Surtout évitez les restaurants qui sont sur le quai, ce sont les pires. Et, en plus, les plus chers.*
– *Il n'y a pas de meilleurs restaurants ici. Ils sont tous aussi mauvais les uns que les autres.*

a) *Élaborez des questions sur les autres aspects de la vie du touriste. Vous cherchez :*

HÔTELS : Un hôtel central et bien desservi par les transports en commun. – Un hôtel récent et bien équipé. – Un hôtel tranquille. – Un hôtel sympathique et bon marché

DISTRACTIONS : Un bistrot sympa pour boire un verre après minuit. – Un bon bar à musique. – Une discothèque très fréquentée. – Un endroit agréable pour lire au soleil. – Un lieu paisible pour se promener. – Une rue commerçante pour faire les boutiques.

VISITES : Un musée intéressant. – Un monument ancien. – Une construction intéressante. – Un bâtiment original.

CULTURE LOCALE : Les personnages historiques célèbres et remarquables. – Un moment fort de la vie de la ville. – Les personnalités en vue (aimées ou détestées) du moment.

b) *Échanges : questionnez vos camarades sur la ville ou le village où ils habitent.*

1.2
ECR

18 🌱 🌱 Le / la plus… le / la meilleur(e)… le / la moins… le / la pire
Terminez les phrases suivantes.

Exemple : Mon accident de voiture – a été le pire moment de mon existence.
– restera le plus mauvais souvenir de ma vie.
– a été le moins dramatique de tous mes ennuis.

1. Le jour de son licenciement ……… – **2.** L'arrivée du premier homme sur la Lune ……… **3.** La destruction de la nature ……… – **4.** L'invention de la voiture antipollution ……… **5.** La pièce que nous avons vue samedi dernier ……… – **6.** La naissance de ma fille ……… **7.** La destruction du mur de Berlin ……… – **8.** L'ouverture de l'Europe en 1992 ………

1.2
ECR

19 🌱 🌱 Logique
Répondez aux questions suivantes.

1. Éric n'est pas aussi intelligent que François qui l'est moins que Jean. Qui est le plus intelligent ? – **2.** Nathalie parle mal l'anglais mais elle le parle mieux que Jacqueline et surtout que Sylvie qui le parle très mal. Qui parle le mieux l'anglais ? – **3.** Une rose est autrement plus belle qu'une marguerite mais pas tant qu'une orchidée. Quelle est la moins belle fleur ? – **4.** Mon devoir est mauvais, le tien est très mauvais mais celui de Daniel est pire encore. Quel est le plus mauvais devoir ? – **5.** La blessure de Jacques est moins mauvaise que celle de Jean mais plus grave que celle de Georges. Qui est victime de la plus grave blessure ?

20 🌿 Publicité

a) *Analyse de la publicité :* Quel est le produit ? Observez le texte. Comment le produit est-il mis en valeur ?

> *Achetez le portable*
> **AMITEL**
> *Le portable le plus performant*
> *le portable le plus petit*
> *le portable le plus léger*
> *le portable le plus compétitif*
> *et ... le portable le moins cher*

À votre tour (seul ou en groupe), élaborez une publicité pour un ou plusieurs des produits suivants : les voitures Renault, les bicyclettes Peugeot, les parfums Yves Saint-Laurent, la crème fraîche Annette, le chocolat Lanvin.

 B1.2
CECR

21 🌿 🌿 Expression de l'intensité avec très, trop, beaucoup, beaucoup trop
Complétez les phrases suivantes.

1. Elle voulait voir le directeur, mais elle est arrivée ……… tard, il était déjà parti. – 2. Du champagne ? Mais oui j'en veux, je l'aime ……… – 3. Vous êtes ……… jolie, mais votre robe est un peu ……… longue. – 4. Mon mari a ……… mal à la gorge parce qu'il a fait son exposé en parlant ……… fort. – 5. Pendant trois heures, tout le monde s'est ennuyé ; je pense que son discours était ……… long. – 6. Qu'est-ce qu'il y a pour le déjeuner ? J'ai ……… faim. – 7. Je vais vite prendre quelque chose à manger, je ne peux plus attendre. J'ai ……… faim. – 8. Cette voiture est très chère mais il peut l'acheter, il a ……… d'argent. – 9. Vous travaillez tous les soirs jusqu'à 20 heures, le samedi, le dimanche, et vous êtes fatigué ? Ça ne m'étonne pas, vous travaillez ……… – 10. Le lait est ……… bon pour la santé, il faut en boire ………

Commenter des statistiques

 B1.2
CECR

22 🌿 🌿 Les Françaises d'aujourd'hui

a) *Lisez le tableau ci-dessous et dites si les phrases proposées sont vraies ou fausses.*

Vie	Santé
⊕ Elles vivent plus longtemps. Il y a aujourd'hui 31,7 millions de Françaises (1,7 million de plus que d'hommes) qui vivent plus longtemps (82,9 ans contre 75,9 ans pour les hommes). En moyenne, elles se marient pour la première fois à 28,8 ans. **⊖ Elles divorcent à 36-40 ans.** On divorce après cinq ans de mariage et d'abord entre 36 et 40 ans. Les Françaises sont les plus fécondes en Europe, derrière les Irlandaises. Elles enfantent à 29,5 ans en moyenne. On compte 1,6 million de familles monoparentales. 15% des femmes vivent seules (10% des hommes).	**⊕ Moins alcoolisées.** 20 % des femmes boivent de l'alcool trois fois par semaine (deux fois moins que les hommes). **⊖ Plus souvent chez le docteur.** Les femmes consultent plus souvent. 4 % des femmes meurent d'un cancer du sein chaque année. Un quart des morts sur la route sont des femmes. Un quart des femmes déclarent fumer tous les jours (pour un tiers des hommes). Elles sont deux fois plus nombreuses que les hommes à recourir à des médicaments psychotropes.

Études	Maison
(+) Meilleures à l'école. Une Française qui entre en maternelle aujourd'hui peut espérer 19 ans d'études (18,6 pour les garçons). Elles ont le meilleur taux de réussite au bac, 81 % contre 75,8 % chez les garçons. 56 % des étudiants sont désormais des filles. **(−) Mais pas dans les grandes écoles.** Elles sont en revanche deux fois moins présentes dans les grandes écoles. De plus en plus de femmes travaillent. Sur les 27,1 millions d'actifs, 46 % sont des femmes. Elles sont plus nombreuses dans le secteur public, surtout dans l'enseignement.	**(+) Plus cultivées.** Plus religieuses (17 % des femmes pratiquent), elles sont aussi plus citoyennes : les femmes votent plus que les hommes. Elles regardent aussi davantage la télévision, lisent plus de romans (les hommes lisent davantage le journal). Théâtre, concerts, expositions, musées sont des pratiques très féminines. **(−) Moins de détente.** La femme s'occupe davantage de la maison et des enfants (4 h 30 par jour contre 2 h 30 pour les hommes). L'homme préfère le jardinage et le bricolage. Les hommes ont 40 minutes de plus par jour pour se détendre.

		V	F
1	L'espérance de vie des Françaises est plus grande que celle des Français.		
2	Les hommes vivent 5 ans de moins que les femmes.		
3	Le nombre de divorces est plus important dans les 5 premières années du mariage.		
4	La plupart des gens divorcent entre 35 et 40 ans.		
5	Les Irlandaises ont plus d'enfants que les Françaises.		
6	La majorité des Françaises enfante à environ 29 ans.		
7	Il y a moins d'hommes seuls que de femmes seules.		
8	Les femmes boivent plus fréquemment que les hommes.		
9	Les femmes et les hommes fréquentent autant les cabinets des médecins.		
10	Il y a beaucoup plus d'hommes qui meurent sur la route que de femmes.		
11	Plus de femmes que d'hommes déclarent fumer tous les jours.		
12	Les hommes consomment beaucoup moins de médicaments contre l'anxiété.		
13	Les hommes et les femmes font des études d'une durée voisine.		
14	Les filles réussissent mieux au bac que les garçons.		
15	Plus de la moitié des étudiants sont des garçons.		
16	Les garçons sont 2 fois plus nombreux dans les grandes écoles.		
17	Presque la moitié des travailleurs en France sont des femmes.		
18	Les femmes sont minoritaires dans l'enseignement.		
19	Un nombre très important de femmes a une pratique religieuse régulière.		
20	Plus de femmes que d'hommes pratiquent une religion.		
21	Les femmes votent moins que les hommes.		
22	Les hommes lisent davantage de romans que les femmes.		
23	Les femmes sont plus nombreuses que les hommes dans les activités culturelles.		
24	Les hommes passent 2 fois moins de temps que les femmes à s'occuper de la maison.		

23 🌳🌳 *Dans chacun des entrefilets suivants, relevez tous les moyens utilisés pour faire des comparaisons.*

1. Poitou-Charente

> ### ADMINISTRÉS ULTRA SATISFAITS!
>
> Voilà qui bouscule les idées reçues : la grande majorité des habitants de la région sont satisfaits de leur administration. 81 % pour 2000 usagers interrogés se sont déclarés plus que satisfaits. La palme revient à la qualité de l'accueil téléphonique (89 %). La compétence des agents arrive aussi en tête (89 %). Le moins bon résultat est la capacité à résoudre la situation en cas d'erreur dans un dossier (51 %).

2. Franche-Comté

> ### GRAND CRU POUR LES MORILLES.
>
> Les cueilleurs de morilles conviennent tous avec le sourire que l'année a été exceptionnelle. Une récolte quatre fois plus élevée que de coutume, des morilles d'un poids et d'une qualité gustative record et parfois plus de 70 pieds par mètre carré. De mémoire de morilleur on n'avait jamais vu ça!

3. Région grenobloise

> ### PIC DE POLLUTION
>
> Automobilistes, encore un effort! Plus d'un véhicule sur deux ne respecte pas la limitation à 70 km/h obligatoire dans tout le département, rappelons-le. Les températures record de ces derniers jours (la semaine la plus chaude depuis 10 ans) ont aggravé la situation et le taux d'ozone dépasse nettement les normes acceptables. Et le pire est à venir! Météo France annonce une hausse de deux degrés pour demain. Le plus sage serait de rester à la maison, et sinon, levez le pied.

4. Alsace

> ### VÉLOS TATOUÉS
>
> Strasbourg se revendique capitale française de la bicyclette avec 10 % des déplacements à vélo et plus de 400 kilomètres de pistes cyclables. La ville enregistre aussi le record de vélos volés et les antivols ne suffisent plus, d'où l'idée de marquer les vélos en gravant un numéro sur le cadre. Ce numéro peut recevoir la palme de la longueur : 14 chiffres. Le marquage ne coûtera pas plus de 3 euros.

5. France

> ### LES MÉDICAMENTS GÉNÉRIQUES, C'EST PLUS MALIN.
>
> Les Français sont de plus en plus nombreux à accepter les médicaments génériques. Rappelons que ces médicaments sont identiques aux autres car ils utilisent rigoureusement les mêmes principes actifs et sont soumis aux mêmes contraintes. Ils sont par ailleurs remboursés comme les autres médicaments. Autre point positif, leur prix est inférieur d'environ 25 %. Dernier avantage mais non le moindre : leurs effets sont absolument identiques.
> Alors, effets égaux et moindre coût…

1.2

24 🌳 🌳 Comparaisons

GÉNÉRATION INCRUSTE

En 2001, le film *Tanguy* révélait ces enfants qui restent chez leurs parents jusqu'à un âge avancé. Le metteur en scène, Étienne Chatiliez, s'est inspiré d'un fait divers pour faire son film. Une mère qui avait *chassé* son fils de 31 ans du domicile familial, avait été traînée devant les tribunaux par celui-ci. Et la loi a donné raison au charmant enfant (article 203 du code civil).

a) *Observez le tableau ci-dessous et faites des phrases de comparaison.*

*Exemple : En 1981, il y avait environ 4 fois **plus de** jeunes de 20-24 ans qui vivaient chez leurs parents.*

Jeunes vivant chez leurs parents	1981	1991	2001
20 à 24 ans	42,1 %	51,2 %	58 %
25 à 29 ans	11 %	17,8 %	23,7 %

b) *Faites des phrases de comparaison à partir des informations suivantes.*

Âge	20 ans	25 ans	29 ans
Répartition	77,5 %	32 %	11,5 %

À 28 ans	garçons	filles
Répartition	16 %	8,3 %

En cours d'études	20-24 ans	25-29 ans
Répatition	44 %	5,5 % (75 % ont un emloi)

1.2

25 🌳 🌳 Comparaisons

SIX GRANDES VILLES DU MONDE.

Le cabinet MHRC a établi la comparaison suivante entre le coût de la vie à New York (indice 100) et 6 grandes villes du monde en 2004.

Coût de la vie (en euro)	Tokyo	Londres	Moscou	Hong-Kong	Genève	Paris
Un café service compris	3,80	2,60	4	3,95	2,50	2,20
Un dîner d'affaire au restaurant	99	100	97	70	95	88
Un taxi de l'aéroport au centre-ville	22	86	44	41	29	40
Une nuit en hôtel 3 étoiles	160	133	94	114	127	165
Un journal	3,50	1,60	3,90	2	2,20	1,85

Comparez le coût de la vie dans ces six grandes villes.

Exemple : Une nuit dans un hôtel trois étoiles est facturée plus cher à Paris qu'à Tokyo.

a) *Lisez cet article et relevez tous les moyens utilisés pour faire les comparaisons (comparatifs, superlatifs, lexique…).*

b) *Relevez les trois enseignements tirés des enquêtes de l'INSEE et d'IPSOS et dites si vous êtes d'accord avec cette analyse.*

AIMONS-NOUS ENCORE LE TRAVAIL ?

« Le travail tient-il encore la plus grande place dans nos préoccupations ? Est-il plus ou moins important pour nous que d'autres activités ? À en juger par les nombreuses manifestations de travailleurs, il semblerait que ce soit de plus en plus vrai. Mais une récente enquête de l'INSEE (Institut national de la statistique et des études économiques) et de l'institut de sondage IPSOS, « La nouvelle donne des salariés français », révèle que le travail n'est pas – ou n'est plus – notre préoccupation majeure. Un petit tiers des personnes interrogées pensent encore qu'il vient « à égalité avec d'autres choses », tandis que les deux tiers jugent qu'il est « assez important, mais moins que d'autres choses », en particulier la vie familiale qui est citée en tête par 86 % d'entre elles, le travail n'arrivant péniblement qu'en deuxième position (46 % des réponses).

Quels enseignements peut-on tirer de ces chiffres au premier abord alarmants ?

Le premier et le moins réjouissant est que le travail a perdu son rang de valeur sociale, personnelle et éthique, que le fabuliste La Fontaine avait déjà mise en avant au XVIIᵉ siècle : « Travaillez, prenez de la peine, c'est le fonds qui manque le moins. » (Le Laboureur et ses enfants). Et au moment de la révolution industrielle du XIXᵉ siècle, un ministre lançait ce mot d'ordre : « Enrichissez-vous par le travail et par l'épargne. »

Le deuxième enseignement est peut-être plus réconfortant : c'est que les jeunes, à 80%, placent ailleurs leurs priorités : s'ils sont moins attirés par la réussite au travail, c'est aussi parce qu'ils n'ont pas le même respect que leurs aînés pour la fortune et l'argent, qu'ils prennent pour un but secondaire.

Enfin, le dernier enseignement est que les réponses diffèrent selon la nature pénible ou non du métier, les facultés intellectuelles qu'il exige ou développe, les rémunérations qu'il offre. Les professions pour lesquelles l'attachement au travail est le plus fort sont naturellement celles des arts, du spectacle, de l'information, ou encore celles qui concernent les cadres supérieurs du commerce et de l'artisanat. Les hommes et les femmes sont ici à égalité, avec quelques nuances : les pères de famille voient leur intérêt croître en fonction du nombre de personnes qu'ils ont à nourrir, tandis qu'on constate une baisse de dix points chez les femmes qui élèvent un ou deux enfants.

Ce tableau de relative désaffection à l'égard du travail plaide aussi pour qu'on accorde une plus grande place à son enrichissement et à son attrait, par une utilisation mieux comprise des facultés créatives et des compétences individuelles : c'est aux responsables des entreprises de faire en sorte qu'en soient mieux aménagées les conditions.

Faut-il donc regretter le « bon vieux temps » ? Si notre rapport au travail a changé, c'est bien que notre société a changé : avec les progrès technologiques, une plus grande prospérité, l'abaissement du temps de travail rendu possible, il est normal que d'autres pôles d'intérêt – comme le goût des loisirs – aient pris la place que le travail leur mesurait jusqu'ici trop chichement.

Condition - Hypothèse

théorie générale

1. Comment exprimer la condition

Par Si	
• **si + présent** → **présent**	*Si tu es prêt, nous partons.*
passé composé → **impératif**	*Si tu es prêt, partons.*
→ **futur**	*Si tu es prêt, nous partirons.*
→ **futur antérieur**	*Si c'est prêt, tu auras fini ce travail rapidement.*
• **sinon = condition négative**	*Il faut faire vite sinon nous raterons le train.*
présent **impératif** + **sinon** + **futur** **futur proche**	*Dépêche-toi sinon nous allons rater le train.*
Par des conjonctions + subjonctif	
• **+ subjonctif** à condition que pourvu que	*Nous partirons à condition qu'il n'y ait pas de grève.* *J'irai te chercher à la gare pourvu que tu me fasses savoir l'heure d'arrivée de ton train.*
pour peu que (= il suffit que)	*Pour peu qu'on lui fasse un compliment, elle se met à rougir.*
Par des prépositions	
• **+ infinitif** à condition de faute de à défaut de	*Nous irons en Chine à condition d'avoir un visa.* *Faute de trouver une chambre d'hôtel, à défaut de trouver une chambre d'hôtel, vous pourrez toujours aller dans un camping.*
à moins de (= sauf si)	*À moins d'avoir un travail de dernière minute, je serai chez vous à 7 heures précises.*
au risque de	*Au risque de te vexer, je n'aime pas beaucoup ta robe.*
• **+ nom** avec sans moyennant	*Avec un peu de patience, tu y arriveras.* *Sans lunettes, je n'arriverai pas à lire.* *Vous obtiendrez ce service moyennant un pourboire.*
Autres moyens	
• **gérondif + verbe au futur**	*En travaillant davantage, tu réussiras à ton examen.*
• **verbe au présent + et +** **présent** **futur**	*Tu lui fais une remarque anodine et elle pleure/pleurera.*

2. Comment exprimer l'hypothèse

Par si	
• **si + imparfait / conditionnel présent** • **si plus-que-parfait / conditionnel présent** • **si plus-que-parfait / conditionnel passé** • **sinon + conditionnel (= autrement)**	*Si tu mangeais moins, tu maigrirais.* *Si tu avais travaillé davantage, tu aurais ton diplôme.* *Si tu avais travaillé davantage, tu aurais réussi.* *Elle n'avait pas dû pouvoir venir, sinon elle aurait laissé un mot.*
Par des conjonctions	
• **+ subjonctif** à supposer que en supposant que en admettant que soit que… soit que à moins que (+ ne) = sauf si • **+ conditionnel** au cas où dans le cas où pour le cas où dans l'hypothèse où	*Nous pourrions aller faire une promenade en montagne, à supposer qu'il fasse très beau.* *Soit que tu veuilles voir une pièce de théât-re, soit que tu préfères l'opéra, je pourrais te prendre des places.* *C'est Pierre qui t'accompagnera, à moins que cela ne te déplaise.* *Au cas où il aurait un malaise, il faudrait le faire hospitaliser.*
Par des prépositions	
• **+ infinitif** faute de / à défaut de à moins de (le verbe principal est au conditionnel) • **+ nom** avec moyennant sans **Le verbe qui** en l'absence de **suit est au** faute de **conditionnel.** à moins de en cas de	*Faute de revenir le vendredi soir, vous devriez être là le samedi avant midi au plus tard.* *À moins de prendre un train rapide, vous ne pourriez pas être présent à la réunion.* *Avec (moyennant) 100 € de plus, vous auriez un travail beaucoup plus soigné.* *En l'absence des locataires, il faudrait laisser le paquet au concierge.* *À moins d'un travail inattendu, il pourrait vous emmener à l'aéroport.* *En cas de retard, nous n'aurions pas la correspondance.*
Autres moyens	
• **gérondif + verbe au conditionnel** • **verbe au conditionnel + verbe au conditionnel**	*En revenant une semaine plus tôt, tu lui ferais plaisir.* *Tu me l'aurais dit, je serais allé te chercher.*

3. Phrases avec si

	Hypothèse ou condition de réalisation située	dans	Conséquences située	dans	Exemples	Valeurs
Possible	si + présent	présent immédiat	+ impératif	avenir immédiat	*Si ton voisin est bruyant, appelle la police.*	Conseil
			+ présent	immédiat	*Si tu m'embêtes, je te quitte !*	Menace
					Si vous avez de l'argent nous pouvons déjeuner.	Proposition soumise à condition
		avenir	+ futur	avenir	*S'il fait beau demain, j'irai à la piscine.*	Projet ferme sous condition
			+ conditionnel présent		*Si tu veux, la semaine prochaine nous pourrons aller au théâtre.*	Forte probabilité
			présent		*Si tu veux, la semaine prochaine nous pourrions aller au théâtre.*	Éventualité
	si + passé composé	présent	+ présent	présent	*S'il a réussi, il doit être content.*	On ne sait pas s'il a réussi : hypothèse
			+ impératif		*Si tu as fini ton travail, viens avec nous.*	Condition accomplie, conséquence immédiate
		passé	+ passé composé	passé	*S'il a réussi, il a sûrement fêté ça.*	On ne sait pas ce qui s'est passé.
		avenir	+ futur	avenir	*S'il a réussi, il réussira tout le reste !*	Condition passée remplie, conséquence future certaine.
			+ futur antérieur		*Si tu as fini avant 4 h, tu auras fait vite.*	Condition et conséquence
Irréel	si + imparfait	avenir	+ conditionnel présent	avenir	*Si je rencontrais un gentil garçon, je me marierais.*	C'est possible mais ce n'est pas certain du tout : éventualité - souhait
		présent		présent	*Si j'étais martien, je parlerais martien.*	Mais je ne suis pas martien et je ne parle pas martien : hypothèse - souhait
		passé	+ conditionnel passé	passé	*Si je ne te connaissais pas aussi bien, je ne t'aurais rien demandé.*	« Si + imparfait » marque ici l'habitude. Elle continue après la réalisation de la conséquence. (rare)
	si + plus-que-parfait	passé	+ conditionnel passé	passé	*Si nous avions étudié, nous aurions réussi.* *Si tu avais été gentil, j'aurais passé une bonne soirée.*	Mais nous n'avons pas étudié : regret, reproche.
		passé	+ conditionnnel présent	présent	*Si nous avions étudié, nous serions diplômés.*	Mais nous n'avons pas étudié (hier) et nous ne sommes pas diplômés (aujourd'hui).

Remarque

Le verbe placé tout de suite après « si » est toujours à l'indicatif.

• Condition ou hypothèse ?

C'est la situation et le sémantisme qui déterminent l'hypothèse ou la condition, et non pas seulement les temps employés.

Exemples :
– *Si tu me donnes ton pull, je te donne ma robe* (à condition que…).
– *Si tu vois de jolies cerises, tu en prends un kilo* (au cas où…).
– *Si tu n'es pas gentil, je te donne une gifle* (sois gentil, sinon…).
– *S'il fait beau le dimanche, je vais à la campagne* (quand, chaque fois que…).

Attention

Quand il y a deux imparfaits d'habitude, la phrase exprime une habitude répétée dans le passé.

• Autres sens de « si »

– Oui, après une question négative : *Tu n'aimes pas le vin ? – si !*
– Discours rapporté : *Il m'a demandé si j'aimais le vin.*
– Conséquence : *Il fait si froid que nous avons les pieds gelés.*
– Concession : *Si gentil soit-il, il n'est pas capable de réussir.*

Corpus d'observation

B1.1
C E C R

1 *Quels temps sont utilisés dans ces phrases avec « si » ?*

1. Si on ne m'avait pas cambriolé, j'aurais pu écouter la radio, j'aurais su que le métro était en grève, je n'aurais pas perdu la journée à courir partout et je serais de meilleure humeur maintenant.

2. Si vous avez acheté cet ordinateur, vous avez fait une mauvaise affaire et vous le regretterez longtemps…

3. Si nous étions en vacances, en ce moment nous aurions les pieds dans l'eau et nous jouerions au volley…

4. Si les grands de la classe t'ennuient, dis-le moi. Et si les petits ne veulent pas jouer avec toi, je suis là pour t'aider.

5. Si je décroche le rideau, il va tomber sur le radiateur et il fondra à cause de la chaleur, ce sera l'incendie et il faudra appeler les pompiers…

6. Si vous étiez un nuage, vous planeriez au-dessus des plus beaux paysages du monde.

Exercices

Phrases avec si

B1.1
C E C R

1 Si + présent + impératif

a) *Sur le modèle de l'exemple, donnez des conseils aux personnes suivantes pour résoudre leurs problèmes avec leurs voisins.*

Exemple : Mon voisin du dessus inonde régulièrement mon appartement (déménager).
   → *Si ton voisin du dessus inonde régulièrement ton appartement, déménage !*

1. Mon voisin du dessous écoute de la musique à pleine puissance à minuit.
    → (faire plus de bruit que lui) ………
    → (appeler la police) ………
    → (descendre lui dire qu'il exagère) ………

2. Ma voisine du dessus marche constamment avec des talons aiguilles.
    → (lui payer une moquette) ………
    → (lui acheter des pantoufles) ………
    → (lui signaler qu'elle dérange) ………

3. Mon voisin du sixième occupe trop souvent ma place de parking.
    → (lui dire que ça suffit comme ça) ………
    → (occuper sa place de parking) ………
    → (mettre un mot sur sa voiture) ………

4. Mon voisin du rez-de-chaussée reçoit des gens très bizarres.
    → (l'espionner pour en savoir plus) ………
    → (le laisser vivre sa vie) ………
    → (se renseigner auprès des autres habitants) ………

b) *Sur ce modèle, donnez aussi des conseils aux personnes suivantes qui vous disent :*

1. « Je suis trop gros… ». – **2.** « Je déteste faire le ménage… ». – **3.** « Mon patron est odieux… ». – **4.** « Mon fils se drogue… ».

2 🌸 Si + présent + impératif

LES FUGITIFS

Cet homme est poursuivi par la mafia car il connaît trop de secrets gênants. Il est obligé de prendre de grandes précautions et de donner des consignes très précises à sa famille, en danger comme lui.

Exemple : « J'arriverai normalement à la gare à cinq heures. Si je ne suis pas là à cinq heures, ne m'attendez pas, fuyez immédiatement. »

Sur ce modèle, et en utilisant les éléments proposés, complétez les déclarations de notre homme.

1. Je téléphonerai à dix heures. (quitter la ville)
    → Si ……… !
2. Vous recevrez la lettre dont je vous ai parlé demain. (déménager)
    → Si ……… !
3. Je reviendrai dans trois jours. (contacter la police)
    → Si ……… !
4. Vous aurez un télégramme dimanche. (changer d'hôtel)
    → Si ……… !
5. Je vous apporterai de l'argent demain. (se réfugier chez maman)
    → Si ……… !
6. Je frapperai trois coups, puis deux coups. (fuir par la fenêtre)
    → Si ……… !

3 🌸 Si + présent + présent

MENACE : SI TU ME FRAPPES, JE M'EN VAIS !

Complétez les phrases suivantes en menaçant l'autre.

1. Si tu me prends mes affaires, je te pique les tiennes ! – **2.** Si tu me réveilles à minuit ……… – **3.** Si tu oublies de m'écrire ……… – **4.** Si tu tombes amoureux d'un(e) autre ……… – **5.** Si tu ne fais rien pour m'aider ……… – **6.** Si tu n'es pas plus gentil ………

4 🌳 **Si + présent + présent = hypothèse sur le futur immédiat**

SI J'AI LE POUVOIR...

Je réduis au silence total les propagandistes racistes, révisionnistes et intégristes.

J'autorise les changements de nom patronymique sans procédure inquisitoriale.

Je supprime tous les lobbies. Le mérite personnel devrait être nécessaire et suffisant pour l'obtention de promotions.

Je donne mission aux services secrets de répandre au Japon les idées de loisir pour rendre moins dangereuse leur concurrence.

Je fais avaler une pendule savoyarde à l'inventeur de l'heure d'hiver, puis je le découpe en fuseaux horaires.

Dites ce que vous feriez si vous aviez le pouvoir.

 5 🌳 **Si + présent + futur**

Réagissez aux déclarations suivantes, en utilisant les indications entre parenthèses.

Exemple : – « Je vais demander une augmentation à mon patron. »
(Il – refuser – tu – faire) →« Et s'il refuse, qu'est-ce que tu feras ? »

1. J'ai décidé de quitter mon emploi et de monter une boîte d'électronique.
(Tu – se casser la figure – devenir)
2. Nous allons vendre notre appartement, acheter un bateau et partir faire le tour du monde. »
(Vous – perdre le bateau – vivre où ?)
3. Ils veulent partir en voyage sans argent ou presque.
(Ils – avoir des problèmes – revenir comment ?)
4. Elle pense que la carrière est plus importante que la vie de la famille.
(Son fiancé – penser le contraire – accepter cela facilement)
5. Il pense qu'une femme doit suivre son mari partout pour l'aider dans sa carrière.
(Sa femme – refuser de déménager – Il, divorcer)
6. Vous devez dîner avec moi ce soir, mademoiselle.
(Je, refuser – vous, licencier)

 6  **Si + présent + futur**

Sur le modèle ci-dessous, proposez plusieurs actions possibles en réponse aux phrases suivantes. Utilisez les suggestions proposées.

Exemple : – Ta petite amie t'est infidèle, je crois. Que vas-tu faire ?
        → *Si elle me trompe vraiment, je la quitterai !*
        → *Si c'est vrai, je serai très triste.*
        → *Si ce n'est pas vrai, je te casserai la figure !*
        → *Si tu me racontes des histoires, tu auras des problèmes.*

a) Les étudiants sont difficiles cette année, monsieur le directeur. Qu'allons-nous faire ?
        → être inquiets – les rassurer – ...
        → avoir des propositions constructives – les appliquer – ...
        → manifester – essayer de les calmer – ...
        → tout casser – faire appel aux forces de l'ordre – ...
b) La situation est très grave, monsieur le président : notre ennemi principal est sur le point de nous attaquer. Que devons-nous faire ?

→ L'ennemi : ne pas relâcher la tension.
Nous : utiliser le téléphone rouge, etc.
→ L'ennemi : refuser la négociation.
Nous : se mettre en état d'alerte rouge, etc.
→ L'ennemi : augmenter son trafic aérien.
Nous : envoyer des chasseurs, etc.
→ L'ennemi : déplacer des troupes au Nord.
Nous : envoyer la cinquième armée, etc.
→ L'ennemi : devenir vraiment menaçant.
Nous : utiliser les sous-marins, etc.
→ La situation : s'aggraver encore.
Nous : faire preuve d'imagination, etc.

1.2
ÉCR

7   **Si + présent + futur**

> **IF**
>
> Si tu peux voir détruit l'ouvrage de ta vie
> Et sans dire un seul mot te mettre à rebâtir
> Ou perdre en un seul coup le gain de cent parties
> Sans un geste et sans un soupir
> Si tu peux être amant sans être fou d'amour
> Si tu peux être fort sans cesser d'être tendre
> Et, te sentant haï, sans haïr à ton tour
> Pourtant lutter et te défendre
> Si tu peux supporter d'entendre tes paroles
> Travesties par des gueux pour exciter des sots
> Et d'entendre mentir sur toi leurs bouches folles
> Sans mentir toi-même d'un mot
> Si tu peux rester digne en étant populaire
> Si tu peux rester peuple en conseillant les rois
> Et si tu peux aimer tous tes amis en frère
> Sans qu'aucun d'eux soit tout pour toi
>
> Si tu sais méditer, observer et connaître
> Sans jamais devenir sceptique ou destructeur
> Rêver, mais sans laisser ton rêve être ton maître
> Penser sans n'être qu'un penseur
> Si tu peux être dur sans jamais être en rage
> Si tu peux être brave et jamais imprudent
> Si tu sais être bon, si tu sais être sage
> Sans être moral ni pédant
> Si tu peux rencontrer Triomphe après Défaite
> Et recevoir ces deux menteurs d'un même front
> Si tu peux conserver ton courage et ta tête
> Quand tous les autres les perdront
> Alors les Rois, les Dieux, la Chance et la Victoire
> seront à tout jamais tes esclaves soumis.
> Et, ce qui vaut mieux que les Rois et la Gloire
> tu seras un homme, mon fils.
>
> Rudyard Kipling

En vous inspirant du très beau texte de Rudyard Kipling, formulez les conseils que vous voudriez donner à votre fils ou à votre fille pour qu'ils deviennent, par exemple, un excellent médecin, un merveilleux chanteur, un peintre de talent, un père de famille attentif, un chercheur de haut niveau, un musicien talentueux, un président de la République inspiré.

1.2
ÉCR

8   *Sur le modèle de la publicité ci-après, répondez aux phrases suivantes avec les éléments proposés. Faites bien attention au sens pour choisir le temps qui convient le mieux, et à la personne.*

> TASK FREDUSR 2
> Si vous avez tapé ça, vous venez de faire une erreur,
> vous avez perdu du temps,
> dépêchez-vous de jeter votre vieil ordinateur,
> vous apprécierez la simplicité de nos ordinateurs.

1. Marc à son ami Jacques : « Marie est sûrement déjà arrivée à la maison, et je suis encore chez toi, oh ! là ! là ! ».

Jacques : si elle ………

a) (se dépêcher de rentrer) ………

b) (devoir commencer à s'inquiéter) ………

c) (devoir être déçue de ne pas te trouver) ………

d) (te chercher bientôt partout) ………

2. Pierre à un ami mécanicien : « Je viens d'acheter la dernière Suzuki ».

L'ami mécanicien : « Si tu ………

a) (ne pas être bien malin) ………

b) (avoir bientôt des problèmes) ………

c) (la revendre tout de suite) ………

d) (faire une grosse erreur) ………

3. Un employé venant de découvrir un secret d'état, à son chef : « Chef, regardez le joli scandale que je viens de découvrir. »

Le chef : Si vous ………

a) (l'oublier aussitôt) ………

b) (être en danger) ………

c) (être bientôt poursuivi) ………

d) (avoir signé son arrêt de mort) ………

 B1.2 CECR **9** 🌳 🌳 ***Reformulez les promesses d'Inter Assistance figurant sous les images en utilisant des phrases avec « si ». Attention, vous devrez imaginer une partie des éléments nécessaires.***

Exemples pour l'image 1

Si votre baignoire est bouchée,	*nous avons des plombiers à votre disposition.*
Si vous avez des problèmes de plomberie,	
Si vous avez laissé tomber une bague dans la tuyauterie,	*nous vous enverrons un plombier.*

1. Envoi plombier

2. Dépannage télévision

3. Envoi réparateur

4. Renseignements vacances

5. Garde d'enfant

6. Urgence santé

7. Hébergement hôtel

8. Aide ménagère à domicile

. Location véhicule utilitaire

10. Envoi d'un proche
à votre chevet

11. Conseils loisirs

12. Informations juridiques

3. Livraison médicaments
à domicile

14. Envoi ambulance

15. Dépannage serrurerie

16. Inondations

Si + imparfait + conditionnel présent

10 🌳🌳 **Si + imparfait + conditionnel présent - Possible**

UN CARACTÈRE DE COCHON

a) Sur le modèle de l'exemple, construisez des phrases en prenant les idées dans les deux colonnes suivantes. Faites des phrases avec « il » et « nous » (ou « vous » et « nous » ou encore « vous » et « je ». Dans ce cas, attention aux modifications de pronoms).

Exemple : S'il ne se mettait pas en colère toutes les cinq minutes, nous lui dirions plus souvent des gentillesses.

Lui	Nous
- Ne pas se mettre en colère toutes les cinq minutes - Ne pas être de mauvaise humeur le matin - Être plus tolérant - Accepter plus facilement les défauts des autres - Ne pas crier quand on le contrarie - Sourire plus souvent - Parler moins agressivement - Avoir plus de patience avec les autres - Se fâcher moins souvent pour rien - Accepter de temps en temps d'avoir tort.	- Avoir moins souvent envie de l'étrangler - Être plus à l'aise avec lui - Ne pas avoir peur de ses réactions - Lui parler avec moins de précautions - Se disputer moins souvent avec lui - Le trouver plus agréable - Lui offrir plus de cadeaux - Lui faire plus de bisous - Lui dire plus souvent des gentillesses - Ne pas partir en claquant la porte.

b) Une partie des éléments de la colonne 2 peut servir à inverser le raisonnement. À vous de trouver les combinaisons qui ont un sens.

Exemple : Si nous lui faisions plus de bisous, il se fâcherait moins souvent pour rien.

11  **Si + imparfait + conditionnel présent**

LE PORTRAIT CHINOIS

« Si j'étais Dieu, je serais bien embêtée !
Si j'étais une fleur, ça ne serait pas le myosotis !
Si j'étais une rivière, je roulerais sur le monde !
Si j'étais un brin d'herbe, je ferais gaffe aux vaches !
Si j'étais Superman, je ne voudrais plus jamais redescendre !
Si j'étais un platane, j'en aurais marre des voitures ! »

---

a) Sur ce modèle, faites votre portrait.

– Si j'étais ………
– Si j'étais ………

b) Faites des questions pour les autres étudiants.

– Que feriez-vous si vous étiez une voiture ?
– Que ferais-tu si tu étais un chien ?
– Comment vivriez-vous si vous étiez un grand artiste ?
– Que feriez-vous si les extraterrestres attaquaient la Terre ?

12 **Si + imparfait + conditionnel présent**

QUELLES SERAIENT LES VALEURS D'UNE SOCIÉTÉ OÙ VOUS AIMERIEZ VIVRE ?

a) Parmi les valeurs possibles de la liste ci-après choisissez :

– les 5 qui vous semblent essentielles,
– les 5 qui vous semblent les moins importantes.

L'amitié	La générosité	L'optimisme
Le courage	L'honnêteté	Le patriotisme
La discipline	Le goût du travail	La politesse
L'égalité	L'honneur	La responsabilité
La tolérance	L'humour	Le respect de l'environne-ment
Les droits de l'homme	La sincérité	
La famille	La justice	La réussite matérielle
La fidélité	La liberté	

b) Écrivez des justifications pour vos 5 premiers choix selon le(s) modèle(s) suivant(s).

Exemples :
– Si l'honnêteté était une valeur respectée, on ne verrait plus toutes ces histoires de corruption.
– Si chacun de nous était un tout petit peu plus honnête, cela ferait une grosse différence.
– Si l'honnêteté devenait notre valeur dominante, nous pourrions vraiment faire confiance aux autres.
– Si les personnes malhonnêtes n'étaient pas montrées comme des héros dans les films de gangsters, moins de gens essaieraient de les imiter.
– S'il n'y avait plus de voleurs ni d'escrocs, on pourrait vivre portes ouvertes et ce serait bien agréable.

c) En groupes, comparez et discutez vos choix.

d) Rédigez un sondage au conditionnel sur une des valeurs citées précédemment.

.2
CR

13 🌳 🌳 **Si + imparfait + conditionnel présent**

Si vous étiez président de la République, quelles mesures **aimeriez-vous** faire adopter en priorité?

– **Droits de l'homme** : Je souhaiterais faire abolir la torture dans tous pays. Je ferais en sorte que mon pays soit un modèle dans ce domaine.
– **Droits de l'enfant** : Je lutterais énergiquement contre le travail des enfants.
– **Égalité** : Je ferais mon maximum pour mettre en place l'égalité pour tous. Il faudrait instaurer un système qui transfère les surplus des pays riches vers les pays pauvres.
– **Écologie** : Je rendrais obligatoires les énergies renouvelables et je supprimerais le nucléaire.

À vous, continuez avec les idées suivantes : école, social, santé, transports, humanitaire, insécurité, international, vie politique.

.2
CR

14 🌳 🌳 **Avenir - Fictions**

PARIS-SUR-SEINE OU PARIS SOUS LA SEINE ?

Il ne reste plus beaucoup de Parisiens pour se souvenir de l'inondation de 1910, quand on circulait en barque sur les Grands Boulevards. Et si cette catastrophe nous arrivait à nouveau ? Si la couche d'ozone et l'effet de serre nous préparaient à revoir un spectacle aussi étrange ?
Selon les spécialistes de la météo, la crue serait pour bientôt. Alors Paris ressemblerait à Venise, on verrait la pyramide du Louvre émerger, non des sables, comme en Égypte, mais des eaux, on visiterait la Sainte-Chapelle avec un équipement de plongée sous-marine, on se déplacerait avec ce qui fait la joie de nos vacances au bord de la mer ou des lacs, le canoë canadien, on remonterait les Champs Élysées en bateaux-mouches…
Irions-nous nous réfugier sur les hauteurs de Montmartre ou de Chaillot ? Nos prestigieux musées, le Louvre et Orsay, ont déjà, paraît-il, enlevé de leurs caves certains tableaux fragiles : ne serions-nous pas, nous aussi, des chefs-d'œuvre en péril ?

---

a) *Répondez aux questions en utilisant « si + imparfait + conditionnel présent ».*

– Que se passerait-il si, tout d'un coup, l'argent disparaissait ?
– Que se passerait-il si la vie se déroulait à l'envers (nous naîtrions vieux et nous mourrions nourrissons).
– Que se passerait-il si nous ne pouvions plus mentir ?
– Que se passerait-il si les grenouilles prenaient le pouvoir ?
– Que se passerait-il si la Terre devenait vraiment une poubelle ?
– Que se passerait-il si le climat se refroidissait brutalement ?
– Que se passerait-il si…
(Tout autre thème de scénario est le bienvenu.)

b) *Imaginez des questions concernat l'avenir de notre planète et de notre espèce.*
Rédigez un texte en utilisant le maximum d'expressions d'hypothèse et de condition pour décrire ce qui se passerait dans ces circonstances. Envisagez les conséquences dans tous les domaines : politique, économie, relations humaines, conditions matérielles, changement de valeurs.

– Et si le climat se réchauffait / se refroidissait brutalement ?
– Et si on prolongeait la vie jusqu'à 200 ans ?
– Et si on n'avait plus besoin d'hommes pour la production industrielle ?
– Et si on n'avait plus besoin d'hommes / de femmes pour faire des enfants ?
– Etc.

Si + plus-que-parfait + conditionnel présent ou passé

B1.2
CECR **15** 🌳 🌳 Histoire - Fictions

L'histoire avec un grand H s'est déroulée d'une certaine façon et nous ne pouvons plus rien y changer.

Toutefois nous pouvons imaginer des événements différents.
– Que se serait-il passé si Christophe Colomb n'avait pas découvert l'Amérique ?
– Que se serait-il produit si la Révolution française n'avait pas eu lieu ?
– Que serait-il arrivé si l'humanité n'avait pas inventé l'industrie ?
– Que serait-il arrivé si les dinosaures avaient survécu ?
– Que se serait-il passé si les Indiens d'Amérique avaient conquis l'Europe ?
– Que se serait-il passé si Napoléon n'avait pas existé ?

Choisissez un de ces événements ou un épisode historique de votre pays et imaginez ce qui se serait passé s'il n'avait pas eu lieu ou avait eu une autre conclusion.

B1.2
CECR **16** 🌳 🌳 Irréel du passé, deux sujets, une négation

Faites une seule phrase avec les deux éléments en utilisant « si + plus-que-parfait + conditionnel passé ».

Exemple : Je ; naître au XVIIIe siècle/Tu ; ne pas avoir la joie de me connaître.
 → Si j'étais né au XVIIIe siècle, tu n'aurais pas eu la joie de me connaître.

1. Les Gaulois ; être plus disciplinés/Les Romains ; les vaincre. – **2.** La police ; arriver plus vite/La bagarre ; devenir générale. – **3.** Ce film ; être vraiment nul/Le public ; se précipiter pour le voir. – **4.** Le conducteur du bus ; respecter le code de la route/La police ; l'arrêter. – **5.** Les enfants ; faire moins de bruit/Leur mère ; les punir. – **6.** Les amis de Marie ; arriver plus tôt/Le rôti ; brûler.

B1.2
CECR **17** 🌳 🌳 Irréel du passé, un sujet, une négation

Reliez les éléments suivants en une seule phrase.

Exemple : Le gardien du musée ; faire attention en reculant/Il ; casser le vase Ming.
 → Si le gardien du musée n'avait pas fait attention en reculant, il aurait cassé le vase Ming.

1. La manifestation ; être interdite/rassembler plus de monde. – **2.** Ce spectateur ; sortir avant la fin/voir la meilleure partie du spectacle. – **3.** Ce film avoir autant de publicité/attirer moins de spectateurs. – **4.** L'autoroute ; être détournée/détruire une des plus belles zones naturelles de la région. – **5.** Pierre ; avoir un grave accident en 1989/émigrer en Australie. – **6.** Nous ; fermer toutes les portes/entendre le chien aboyer.

B1.2
CECR **18** 🌳 🌳 Irréel du passé, double négation, un seul sujet

Reliez les éléments suivants en une seule phrase selon le modèle suivant.

Exemple : Einstein ; ne pas être génial/Il ; ne pas découvrir la théorie de la relativité.
 → Si Einstein n'avait pas été génial, il n'aurait pas découvert la théorie de la relativité.

1. Tabarly ; affronter les éléments/faire le tour du monde en solitaire. – **2.** Picasso ; être un artiste exceptionnel/peindre une œuvre aussi gigantesque. – **3.** James Dean ; conduire comme un fou/se tuer au volant. – **4.** Napoléon ; aimer autant le pouvoir/essayer de conquérir l'Europe. – **5.** Onassis ; croire à sa réussite/devenir milliardaire. – **6.** Marilyn Monroe ; mourir si mystérieusement/devenir une star aussi mythique.

1.2 **19** 🌳 🌳 **Irréel du passé, double négation, deux sujets**
CR

Reliez les éléments suivants en une seule phrase selon le modèle suivant.

Exemple: Les parents; ne pas construire le mur de Berlin/Les enfants; ne pas être obligés
de le démolir.
> → *Si les parents n'avaient pas construit le mur de Berlin, les enfants n'auraient pas*
> *été obligés de le démolir.*

1. Le système d'alarme; tomber en panne/Les malfaiteurs; voler des toiles irremplaçables. –
2. Les savants; inventer la bombe atomique/L'humanité; se mettre à craindre la mort de la planète. – **3.** La médecine; trouver le remède de la lèpre/De nombreux malades; guérir. – **4.** Les
Indiens d'Amérique du sud; être divisés/Les Espagnols; les vaincre aussi rapidement. – **5.** Vous;
nous inviter/nous; voir ce magnifique spectacle. – **6.** Nous; vous inviter /vous; s'amuser beaucoup ce soir-là.

1.2 **20** 🌳 🌳 **Si + plus-que-parfait + conditionnel présent ou passé**
CR

Reliez les éléments donnés pour faire une phrase avec une hypothèse portant sur le passé
(si + plus-que-parfait + conditionnel présent ou conditionnel passé).

Exemple: Les enfants se sont couchés à quatre heures du matin, hier.
> *– Ce matin, ils se sont endormis en classe.*
> *– Ce soir, ils sont encore fatigués.*
> → *Si les enfants **s'étaient couchés** plus tôt/moins tard, ils **ne se seraient pas***
> ***endormis** en classe ce matin.*
> *Si les enfants **ne s'étaient pas couchés** si tard, ils **ne seraient pas fatigués** ce soir.*

1. Jacques a trop bu. Ce matin, il a été malade. Ce soir, il a encore mal au foie.
2. Marie a beaucoup dansé. Elle s'est beaucoup amusée pendant la soirée. Elle a des courbatures aujourd'hui.
3. Les premiers arrivés ont mangé tout le buffet. Les derniers arrivés n'ont rien eu à manger.
Les premiers arrivés ont mal au ventre aujourd'hui.
4. Les musiciens ont chanté toute la nuit. La fête a été superbement réussie. Ils ont une
extinction de voix aujourd'hui.
5. Paul est resté dans son coin timidement. Il s'est ennuyé. Il a le cafard aujourd'hui.
6. Sébastien et Annette se sont plu. Ils ont passé la soirée ensemble. Ils ont l'air très heureux
aujourd'hui.

1.2 **21** 🌳 🌳 **... Avec des si...**
CR

Transformez les éléments suivants en phrases avec:

– Si + plus-que-parfait + conditionnel présent (conséquence actuelle).
– Si + plus-que-parfait + conditionnel passé (conséquence dans le passé).
Attention au sens et aux négations nécessaires à enlever ou à ajouter.

Exemple: Il a réussi sa thèse.
> *– Il a trouvé un travail passionnant.*
> *– Il est professeur d'université aujourd'hui.*
> → *S'il **n'avait pas réussi** sa thèse, il **n'aurait pas trouvé** un travail passionnant.*
> → *S'il **n'avait pas réussi** sa thèse, il **ne serait pas** professeur d'université aujourd'hui.*

1. Il n'a pas fini sa thèse.
> → Il est au chômage.   → Il n'a pas pu avoir le poste à Paris.

2. Elle a beaucoup voyagé.
> → Elle connaît bien le continent asiatique.   → Elle a rencontré toutes sortes de gens.

3. Il a émigré en France.
   → Il a changé de nationalité.   → Il n'est plus turc.
4. Elle a rencontré un séduisant Espagnol.
   → Elle a émigré en Espagne.   → Elle parle espagnol couramment.
5. Il a raté son bus le mercredi 14 décembre 2004.
   → Il a rencontré Marie dans le métro.   → Il n'est plus célibataire.
6. Elle s'est fâchée avec ses parents l'hiver dernier.
   → Elle a dû déménager.   → Ils ne l'aident plus financièrement.
7. Les enfants se sont gavés de bonbons tout l'après-midi.
   → Ils ont eu mal au cœur.   → Ils n'ont plus faim ce soir.
8. Il a eu un grave accident en janvier.
   → Il a raté un contrat important.   → Il boite un peu aujourd'hui.
9. Ce matin, ma voiture n'a pas démarré.
   → J'ai attendu le bus pendant une heure.
   → Maintenant je suis en retard à mon rendez-vous.

B1.2 CECR **22** **Si + plus-que-parfait + conditionnel présent ou passé**

UNE VIE DE DÉLINQUANCE

En novembre 2005, Christophe a été condamné à 20 ans de prison pour une succession de braquages de banques. Depuis toujours il avait tendance à être violent et il n'en était pas à son premier exploit :
– Déjà bébé, il criait la nuit dans son berceau.
– À 2 ans, il mordait ses frères et sœurs.
– À 3 ans, il a jeté le petit dernier à la poubelle.
– À l'école primaire, c'était un enfant intenable et bagarreur. Il volait les goûters des autres enfants, tapait les plus petits, insultait la maîtresse.
– Au collège, il rackettait les autres élèves, volait blousons et vélomoteurs, terrorisait les plus faibles, vendait de la drogue.
– À 16 ans, un jour au collège, son professeur d'éducation physique voulait l'obliger à faire des exercices qu'il trouvait trop difficiles, alors il a mis le feu à la salle de sport. Il a été renvoyé du collège et il a commencé les vols de voitures et les cambriolages.
– À partir de là, sa vie n'a plus été qu'une succession de braquages, condamnations, années de prison, tentatives d'évasion.
– Sa dernière condamnation, en 2005, est la plus lourde de la série. Il semble un peu calmé. Il a repris des études de sociologie et s'occupe de l'informatisation de la bibliothèque de la prison.

On ne peut pas refaire le passé mais on peut faire des hypothèses : si ses expériences, ses rencontres, ses choix avaient été différents, il n'aurait peut-être pas fait tout ça et ne serait pas en prison aujourd'hui.

a) *Reprenez les étapes de sa biographie en essayant de comprendre.*

Exemple : Il criait la nuit dans son berceau.
*– Christophe **n'aurait peut-être pas crié** la nuit **s'il n'avait pas eu faim**.*
*– Si ses parents **avaient été** plus attentifs, il **n'aurait peut-être pas crié**.*
*– Si sa mère l'**avait nourri** au sein il **aurait été** plus calme.*

b) *Et maintenant, continuez :*

Si Christophe, si son père, si sa mère, si le juge, si la société, si ses frères…
Si l'institutrice, si ses copains, si la chance, si la police, si les voisins…
Si sa copine, si son avocat, etc.

23 Phrases avec si

ET SI NOUS REFAISIONS LE MONDE ?

Associez les éléments de la première colonne à ceux de la deuxième colonne pour faire des phrases complètes. Attention aux temps et au sens !

1. S'il avait eu plus de courage…	**A** … certaines civilisations auraient peut-être été préservées.
2. Si elle avait moins peur de l'autorité…	**B** … on s'éclairerait toujours à la bougie.
3. Si les hommes apprennent à protéger la nature…	**C** … comment résisterons-nous aux radiations ?
4. Si on autorisait la consommation des drogues douces…	**D** … la terre deviendra un village.
5. Si les liaisons internationales s'améliorent encore…	**E** … ils prendraient plus de risques intelligents.
6. Si les progrès techniques avaient été moins rapides…	**F** … les Espagnols les auraient moins facilement décimés.
7. Si la couche d'ozone continue à diminuer…	**G** … il y aurait peut-être moins de drogués.
8. Si les richesses étaient mieux réparties…	**H** … elle oserait demander une augmentation à son patron.
9. Si les scientifiques avaient pensé aux conséquences…	**I** … il y a encore de l'espoir pour l'humanité.
10. Si les gens avaient moins peur de la vie…	**J** … il serait parti faire le tour du monde.
11. Si on n'avait pas inventé l'électricité…	**K** … ils n'auraient peut-être pas mis au point les manipulations génétiques.
12. Si les Indiens d'Amérique avaient connu le cheval…	**L** … il y aurait moins de misère.
13. Si votre vie vous ennuie…	**M** … un conflit mondial éclatera.
14. Si l'intolérance augmente…	**N** … changez-la !

24 *Complétez les phrases suivantes avec les temps qui conviennent.*

1. Si le vent (être) ……… bon, nous partirons demain matin. – **2.** Si le vent (être) ……… bon, nous aurions avancé plus vite. – **3.** Si le vent (être) ……… bon toute la semaine, nous pourrions gagner la course. – **4.** Si tu (vouloir) ………, nous pouvons aller au cinéma. – **5.** Si tu (vouloir) ………, tu pourrais être ingénieur. – **6.** S'ils (vouloir) ………, ils auraient pu devenir ingénieurs. – **7.** Si Pierre (ne pas arriver) ……… à l'heure, il doit être en train de prendre un bain. – **8.** Si vous me (casser les pieds) ………, attention à vous ! – **9.** Si tu (ne pas me casser les pieds) ……… je ne t'aurais pas giflé ! – **10.** Si tu (ne pas perdre) ……… ton sac, tu ne serais pas obligée de faire toutes ces démarches administratives. – **11.** Si vous (ne pas vouloir) ……… y aller, il fallait le dire. – **12.** Si ta voiture (tomber en panne) ……… tous les deux jours, changes-en ! – **13.** Si j'avais su que tu venais, je (préparer) ……… un gratin dauphinois. – **14.** Si tu disais quelquefois ce que tu penses, on (ne pas être) ……… obligé de toujours te le demander ! – **15.** Si tu veux mes disques, (me prêter) ……… tes chaussures bleues. – **16.** S'ils n'avaient pas pris l'autoroute, ils (ne pas avoir) ……… cet accident. – **17.** S'ils s'étaient mariés, ils (être) ……… plus heureux. – **18.** Si elle a vraiment rencontré l'homme de sa vie, elle (devoir) ……… être folle de joie en ce moment. – **19.** Si vous n'avez rencontré personne d'intéressant, vous (devoir) ……… vous ennuyer toute la soirée. – **20.** Si tu as cassé ta glace, (acheter) ……… une autre !

VALEURS	si + imparfait + conditionnel présent	si + plus-que-parfait + conditionnel passé	si + présent / impératif + présent futur	si + passé composé / présent + passé composé / futur	VALEURS
Excuse	*Si je savais où trouver des produits péruviens, il y en aurait sur la table.*	*Si j'avais su que tu étais malade, je ne t'aurais pas dérangé.*	*Si je te dérange, excuse-moi.*	*Si je t'ai réveillé, je suis désolé.*	**Excuse**
Hypothèse	*Si j'allais à cette soirée, je rencontrerais peut-être le prince charmant.*	*Si tu n'étais pas allé à cette soirée, nous ne nous serions jamais rencontrés.*	*Si je vais à cette soirée, je vais rencontrer des gens nouveaux.*	*S'il est allé à cette soirée, il a dû la rencontrer.*	**Hypothèse**
Justification	*Si les gens étaient gentils avec moi, je serais gentil avec eux.*	*Si elle m'avait souri une seule fois de la soirée, je ne l'aurais pas laissée tomber.*	*Si on me cherche on me trouve !*	*Si je l'ai frappé, c'est qu'il m'avait provoqué. (si à valeur de cause)*	**Justification**
Déduction	*S'il voulait lui parler discrètement, il ne l'emmènerait pas dans le plus grand café de la ville.*	*Si elle était repassée chez elle, elle aurait pris son imperméable : ce jour-là, il pleuvait.*	*Si elle veut échapper à la police, elle évitera les gares et les aéroports.*	*Si elle a retiré tout son argent de la banque, c'est qu'elle veut s'enfuir. (si à valeur de cause)*	**Déduction**
Regret Souhait	*Si mon mari était plus gentil, je serais plus heureuse.*	*Si j'avais été plus gentil avec ma femme, elle n'aurait pas divorcé.*	*Si je gagne ce voyage, je reste là-bas.* *Si je n'ai pas de billet d'avion, je prendrai le train.*		**Souhait Décision**
Remerciement	*Si tout le monde faisait la cuisine aussi bien que toi, ce serait super.*	*Si tu n'avais pas été là, je n'aurais pas réussi à déplacer ce meuble.*	*Si tu ne me donnes pas un coup de main, je n'y arriverai pas.*	*Si tu as fini, est-ce que tu peux aller faire les courses ?*	**Demander de l'aide**
Reproche	*Si tu arrivais quelquefois à l'heure, ce serait gentil pour moi !*	*Si tu ne m'avais pas dérangé dix fois, j'aurais déjà fini !*	*Si tu ne fais pas attention, tu vas te faire écraser.*	*Si tu as fait ça tu vas avoir des problèmes !*	**Avertissement mis en garde menace**

2.1

25 🌳 🌳 🌳 Phrases avec si : valeurs

Utilisez des phrases avec si pour répondre aux phrases suivantes.

1. – Tu aurais pu acheter du pain.
   – (Vous vous excusez) ………
2. – Tu ne fais jamais de gâteaux.
   – (Vous vous justifiez) ………
3. – Tu n'as pas été très aimable avec mes invités.
   – (Vous répondez par un reproche) ………
4. – Finalement, je n'ai pas envie d'aller à la fête de la musique.
   – (Vous faites une hypothèse) ………
5. – L'assassin a dû passer par la fenêtre, pourtant, elle est minuscule !
   – (Vous faites une déduction) ………
6. – Et voilà, les enfants sont prêts à aller se coucher : propres, en pyjama et ils ont mangé !
   – (Vous remerciez) ………
7. – Regarde comme ces chaussures sont belles !
   – (Vous faites un souhait) ………
8. – Toujours aussi beau, ton ex-mari !
   – (Vous émettez un regret) ………
9. – Tu achètes encore un billet de loto ! Tu ne gagnes jamais…
   – (Vous vous justifiez) ………
10. – Est-ce qu'il y a encore quelque chose à faire ?
   (Vous demandez de l'aide) ………
11. – Allez, ma petite dame, donnez-moi votre sac.
   – (Vous menacez) ………
12. – Heureusement que j'étais là l'autre jour, quand les cambrioleurs ont voulu entrer chez vous.
   – (Vous remerciez) ………
13. – Marc perd le moral depuis qu'il est au chômage.
   – (Vous faites une prévision) ………
14. – Je ne trouverai peut-être pas de place libre pour Athènes le 29 juillet, madame.
   – (Vous formulez une décision) ………
15. – Dimanche à 5 h nous avons été pris dans un embouteillage, en rentrant sur Paris.
   – (Vous formulez une hypothèse) ………
16. – Vraiment, je n'aime pas beaucoup te voir travailler aussi dur dans un bar…
   – (Vous exprimez un souhait) ………

4. Autres moyens d'exprimer la condition et l'hypothèse

4.2

26 🌳 🌳 À condition que / pourvu que

Transformez les phrases sur le modèle suivant.

Exemple : Si vous me téléphonez, nous pourrons manger ensemble.
   → *Nous pourrons manger ensemble à condition que vous me téléphoniez.*
   → *Nous pourrons manger ensemble pourvu que…*

1. Si vous arrosez beaucoup votre pommier, il va reverdir. – **2.** Si votre mari suit un régime sévère, il pourra éviter les médicaments. – **3.** Si tu mets bien ton adresse au dos de l'enveloppe, on te répondra. – **4.** Si elle a fini son travail avant 6 heures, je l'emmènerai au cinéma. – **5.** J'irai faire des courses avec toi si, bien sûr, tu peux te libérer. – **6.** Si tu sais quels sont les outils nécessaires, mon mari te donnera volontiers un coup de main. – **7.** Si elle veut faire un effort, tout ira bien. – **8.** S'il a compris comment se rendre au rendez-vous, nous le suivrons.

27 🌳 🌳 *Terminez les phrases suivantes avec «à condition que» + subjonctif (si les sujets des deux verbes sont différents) ou «à condition de» + infinitif (si les sujets des deux verbes sont les mêmes).*

Exemples : – *Tu* peux utiliser ces médicaments **à condition**, bien sûr, qu'*ils* ne **soient** pas **périmés**.

– *Ils* ne feront plus d'heures supplémentaires qu'à condition d'**être augmentés**.

1. Nous arriverons à la gare à temps ……… – **2.** Nous danserons jusqu'à cinq heures du matin ……… – **3.** Il reviendra ……… – **4.** Elle a accepté ce travail ……… – **5.** Vous aurez des horaires plus souples ……… – **6.** Les ouvriers cesseront la grève ……… – **7.** Ils vous prêtent l'appartement ……… – **8.** Tu auras une voiture ………

28 🌳 🌳 Au cas où

Reformulez les phrases suivantes en remplaçant «si» ou «peut-être» par «au cas où».

Exemples : Si je ne suis pas là, demande la clé à la voisine.
→ ***Au cas où je ne serais*** pas là, demande la clé à la voisine.
Il viendra peut-être ; je vais lui laisser un mot.
→ ***Au cas où il viendrait***, je vais lui laisser un mot.

1. Si tu n'as pas assez d'argent, tu peux en demander à grand-mère. – **2.** Si tu décides de venir, tu trouveras la clé sous le paillasson. – **3.** S'il téléphone pour moi, voici ce qu'il faut lui dire. – **4.** Vous souhaitez peut-être regarder la télévision, je vais vous montrer comment elle marche. – **5.** La manifestation se dirigera peut-être sur l'Élysée ; les policiers ont bloqué les rues. – **6.** Marie voudra peut-être rentrer plus tôt ; nous allons prendre deux voitures. – **7.** Elle n'a peut-être pas bien compris les consignes ; il vaudrait mieux les laisser par écrit. – **8.** Vous ne recevrez peut-être pas votre mandat assez tôt ; je vous avancerai l'argent.

29 🌳 🌳 Les bons conseils

Prolongez les phrases suivantes avec «au cas où».

1. Voici notre numéro de téléphone ……… – **2.** Prenez des contacts avec un autre employeur ……… – **3.** Soyez prudents sur la route ……… – **4.** Prends ta carte bleue ……… – **5.** Ne faites pas de bruit en rentrant ……… – **6.** Rédige tout de suite ta conclusion ………

30 🌳 🌳 🌳 Avec / Sans / Si / Encore

Reformulez les phrases suivantes en utilisant «si» + présent; «si» + imparfait; «si» + plus-que-parfait. Attention aux verbes que vous serez obligés d'ajouter et à leurs temps.

Exemples : – Avec un peu d'ail, ta salade sera plus relevée.
→ ***Si tu ajoutes*** un peu d'ail, ta salade sera plus relevée.
– Sans une explication, cette lettre aurait été inacceptable.
→ ***S'il n'y avait pas eu*** d'explication, cette lettre aurait été inacceptable.

1. Sans chapeau, tu risques d'avoir une insolation.
2. Avec un peu plus de sucre, tes fraises auraient été meilleures.
3. Avec davantage d'attention, tes résultats seront améliorés.
4. Avec de la gentillesse, tu obtiendras tout ce que tu voudras.
5. Sans ponctuation, ce texte serait incompréhensible.
6. Sans une salade copieuse, ton repas aurait été insuffisant.
7. Avec un galon, cette nappe sera moins triste.
8. Avec quelques lignes de moins, ton devoir serait parfait.
9. Sans l'aide de son oncle, le député, il n'aurait jamais obtenu ce poste.
10. Encore une remarque de ce genre et je quitte la salle.

31 ✿ ✿ **Sinon : menace ou alternative ?**

Trouvez une suite aux phrases suivantes en exprimant soit une menace soit une alternative à la situation indiquée.

Exemples : – *Laisse ton frère tranquille, sinon tu vas recevoir une paire de claques (menace).*
– *Nous téléphonerons sinon nous laisserons un message au gardien (alternative).*

1. Le policier à l'automobiliste : je vous conseille de vous calmer, sinon .... – **2.** Les parents : nous essaierons de revenir avant vendredi, sinon .... – **3.** La couturière : je pense pouvoir faire des manches longues, sinon .... – **4.** Le père d'Anne : tu rentreras avant minuit, sinon .... – **5.** Le docteur au malade : il faut faire un régime, sinon .... – **6.** Le voisin : en juillet, mon fils va essayer de travailler à la banque, sinon .... – **7.** Le plombier : on peut mettre la douche dans cet angle, sinon .... – **8.** La mère de Nicolas : tu t'occuperas de ton chien, sinon ....

32 ✿ ✿ ✿ **À moins que - À moins de**

Reformulez les phrases suivantes en remplaçant « sauf si » par :
– **« à moins que »** + subjonctif *(si les sujets des deux verbes sont différents),*
– **« à moins de »** + infinitif *(si les sujets des deux verbes sont les mêmes).*

Exemple : Nous reviendrons à pied, sauf s'il pleut / sauf si nous sommes trop fatigués.
→ *Nous reviendrons à pied, **à moins qu'il ne pleuve** / **à moins d'être** trop fatigués.*

1. Je serai libre à cinq heures, sauf si, au dernier moment, mon patron veut me faire taper des lettres urgentes. – **2.** Attends-moi devant la poste, sauf s'il fait trop froid. – **3.** Il ne sera pas à la réunion, sauf s'il est prévenu aujourd'hui. – **4.** Sauf si nous trouvons un raccourci, nous ne serons jamais de retour pour le dîner à l'heure. – **5.** Nous nous reverrons donc le 28 octobre, sauf s'il y a grève des trains. – **6.** Il va être obligé d'abandonner ce projet, sauf s'il reçoit une aide de la région. – **7.** Je préférerais la semaine prochaine, sauf si cela vous dérange. – **8.** Elle ira l'année prochaine à l'université, sauf si elle a raté son bac.

33 ✿ ✿ ✿ ✿ **Gérondif (les sujets des 2 verbes doivent être les mêmes)**

Reformulez les phrases suivantes en remplaçant « si + verbe » par un gérondif.

Exemple : Si tu es aussi bavarde, tu risques de fâcher tes amis.
→ *En étant aussi bavarde, tu risques de fâcher tes amis.*

1. Si tu marches trop vite, tu tomberas. – **2.** Si elle avait réfléchi, elle aurait trouvé la solution du problème. – **3.** Si vous mettiez un miroir sur ce mur, vous éclairciriez la pièce. – **4.** S'il parlait un peu plus distinctement, il se ferait mieux comprendre. – **5.** Si nous plantions un arbre devant la terrasse, nous aurions plus d'ombre pour manger l'été. – **6.** Si ton père prenait un fortifiant, il retrouverait son dynamisme.

34 ✿ ✿ *Reformulez les phrases suivantes en remplaçant le gérondif par*

        si   + présent
            + imparfait   selon le temps du verbe de la principale.
            + plus-que-parfait

Exemple : En se teignant les cheveux, elle paraîtrait dix ans de moins.
→ *Si elle se teignait les cheveux, elle paraîtrait dix ans de moins.*

1. En relisant plus soigneusement, tu éviterais bien des fautes. – **2.** En y allant en voiture, nous aurions perdu moins de temps. – **3.** En étant un peu plus sociable, tu te ferais des amis. – **4.** En traversant ainsi, tu risques d'être renversé par une voiture. – **5.** En arrivant en avance, tu auras les meilleures places. – **6.** En ajoutant de la cannelle, elle aurait donné plus de goût à sa compote.

35 🌳 🌳 🌳 *Dans quelles situations, d'après vous, peut-on dire les phrases suivantes?*

1. Si c'est comme ça ....
2. Si c'est comme ça que tu le prends ....
3. Si j'avais su ....
4. Si tu ne te tiens pas tranquille ....
5. Si j'avais su je ne serais pas venu ....
6. Si on avait pu se douter ....
7. Si c'était à refaire ....
8. Si je pouvais choisir ....
9. Si seulement tu me l'avais dit ....
10. Si par hasard vous n'aviez rien de mieux à faire ....
11. Si jamais tu changeais d'avis ....
12. Si je ne l'avais pas vu de mes propres yeux ....
13. Si on m'avait dit ça il y a six mois !
14. Si jeunesse savait, si vieillesse pouvait !
15. Si je peux me permettre une remarque ....
16. Si ça ne vous dérange pas ....
17. Si vous pouviez lui glisser un petit mot pour moi ....
18. Si tu y tiens ....
19. Alors, si ça se fait ....
20. S'il n'y a que ça pour te faire plaisir ....

théorie générale

1. La cause

Expression	Suivie de...	Nuance	Place dans la phrase	Exemples
Parce que	Indicatif	Cause inconnue de l'interlocuteur	- après la principale - en début de réponse - forme emphatique	- *Tu viendras* **parce que** *je le veux.* - *Tu viendras ? - Oui* **parce que** *Papa le veut.* - **C'est parce que** *tu le veux que je viens.*
Car		Dans une argumentation	- après la principale	*L'interdiction du tabac est justifiée* **car** *il est mauvais pour la santé.*
En effet		Explique ce qui est juste avant	- après la principale - après une virgule, un point virgule, un point	*Le directeur a démissionné ;* **en effet**, *on lui a proposé un poste plus intéressant.*
Puisque		Cause présentée comme connue de l'interlocuteur	- après la principale - en début de réponses dans des phrases stéréotypes	- *J'irai à ta place* **puisque** *tu ne te sens pas bien.* - *Tu m'embêtes !* **Puisque** *c'est comme ça, je pars !*
Comme		Intensité sur la cause cause connue de tous	- au début de la phrase	**Comme** *c'est le 1er mai, personne ne travaille.*
Étant donné que		La cause est un fait constaté.	- au début de la phrase	**Étant donné que** *le chômage augmente, vous aurez des problèmes pour trouver un emploi.*
D'autant plus (moins) que		Deux causes s'ajoutent.	- après la principale - après une virgule	*Il travaille dur,* **d'autant plus** *que sa femme est infirme.*
Sous prétexte que		Cause contestée : le locuteur n'y croit pas.	- après la principale	*La direction a augmenté le temps de travail* **sous prétexte que** *les commandes sont importantes.*
Sous prétexte de	Infinitif			*Il s'absente le vendredi soir* **sous prétexte** *d'aller au club.*

Ce n'est pas parce que... mais	Indicatif	La première cause est contestée, la seconde est affirmée.	- au début de la phrase puis au milieu	*Ce n'est pas parce qu'*il était ivre qu'il a eu un accident *mais parce qu'*il pensait à autre chose.
(Si)... c'est que				*Si* je ne suis pas venu, *c'est que* j'étais malade.
Ce n'est pas que... mais	Subjonctif	Cause contestée	- après la principale	*Il n'est pas allé à sa fête, **ce n'est pas qu'**il soit fâché mais il avait oublié.*
Pour	Infinitif passé	Récompenses	- après la principale	*Les étudiants ont reçu des félicitations pour **avoir bien réussi** leur examen.*
Pour		Punitions		*Tu es puni **pour** insolence.*
À cause de	Nom	Sens général (ou défavorable)	- après la principale - en début de réponse - forme emphatique	- *Il a déménagé à **cause de** son travail.* - *Pourquoi il est parti ?* - ***À cause de** toi.* - *C'est **à cause d'**elle qu'il est tombé.*
En raison de		Cause technique juridique, scientifique	- après la principale	*Les routes sont bloquées **en raison du** mauvais temps.*
Du fait de				*Il n'a pas pu participer à la course **du fait de** son grand âge.*
Grâce à		Cause positive, conséquence favorable	- après la principale - en début de réponse - forme emphatique	- *Il a trouvé un emploi **grâce à** son père.* - *Comment il a trouvé ?* - ***Grâce à** son papa !* - ***C'est grâce à** son père qu'il a trouvé son job.*
À force de	+ Nom + Infinitif	Cause répétée avec insistance	- après la principale - forme emphatique	- *Il est devenu riche **à force de** travail.* - ***C'est uniquement à force de** travail qu'il a réussi.*
Faute de	+ Nom + Infinitif passé	Cause manquante	- après la principale - en début de phrase	- *Ils ne sortent jamais **faute** d'argent.* - ***Faute d'**argent, ils ne sortent jamais.*
Participe présent		Écrit soutenu	- en début de phrase	***Étant** fatigué, je ne pourrai me rendre à votre invitation.*

Exercices

Cause exprimée par une conjonction ou une préposition

1 🌳 Comme

Transformez les phrases suivantes selon le modèle.

Exemple : Martin est fin gourmet, alors il ne mange que des produits naturels.
→ ***Comme** Martin est fin gourmet, il ne mange que des produits naturels.*

1. Patrick a fait un régime amaigrissant, alors il a changé ses habitudes alimentaires. – **2.** Les Martinaud sont végétariens, alors ils ne consomment pas un gramme de protéines animales. – **3.** Les Achard sont devenus écologistes, alors ils ont changé leurs habitudes de consommation. – **4.** Martin refusait de manger des produits industriels, alors il n'a pas pu manger à la cafétéria aujourd'hui. – **5.** Sa femme avait acheté des produits surgelés, alors il a refusé de passer à table. – **6.** Les invités avaient expliqué leur régime, alors leur hôtesse leur a préparé un menu spécial.

2 🌳 Puisque (cause connue de l'interlocuteur ou présentée comme connue)

Sur le modèle de l'exemple, complétez les phrases suivantes.

Exemple : Je suis affreusement fatigué, je n'ai pas envie de sortir.
*– Bon, d'accord, restons à la maison **puisque tu es fatigué**.*

1. – Cela me ferait plaisir de vous voir pour mon anniversaire ; c'est possible ?
– D'accord maman, nous viendrons ………
2. – Papa, j'aurai 18 ans le mois prochain. Est-ce que je pourrai partir en Espagne cet été ?
– Tu feras comme tu voudras ………
3. – Je pense que je vais réussir mon permis. Tu peux me réserver la voiture pour ce dimanche ?
– D'accord, ma fille, ………
4. – Je suis plus intelligent que toi !
– Ah bon, alors trouve la solution à ce problème ……… !
5. – Mon papa, il est plus riche que le tien.
– Ah oui ? Quand est-ce que tu nous paies des bonbons ……… ?
6. – Tes amis ne sont pas intéressants.
– Ah bon… Alors je ne t'emmènerai pas chez eux samedi soir ………
7. – C'est simple comme bonjour !
– Parfait ! Répare la machine à laver toi-même ………
8. – Les comiques ne me font pas beaucoup rire.
– Dommage… Je ne vais pas t'emmener au spectacle de Devos ………, n'est-ce pas ma chérie ?

3 🌳 En effet

Transformez les phrases suivantes selon le modèle. Attention aux temps !

Exemple : Paul a raté l'autobus : il est arrivé en retard au bureau.
→ *Paul est arrivé en retard au bureau ; **en effet**, il avait raté l'autobus.*

1. M. Durand a dû partir pour une urgence. Il ne pourra pas présider le conseil. – **2.** Le comptable n'a pas pu rassembler les documents. La réunion est annulée. – **3.** Le conseil d'université n'a rien décidé. Le déménagement de la bibliothèque est reporté. – **4.** Le ministère débloquera des fonds en juin. L'université pourra bientôt construire de nouveaux locaux. – **5.** Le secrétaire général a oublié le dossier. Il n'a pas transmis les informations au ministre. – **6.** Chaque discipline veut plus de pouvoir que les autres. Toutes les sections se disputent constamment. – **7.** Le ministère projette une nouvelle réforme. Les deux premières années seront bientôt réorganisées. – **8.** La majorité a voté contre. La proposition du conseil a été refusée.

4  À cause de + nom

Complétez les phrases suivantes selon le modèle ci-dessous.

Exemple : Elle est partie en courant à cause du froid/de Paul/de l'arrivée de Paul.

1. Ils ont changé de quartier ……… – **2.** Le chien s'est mis à aboyer ……… – **3.** Le député n'a pas été réélu ……… – **4.** Les viticulteurs ont bloqué les routes ……… – **5.** Elles se sont disputées ……… – **6.** Il n'avait jamais voyagé ……… – **7.** Le village va s'agrandir ……… – **8.** L'usine sera fermée en décembre ………

 B1.2
CECR

5 Parce que / car / en effet / comme / à cause de

UNE CROISIÈRE SURPRENANTE

De nombreuses personnes se retrouvent à bord du Neptune, magnifique paquebot, pour une croisière dans le Pacifique.

a) *Qui est à bord du Neptune et pourquoi ? Choisissez des personnages et faites-les parler.*

Exemples :
– *Je suis le commandant Jacques Cousteau et je suis venu **parce que** je suis invité comme conférencier.*
– *Je suis le chancelier Helmut Kohl. **Comme** j'étais très fatigué après la réunification de l'Allemagne, j'ai décidé de prendre des vacances.*
– *Je suis le peintre Cézanne. D'habitude je ne peins que la Provence. J'ai choisi de venir **à cause** de mon amour des belles lumières…*

b) *Qui rencontre qui et pourquoi ?*

Exemple : Le commandant Cousteau a discuté avec Cézanne toute une nuit. En effet, lui aussi il peint, mais en secret.
(Tomber amoureux de, se prendre d'amitié pour, se disputer avec, insulter, avoir de l'intérêt pour, danser avec, refaire le monde avec…)

c) *Certains quittent le Neptune, d'autres restent, pourquoi ?*

Exemples :
– *Le missionnaire a quitté le navire car il ne supportait pas la musique disco.*
– *Helmut Kohl est resté à bord en raison de la projection d'un film sur lui dans le salon numéro 3.*

d) *Tous les passagers décident de rester définitivement dans le Pacifique. Pourquoi ?*

Exemple : Le Premier ministre japonais a décidé de s'installer dans les îles à cause de la douceur de vivre.
(S'installer, changer de vie, abandonner la civilisation, ne pas revenir, laisser tomber le passé, se reconvertir, devenir…)

 B2.1
CECR

6 Si + c'est que + indicatif

a) *Répondez aux questions suivantes en utilisant « si… + c'est que ».*

*Exemple : **Si** une mère donne une gifle à son enfant, **c'est qu'**elle est énervée.*

1. Si le président est préoccupé, c'est que ………
2. S'il n'a pas pu rentrer chez lui hier soir, c'est que ………

b) *Répondez en utilisant « si… + c'est que » pour exprimer la cause.*

1. – Pourquoi est-il parti sans rien dire à personne ? **2.** – Pourquoi le gouvernement nous a-t-il caché la vérité sur cet accident nucléaire ? **3.** – Pourquoi ton mari se met-il en colère aussi souvent ? **4.** – Pourquoi ne parle-t-elle jamais dans les groupes ? **5.** – Pourquoi y a-t-il des marées ?

1.2
CR

7 Ce n'est pas parce que… c'est parce que…
(La première cause est contestée, la seconde présentée comme juste.)

Deux amis discutent des motivations des hommes politiques. Ils ne sont pas d'accord : Fabien pense qu'ils sont en général dévoués au bien public.
Victor pense qu'ils cherchent tous des avantages personnels. Écoutez-les :
Fabien : « Je ne te crois pas, Victor. **Ce n'est pas parce qu**'ils veulent avoir des avantages personnels qu'ils sont devenus politiciens, **c'est parce qu**'ils veulent le bien du pays. »
Victor : « Mais non, **ce n'est pas parce qu**'ils veulent le bien du pays qu'ils ont fait de la politique, **c'est parce qu**'ils aiment le pouvoir ! »

Voici les arguments qu'utilisent Fabien et Victor. Faites le dialogue.

– améliorer les conditions de vie des concitoyens – vouloir s'en mettre plein les poches
– faire avancer la démocratie – faire avancer leurs affaires
– favoriser l'Europe – favoriser leurs petits camarades
– conserver au pays un statut de grande puissance – être en contact avec les puissants de ce monde
– travailler à la paix – manipuler les gens
– croire au progrès – adorer mentir
– s'intéresser à l'évolution du monde – s'intéresser seulement à conserver leurs privilèges
– être désintéressés – être intéressés
– être dévoués aux autres – être considérés comme des notables
– vouloir servir le peuple – avoir besoin d'adoration

2.1
CR

8 Ce n'est pas que + subjonctif… mais

La famille Boutoille veut absolument marier la fille aînée, Sophie. Mais Sophie, qui est très indépendante refuse tous les prétendants.
Écoutez-les :
– « Celui-ci devrait te plaire : il est très gentil ! »
– Non, il ne me plaît pas. **Ce n'est pas qu**'il ne soit pas gentil **mais** il est plus petit que moi. »

Trouvez les mille autres façons de refuser de Sophie. Attention aux négations dans certains cas.

La cause présentée comme fausse	La vraie cause du refus
trop petit	idiot
inintelligent	trop laid
riche	arrogant
d'une famille modeste	incapable de travailler de ses dix doigts
plein de qualités	fanatique de football
trop beau	sans humour
célèbre	alcoolique

1.2
ECR

9 Pour + infinitif passé = cause

SIC TRANSIT GLORIA MUNDI…

Exemple : *Pour quelle raison les enfants ont-ils été récompensés ?*
→ *Les enfants ont été récompensés pour avoir bien travaillé à l'école.*
… pour être restés très sages pendant la messe.
… pour s'être bien lavé les dents tous les jours.

1. a) Les comédiens ont été félicités. Pour quelle raison ?
b) Les comédiens ont été sifflés. Pour quelle raison ?

2. a) Les politiciens ont été applaudis. Pour quelle raison?

  b) Les politiciens ont été hués. Pour quelle raison?

3. a) Les journalistes ont été remerciés. Pour quelle raison?

  b) Les journalistes ont été critiqués. Pour quelle raison?

4. a) Les élèves ont été félicités. Pour quelle raison?

  b) Les élèves ont été punis. Pour quelle raison?

   10 **Pour + infinitif passé + nom**

B2.1 CECR

DÉLINQUANTS DIVERS

a) *Observez les phrases suivantes.*

Jean a été condamné à cinq ans de prison **pour vol** à main armée

 pour avoir dévalisé une banque

 parce qu'il avait dévalisé une banque.

Ces trois phrases ont le même sens.

Ici, la préposition « pour » exprime la cause. La forme « pour + infinitif passé » s'utilise principalement à l'écrit.

b) *Voici les méfaits d'autres délinquants. Faites-en des titres de journaux.*

Exemple: « *Le gang des postiches avait pillé la Banque de France. Ils ont été condamnés à 15 ans de prison* ».

 → *Le gang des postiches condamné à 15 ans de prison ferme pour le pillage de (pour avoir pillé) la Banque de France.*

1. Un chauffard avait conduit en état d'ivresse. Il a été condamné à une suspension de permis d'un an.

2. Un *loubard* avait volé le sac à main d'une vieille dame. Il a été puni de six mois de prison avec sursis.

3. Des jeunes ont été condamnés à huit jours de prison avec sursis. Ils avaient brisé les vitres d'une cabine téléphonique.

4. Un meurtrier a été condamné à la prison à perpétuité. Il avait tué un gendarme.

5. Une clinique a été condamnée à indemniser un malade. Les responsables avaient fait une grave erreur médicale.

6. Un homme politique a été légèrement condamné. Il avait utilisé de fausses factures dans le financement de sa campagne électorale.

   11 **Sous prétexte que...**

B1.2 CECR

a) Un patron raconte à des amis toutes les excuses imaginaires – en tout cas, que lui ne croit pas vraies – que ses employés utilisent pour manquer le travail.

Exemple: – *Valentin a manqué une semaine **sous prétexte que** sa maison avait brûlé. C'était la troisième fois qu'elle brûlait en six mois!*

Reformulez les phrases ci-dessous.

1. Ernest a dit que sa femme accouchait d'un troisième enfant, et elle a 58 ans! – **2.** René a dit que son fils avait eu l'appendicite, mais c'était faux. – **3.** Agnès a prétendu qu'elle faisait une dépression nerveuse. Elle était aux sports d'hiver. – **4.** Augustin a raconté qu'il avait une extinction de voix; c'était du bluff. – **5.** Victor a prétexté que sa femme était hospitalisée. Il est veuf! – **6.** Timothée a dit qu'il avait eu un grave accident de voiture. Je l'ai vu au café avec sa copine! – **7.** Maxime a expliqué que sa voiture ne démarrait pas. La secrétaire l'a croisé sur l'autoroute. – **8.** Nathalie a prétendu qu'un voleur avait cassé une fenêtre pour entrer chez elle. C'était faux.

b) *Complétez les phrases suivantes.*

1. *Ils ont pris la voiture de leur père sous prétexte que .... En réalité .... – **2.** Il a puni durement son fils sous prétexte que .... En réalité .... – **3.** Elles ne sont pas allées, au rendez-vous sous prétexte que .... En réalité .... – **4.** L'éditeur a refusé le livre sous prétexte que .... En réalité .... – **5.** Il est venu à l'improviste sous prétexte que .... En réalité .... – **6.** Elle a acheté le pantalon en velours sous prétexte que .... En réalité ....*

B1.2
ECR

12 🌳🌳 **Étant donné que (insistance sur le lien logique entre cause et conséquence)**

Reformulez les phrases suivantes selon le modèle ci-dessous.

Exemple : *Les policiers sont mieux équipés, les criminels leur échappent moins facilement.*
*→ **Étant donné que** les policiers sont mieux équipés, les criminels leur échappent moins facilement.*

1. La pression des groupes écologistes augmente. Les constructeurs automobiles améliorent leurs moteurs. – **2.** Les liaisons par satellite se multiplient. L'information circule plus vite. – **3.** Nous sommes dans un pays démocratique. Les lois doivent être votées par le parlement. – **4.** Les environs du ministère seront surveillés. Les manifestants ne pourront pas arriver jusque-là. – **5.** Le président avait promis de nombreuses améliorations, et il n'a pas tenu ses promesses. Il devrait démissionner. – **6.** Nous aurons peu de temps entre l'arrivée du train et le décollage de l'avion. Il faudra prendre un taxi.

B2.1
ECR

13 🌳🌳🌳 **En raison de**

Transformez les phrases suivantes selon le modèle.

Exemple : **En raison d'**une réparation de la canalisation, l'eau chaude sera coupée le jeudi 10.

1. Le réseau téléphonique est perturbé. Il est impossible de téléphoner à l'étranger. – **2.** Le président de la République est très occupé. Il ne peut pas recevoir tout le monde. – **3.** Le chanteur est gravement malade. Il a dû annuler sa tournée. – **4.** Il y a des coupures d'électricité pour travaux. Il est recommandé de ne pas prendre l'ascenseur. – **5.** Il y a un problème à régler dans une filiale. Le directeur annule la conférence du vendredi matin. – **6.** Il y a des difficultés techniques. Nous ne pourrons livrer l'ordinateur dans les délais prévus.

B2.1
ECR

14 🌳🌳🌳 **Du fait de / du / des / d' (fait reconnu, cause constatée)**
À la suite de / du / des / d' (cause connue ou inattendue)
En raison de / du / des / d' (cause technique, scientifique, juridique, officielle)

Complétez les phrases suivantes.

CONTRETEMPS

1. La visite officielle du chef de l'État en Nouvelle-Calédonie est retardée .... troubles dans la région. – **2.** Le TGV Paris-Marseille a pris deux heures de retard .... une manifestation inattendue des vignerons. – **3.** Michelin a annoncé le licenciement de 3 000 ouvriers en deux ans .... la récession économique mondiale. – **4.** La dérivation de la circulation sur l'autoroute du soleil était inévitable .... inondations constatées depuis plusieurs jours dans le midi. – **5.** Un accident ferroviaire, heureusement sans gravité, s'est produit .... passage d'une biche sur la voie. – **6.** La fermeture de la discothèque était indispensable .... non-respect des règles élémentaires de sécurité. – **7.** Un important stock de morphine a été découvert .... un contrôle de routine à la gare de Lyon. – **8.** La catastrophe aérienne de la semaine dernière était prévisible .... la saturation de l'espace aérien.

15 **À force de (cause répétée avec insistance)**

a) Michel était clochard : il est devenu milliardaire. Ça n'a pas été facile, mais il s'est obstiné, il a tout fait pour que cela se produise.

Transformez les phrases suivantes selon l'exemple ci-dessous.

Exemple : Il a travaillé comme un fou.
> → *Michel est devenu milliardaire* **à force de** *travailler comme un fou.*

1. Il a ramassé de vieux journaux et il les a vendus.
2. Il a rendu service à des policiers et à la mafia.
3. Il a prêté de l'argent à un taux d'intérêt élevé.
4. Il a placé son argent.
5. Il a racheté des petits magasins en faillite.
6. Il a exploité ses employés.

b) Serge était milliardaire, mais il est devenu clochard. Lui aussi a fait tout ce qu'il fallait pour ça. Qu'a-t-il fait ?

16 **Faute de + infinitif et/ou nom**

Transformez les phrases suivantes selon l'exemple ci-dessous.

Exemple : Il n'avait pas de bourse : il a dû travailler pendant toutes ses études.
> → **Faute d'avoir une bourse**, *il a dû travailler pendant toutes ses études.*

1. Elle n'avait pas noté son rendez-vous chez le dentiste. Elle l'a oublié. – **2.** Le constructeur n'avait pas prévu la concurrence étrangère. Il se retrouve en faillite. – **3.** Ils ne s'étaient pas assez bien habillés. Ils ont été refoulés à l'entrée de la discothèque. – **4.** Nous ne nous sommes pas présentés à l'heure. Nous n'avons pas été reçus par le directeur. – **5.** Les joueurs ne s'étaient pas assez entraînés. Ils ont perdu le match. – **6.** Vous ne vous êtes pas décidés à temps. Vous avez perdu une belle occasion.

NB : Pour les phrases **3**, **4** et **5** il est possible d'utiliser « faute de + nom ». Refaites-les.

17 **À + infinitif**

Exemple : Vous allez vous tuer, **à travailler tout le temps comme ça***.*

Sur ce modèle, faites des remarques aux personnes suivantes.

1. Elle se fait du souci toute la journée. Vous pensez que cela va la rendre malade. – **2.** Il boit beaucoup d'alcool. Vous pensez que cela va le rendre alcoolique. – **3.** Elle ne sort jamais de chez elle. Vous pensez que cela va la rendre folle. – **4.** Ils se battent. Vous pensez que, de cette façon, ils peuvent se blesser. – **5.** Elles restent inactives. Vous pensez que, de cette manière, elles vont mourir d'ennui. – **6.** Ils critiquent tout le temps tout le monde. Vous pensez qu'ainsi ils vont se faire des ennemis.

Cause exprimée par le participe présent

18 ***Reliez les causes et les conséquences.***

1. La neige commençant à tomber,	**A.** s'est retrouvée sur le trottoir.
2. Étant très malade,	**B.** les participants se sont dispersés.
3. La voiture, ayant heurté un camion,	**C.** il a manqué les cours trois mois.
4. La manifestation étant finie,	**D.** il ne peut aller à l'école. Excusez-le.
5. Sa voiture étant tombée en panne,	**E.** il s'est abrité sous un porche.
6. Mon fils étant souffrant,	**F.** il n'a pu partir en week-end.

2.1
19 🌳🌳🌳 *Transformez les phrases suivantes selon l'exemple.*

Exemple : *Comme Pierre était fatigué, il est resté au lit toute la journée.*
→ ***Pierre étant fatigué**, il est resté au lit toute la journée.*

1. Comme Jacques a mal au dos, il va souvent chez le kinésithérapeute. – **2.** Comme il avait peur de se mouiller, il a ouvert son parapluie. – **3.** Comme nous avions perdu les clés, nous sommes entrés par la fenêtre. – **4.** Comme nous sommes enrhumés, nous n'irons pas pique-niquer.

2.1
20 🌳🌳🌳 *Transformez les phrases suivantes selon l'exemple.*

Exemple : *La route était glissante, il a freiné.*
→ ***La route étant glissante**, il a freiné.*

1. La date de leur départ approche ; les enfants sont surexcités. – **2.** Le bateau était minuscule ; les passagers n'avaient aucune intimité. – **3.** Les crustacés sont très chers ; elle n'en achète jamais. – **4.** Son mari se lève à six heures ; elle se lève en même temps.

2.1
21 🌳🌳🌳 *Transformez les phrases suivantes selon l'exemple.*

Exemple : *Il a trop mangé : il a eu une crise de foie.*
→ ***Ayant trop mangé**, il a eu une crise de foie.*

1. Les promeneurs se sont perdus : ils ont passé la nuit en pleine montagne. – **2.** Les cambrioleurs ont laissé des empreintes : ils ont été arrêtés rapidement. – **3.** Ma sœur ne s'est pas mariée : elle n'a pas d'enfants. – **4.** Papa n'est pas parti en vacances : il a mauvaise mine.

2.1
22 🌳🌳🌳 *Transformez les phrases suivantes selon l'exemple.*

Exemple : *Leur mère avait oublié de leur donner les clés : les enfants n'ont pas pu rentrer dans la maison.*
→ ***Leur mère ayant oublié de leur donner les clés**, les enfants n'ont pas pu rentrer dans la maison.*

1. Ses parents lui ont fait des reproches : elle est un peu déprimée. – **2.** Le coût de la vie a augmenté : les Français consomment moins. – **3.** La marée noire a sali les plages italiennes. Les touristes iront ailleurs cette année. – **4.** Son amie n'est pas arrivée à l'heure : le jeune homme ne l'a pas attendue.

Cause exprimée par faire + infinitif ou rendre + adjectif

1.1
23 🌳 *Fabriquez une série de questions sur ce modèle et demandez à vos camarades de répondre.*

a) *Exemple : La vie des princesses **fait rêver** les pauvres.*

1. Qu'est-ce qui fait tousser, pleurer, rire, dormir, éternuer ?
2. Qui vous fait ou qu'est-ce qui vous fait mourir de peur, pâlir, vous énerver, crier ?
3. Qu'est-ce qui fait rêver les pauvres ? Qui est-ce qui fait rêver les jeunes filles ? Qu'est-ce qui fait pleurer les stars ? Qu'est-ce qui fait monter les prix ?

b) *Exemple : La peur **rend nerveux**.*

Qu'est-ce qui vous rend :
1. gai, optimiste, heureux de vivre ?
2. déprimé, malade, pessimiste ?
3. aimable, intelligent, séduisant ?
4. nerveux, agressif, désagréable ?

Synthèse

24 🌳 *Reliez les phrases de diverses façons.*

1. La rivière avait monté : nous avons dû déplanter la tente. – **2.** Il ne s'était pas rasé : il ressemblait à un évadé de prison. – **3.** Les informaticiens améliorent les ordinateurs : ils deviennent de plus en plus faciles à utiliser. – **4.** Ils se sont dépêchés pour attraper le train : ils sont essoufflés. – **5.** Elle n'a pas répondu correctement à l'examinateur : elle a eu une mauvaise note. – **6.** L'orage s'éloigne : les piétons sortent de leurs abris. – **7.** Paul a reçu de mauvaises nouvelles : il est effondré. – **8.** Marc ne s'est pas levé à temps : il va probablement rater l'avion de 10 heures.

25 🌳🌳 *Complétez les phrases suivantes en ajoutant la cause.*

1. Je suis tombé amoureux d'elle .... – **2.** .... il a décidé d'émigrer. – **3.** La police lui a mis une contravention .... – **4.** .... ils ont repeint la chambre d'enfant en bleu. – **5.** Tous ses amis l'ont laissé tomber : .... – **6.** L'avion n'a pu décoller d'Orly .... – **7.** .... elle a tous les hommes à ses pieds. – **8.** Il a épousé une femme riche .... – **9.** La gloire ne l'intéresse pas du tout .... – **10.** La police a établi des barrages routiers sur tout le territoire .... – **11.** .... elle m'offrait souvent des cadeaux trop coûteux. – **12.** Ils prenaient ces pays-là pour un Eldorado .... – **13.** Il s'est retrouvé seul en pleine montagne .... – **14.** .... les secours n'ont pu arriver à temps sur les lieux de l'accident. – **15.** Le blessé n'a pas survécu .... – **16.** La rue a été impraticable une demi-journée .... – **17.** Il est devenu chef d'État .... – **18.** .... il refuse de faire la cuisine. – **19.** .... la banque ne pourra pas vous accorder ce crédit. – **20.** Il s'est excusé pour la réunion de demain, comme pour les précédentes .... – **21.** On constate désormais une certaine agressivité à l'égard des fumeurs .... – **22.** Il ne réussit jamais rien .... – **23.** Nous n'avons jamais mis les pieds dans un Mc Donald's ; .... – **24.** Vous ne pouvez bénéficier de cette subvention .... – **25.** Ils ont eu de graves problèmes avec l'administration .... – **26.** Elle refuse catégoriquement de faire du camping .... – **27.** Les journaux ont fini par publier l'information .... – **28.** .... les enfants ont pris du retard sur le programme scolaire. – **29.** Veuillez excuser l'absence de mon fils Gilles, retenu à la maison .... – **30.** Tu dis toujours que tu aimes bouger, ... aide-moi donc à déplacer l'armoire !

Cause et formes d'intensité

Forme d'intensité					
Verbe + (sauf être)	d'autant	plus moins	+ adverbe	+ que	+ indicatif
Verbe être	+ d'autant	plus moins	+ adjectif	+ que	+ indicatif

26 🌳🌳🌳 Verbe + d'autant moins que

Transformez les phrases suivantes selon l'exemple.

*Exemple : D'habitude, il mange peu, mais aujourd'hui il mange **d'autant moins qu**'il est malade.*

1. D'habitude, il boit peu. Aujourd'hui, encore moins, parce qu'il conduit. – **2.** D'habitude, il ne parlait pas beaucoup. C'est normal : sa femme parlait pour deux. – **3.** Elle ne dépensait jamais beaucoup. Et à ce moment-là encore moins : son mari était au chômage. – **4.** Hier ils ont encore moins marché que d'habitude : les enfants étaient fatigués.

27 🌳🌳🌳 Verbe + d'autant plus que

Transformez les phrases suivantes selon l'exemple.

*Exemple: Il mange **d'autant plus qu**'il a fait du ski toute la journée.*

1. Il se fâche facilement. Et encore plus quand on l'énerve. – **2.** Il voyage beaucoup. Et en plus, sa femme ne veut plus le voir. – **3.** Il sortait toujours beaucoup. Et encore plus quand il était triste. – **4.** Elles écrivaient toujours beaucoup. Et encore plus quand elles étaient à l'étranger.

28 🌳🌳🌳 D'autant mieux que...

Thibaut Forestier est un bon joueur de tennis, un champion, il joue toujours bien mais, dans certains cas, il joue encore mieux que d'habitude.
Aujourd'hui, il joue
– **d'autant mieux qu**'il s'est beaucoup reposé la semaine dernière.
– **d'autant mieux qu**'il est en pleine forme.

À *votre avis pourquoi joue-t-il d'autant mieux aujourd'hui?*

– Il vient de trouver une nouvelle fiancée.
– Son manager lui a annoncé qu'il était milliardaire.
– Il déteste son adversaire.
– Il doit absolument gagner pour payer ses impôts.
– Il gagnera une voiture de sport s'il est vainqueur.

29 🌳🌳🌳 D'autant moins bien que...

Augustin Silvestre est, lui, un très mauvais joueur, mais dans certains cas, il joue encore moins bien que d'habitude.
Hier il a **d'autant moins bien joué qu**'il – n'avait pas dormi de la nuit.
– était fatigué.

Et avant-hier? Pourquoi a-t-il encore moins bien joué que d'habitude?

– Ses amis lui avaient dit ce qu'ils pensaient de son jeu.
– Sa mère lui avait fait des reproches.
– Les journaux s'étaient moqués de lui.
– Sa fiancée l'avait critiqué.

30 🌳🌳🌳 D'autant moins + adverbe

Exemple: Le conférencier n'a pas parlé très clairement, et en plus, il était enrhumé et il avait oublié ses papiers.
*→ Le conférencier a parlé **d'autant moins clairement** qu'il était enrhumé et qu'il avait oublié ses papiers.*

a) *Composez des phrases sur ce modèle à l'aide des éléments suivants.*

1. Loïc / ne pas parler gentiment: venir d'apprendre une mauvaise nouvelle.
2. La mère de famille / ne pas conduire rapidement: la route être encombrée.

b) *Complétez les phrases suivantes.*

3. L'employé a répondu d'autant moins poliment que ………
4. L'enfant a mis la table d'autant moins habilement que ………
5. ……… qu'ils savaient qu'on les écoutait.
6. ……… que l'inspecteur le terrorisait.
7. La star du rock a chanté d'autant moins bien que ………

31 🌳🌳🌳 D'autant plus + adjectif

Transformez les phrases suivantes selon l'exemple.

Exemple : Alex est nerveux parce qu'il doit passer le permis de conduire. Et, en plus, il doit le passer avec un examinateur sévère.
*→ Alex est **d'autant plus nerveux** qu'il doit passer le permis avec un examinateur sévère.*

1. La catastrophe a été vraiment grande. Et, en plus, le bateau était exceptionnellement plein. – **2.** L'acteur est plutôt nul d'habitude. Et, en plus, aujourd'hui, le public est particulièrement difficile. – **3.** Les marcheurs étaient fatigués. Et, en plus, la chaleur était écrasante. – **4.** Il sera heureux de vous voir. Et, en plus, c'est le jour de son anniversaire. – **5.** La situation devenait inquiétante. Et, en plus, l'armée menaçait d'intervenir. – **6.** Les malades étaient satisfaits de leur séjour à l'hôpital. Et, en plus, ils avaient rencontré des médecins particulièrement humains.

32 🌳🌳🌳 D'autant plus, d'autant moins, d'autant mieux : synthèse

Complétez les phrases suivantes.

1. Il est d'autant plus généreux que ……… – **2.** Ils comprennent d'autant plus vite que ……… – **3.** Les ouvriers travaillent d'autant moins que ……… – **4.** Je comprends d'autant mieux que ……… – **5.** Il faudra dépenser d'autant plus d'argent que ……… – **6.** Ils ont d'autant moins ri que ……… – **7.** Elles ont joué d'autant moins efficacement que ……… – **8.** Elles se sont d'autant moins fatiguées que ……… – **9.** Ils ont mangé d'autant mieux que ……… – **10.** ……… leur père avait exigé qu'ils soient polis. – **11.** ……… que nous savions que c'était la dernière fois avant un bon moment. – **12.** ……… que l'inspecteur était dans la classe. – **13.** ……… qu'il n'avait pas plu depuis trois mois. – **14.** ……… que le chanteur est resté sur scène une heure de plus. – **15.** ……… que la compagnie ne les avait pas informés du changement de destination.

théorie générale

2. La conséquence

• **Conséquence simple**

Expressions	Suivi de...	Place dans la phrase, toujours après la principale		Nuances	Exemples
		Dans la même phrase	Après un point		
Alors			+	À l'oral « alors » est souvent intégré dans une phrase unique. Il est lié au temps.	*Ils ne s'entendaient plus depuis lontemps. **Alors** ils se sont séparés.*
Aussi			+	Langage soutenu Attention à l'inversion	*Il était épuisé. **Aussi a-t-il** annulé ses rendez-vous.*
C'est pourquoi			+	Résultat logique Argumentation	*Il était fatigué. **C'est pourquoi** il n'est pas venu.*
Donc		+	+	Résultat logique	*Tu n'aimes pas la glace, **donc** tu n'auras pas de dessert.*
De sorte que	Indicatif	+		Conséquence simple Assez rare	*Ils ont augmenté la production **de sorte que** les ventes ont augmenté aussi.*
Si bien que		+		Conséquence simple Assez courant	*La crise économique s'aggrave, **si bien que** le nombre des chômeurs augmente.*
Par conséquent		+		Langage administratif	*Le conducteur n'a pas respecté le stop, **par conséquent** nous avons procédé à un retrait de permis.*
Résultat :			+	Oral : exprime une conclusion	*Il avait trop bu. **Résultat :** il a brûlé un stop.*
Du coup			+	Exprime un résultat inattendu et soudain	*Le cinéma était fermé. **Du coup** nous sommes allés au restaurant.*

Total :			+	Oral	*Ils se sont battus.* **Total :** *deux nez cassés et un œil au beurre noir.*
D'où	**Nom**		+	Exprime un résultat déjà connu.	*Il a une hépatite ; **d'où** sa fatigue.*
Sans que	**Subjonctif**	+		Il y a un sujet différent dans chaque proposition.	*Elle ne peut pas sortir **sans que** les journalistes la suivent.*
Sans	**Infinitif**	+		Les deux propositions ont le même sujet.	*Elle ne peut pas sortir **sans** vérifier trois fois qu'elle a fermé la porte.*

• Insistance

Expressions	Suivi de…	Place dans la phrase, toujours après la principale		Nuances	Exemples
		Dans la même phrase	Après un point		
Au point que À tel point que Tant est si bien que	**Indicatif**	+		On arrive à un point limite.	*Il était fatigué **au point qu'**il (**à tel point qu'**il) a dû prendre un congé de maladie.*
				Idée de répétition.	*Il a marché des heures **tant et si bien que** ses jambes ne le portaient plus.*
Au point de	**Infinitif**	+		L'infinitif n'est pas obligatoire lorsque les deux propositions ont le même sujet.	*Il était fatigué **au point de** ne pas venir.*

Conséquence exprimée par une préposition, une conjonction ou d'autres expressions

 33 Alors

a) *Transformez les phrases suivantes.*

Exemple : Comme la caféteria était complète, nous sommes allés manger dans une pizzeria.

→ *La caféteria était complète, **alors** nous sommes allés manger dans une pizzeria.*

1. Comme grand-père a bu quelques petits verres de trop, il a le foie un peu fatigué. –
2. Comme le temps est vraiment épouvantable, nous emmènerons les enfants au cinéma. –
3. Comme sa banque n'a pas voulu lui faire crédit, Jérôme a dû emprunter à ses amis. –
4. Comme la manifestation bloquait tout le centre-ville, le taxi a pris le périphérique.

b) *Complétez les phrases suivantes.*

1. Le tour de France doit passer ici dans une heure, alors ……… – **2.** Il s'est fait voler tous ses papiers, alors ……… – **3.** Nous n'avons aucune nouvelle de nos enfants, alors ……… – **4.** Nous avions oublié d'emporter de l'argent, alors ………

34 🌳 Donc (conséquence présentée comme logique)

a) *Transformez les phrases suivantes.*

Exemple : *Il ne faut pas boire parce que l'alcool est mauvais pour la santé.*
→ *L'alcool est mauvais pour la santé, **donc** il ne faut pas boire.*

1. Je ne peux pas t'aider à porter le piano parce que j'ai mal au dos. – **2.** C'est lui qui décide parce que c'est lui le chef. – **3.** Il ne faut pas avancer parce que le feu est rouge. – **4.** Je n'ai pas pu aller au cinéma parce que j'avais cassé mes lunettes.

b) *Complétez les phrases suivantes.*

1. Il déteste la viande, donc ……… – **2.** Nous n'avons plus un sou, donc ……… – **3.** Ils ont raté le train de 16 h, donc ……… – **4.** Le docteur sera absent la semaine prochaine, donc ………

35 🌳 Résultat / Total / Conclusion (langage parlé)

a) *Complétez les phrases suivantes suivant l'exemple ci-dessous.*

Exemple : *Sophie voulait aller au cinéma, Pierre préférait le théâtre. Ils ont argumenté, se sont disputés. **Résultat / conclusion :** ils ne sont pas sortis.*

1. M. Dupont avait mal au foie, mais à la fête il a craqué pour du champagne, un gâteau au chocolat et des crevettes à la mayonnaise… – **2.** On devait partir à 9 h, mais Paul est arrivé en retard. Après, Sophie est restée une heure au téléphone. En plus, on n'avait pas d'essence… – **3.** Il est tombé malade en février. Il a d'abord eu un traitement, qui n'a pas marché, puis un deuxième et un troisième aussi inefficaces… – **4.** Elle avait arrêté de fumer depuis trois ans et elle s'est crue très forte. Elle a fumé un petit cigare un jour, une cigarette le lendemain…

b) *Trouvez tous les éléments qui ont amené à ce résultat.*

1. ……… total : elle est restée toute seule. – **2.** ……… résultat : ils ont pris un coup de soleil magistral. – **3.** ……… total : elle n'avait plus rien. – **4.** ……… résultat : ils avaient les pieds en sang.

36 🌳 C'est pourquoi

US ET COUTUMES

En France on ne dit pas « tu » aux inconnus, **c'est pourquoi** les Français sont choqués quand un étranger leur dit « tu ».

À vous de décrire d'autres malentendus entre cultures, familles, personnes.

1. Les Japonais sont choqués quand ils voient de jeunes amoureux s'embrasser dans la rue, parce qu'au Japon les gens ne s'embrassent pas dans la rue. – **2.** Les Américains sont surpris par les bises françaises. En effet, chez eux, on ne se fait pas la bise. – **3.** Les Espagnols n'aiment pas dîner à l'heure française parce que, chez eux, on dîne beaucoup plus tard. – **4.** Les Américains du Sud trouvent les Français sinistres parce qu'ils font moins souvent la fête qu'eux.

37 🌳 🌳 Du coup (conséquence brusque et inattendue)

a) *Transformez les éléments suivants.*

Exemple : *Nous avions organisé un pique-nique mais il s'est mis à pleuvoir. **Du coup**, nous sommes allés au cinéma.*

1. Tous les enfants étaient calmes, mais l'un d'entre eux s'est mis à hurler… (concert de hurlement). – **2.** La bande de jeunes était surexcitée, mais son chef s'est calmé… (retour du calme). –

3. Les professeurs n'étaient pas en grève, mais le gouvernement a accordé une augmentation à d'autres fonctionnaires… (revendications des professeurs). – **4.** Un élève a volé dans le vestiaire et les autres ne l'ont pas dénoncé… (punition générale).

b) *Complétez les phrases suivantes.*

1. Le policier était poli, mais l'automobiliste contrôlé l'a insulté… – **2.** Nous devions manger du gigot mais je l'ai laissé brûler… – **3.** Il avait presque terminé son tableau mais il a renversé un pot de peinture dessus… – **4.** Elle devait aller en vacances chez son frère, mais celui-ci est en déplacement professionnel…

B1.2
CECR
38 De sorte que

Faites les phrases suivantes sur le modèle de l'exemple.

*Exemple : Son livre a eu beaucoup de succès, **de sorte que** son visage est connu de tous.*

1. Les éboueurs n'ont pas ramassé les ordures : la ville ressemble à une gigantesque poubelle. – **2.** J'aurai quelques jours libres fin mai : nous pourrons nous rencontrer à ce moment-là. – **3.** Sa jeunesse avait été formidable : il restait nostalgique de cette époque. – **4.** Ma fiancée m'a giflé en public ……… – **5.** Il a fait une grave erreur professionnelle ……… – **6.** Je viens de gagner au loto ………

B1.2
CECR
39 Si bien que

Transformez les phrases suivantes selon le modèle.

Exemple : On ne voit plus rien : en effet le brouillard a envahi la vallée.
*→ Le brouillard a envahi la vallée, **si bien qu'**on ne voit plus rien.*

1. Les promeneurs ont dû se passer de manger : en effet, ils avaient oublié le panier de pique-nique. – **2.** Le voilier est allé heurter les rochers : en effet, il avait été mal ancré. – **3.** Toutes les fleurs ont gelé : en effet, il a fait moins dix la nuit dernière. – **4.** La baignade est interdite : en effet, la mer est bien agitée. – **5.** Les sauveteurs sont partis en pleine nuit : en effet un chalutier avait envoyé un appel de détresse. – **6.** Toute la discothèque le regarde avec fascination : en effet, le jeune homme fait une performance sur la piste.

B1.2
CECR
40 De sorte que / si bien que

Trouvez plusieurs conséquences aux éléments suivants.

CATASTROPHES NATURELLES

1. Il n'a pas plu depuis des mois dans le Midi. – **2.** Une tempête extrêmement violente s'est abattue sur la côte atlantique. – **3.** Une pluie torrentielle tombe depuis huit jours dans la région nîmoise. – **4.** Une vague de froid particulièrement intense sévit en ce moment sur la France. – **5.** La canicule qui écrase le pays depuis une semaine vient encore d'augmenter.

B1.2
CECR
41 Conséquence - Synthèse

a) *Complétez les phrases suivantes.*

L'EFFET BOULE-DE-NEIGE

Un petit garçon avait faim ……… Il a volé un gâteau à un boulanger. Le boulanger est devenu furieux ……… Il a battu le petit garçon. Celui-ci a couru le raconter à sa mère, qui, ………, est allée voir le boulanger. Celui-ci était toujours furieux, ……… il a battu également la mère du petit garçon. Elle a crié énormément. ……… beaucoup de gens sont arrivés et se sont mis à discuter. Ils se sont énervés, ……… ils ont commencé à se battre.

b) *Continuez l'histoire.*

42 🌳🌳 *Imaginez la ou les conséquences.*

1. Il est tombé dans la rivière en plein hiver ……… – **2.** Elle lui a dit des mots un peu vifs ……… – **3.** L'absentéisme est très élevé dans cette entreprise ……… – **4.** Le nombre de voitures ne cesse d'augmenter ……… – **5.** Ils sont partis en pleine nuit sans manteau et sans argent ……… – **6.** Ses parents le surprotègent ………

43 🌳🌳🌳 **D'où + nom (rappelle une conséquence déjà connue)**

Transformez les phrases selon le modèle suivant.

Exemple : Cet homme politique a trop menti : les électeurs ont perdu confiance.
> → *Cet homme politique a trop menti, **d'où** la perte de confiance de ses électeurs.*

1. Il y a eu une fuite dans la centrale nucléaire du Tricastin : on a déclenché le plan Orsec. – **2.** M. Michoud a rendu de grands services à ses supérieurs : il a été promu au rang de chef de service. – **3.** Cet enfant porte des vêtements démodés : ses petits camarades se moquent de lui. – **4.** Son travail ne l'intéresse plus beaucoup : il a décidé de se reconvertir. – **5.** Cette station est devenue brusquement à la mode : les constructions en bord de mer se multiplient. – **6.** Les trafiquants de drogue ont des appuis politiques : leur trafic s'accélère actuellement.

44 🌳🌳🌳 **Sans que + subjonctif (deux sujets : on oppose la coexistence de deux faits)**
           Sans + infinitif (un sujet)

Transformez les phrases suivantes avec « sans que » + subjonctif et « sans » + infinitif.

Exemple : Cette grande star du rock se plaint : « Je ne peux aller tranquillement nulle part, on me reconnaît, je suis suivie. »
> → *Je ne peux aller tranquillement nulle part **sans qu'on me reconnaisse, sans être suivie**.*

BIEN MALHEUREUSE…

1. Je ne peux pas sortir en public : cela déclenche une émeute, je suis agressée. – **2.** Je ne peux pas me promener dans la rue : je suis interpellée par des inconnus, on me demande des autographes. – **3.** Je ne peux pas sortir sans maquillage : je reçois des remarques désagréables, on me dit que j'ai vieilli. – **4.** Je ne peux pas accepter d'interview : on me pose 10 000 questions idiotes, je dois faire des réponses idiotes. – **5.** Je ne peux pas aller au restaurant avec un copain : je suis prise en photo, la presse publie des mensonges en première page. – **6.** Je ne peux pas rencontrer une rivale plus jeune : je crains qu'elle prenne ma place, on me fait remarquer sa beauté.

45 🌳🌳 **Par conséquent (administratif)**

Transformez les notes télégraphiques prises par les auteurs du rapport sur les universités en phrases complètes.

LE RAPPORT QUI TUE

Exemple : Pas assez de salles de cours/horaires bizarres.
→ *Les salles de cours ne sont pas assez nombreuses,*   ***par conséquent** les horaires*
→ *Le nombre de salles de cours est insuffisant,*   *de cours sont bizarres.*

1. Pas assez de subventions pour l'entretien/locaux dégradés. – **2.** Trop d'étudiants/amphithéâtres surpeuplés. – **3.** Pas assez de créations de poste/enseignants surchargés et peu disponibles. – **4.** On n'apprend pas suffisamment à apprendre/abandons en masse. – **5.** Mauvaise orientation des étudiants/grand taux d'échec. – **6.** Contenus démodés/mauvaise préparation au monde du travail.

 **Aussi + inversion**

B2.1 CECR

Transformez les phrases suivantes avec « aussi » + inversion.

Exemple : Le gouvernement a renoncé au blocage des salaires parce que les syndicats s'y sont fermement opposés.
→ Les syndicats se sont opposés fermement au blocage des salaires, **aussi le gouvernement y a-t-il renoncé**.

1. Le chirurgien chef ne pourra pas partir en week-end parce qu'une urgence vient d'arriver au bloc opératoire. – **2.** Le président a écourté son voyage officiel en Tunisie parce que la guerre venait d'éclater. – **3.** De nombreux spectateurs n'ont pas pu voir *Starmania* car le spectacle était complet depuis des mois. – **4.** Le groupe d'hommes d'affaires japonais est parti à pied car aucun taxi n'était en vue. – **5.** Aucun train ne devrait fonctionner le 10 mai car c'est jour de grève nationale à la SNCF. – **6.** La ville est presque déserte car la plupart des habitants sont partis en week-end prolongé.

B2.1 CECR

  Complétez les phrases en imaginant la conséquence.

1. Le Premier ministre a démissionné, d'où ……… – **2.** Vous avez cassé les lunettes que vous veniez d'acheter, alors ……… – **3.** La pluie n'a cessé de tomber depuis 48 heures si bien que ……… – **4.** Le tremblement de terre a détruit le quartier en 1925, c'est pourquoi ……… – **5.** Son petit frère voulait une glace au chocolat, du coup ……… – **6.** Les enfants ont beaucoup joué avec l'eau du bain, résultat : ……… – **7.** Le médecin n'est pas encore arrivé, par conséquent ……… – **8.** Il n'y a plus aucune place disponible pour Athènes, du coup ……… – **9.** Le soleil avait chauffé la pièce toute la journée, de sorte que ……… – **10.** Elle ne peut pas voir un chat sans ……… – **11.** L'espion a réussi à sortir sans que ……… – **12.** Tous les étudiants étaient d'un excellent niveau, aussi ………

Conséquence et forme d'intensité

Insistance sur l'intensité du fait présenté dans la principale avec réalisation de la conséquence	
Au point que À tel point que Au point de	*L'été était très sec au point que (à tel point que) l'herbe de la pelouse jaunissait.* *Il buvait du café au point de ne plus pouvoir dormir la nuit.*

B2.1 CECR

48 **Transformez les phrases suivantes.**

a) *Exemple :* Il pleuvait. On n'y voyait plus rien.
→ Il pleuvait **au point qu'on / à tel point qu'on** n'y voyait plus rien.

1. Ils s'adorent. Ils ne se quittent jamais. – **2.** Ils ont couru comme des fous. Ils ont eu des courbatures pendant huit jours. – **3.** Nous avons dépensé des fortunes. Nous n'avons plus un sou sur notre compte. – **4.** Le frère et la sœur étaient très fâchés l'un contre l'autre. Ils ne se parlaient plus. – **5.** Il a neigé très fort pendant toute la nuit. Toutes les routes étaient glissantes et très dangereuses.

b) *Exemple :* Il était fatigué. Il ne pouvait plus marcher.
→ Il était fatigué **au point de** ne plus pouvoir marcher.

1. Le président était furieux contre ses ministres. Il voulait changer le gouvernement. – **2.** La tempête ébranlait la maison. Elle cassait les tuiles et les fenêtres. – **3.** Patrice est maniaque du rangement. Il ne supporte pas le plus petit désordre. – **4.** Annie a parlé toute la nuit. Elle a une extinction de voix. – **5.** Il est resté immobile pendant des heures. Il a des crampes partout dans les jambes.

Insistance sur	l'intensité du fait présenté dans la principale	
	la quantité	
avec réalisation de la conséquence		
Tellement Si	+ nom + que	Ils étaient **tellement** en colère **qu'**ils ne trouvaient plus leurs mots. Ils avaient **si** faim **qu'**ils avaient mal à l'estomac.
Tellement Si	+ adjectif adverbe + que	Elle marchait **tellement** lentement **qu'**il était difficile de l'accompagner. Elle était **si** fatiguée **qu'**elle trébuchait.
Tellement Tant	+ de + nom + que	Il a **tellement** de travail **qu'**on ne le voit plus jamais.
Verbe tant	+ tellement + que	Il parle **tellement** (**tant**) **qu'**on ne l'écoute plus.
Si peu (insistance sur la petite quantité du fait)		Elle était **si peu** fatiguée **qu'**elle ne pouvait s'endormir.

2.1
ÉCR
49 🌴🌴🌴 Tellement / Si + locutions verbales

Transformez les phrases suivantes sur le modèle de l'exemple.

*Exemple : J'avais **si** soif (**tellement envie de boire**) que j'ai bu une bière tiède.*

1. Il s'est jeté sur la nourriture parce qu'il avait très faim.
2. L'enfant s'est mis à hurler parce qu'il avait très peur du noir.
3. Ils ne pouvaient pas garder les yeux ouverts parce qu'ils avaient vraiment trop sommeil.
4. Nous accepterons de prendre quelques risques parce que nous avons vraiment envie de visiter le désert.
5. Leurs orteils ont gelé parce qu'ils ont eu trop froid.

2.1
ÉCR
50 🌴🌴🌴 Tellement / Si + adverbe + que

Transformez les phrases suivantes sur le modèle de l'exemple.

*Exemple : L'accident s'est produit **tellement/si rapidement qu**'on n'a rien pu faire.*

1. Marcel s'est étouffé parce qu'il a avalé ses spaghettis trop vite.
2. Nous nous sommes séparés fâchés parce que nous nous étions disputés très violemment.
3. On croit que ma sœur est couturière professionnelle parce qu'elle coud très adroitement.
4. On devine qu'il est fou d'elle parce qu'il la regarde très amoureusement.
5. On pourrait croire qu'il a vingt ans d'expérience parce qu'il a agi très professionnellement.

2.1
ÉCR
51 🌴🌴🌴 Verbe + tellement / tant + que

Transformez les phrases suivantes sur le modèle de l'exemple.

*Exemple : Elle l'**aime tant qu**'elle ferait n'importe quoi pour lui.*

1. Comme Christian a beaucoup aidé Nasser, celui-ci fera tout pour lui rendre la pareille.
2. Comme Sarah a beaucoup lu hier, elle avait mal aux yeux.
3. Comme Annie a beaucoup attendu Mourad, sa patience est à bout.
4. Comme les clients protestaient énormément, la cafétéria est restée ouverte plus tard que d'habitude.
5. Comme nous avons beaucoup apprécié votre visite, nous serions heureux que vous reveniez nous voir.
6. Comme Charles a beaucoup de dettes, il travaille tous les samedis pour gagner de l'argent.

52 Verbe + tellement de / tant de + nom + que

Transformez les phrases suivantes sur le modèle de l'exemple.

Exemple : Elle est épuisée le soir parce qu'elle dépense énormément d'énergie à son travail.
*→ Elle dépense **tellement (tant) d'énergie** à son travail **qu**'elle est épuisée le soir.*

1. Il ne sait toujours pas lire parce qu'il a beaucoup de difficultés dans sa famille. – **2.** On lui a retiré son permis de conduire parce qu'il avait commis beaucoup d'infractions au code de la route. – **3.** Son patron est mécontent parce que Thierry prend trop d'initiatives. – **4.** Sa compagnie d'assurances ne veut plus de lui parce qu'il a eu un très grand nombre d'accidents. – **5.** Il n'avait pas le temps de voir tous ses amis parce qu'il en avait trop.

53 Si / tellement / tant... que

Continuez ou complétez les phrases suivantes.

1. Les touristes étaient si fatigués que .... – **2.** Les soldats étaient tellement mal armés que .... – **3.** Il y avait tant de visiteurs .... – **4.** C'est arrivé de façon si imprévue .... – **5.** On nous a dit tant de bien de lui .... – **6.** Ils se comprennent si bien .... – **7.** .... qu'il est impossible de lui faire confiance. – **8.** .... qu'on a laissé tomber. – **9.** .... qu'il vaut mieux les laisser tranquilles. – **10.** .... que personne n'a rien vu. – **11.** .... que je n'en suis pas encore revenue. – **12.** .... que personne n'a pu trouver le sommeil.

Insistance sur l'intensité du fait présenté dans la principale sans réalisation de la conséquence : le fait exprimé par la principale est jugé suffisant (assez), insuffisant (pas assez, trop peu) ou excessif (trop) pour que la conséquence de la subordonnée se réalise.			
verbe +	trop assez pas assez	+ pour + infinitif	*Il mange **trop pour** pouvoir maigrir.* *Il n'est **pas assez** sérieux pour **qu**'on lui confie ce travail.*
trop assez pas assez trop peu +	adjectif		*Il est **trop** bavard **pour** garder un secret.* *Il n'est **pas assez** discret **pour qu**'on lui confie un secret.*
verbe +	trop assez + adverbe pas assez		*Il conduit **trop mal pour que** je lui laisse ma voiture.* *Il conduit **assez bien** pour participer à ce rallye.*
verbe +	trop peu assez + de + nom pas assez	+ pour que + subjonctif	*Elle a **trop peu de** compétences pour savoir répondre.* *Il a **assez de** connaissances **pour qu**'on puisse l'interroger.*

54 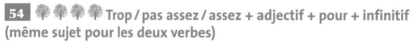 Trop / pas assez / assez + adjectif + pour + infinitif
(même sujet pour les deux verbes)

Sur le modèle, transformez les éléments suivants.

*Exemple : Il est **trop poli pour être** honnête.*
→ Il est très poli, donc il ne doit pas être honnête.

1. Elle est très mignonne. Elle ne restera pas longtemps célibataire.
2. Ils sont très âgés. Ils ne pourront pas faire cette excursion.

3. Ils ont été très malins. Ils n'ont pas laissé d'indices.
4. Il n'est pas assez intelligent. Il ne devinera pas.
5. Ils n'ont pas été assez drôles. Ils n'ont pas fait rire le public.
6. Ils sont assez malins. Ils se cacheront le temps nécessaire.

55 🌳🌳🌳🌳 **Trop / pas assez / assez + adjectif + pour que + subjonctif (deux sujets différents)**

a) Transformez les phrases suivantes selon le modèle de l'exemple.

Exemple : Ils sont intelligents. On n'a pas besoin de leur expliquer dix fois les choses.
   *→ Ils sont **assez intelligents pour qu'on n'ait pas besoin** de leur expliquer dix fois les choses !*

1. Ces touristes sont assez dynamiques. On n'a pas besoin de les encadrer tout le temps. –
2. Cette jeune fille est trop belle. Les hommes n'osent pas lui parler. – **3.** La maison n'était pas assez grande. Ses propriétaires ne pouvaient pas y inviter des amis. – **4.** Ces vêtements ne sont plus assez élégants. Tante Sophie ne veut plus les garder.

b) Complétez les phrases suivantes.

1. ……… pour qu'on la remarque partout où elle va. – 2. ……… pour que tout le monde veuille l'acheter. – 3. ……… pour que les gens l'apprécient à sa juste valeur. – 4. ………
pour qu'on l'aime.

56 🌳🌳🌳🌳🌳 Verbe   + trop
                  + trop peu   + pour   + infinitif
                  + assez   + pour que   + subjonctif
                  + pas assez

a) Transformez les éléments suivants.

*Exemple : Il gagne **trop peu pour pouvoir** se payer des vacances.*

1. Il ne s'est pas assez entraîné. Il ne gagnera pas le match. – **2.** Elle travaille trop. Elle n'a pas le temps de s'occuper de ses enfants. – **3.** Ces commerçants vendaient trop peu. Ils n'étaient pas à l'aise. – **4.** Ces vieilles dames bavardaient trop. Elles ne disaient pas tout le temps des choses intéressantes.

b) Transformez les phrases suivantes.

*Exemple : Il a **trop menti pour qu'on continue** à le croire.*

1. Elles se sont trop surmenées. L'idée de ce voyage ne leur plaît pas. – **2.** Les commerçants n'ont pas assez préparé la fête. Les acheteurs ne se sont pas déplacés nombreux. – **3.** Les hommes politiques se sont trop peu expliqués. Le peuple ne leur fait plus confiance. – **4.** Les étudiants ont assez travaillé. On leur accorde une journée de repos.

57 🌳🌳🌳🌳 Trop
              Assez   + de + nom   + pour + infinitif
              Pas assez   + pour que + subjonctif
              Trop peu

*Exemple : Ils ont **trop d'enfants pour pouvoir** les élever correctement.*

a) Transformez les phrases suivantes avec le subjonctif.

1. Ces gens ont trop d'orgueil. Il n'est pas possible de les aider. – **2.** Le patron dispose de peu de temps. Vous ne pourrez pas lui parler. – **3.** Les enfants possèdent assez de jouets. Nous ne ferons pas de gros cadeaux demain. – **4.** Cet homme ne mange pas beaucoup de crustacés. Ce n'est pas la cause de sa maladie.

b) *Transformez les phrases suivantes avec l'infinitif.*

1. Ces gens donnent beaucoup d'argent. Ils ne sont pas avares. – **2.** Pierre a assez d'amis. Il ne reste pas seul le dimanche. – **3.** Marie a trop de robes. Elle ne peut pas les porter toutes. – **4.** Le médecin a trop peu de malades. Il ne gagne pas correctement sa vie.

B2.2
CECR **58** Verbe   + trop
       + assez   + adverbe   + pour   + infinitif
       + pas assez   + pour que   + subjonctif

a) *Transformez les phrases suivantes avec l'infinitif.*

1. Il travaille trop lentement. Il ne finira pas à temps. – **2.** Elle ne chantera pas assez bien. Elle n'obtiendra pas le rôle. – **3.** Il reçoit trop peu aimablement. Il n'a pas beaucoup de clients. – **4.** Elles l'ont demandé assez gentiment. Elles l'ont obtenu.

b) *Transformez les phrases suivantes avec le subjonctif.*

1. Elle parle trop doucement. On ne la comprend pas. – **2.** Il s'est comporté trop peu gentiment. On ne l'apprécie pas. – **3.** Il n'écrit pas assez soigneusement. La maîtresse ne lui mettra pas une bonne note. – **4.** Elle fait très mal le ménage. Sa patronne ne la gardera pas.

B2.2
CECR **59** Trop
       Pas assez   + adjectif   + pour que + subjonctif
       Trop peu   + adverbe   + pour + infinitif
       Assez

PORTRAITS

Voici le portrait de monsieur *Pas aimable*:
– Il n'est pas **assez aimable pour avoir** des amis.
– Il est trop **peu gentil pour penser** à faire des compliments.
– Il parle **trop méchamment pour qu'on ait** envie de l'écouter.
– Il n'a pas l'air **assez gentil pour qu'on veuille** lui parler.
– Il se montre **trop agressif pour être** aimé.
– etc.

Sur ce modèle, faites vous aussi les portraits suivants.

– Madame *À qui tout réussit.*
– Monsieur *Qui travaille tout le temps.*

B2.2
CECR **60** *Rédigez des textes qui mettent en garde contre la consommation de tabac, d'alcool ou de drogues, en décrivant bien toutes les conséquences possibles.*

3. Cause - Conséquence

Cause / conséquence exprimées par des conjonctions, des prépositions ou d'autres expressions

.1

61 🌸 *Reliez les phrases de la colonne A avec les phrases de la colonne B.*
Faites attention au sens des phrases et aux expressions qui les relient.

Parce que	C'est pourquoi
Puisque	C'est pour cela que
Comme	Si bien que
Alors	À cause de
Donc	Causer

	A		B
1	Elle avait donné une gifle à son petit frère…	a	si bien que les militaires ont été mobilisés pour participer aux secours.
2	La princesse, sérieusement blessée dans un accident de voiture, …	b	c'est moi qui décide , un point c'est tout !
3	Hier nous avons fait une randonnée de 40 km…	c	si bien que j'ai dû me faire dépanner.
4	Comme le temps s'était brusquement dégradé…	d	à cause d'une tempête de neige exceptionnelle.
5	Assez discuté ! puisque c'est moi le père et toi l'enfant…	e	de nombreux dégâts en Floride.
6	Ma voiture est tombée en panne sur l'autoroute…	f	alors j'ai divorcé.
7	L'aéroport de Roissy est bloqué…	g	parce que nous n'avions pas le budget.
8	Tu as mangé une pizza et bu une bière…	h	ta part s'élève donc à 13,50 €.
9	L'ouragan Théophile a causé…	i	c'est pour cela qu'il sort sans me le dire.
10	Nous n'avons pas pu partir en vacances…	j	a été transportée à l'hôpital.
11	Mon premier mari me manquait de respect…	k	c'est pour cela que nous avons du mal à marcher aujourd'hui.
12	Mon fils sait que je lui refuserai la permission,	l	les randonneurs ont prudemment fait demi tour.
13	Une énorme avalanche s'est produite dans la vallée de Chamonix	m	c'est pourquoi elle a été privée de dessert.

62 🌳🌳 *Même exercice*

Grâce à Faute de À force de En raison de	Sous prétexte que Ce n'est pas parce que… …mais parce que D'où	Sans que Par conséquent De sorte que En effet

1	Je suis très reconnaissante à mon amie Annie car…	a	l'usage de l'ascenseur est interdit jusqu'à 18 h.
2	Il n'a pas pu obtenir son crédit …	b	il s'est retrouvé dans le rouge à la banque.
3	À force de dépenser inconsidérément, …	c	c'est grâce à elle que j'ai trouvé mon emploi.
4	En raison d'un problème technique, …	d	faute de garanties suffisantes.
5	Papa refuse de manger des légumes…	e	sans que ses parents s'en aperçoivent.
6	L'enfant est sorti de sa chambre…	f	sous prétexte qu'il ne les digère pas.
7	M. Dupont n'a pas pu terminer son travail…	g	en effet son ordinateur est tombé en panne.
8	Il ne cesse de se gaver de pizzas devant la télé…	h	par conséquent je vous envoie chez le directeur.
9	Ce n'est pas parce qu'il était malade…	i	de sorte qu'il a dû écourter ses vacances.
10	C'est la troisième fois que vous sautez un cours, …	j	mais parce qu'il voulait se promener qu'il a manqué la réunion.
11	Il a eu un problème familial, …	k	d'où ses problèmes de surpoids.

63 🌳🌳🌳 *Même exercice*

Participe présent ou passé/Adjectif ou participe en incise Être dû à Être à l'origine de	Être une des conséquences de Si… ce n'est pas que + subjonctif À la suite de Aussi + inversion

1	Hugo ! Votre travail étant bon,…	a	du déraillement du train Paris-Tours.
2	En furie contre ses PV,…	b	serait due à une surdose d'héroïne.
3	Leurs enfants ayant tous quitté la maison…	c	l'ingénieur a attenté à ses jours.
4	Bouleversé par son licenciement, …	d	ils ont acheté un logement plus modeste.
5	Le criminel se croyait invulnérable, …	e	la faute à qui ?
6	Le conseiller du Premier ministre a été obligé de démissionner…	f	pourrait être une conséquence du réchauffement climatique.
7	La mort suspecte du jeune Boris dans une discothèque…	g	à la suite d'une affaire de moeurs.
8	Une erreur humaine serait à l'origine…	h	il attaque la gendarmerie.
9	La multiplication des tempêtes…	i	aussi a-t-il commis des erreurs.
10	Si l'assistance est nombreuse, ce n'est pas que…	j	je me demande si quelqu'un ne vous a pas aidé.
11	Des milliers de décès pendant la canicule…	k	le spectacle soit génial, mais parce qu'il est gratuit.

.2
CR

64 🌺 🌺 *Reliez entre elles les causes et les conséquences en utilisant des constructions grammaticales variées.*

	Cause	Conséquence
1	Les Françaises font plus d'enfants que beaucoup d'autres Européennes.	Le taux de natalité se maintient.
2	Il n'aimait pas la choucroute de sa femme.	Il l'a étranglée avec un chapelet de saucisses.
3	Paul Alonso avait volé la voiture d'un juge.	Il a été condamné à être le chauffeur de sa victime pendant 3 mois.
4	Raoul Ducasse veut créer une entreprise de 400 emplois.	Tout le monde est décidé à le soutenir.
5	Des skieurs ont déclenché une avalanche.	Deux d'entre eux sont morts et la route des Deux-Alpes est coupée.
6	Mauvais temps, pluies, orages.	Un avion de tourisme avec 4 personnes à bord s'est écrasé près de Dijon. Aucun survivant.
7	Multiplication des TGV Paris - Marseille.	Explosion du prix de l'immobilier à proximité de Marseille.
8	Une alerte à la bombe lundi matin en gare de Lyon.	Le trafic voyageurs a été suspendu pendant 4 heures.
9	Valérie s'ennuyait énormément pendant les vacances familiales.	Elle a préféré retourner au bureau.
10	Grêle à répétition pendant une semaine dans le sud-ouest.	Les cultures sont ravagées.

1.2
ECR

65 🌳 🌳 *Formulez le maximum de phrases qui aient le même sens que les phrases suivantes.*

1. L'avalanche s'est déclenchée parce que des randonneurs passaient. – **2.** Les syndicats ont protesté parce qu'il y avait de nombreux licenciements. – **3.** Ils ont déménagé parce qu'on construisait une ligne de TGV à côté de chez eux. – **4.** La pollution s'est aggravée parce que la consommation d'énergie a augmenté. – **5.** La guerre a été déclarée parce que des frontières avaient été violées.

Cause / conséquence exprimées par des expressions verbales

1.2
ECR

66 🌺 🌺 **À cause de / causer / être la cause de / être causé par**

Exemple : L'accident a eu lieu parce qu'il pleuvait. → *L'accident **a été causé par** la pluie.*
   → *L'accident s'est produit **à cause de** la pluie.*
   → *La pluie **est la cause de** l'accident.*
   → *La pluie **a causé** l'accident.*

Choisissez les phrases qui ont le même sens. Reformulez les autres.

a) La panique aux Champs-Élysées :
Dans le métro les gens ont paniqué parce que des bandes se battaient.
1. La panique du métro a été causée par une bagarre de bandes.
2. La bagarre des bandes a causé une panique dans le métro.
3. La panique a causé une bagarre parmi les bandes.
4. La panique est la cause d'une bagarre de bandes dans le métro.

b) Le conducteur du train est mort parce que le train a déraillé.
1. La mort du conducteur est la cause du déraillement du train.
2. Le déraillement du train a été causé par la mort du conducteur.
3. Le déraillement du train a causé la mort du conducteur.
4. Le conducteur est mort à cause du déraillement du train.

 67 🌳🌳 **Causer, provoquer, entraîner, être la cause de, être à l'origine de, être le résultat de, être la conséquence de**

Exemples : Incidents citadins.

• Un accident Un chauffard (nom d'agent ou d'action)	a provoqué a causé est la cause d' est à l'origine d'	un embouteillage monstre. (nom d'action)
• Un embouteillage monstre (nom d'action)	a été provoqué par causé par le résultat d' la conséquence d'	un accident. (nom d'agent ou d'action)
• Un accident (nom d'action)	a entraîné	un embouteillage. (nom d'action)
• Un camion s'est renversé, (phrase verbale)	**ce qui** a entraîné causé provoqué	un embouteillage. (nom d'action)

À l'aide de ces structures, décrivez les nombreux incidents qui se produisent chaque jour dans la vie d'une ville.

Causes	Conséquences
- Deux chiens se sont disputés.	- Les passants se sont attroupés.
- Un cortège officiel a traversé le centre ville.	- Le centre ville a été embouteillé.
- Il y a eu un hold-up.	- Les passants ont paniqué.
- Une bouteille de gaz a explosé.	- Un immeuble a été détruit.
- Un défilé de majorettes a fait le tour de la place principale.	- Les badauds ont applaudi.
- Un chauffard a remonté une rue en sens interdit.	- Plusieurs voitures sont accidentées.
- On a commencé des travaux sur le boulevard périphérique.	- Les automobilistes sont exaspérés.
- Un motard a traversé la ville à minuit.	- Des milliers de personnes se sont réveillées.
- Un incendie a pris dans un grand magasin.	- Les pompiers sont intervenus.
- Un orage monstrueux s'est abattu sur la ville.	- Les rues ont été inondées, les égouts ont débordé.

Synthèse

 68 🌳🌳🌳🌳 **Dans les phrases complexes, les liens de cause conséquence peuvent être exprimés de diverses façons**

Examinez les exemples suivants.

1. Les aiguilleurs du ciel sont en grève.
2. Les avions sont retardés.
3. Les passagers doivent attendre des heures à l'aéroport.

- 1 → 2 → 3   Les aiguilleurs du ciel sont en grève, **ce qui provoque** le retard des avions et, **par conséquent**, les passagers doivent attendre des heures à l'aéroport.
- 1 → 2 → 3   La grève des aiguilleurs du ciel **provoque** le retard des avions et l'attente des passagers dans les aéroports.
- 3 → 2 → 1   La longue attente des passagers dans les aéroports **est causée par** le retard des avions, **qui vient** de la grève des aiguilleurs du ciel.
- 2 → 3 → 1   Le retard des avions et l'attente des passagers **sont la conséquence directe de** la grève des aiguilleurs.
- 2 ← 1 → 3   Le retard des avions, **qui a pour origine la grève** des aiguilleurs du ciel, a **pour conséquence** de longues attentes dans les aéroports.

Avant de commencer à rédiger vos phrases, définissez bien quel est l'enchaînement des faits dans la réalité. Ensuite, faites différentes versions du même paragraphe. L'ordre des éléments dans la phrase et dans la réalité ne sont pas forcément les mêmes ; vous pouvez mettre le projecteur comme vous voulez.

a)   **1.** Les conditions de vie sont difficiles.
      2. Les salaires n'ont pas augmenté depuis trois ans.
      3. Les prix ont augmenté de 10 %.
      4. Les salariés sont mécontents.

b)   **1.** L'usine où travaillait Dominique a fermé.
      2. Il avait en plus des problèmes personnels.
      3. Son propriétaire a repris l'appartement pour son fils.
      4. Dominique fait aujourd'hui partie des sans-abri.

c)   **1.** Robert a rencontré un médecin intelligent.
      2. Il ne prend plus de somnifères.
      3. Il fait du sport.
      4. Il est en excellente santé.

d)   **1.** De grosses chutes de neige se sont produites en Savoie.
      2. Les routes sont coupées.
      3. Les trains sont bloqués.
      4. Les écoles sont fermées.
      5. De nombreuses maisons sont isolées.
      6. Le gouvernement a envoyé les militaires aider les populations.

e)   **1.** Il n'a pas plu depuis trois ans.
      2. Les réserves d'eau sont presque épuisées.
      3. La pollution de l'eau augmente.
      4. Les cultures meurent dans les champs.
      5. Les agriculteurs ont de graves problèmes financiers.
      6. Le gouvernement a décidé de les indemniser.

f)   **1.** Paul Machefer changeait une cassette dans sa voiture.
      2. Il n'a pas vu le carrefour.
      3. Une voiture l'a percuté à droite.
      4. Les deux voitures sont hors d'état.
      5. Paul Machefer est blessé, l'autre conducteur est indemne.

g)   **1.** Son entreprise avait des problèmes économiques.
      2. Adrien s'est retrouvé au chômage.
      3. Il a fait une formation professionnelle.
      4. Il a monté une petite entreprise. Il est plus heureux qu'avant.

69 🌳🌳 Jeu surréaliste : le cadavre exquis

Prenez une feuille de papier, dessinez et numérotez cinq cases.

1	2	3	4	5
Un nom + un adjectif	Un verbe transitif au passé composé (3e personne du singulier)	Un nom + un adjectif	Il ou elle + une cause avec le verbe à l'imparfait	Ils ou elles + une conséquence avec le verbe au passé composé

– Dans la case 1, écrivez un nom plus un adjectif.
Exemples : un policier vert/un cheval irlandais.
– Pliez la feuille pour cacher ce que vous avez écrit et passez-la à votre voisin de droite. Prenez la feuille de votre voisin de gauche.
– Dans la case 2, écrivez un verbe transitif (qui peut avoir un complément d'objet direct) au passé composé.
Exemples : a mangé/a téléphoné.
– Pliez et faites tourner la feuille.
– Dans la case 3, écrivez un nom et un adjectif.
Exemples : une souris fatiguée/une grosse voiture.
– Pliez et faites tourner la feuille.
– Dans la case 4, écrivez une cause à l'imparfait (3e personne du singulier).
Exemples : parce qu'il voulait voir la mer/en effet, il était tombé du lit.
– Pliez et faites tourner la feuille.
– Dans la case 5, écrivez une conséquence au passé composé (3e personne du pluriel).
Exemples : c'est pourquoi ils ont décidé de vivre ensemble/alors ils ont hurlé de rire/donc ils sont passés à table.

Phrase obtenue : « Un policier vert a téléphoné à une souris fatiguée parce qu'il voulait voir la mer, c'est pourquoi ils ont décidé de vivre ensemble. »

Ouvrez les papiers. Corrigez les fautes d'accord, d'orthographe, de syntaxe. Lisez les phrases. Essayez, par groupe, d'organiser les phrases pour en faire un poème.

théorie générale

1. Tableau général

Notions		+ Subjonctif	+ infinitif	+ nom	Exemples
	Conjonctions				
Valeur générale	pour que afin que de sorte que	+			Elle a acheté des livres **afin que** / **pour que** / **de sorte que** les enfants **lisent**.
But à éviter	pour que... ne pas afin que... ne pas (ne) de peur que... (ne) de crainte que... (ne)	+			Je faisais le ménage **pour que** ma mère ne **soit** pas fatiguée. / **afin que** Mon père faisait souvent réviser la voiture **de peur que** / **de crainte que** nous **ayons** un accident.
Idée de but + idée de manière	de manière que de façon que				Nous avons choisi un repas **de manière que** / **de façon que** tous les invités **soient** contents.
Conséquence	de sorte que de manière que de façon que	**Attention :** **+ indicatif**			Elle a changé sa coiffure **de sorte qu'** / **de manière qu'** on ne la **reconnaît** pas. / **de façon que**
	Prépositions				
Valeur générale	dans le but de afin de pour		+++	+	Il travaille beaucoup **dans le but de** / **afin de** / **pour** **réussir** ses examens. Envoyez ce mail à tous **pour information**.
But présenté comme proche ou lointain dans le temps	en vue de		+	+	Marco fait des économies **en vue de s'acheter** une voiture. **en vue d'un séjour** aux USA.
Idée de manière	de façon à de manière à		++		Il parlait très lentement **de façon à** / **de manière à** **être compris**.
But à éviter	de crainte de de peur de		++	++	Ils marchaient sur la pointe des pieds **de crainte de réveiller** les enfants. L'enfant se cachait sous les couvertures **de peur des fantômes.** / **de peur de**
But à éviter	pour ne pas afin de ne pas		++		Elle relisait toujours 3 fois ses lettres **pour ne pas faire** d'erreurs. / **afin de ne pas**
But présenté comme sans importance	histoire de		+		Je vais aller faire un tour au parc, **histoire de me dégourdir** les jambes.

Exercices
Prépositions et conjonctions de but

B1.1
CECR **1** 🌳 **Pour / afin de + infinitif**

Complétez les phrases suivantes.

a) Affirmation

Exemple : – « Nous devons arriver à l'heure ?
> → *Oui, nous partirons tôt **pour / afin d'**arriver à l'heure. »*

1. – Il veut faire plaisir à sa femme, n'est-ce pas ?
– Oui, il a acheté toutes ces roses ....
2. – Elle a envie d'apprendre la peinture ?
– Elle va prendre un an de congé ....
3. – Il a acheté sa maison ?
– Oui, il a pris des crédits ....

b) Négation

Exemple : – Elle ne veut vraiment plus le voir ?
> → *C'est ça, elle a organisé son emploi du temps **pour / afin de** ne plus le voir.*

1. – Nous ne devons pas faire de bruit, c'est ça ?
– Oui, marchons très doucement ....
2. – Nous ne devons plus nous fâcher !
– D'accord, faisons tout ce qu'il faut ....
3. – Il ne faut rien toucher, hein ?
– C'est ça. Fais un effort ....
4. – On ne lui fait jamais de cadeau ?
– Eh non, on ne l'invite pas ....

c) Affirmation ou négation

1. – Il a été très vexé.
– J'aurais dû être plus diplomate ....
2. – Ce sera difficile de leur plaire.
– Nous devrons faire tous nos efforts ....
3. – Il compte présenter ses excuses ?
– Il viendra tout à l'heure ....
4. – Je crois qu'il ne reviendra jamais.
– Tu as raison, il a pris toutes ses dispositions ....
5. – Tu ne retourneras pas là-bas ?
– Non, je ferai tout ....
6. – Tu ne dois jamais manger de sucre ?
– Hélas ! Je fais tous mes efforts ....

B1.1
CECR **2** 🌳 **Pour que / afin que + subjonctif (affirmation et négation)**

Complétez les dialogues suivants avec « pour que » ou « afin que » + subjonctif. Certaines réponses sont des affirmations, d'autres des négations.

Exemple : – Pierre n'est pas venu ?
> → *Non. La secrétaire avait fait ce qu'il faut **pour qu'il ne vienne pas**.*

1. « – Nous allons manger dehors ?
– Oui, j'ai acheté des grillades .... »
2. « – Les jeunes ont pu entrer au concert ?
– Non. Tout était organisé .... »

3. « – Les enfants seront au premier rang ?
   – Oui. Grand-père a pris les meilleures places ……… »
4. « – Les enfants ne doivent jamais aller au grenier ?
   – Absolument. Surveillez-les ……… »
5. « – Ils ne se sont pas perdus, j'espère.
   – Mais non ! Je leur ai fait un dessin ……… »
6. « – Vous avez eu la chance de rencontrer le Pape !
   – Eh oui, mon cousin s'est débrouillé ……… »
7. « – Les jeunes n'ont pas fait d'histoires ?
   – Non non, le patron de la discothèque a fait le nécessaire ……… »
8. « – Le temps est si mauvais… Vous croyez que le bateau va revenir ?
   – Priez le ciel ……… »

1.2
C R

3 🌳 🌳 **Histoire de + infinitif**

Complétez les phrases suivantes avec « histoire de + infinitif ».

*Exemple : Il est allé voir un navet **histoire de** passer le temps.*

1. Ils sont allés à la manifestation lycéenne ………
2. J'irai faire un tour en ville ce soir ………
3. Qu'est-ce que tu dirais de faire un petit tour à la campagne ………
4. Mais non, nous ne l'avons pas agressé, nous l'avons juste bousculé un peu ………
5. Ils volaient quelquefois une voiture ………
6. Elle s'est acheté une nouvelle robe ………
7. Ils se sont offerts un petit week-end en thalassothérapie ………
8. Après la mort de son mari, elle est partie en voyage ………
9. Nous sommes allés voir un film comique ………

2.1
C R

4 🌳 🌳 🌳 **De peur que / de crainte que + subjonctif**
   De peur de / de crainte de + infinitif

Complétez soit avec le subjonctif, soit avec l'infinitif selon le modèle suivant.

Subjonctif	Infinitif
Souffrir Je lui ai donné beaucoup de calmants de **peur** (**de crainte**) qu'il souffre.	Elle consomme beaucoup de tranquillisants **de peur de** (**de crainte de**) souffrir.
1. Dépenser trop Elle donne peu d'argent à la fois à son fils ………	Elle ne veut plus aller regarder les vitrines ………
2. Avoir des problèmes Ils ne veulent pas autoriser leurs enfants à aller à l'étranger ………	Elle refuse de prendre le métro le soir ………
3. S'ennuyer Il s'est occupé activement de ses invités ………	J'emporte toujours un bon livre à la plage avec moi ………
4. Se salir Elle interdit à ses enfants de jouer dans le jardin ………	Ils ne mettent jamais un pied dehors quand il pleut ………
5. Se noyer Il accompagne toujours son chien dans l'eau ………	Nous ne nous sommes jamais baignés après le repas ………

5 🌸 🌸 **En vue de + infinitif (même sujet)**

Complétez les phrases suivantes avec «en vue de + infinitif».

*Exemple : Anémone répète constamment qu'elle est fatiguée **en vue de pouvoir** refuser du travail supplémentaire.*

1. Les services secrets ont installé des micros partout .... – **2.** Martin Durand est particulièrement aimable avec ses chefs .... – **3.** Les prisonniers de la cellule 326 creusent le sol à la petite cuillère .... – **4.** Les cosmonautes s'entraîneront intensivement pendant six mois ....

B1.2
CECR **6** 🌸 🌸 **En vue de + nominalisation**

Transformez les phrases suivantes selon l'exemple.

Exemple : Il partira un jour à la retraite. Il a commencé à économiser.
→ *Il a commencé à économiser **en vue de son départ à la retraite**.*

1. On va réaménager le centre-ville. Les travaux commenceront en avril. – **2.** On veut protéger le littoral. Le gouvernement a commencé à prendre des mesures. – **3.** Il veut être réélu comme député. Il a commencé sa campagne électorale. – **4.** Elle souhaitait acheter un ordinateur. Elle réduisait ses autres dépenses.

B1.2
CECR **7** 🌸 🌸 **En vue de + infinitif**

Transformez les phrases suivantes avec en vue de + nom ou infinitif (quelquefois les deux sont possibles).

1. Nous commençons à examiner les catalogues : nous voulons voyager en Asie cette année. – **2.** Il a eu du mal à préparer ses bagages : il va séjourner six mois au pôle Nord. – **3.** Cet employé accumule les heures supplémentaires : il veut acheter une voiture à sa fille. – **4.** Les services municipaux annonçaient des coupures de gaz : ils voulaient tester les canalisations. – **5.** Les Dupont déménageront cet été : ils veulent se rapprocher de la mer. – **6.** Vous avez commencé à discuter avec vos concurrents : vous voulez revendre votre petit commerce.

B1.2
CECR **8** 🌸 🌸 **Dans le but de + infinitif**

Sur le modèle de l'exemple, répondez aux phrases suivantes.

Exemple : Tu as fait ça exprès pour m'embêter, ma parole !
→ *Je t'assure que je ne l'ai pas fait **dans le but de** t'embêter.*

1. – Il a pris des contacts chez tous nos clients. Je suis sûr qu'il veut créer sa propre entreprise ! – **2.** Elle économise pour acheter une résidence secondaire, je crois… – **3.** Vous m'avez critiqué en public pour me rendre ridicule ! – **4.** J'ai peur qu'il ait provoqué cet accident pour me tuer. – **5.** Elle s'habille bizarrement pour se rendre intéressante.

B1.2
CECR **9** 🌸 🌸 **De façon que / de manière que + subjonctif**
De façon à / de manière à + infinitif

Complétez les phrases suivantes.
Exemple :
Ne pas se rencontrer

*J'ai invité Sophie dimanche et Jacques lundi **de façon (de manière) qu'ils ne se rencontrent pas**. Depuis leur dispute ils agissent **de manière (de façon) à ne pas se rencontrer**.*

1. Être constamment occupé

Il a organisé le week-end des invités ....
Quand Paul a le cafard il s'organise ....

2. POUVOIR VOIR

L'infirmier a approché le fauteuil de la vieille dame de la fenêtre ……… le paysage.
Ils ont joué des coudes ……… le feu d'artifice.

3. S'ASSEOIR

L'ouvrier avait placé un panneau « peinture fraîche » sur le banc ………
Elle a fait attention ……… ne pas se salir..

4. S'EN ALLER

Nous serons très désagréables avec lui ……… le plus vite possible.
Tu as mis la valise près de la porte ……… discrètement tout à l'heure ?

10 🌳 🌳 **De façon que / de manière que + subjonctif (sujets différents)**
De façon à / de manière à + infinitif (mêmes sujets)

Complétez les phrases suivantes de deux façons.

*Exemple : Il a placé le parasol au-dessus des enfants **de façon que celui-ci les abrite du soleil.***
***de façon à les protéger** du soleil.*

1. Le peintre vient de retoucher son tableau encore une fois ………
2. Le torero a agité sa muleta devant le taureau ………
3. Le docteur parlait toujours à voix basse devant les malades ………
4. Chez l'infirmière, elle a ôté son pull-over ………
5. Son mari rentrant samedi, elle a fait les courses vendredi ………

11 🌳 🌳 🌳 **Impératif... que + subjonctif**

Faites des phrases selon le modèle.

*Exemple : **Parlez** plus fort **qu'on** vous **entende.***

1. Ahmed est allé à la préfecture pour régler un problème de carte de travail mais c'est l'heure de la fermeture. Que lui dit l'employé ? – **2.** La petite fille est triste, sa mère veut la consoler en l'embrassant, sans doute. Qu'est-ce qu'elle lui dit ? – **3.** Sophie, qui a quatorze ans, s'est maquillée pour sortir. Sa mère veut la regarder un peu mieux. Qu'est-ce qu'elle lui dit ? – **4.** Un ami est en train de vous expliquer un problème d'économie, vous ne comprenez pas bien. Qu'est-ce que vous lui dites ? – **5.** Le soir, au bureau, c'est presque l'heure de partir mais un travail urgent n'est pas terminé. Que pouvez-vous dire à vos collègues ? – **6.** Vous voulez entrer dans un magasin pour vous mettre à l'abri parce qu'il pleut, mais beaucoup de gens sont là, qui vous empêchent d'entrer. Que pouvez-vous dire ?

Synthèse

12 🌳 🌳 *Complétez les phrases suivantes avec une idée de but.*

1. Il aide ses enfants à faire leurs devoirs de façon que ………
2. Mon mari n'élève jamais la voix pour ………
3. Le curé écoute attentivement ses fidèles afin de ………
4. Il ne dit pas de paroles blessantes de façon à ………
5. Guillaume donne du sang à l'hôpital pour que ………
6. À la bibliothèque, il lisait en silence de peur de ………
7. Mon père a fait les courses et la cuisine de manière à ………
8. Il ne passe jamais chez quelqu'un à l'improviste de crainte que ………
9. Cette année, nous sommes souvent allés voir nos parents afin que ………
10. Ce malheureux porte des vêtements très propres pour que ………
11. Il prenait des cours du soir en vue de ………
12. Il ne prend jamais un bébé dans ses bras de crainte que ………

13 🌳🌳 *Complétez les phrases suivantes de plusieurs manières.*

Exemple : Il a senti qu'ils avaient besoin de parler tranquillement et il est parti
— *afin de **ne pas les gêner.***
— *pour qu'ils puissent **le faire.***
— *pour les laisser **tranquilles.***

1. Tu vas rentrer à 5 h du matin. Tu risques de nous réveiller en marchant dans le noir. S'il te plaît, marche sur la pointe des pieds …
2. J'ai horreur d'aller chez le dentiste mais j'ai pris un rendez-vous quand même …
3. À la conférence, elle a posé beaucoup de questions au professeur …
4. Il était malade mais ce n'était pas le moment, avec toutes ses obligations. Il s'est donc soigné énergiquement …
5. Elle est partie en vacances avec des bagages énormes …
6. Nous avons six enfants. Aussi ne dépensons-nous jamais d'argent pour nos loisirs …
7. Les enfants ont préféré cacher la bêtise qu'ils avaient faite …
8. Ma mère nous a interdit d'aller à la manifestation pacifiste …
9. Il a entrepris de mettre de l'argent de côté …
10. Ils se sont arrêtés en plein milieu de l'histoire qu'ils nous avaient déjà racontée cent fois …
11. C'était un sujet assez difficile mais le problème a été très bien expliqué …
12. Elle est enceinte et elle hésite à dire la vérité à ses parents …

14 🌳🌳 **L'homme qui voulait plaire à tout le monde...**
Ce pauvre homme organise tous les actes de sa vie pour plaire aux autres ou ne pas leur déplaire.
Faites son portrait librement mais en utilisant diverses expressions de but.

*Exemple : Tous les jours monsieur Kiveukonlème se lève à cinq heures **afin de faire** son petit jogging pour rester en forme. À six heures il relit ses dossiers **pour que son travail soit parfait**…*

Ses actes : – Travailler dur – Prier Dieu – S'habiller élégamment – Offrir des cadeaux souvent – Se lever à cinq heures – Demander des nouvelles de tous – Raconter des histoires drôles – Être très discret – Ne pas dire ce qu'il pense – Ne pas faire de folies – Ne pas punir son fils – Ne plus fumer – Ne rien faire de trop original – etc.

Ce qu'il veut obtenir : – Aider les autres – Améliorer le monde – Être le meilleur – Avoir l'air généreux – Être apprécié de ses supérieurs – Faire un travail impeccable – Être occupé tout le temps – Ne pas être critiqué – etc.

Ce qu'il veut éviter : – Se faire remarquer – Sembler idiot – Rester seul dans son coin – Déranger les autres – Fâcher sa femme – Avoir l'air stupide – Ne pas être aimé – Ne pas réussir – etc.

15 🌳🌳🌳 **Synthèse et autres moyens**
Lisez attentivement ces entrefilets et soulignez tous les mots ou expressions utilisées pour exprimer le but.

1.

AUVERGNE : L'AUTOROUTE DE L'ESPOIR
La région du Massif central attend beaucoup de la future autoroute dont l'objectif est de désenclaver le massif.

2.

MOSELLE
Une association qui a pour but principal d'aider les victimes de la route vient de se créer. Elle a pour nom : Les anges de la route.

3.

LANGUEDOC

Les salariés de la coopérative viticole ont manifesté hier devant la préfecture pour que les autorités tiennent leurs promesses d'aides aux vignobles français.

4.

MIDI-PYRÉNÉES

Afin que les consommateurs aient une garantie de qualité, un label rouge vient d'être créé par les pisciculteurs. Il est destiné à étiqueter les truites haut de gamme et, à terme, sera généralisé à tout l'hexagone.

5.

LIMOUSIN

L'association village-étapes, qui vise à redynamiser les bourgades victimes de déviations autoroutières cherche à recruter de nouveaux partenaires.

6.

LANDES

Le conseil général d'Aquitaine vient de définir ses priorités en matière de développement touristique. Il prévoit de miser sur l'écotourisme de façon à préserver la nature sans sacrifier l'économie.

7.

LOIRE

Pour encourager les pratiques de *citoyenneté festive* dans les quartiers, un pique-nique géant est organisé dimanche par la mairie de Nantes. Celle-ci a l'ambition de restaurer le lien social et a en réserve de nombreux autres projets conviviaux pour les quartiers.

8.

ÎLE-DE-FRANCE

La ville de Meaux vient d'embaucher trois *papas modèles* qui auront pour mission de ramener les enfants chez eux, à la demande des parents. La municipalité se propose de généraliser l'expérience à tous les quartiers où les enfants traînent dehors le soir, de crainte qu'ils tombent dans la délinquance.

9.

SAVOIE

Les syndicats de l'usine Bruitel prévoient une journée portes ouvertes à l'adresse d'éventuels repreneurs, afin de démontrer la modernité et la viabilité de leur usine.

10.

10. OBJECTIF BAC

Si vous voulez que votre enfant chéri soit à son maximum le jour de l'épreuve et qu'il arrive à ses fins – réussir son bac – aidez-le à se fixer des objectifs réalistes pour réviser. Veillez à son alimentation de façon que son cerveau soit correctement alimenté mais n'oubliez pas que, pour ne pas saturer, il a besoin de petites pauses plaisir.

11.

ÉCOLOGIE

Les nouvelles mesures pour les économies d'énergie ont été décidées avec le souci de protéger l'environnement à long terme, mais elles n'ont aucune chance d'aboutir si les citoyens ne comprennent pas leur finalité.

Les relatives de but

16 🌳🌳 **Une vraie perle**

Ce patron cherche depuis longtemps la secrétaire idéale sans la trouver…
Complétez ses demandes selon le modèle suivant.

Exemple : Elle doit être d'une bonne humeur constante.
   → *Je cherche une secrétaire qui soit d'une bonne humeur constante.*

1. – Elle doit pouvoir me remplacer au pied levé.
   – Connaîtriez-vous une secrétaire ………
2. – Sa réflexion doit être rapide.
   – Existe-t-il une secrétaire ………
3. – Les horaires élastiques ne doivent pas lui faire peur.
   – Je voudrais trouver une secrétaire ………
4. – Les nouvelles techniques ne doivent pas l'effrayer.
   – Connaissez-vous une secrétaire ………
5. – Je dois pouvoir aller avec elle dans des endroits très chics.
   – Je suis à la recherche d'une secrétaire ………
6. – Je dois avoir toute confiance en elle.
   – J'aimerais une secrétaire ………

B1.2 CECR

17 🌳🌳 **L'objet magique**

– Faites la même recherche que dans l'exercice précédent, mais pour un objet magique que vous désirez très fort.
– Utilisez les expressions de l'exercice précédent.
– Cherchez à faire des phrases avec divers pronoms relatifs

théorie générale

2. Conséquence ou but ?

• Résultat d'origine naturelle ou accidentelle.

Quand le résultat est d'origine naturelle ou accidentelle, quand on ne peut pas soupçonner l'agent d'agir délibérément pour provoquer ce résultat, on utilise l'indicatif.
Exemples :
*– Le volcan a explosé, **de sorte que** des millions de personnes **sont menacées par les cendres.***
*– Une guêpe l'a piqué **de manière qu'il a fallu** l'emmener à l'hôpital.*

• Résultat provoqué délibérément

Quand l'agent agit délibérément pour provoquer un résultat, deux solutions sont possibles :
– Exprimer le but de l'agent avec le subjonctif.
– Exprimer la conséquence naturelle de ses actes avec l'indicatif.
Exemples :
Il a donné de l'aspirine à sa mère **de manière qu'elle n'ait plus la migraine.**
                        de sorte que cinq minutes plus tard elle n'avait plus la migraine.

Exercices

2.1
CR

18   De sorte que / de manière que / de façon que + subjonctif (but)
De sorte que / de manière que / de façon que + indicatif (conséquence)

Complétez les phrases suivantes. Faites bien attention au sens : c'est ce qui va décider du choix. Quand c'est possible, faites les deux versions.

1. Jacky a donné par erreur un billet de 50 € à son fils de 10 ans ……… – **2.** Le médecin a fait une piqûre stimulante au malade ……… – **3.** L'orage les a surpris en pleine montagne ……… – **4.** La police attendait volontairement devant la banque ……… – **5.** Hortense a fait exprès de raconter toutes les vieilles histoires d'amour de Thomas à sa nouvelle fiancée ……… – **6.** Le patron a découvert par hasard que son comptable le volait ……… – **7.** Le bateau a heurté un récif ……… – **8.** La voiture de police a foncé dans la foule des manifestants ……… – **9.** Pierre m'a fait savoir que les actions de PSA allaient augmenter ………

2.1
CR

19 De sorte que / de manière que / de façon que + subjonctif (but)
De sorte que / de manière que / de façon que + indicatif (conséquence)
De façon à / de manière à + infinitif (but)

Complétez les phrases suivantes. Faites les trois versions quand c'est possible.

1. Je lui ai donné une paire de claques énergiques ……… – **2.** Mon mari a retiré tout l'argent de notre compte-chèques commun ……… – **3.** Le petit Paul a fait semblant d'avoir très mal au ventre ……… – **4.** J'ai enfermé les alcools dans l'armoire et gardé la clé ……… – **5.** Le chien a bondi sur la personne qui attaquait son maître ……… – **6.** Promis, je téléphonerai tous les jours à ta mère ……… – **7.** Elle fait le ménage à fond tous les jours ………

théorie générale

3. Condition nécessaire pour réaliser le but

But	Il faut Il faudra Il faudrait Il aurait fallu	+	infinitif nom que + subjonctif	+	pour + infinitif pour que + subjonctif
	Exemples: Il faut passer au bureau pour prendre les documents. *Il faudrait du temps pour faire ce voyage.* *Il faudra que tu ailles chez le coiffeur pour qu'il te coiffe.*				
Conséquence	Il a fallu Il aura fallu	+	que + subjonctif infinitif nom	+	pour que + subjonctif pour + infinitif
	Exemples : Il a fallu qu'elle se mette à crier pour qu'on l'écoute. *Il aura fallu des heures de discussion pour éclaircir le problème.* *Il a fallu prendre le train pour revenir.*				

Remarques : Il **me** faut… Il **te** faut… etc.

On trouve aussi en français la même structure + infinitif ou nom, précédée du pronom indirect. Avec le nom, cette structure est assez fréquente.

– *Il me faut du pain pour faire les sandwichs.*

– *Il **te** faudra **travailler** beaucoup pour réussir le bac.*

Attention ! En français courant on préfère utiliser :

– *Il faudra **que tu travailles** pour réussir.*

– *Il faudra **qu'on crie** pour se faire entendre.*

Exercices
Il faut + infinitif

B1.1
CECR

20 🌳 **Il faut + infinitif + pour + infinitif**

a) *Utilisez cette structure pour répondre aux questions suivantes.*

Exemples : ***Il faut*** *donner* ***pour*** *recevoir.* ***Il faut*** *aimer* ***pour*** *être aimé.*

1. Qu'est-ce qu'il faut faire pour devenir sage ?
2. Qu'est-ce qu'il faut faire pour être heureux ?
3. Où est-ce qu'il faut aller pour rencontrer des gens intéressants ?
4. Que faut-il faire pour réussir une belle carrière professionnelle ?
5. Que faut-il faire pour devenir très riche ?
6. Que faut-il faire pour rester jeune, beau et en bonne santé ?
7. Que faut-il faire pour avoir une vie familliale harmonieuse ?
8. Que faut-il faire pour devenir un grand artiste ?

b) *Faites vous-même des questions.*

B1.1
CECR

21 🌳 **Il faut + nom + pour + infinitif**
Répondez aux questions suivantes.

Exemple : Qu'est-ce qu'il faut pour faire un gâteau ?
→ ***Il faut*** *du sucre, des œufs et de la farine* ***pour faire*** *un gâteau.*

Qu'est-ce qu'il faut pour voyager ? – Qu'est-ce qu'il faut pour dessiner ? – Qu'est-ce qu'il faut pour faire du ski ? – Qu'est-ce qu'il faut pour préparer de bonnes crêpes ? – Qu'est-ce qu'il faut pour trouver un mari ? – Qu'est-ce qu'il faut pour avoir de beaux légumes ?

B1.2
CECR

22 🌳 🌳 **Il me faut + nom + pour + infinitif**
Transformez les phrases suivantes.

Exemple : Je n'ai pas assez d'argent : je ne peux pas envoyer mes enfants en vacances.
→ ***Il me faut de l'argent pour envoyer*** *mes enfants en vacances.*

1. Tu n'auras pas assez de temps : tu ne pourras pas finir ce dossier.
2. Il n'a pas ton accord. Il ne peut pas prendre la décision.
3. Nous n'avions pas l'autorisation, nous ne pouvions pas commencer le chantier.
4. Vous n'avez pas assez d'amis bien placés, vous ne pouvez pas réussir.
5. Je n'avais pas d'aide. Je n'ai pas pu construire ma maison.
6. Ils n'ont pas de bateau, ils ne peuvent pas naviguer.
7. Nous n'avons pas la permission des parents, mais ne pouvons-nous pas utiliser la résidence secondaire ?
8. Ils n'ont pas le feu vert de la présidence, ils ne peuvent pas agir.
9. Vous n'avez pas l'avis d'un professionnel, vous ne pouvez pas lancer votre projet.
10. Tu n'as pas les vêtements adaptés, tu ne peux pas aller à la réception de la princesse.

B1.2
CECR

23 🌳 🌳 **Il faut + nom + pour + infinitif**
Transformez les phrases suivantes selon le modèle.

Exemple : – C'était facile d'aller sur cette plage ? – Nous avions besoin d'une voiture.
→ ***Il fallait une voiture pour aller*** *sur cette plage.*

1. – Ce sera facile d'effacer cette tache ?
   – Nous aurons besoin d'un produit spécial.
2. – Ce serait facile d'ouvrir notre propre boutique ?
   – Nous aurions besoin de crédits et de soutien.

3. – C'était facile de faire la lessive autrefois?
  – On avait besoin de beaucoup de temps.
4. – C'est facile d'aller sur cet îlot?
  – On a besoin d'un bateau à fond plat.
5. – Ça a été facile d'obtenir un rendez-vous avec le ministre?
  – Non, nous avons eu besoin de l'intervention du maire.
6. – C'était facile de trouver une villa à louer pas trop chère?
  – Nous avons eu besoin des conseils d'une agence.

Il faut + subjonctif

24 🌳🌳 **Il faut (et autres temps) que + subjonctif + pour + infinitif**

Transformez les phrases suivantes selon le modèle.

Exemple : Nous devions aller à vingt kilomètres si nous voulions faire nos courses.
  → ***Il fallait que nous allions*** *à vingt kilomètres* ***pour faire*** *nos courses.*

1. Il doit prendre de l'avance dans son travail s'il veut partir en août. – **2.** Vous devrez apporter tous ces documents si vous voulez remplir votre dossier. – **3.** Il devrait se remettre au tennis s'il veut retrouver la forme. – **4.** Il n'est pas devenu écrivain facilement. Qu'est-ce qu'il a fallu qu'il fasse pour devenir écrivain? – **5.** Qu'est-ce qu'il a fallu que les chefs d'État fassent pour éviter la guerre? – **6.** Qu'est-ce qu'il a dû faire pour devenir écrivain? – **7.** Qu'est-ce que le patron de l'usine a dû faire pour éviter la grève? – **8.** Qu'est-ce qu'elle a été obligée de dire pour être maintenue dans ses fonctions?

25 🌳🌳 **Il faut + nom + pour que + subjonctif**

Exemple : Cet arbre poussera facilement? – Avec du temps et de la patience.
  → ***Il faudra du temps*** *et de la patience* ***pour que*** *cet arbre pousse.*

1. – Le projet pourrait se réaliser facilement?
  – Avec le soutien de l'État.
2. – Les malades guérissaient facilement?
  – Avec beaucoup de soins.
3. – Elle s'est décidée facilement à changer de travail?
  – Avec cette maladie.
4. – Tu dresseras ce lion facilement?
  – Avec de la patience.
5 – Il a réussi à monter son entreprise?
  – Avec un prêt de sa banque.
6. Comment avait-elle pu déménager aussi vite?
  – Avec l'aide de tous ses copains.

26 🌳🌳 **Il faut (et autres temps) + que + subjonctif + pour que + subjonctif**

Transformez les phrases suivantes selon le modèle.

Exemple : Nous devons passer à la maison : comme ça, tu prendras ton costume.
  → ***Il faut*** *que nous passions à la maison* ***pour que tu prennes*** *ton costume.*

1. Nous devons rassembler de nombreuses signatures : comme ça, notre action sera efficace.
2. Vous devrez apporter plus de nourriture : comme ça, chacun aura une part correcte.
3. On devrait aller voir le responsable : comme ça, il s'expliquera.
4. Son père aurait dû être plus patient : comme ça, elle aurait compris.
5. Les ouvriers ont dû faire grève pendant encore deux semaines : comme ça le directeur a accepté leurs revendications.
6. Tu aurais dû l'écouter un peu : comme ça, elle ne se serait pas fâchée.

27 Il faut / il fallait / il a fallu que + subjonctif + pour que + subjonctif
Transformez les phrases suivantes selon le modèle.

Exemple : – Il a accepté facilement ? – Non, nous avons discuté des heures d'abord.
      → Il a fallu que nous discutions *des heures* **pour qu'il accepte**.

1. – Ils s'endormaient facilement ?
   – Non, on leur racontait une histoire d'abord.
2. – Ils vous a reçus tout de suite ?
   – Non, nous avons fait un scandale d'abord.
3. – Il a compris vite la gravité du problème de sa fille ?
   – Non, elle s'est droguée d'abord.
4. – Il t'a épousée tout de suite ?
   – Non, je suis tombée enceinte d'abord.
5. – Le train s'est arrêté immédiatement ?
   – Non, un voyageur avait d'abord tiré le signal d'alarme.
6. – Elle reprendra son travail après l'opération ?
   – Non le médecin lui prescrira d'abord du repos dans une maison de convalescence.

Synthèse

28 Il faut / il faudrait... pour

a) *Le monde pourrait aller mieux. Proposez vos solutions.*

*Exemples : **Il faudrait** éduquer tous les jeunes **pour qu'ils trouvent** un emploi. Il faudrait qu'on distribue mieux les richesses pour créer plus d'égalité. Il faudrait de l'argent pour...*

b) *Les autres (et vous) ont fait beaucoup d'erreurs. Proposez vos solutions a posteriori.*
*Exemples : **Il aurait fallu** négocier plus **pour éviter** la guerre. **Il aurait fallu** que tu sois plus gentil avec elle **pour la séduire**, etc.*

1. Vous ne vous êtes pas réveillé le jour du bac.
2. Vous avez donné une gifle à votre mari.
3. John Kennedy a été assassiné.
4. Napoléon a voulu conquérir aussi la Russie.
5. Le toit de la vieille grange a été complètement arraché par la tornade.
6. Elle a eu une amende pour retard de paiement de ses impôts sur le revenu.
7. Ils sont tombés en panne de voiture le premier jour de leurs vacances.

29 Il faut... pour...
Complétez les phrases suivantes.
1. Pour devenir un homme, il faut ....
2. Pour que ce petit devienne un homme, il faut ....
3. ...., il faut se lever tôt.
4. ...., il faut le travail de nombreux ouvriers.
5. Pour élever un enfant ....
6. Pour que les villes soient vivables, ...
7. Il faudrait habiller les enfants ....
8. Il faudra dépenser beaucoup dans la campagne électorale ....
9. Pour que votre invitation soit réussie.........
10. Pour arriver à l'heure ....
11. .... il a fallu qu'il travaille comme un fou.
12. Pour qu'elle accepte le mariage, il a fallu ....
13. Il aurait fallu .... pour lui plaire.
14. Pour obtenir ce poste il fallait ....

théorie générale

4. Condition minimum pour réaliser le but

Il suffit Il a suffi Il suffisait Il suffira Il suffirait Il aura suffi Il aurait suffi	de + infinitif de + nom que + subjonctif	pour + infinitif pour que + subjonctif

Remarques :

– **L'emploi de l'infinitif seul développe une idée de généralité.**

  Il suffit d'un rayon de soleil pour être heureux.
  Il suffit d'avoir des amis pour être heureux.

– **La présence d'un nom ou d'un pronom limite cette notion de généralité.**

  Il suffit qu'un garçon fasse un compliment à Sylvia pour qu'elle rougisse.

Exercices

2.1 **30** Il suffit de...pour / pour que

Transformez les phrases sur le modèle suivant.

Exemple : Une clé, et on ouvre cette porte.
  → *Il suffit d'une clé **pour ouvrir** la porte.*
    pour que la porte s'ouvre.

1. Un petit pois dans son lit, et la princesse n'a pas pu dormir. – **2.** Un petit effort de plus, et le trésor était à toi. – **3.** Un geste de votre part, et elle revenait. – **4.** Une bonne nuit de sommeil, et vous serez reposé. – **5.** Quelques séances de gymnastique, et vous seriez en meilleure forme. – **6.** Avec quelques illustrations supplémentaires, son devoir était parfait. – **7.** Un pas de plus et il aurait été écrasé. – **8.** Encore un verre et il ne sera plus capable de conduire. – **9.** Un homme sourit à Mathilde, et son mari lui fait une scène de jalousie. – **10.** Une bonne réponse de plus, et vous êtes le gagnant.

2.1 **31** Il me suffit de + infinitif + pour que + subjonctif

Transformez les phrases sur le modèle suivant.

Exemple : Il suffit que je caresse ce chat pour qu'il ronronne.
  → ***Il me suffit de caresser** ce chat **pour qu'il ronronne**.*

1. Il suffit qu'elle apparaisse pour que tous les photographes se précipitent. – **2.** Il a suffi qu'ils ouvrent la petite fenêtre pour que tous les pigeons s'envolent. – **3.** Il suffira que vous preniez un peu d'aspirine pour que votre fièvre disparaisse. – **4.** Il suffirait qu'il apporte un petit cadeau pour que les enfants soient ravis. – **5.** Il a suffi que tu deviennes plus aimable pour qu'on te trouve charmant. – **6.** Il a suffi qu'elle arrose un peu les plantes pour qu'elles reverdissent. – **7.** Il suffisait que tu lui présentes des excuses pour que l'atmosphère se détende. – **8.** Il aurait suffi que nous partions cinq minutes plus tôt pour que nous attrapions le bus.

32 🌳🌳 **Il suffit... pour...**

Donnez des conseils à ces personnes, qui manquent totalement de sens pratique.
Exemple : Comment faire pour ouvrir cette bouteille ?
→ *Pour ouvrir cette bouteille,* ***il suffit d'un ouvre-bouteilles.***
il suffit que tu dévisses le bouchon.
il suffit de demander à quelqu'un.

1. Comment faire pour connaître les horaires des trains ? – **2.** Comment faire pour préparer un œuf à la coque ? – **3.** Comment faire pour économiser un peu ? – **4.** Comment faire pour téléphoner à l'étranger ? – **5.** Comment faire pour écrire une lettre ?

33 🌳🌳 **Il ne suffit pas de... pour... il faut aussi...**

Lorsqu'on parle en général, on utilise « Il ne suffit pas de…pour… »
Lorsqu'on donne un conseil à quelqu'un en particulier, on utilise le subjonctif.
Exemples :
Il ne suffit pas d'avoir de l'argent ***pour être heureux****,* il faut aussi de l'amour.
Il ne suffit pas que tu donnes de l'argent ***pour qu'on t'aime****,* il faut aussi que tu donnes du temps.

a) Donnez des conseils généraux.
1. Pour réussir sa vie, ……… – **2.** Pour avoir un travail intéressant ……… – **3.** Pour être quelqu'un de bien ……… – **4.** Pour plaire au sexe opposé ……… – **5.** Pour rester en bonne santé ………

b) Donnez des conseils à des personnes particulières.
1. Je veux épouser un milliardaire. – **2.** Il voudrait être un professeur très respecté. – **3.** Je veux être champion de ski. – **4.** Je veux être le meilleur vendeur de la ville. – **5.** Elle voudrait être élue miss Monde.

34 🌳🌳🌳 **Il n'a pas suffi... pour... il a aussi fallu...**

Expliquez comment ils sont devenus ce qu'ils sont devenus.

Exemple : ***Il n'a pas suffi*** à Picasso d'avoir du talent ***pour devenir*** le plus grand peintre du xxe siècle, ***il a aussi fallu*** qu'il travaille toute sa vie.

1. George Ford est devenu président de la république. – **2.** Madonna est devenue une star. – **3.** Madame Dupont est devenue une excellente mère de famille nombreuse. – **4.** Bocuse est devenu un grand chef. – **5.** Lance Armstrong a gagné le tour de France

35 🌳🌳🌳 **Il suffit + subjonctif + pour que + subjonctif (2 sujets différents)**

Transformez les phrases suivantes selon le modèle.

Exemple : On caresse ce chat, et il ronronne.
→ ***Il suffit*** qu'on caresse ce chat pour qu'il ronronne.

1. On achètera un gâteau de plus, et tout le monde aura sa part. – **2.** Elle voyagerait un mois, et ce garçon lui sortirait de la tête. – **3.** Ils gardaient le secret, et l'émeute n'éclatait pas. – **4.** Nous sortons un peu, et les enfants prépareront leur surprise. – **5.** On a crié plus fort que lui, et il a changé d'avis. – **6.** Ils auraient mieux révisé ce chapitre, le jury leur aurait mis une mention. – **7.** Encore 20 minutes de cuisson, et ton gigot sera parfait. – **8.** Quelques élèves partiraient de l'école, et elle serait fermée.

théorie générale

1. L'opposition

Si deux faits de même nature (événements, comportements…) sont rapprochés de façon à mettre en valeur des différences, **il y a opposition**.

Terme grammatical	Construction	Nuances	Exemples
Une conjonction	**alors que** **tandis que** + indicatif **si** **autant**	opposition de personnes, de comportements, d'actions, de descriptions opposition et comparaison symétriques	– *Mon mari aime la natation **alors que** je préfère le cyclisme.* – ***Si** elle est travailleuse, elle n'est pas très intelligente.* – ***Autant** Pierre travaille **autant** Sophie s'amuse.*
Un adverbe	**au contraire** **à l'opposé** **inversement** **en revanche** **par contre**	Introduit généralement une proposition affirmative après une proposition négative. situations très éloignées situations contraires en ordre ou en sens (langue soutenue) (langue parlée)	– *Je n'avais plus mal, **au contraire** je ressentais un bien-être très agréable.* – *Certaines personnes téléphonent souvent, **à l'opposé** d'autres préfèrent écrire.* – *Mes deux enfants ont évolué différemment, mon fils est devenu très travailleur; **inversement**, ma fille est plus paresseuse.* – *Au lycée j'aimais bien étudier les langues, **en revanche/par contre** je détestais les mathématiques.*
Une préposition	**contrairement à** **à l'opposé de** **à l'inverse de** **à la place de** + **nom** **pronom** **au lieu de** + **nom** **infinitif**		– ***Contrairement** aux prévisions météorologiques qui annonçaient du beau temps, il pleut depuis deux jours.* – *Nathalie s'habille toujours en noir **à l'inverse** de sa sœur qui ne porte que du blanc.* – *Elle a été déçue de recevoir un bouquet de fleurs **au lieu d'**un bijou.* – ***Au lieu de** faire ses exercices, il regardait la télévision.*

Terme grammatical	Construction	Nuance	Exemples
D'autres moyens	• Un pronom personnel de reprise		– *Mon frère aime la natation, **moi**, je préfère la course à pied.*
	• Les expressions : quant à + pronom pour ma (ta / notre / leur…) part de mon (votre / son / leur…) côté en ce qui me (te / vous / les…) concerne		– *Mes amis ont presque tous fait des études scientifiques, **quant à moi/pour ma part/en ce qui me concerne** j'ai fait des études littéraires.*

Exercices

Moyens grammaticaux

B1.1
CECR **1** **Alors que / tandis que / si**

a) *En utilisant les deux tableaux ci-dessous, faites des phrases qui mettent en évidence les différences entre le frère et la sœur.*

Jocelyne Dubois	Stéphane Dubois
brune	blond
yeux bleus	yeux verts
1 m 55	1 m 90
célibataire	marié
professeur d'histoire	basketteur professionnel
habite en ville	habite à la campagne
roule en voiture	aime la moto
lecture	photographie
cinéma	bricolage
pratique la danse	fait du judo

b) *À votre tour montrez les différences qui existent entre deux personnes de votre famille ou deux de vos amis.*

B1.1
CECR **2** **Autant… autant**

a) C'est l'anniversaire de Sophie, elle a vingt ans ; pour lui offrir le cadeau qui lui fera le plus plaisir, ses amis lui ont demandé de faire la liste de ce qu'elle aime et la liste de ce qu'elle déteste.
À l'aide des deux listes ci-dessous, faites des phrases en utilisant « autant…autant ».
Et quel cadeau ses amis pourront-ils offrir à Sophie ?

Elle aime	Elle déteste
- la glace à la vanille	- les huîtres
- le champagne	- le cognac
- les voitures rouges	- les sports violents
- les roses rouges	- les petites voitures
- les tout petits chiens	- les œillets
- vivre à la campagne	- les grands chiens
- les soirées au coin du feu	- vivre au centre ville
- danser	- courir
- faire des promenades en forêt	- attendre quelqu'un à un rendez-vous
- les soirées avec des amis	- aller dans les boîtes de nuit
- la mer	- la haute montagne
- les hommes bruns aux yeux bleus	- les hommes blonds à moustaches
- tricoter ou coudre	- tondre la pelouse

b) *Vous aussi mettez en évidence ce que vous aimez et ce que vous n'aimez pas ou ce qui est facile et difficile pour vous, en faisant quelques phrases. Utilisez autant... autant*

Exemples : **Autant** le français **est facile** pour moi, **autant** l'allemand **est difficile**.
Autant je **parle bien** allemand, **autant** j'**ai du mal** à m'exprimer en chinois.
Autant mon bébé **est gentil** en temps normal, **autant** il **s'énerve** quand il a faim.

3 🌳🌳 **Au contraire / à l'opposé / inversement / en revanche / par contre**
Faites des oppositions en utilisant les adverbes donnés ci-dessus.

1. **Opposez des sports :** – le football et le rugby – le golf et le tennis – la course automobile et la course cycliste – la natation et la course à pied – la boxe et le judo – etc.
2. **Opposez des lieux de vie :** – une maison et un appartement – des vacances à l'hôtel et des vacances en camping – la ville et la campagne – au bord de la mer et en montagne – en France et dans votre pays – etc.
3. **Opposez deux siècles** (par exemple le XVIIe et le XXe siècle) : – la vie – les études – les femmes – les sports – les moyens de transport – les moyens de communication – l'habitat – etc.
4. **Opposez des moyens de transport :** – le train et l'avion – le train et la voiture – la voiture et la moto – la bicyclette et le cheval – etc.

4 🌳 **Au lieu de / à la place de**
a) *Faites des phrases en utilisant « au lieu de ».*

Exemple : Olivier ne fait pas ses devoirs, il regarde la television.
→ Il regarde la télévision **au lieu de** faire ses devoirs.

1. Il ne mange pas au restaurant, il mange un sandwich. – **2.** Il ne fait pas de sport, il va jouer au flipper. – **3.** Il ne lave pas ses chaussettes, il les jette. – **4.** Il ne garde pas les cadeaux qu'on lui fait, il les donne. – **5.** Il ne traverse pas les rues dans les passages pour piétons, il traverse n'importe où. – **6.** Il ne se gare pas dans les parkings, il se gare sur les trottoirs.

b) *Faites des phrases en utilisant « à la place de ».*

Exemple : M. Dupont, qui devait aller à une réunion importante, a eu un empêchement mais Olivier, lui, peut y aller.
Que lui dit son patron ? → Olivier, vous irez à la réunion **à la place de** M. Dupont.

1. Olivier a fait un gâteau pour ses amis ; dans la recette il faut mettre du chocolat mais il n'en a pas, il a seulement de la vanille. Que lui dit sa sœur ? ………
2. Au restaurant Olivier choisit de prendre le menu, mais le menu comprend du melon qu'il n'aime pas ; il voudrait de la pizza. Que demande-t-il au serveur ? ………
3. Pour son anniversaire, les amis d'Olivier veulent lui offrir un petit poste de télévision ; mais il en a déjà un, il aimerait mieux des disques compacts. Que dit-il à ses amis ? ………
4. Olivier n'est pas bien réveillé ce matin à l'heure du petit déjeuner. Il prend le pot de sel et non pas le pot de sucre. Que lui dit sa sœur ?

5 🌳🌳 **Contrairement à / à l'opposé de / à l'inverse de**
Exprimez des différences entre les éléments proposés en utilisant les prépositions suivantes.

Exemple : La façon de manger des Japonais et la façon de manger des Français.
→ *Les Japonais mangent avec des baguettes* **contrairement** *aux Français qui mangent avec une fourchette et un couteau.*

1. La vie des femmes en France et la vie des femmes en Afrique.
2. La vie d'un footballeur professionnel et la vie d'un professeur.
3. Le climat d'un pays nordique et le climat d'un pays méridional.
4. Un pays à régime démocratique et un pays à régime dictatorial.
5. À vous…

6 🌺🌺 Alors que / tandis que - En revanche / à l'opposé / par contre - Si les uns... les autres... / autant les uns... autant les autres...

Formulez les différences alimentaires entre les régions à l'aide des expressions ci-dessus.

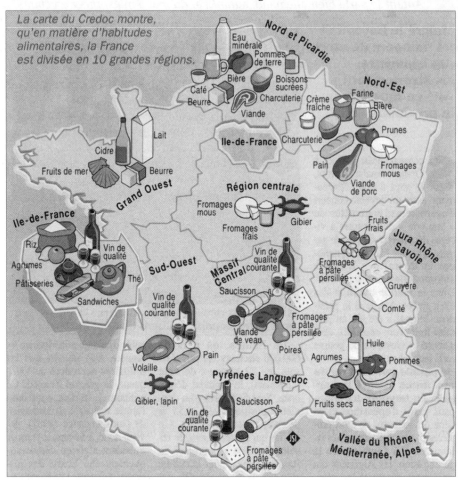

La carte du Credoc montre, qu'en matière d'habitudes alimentaires, la France est divisée en 10 grandes régions.

7 🌺🌺 Manipulez les structures

Transformez les phrases en utilisant les différents moyens qui vous sont proposés pour exprimer l'opposition.

1. Thierry est paresseux **contrairement à** Stéphane qui est travailleur. (Alors que / Si / En revanche / Quant à)

2. Moi, j'aime la natation, mon mari **lui**, fait du tennis. (Tandis que / Alors que / Par contre / De... côté)

3. Mes deux frères sont footballeurs : Alain est un bon attaquant **tandis que** Philippe est meilleur défenseur. (En revanche / Quant à / Si / Pronom de reprise)

4. Pierre et Simone aiment prendre leurs vacances au mois d'août **alors que** Jacques et Madeleine préfèrent partir en février pour faire du ski. (Inversement / En ce qui... concerne / Autant... autant / Pour... part)

5. Avec Florence tout est facile **tandis qu'**avec Anne tout est compliqué. (Autant... autant / Alors que / Au contraire / Si)

6. Nicolas est hyperactif. Son frère Dominique, **lui**, aime prendre son temps. (Par contre / À l'opposé / Pour... part / Quant à...)

2.1

8 🌳🌳🌳 Quelques villes françaises

Mettez en évidence, à l'aide de différentes structures et des fiches ci-dessous, les différences qui existent entre ces quatre villes françaises : Bordeaux, Grenoble, Lille et Nice.

	Bordeaux	Grenoble	Lille	Nice
Situation géographique et administrative	Préfecture de la Gironde (33) Région Aquitaine 26 cantons 157 communes	Préfecture de l'Isère (38) Région Rhône-Alpes. 33 cantons 295 communes.	Préfecture du Nord (59) Région Nord-Pas de Calais. 23 cantons 125 communes.	Préfecture des Alpes- Maritimes (06) Région Provence-Alpes-Côte d'Azur (PACA) 52 cantons 163 communes
Population : Ville Agglomération	215 363 753 931	153 317 419 439	184 657 950 265	342 738 888 784
Altitude moyenne (en mètre)	23	213	23	11 à 222 (collines environnantes)
Monuments Musées Culture Tourisme	Cathédrale St-André. Nombreuses églises. Place de la Bourse, XVIIe. Hôtel de ville (XVIIIe). Nombreux musées, maisons et hôtels anciens. Le Jardin Public, célèbre promenade créée au XVIIIe. Océan atlantique. Célèbres vignobles.	Cathédrale Notre-Dame (XIIe), Église St - André (XIIIe) Église St-Laurent (XIe) (crypte du VIe). Musées de peinture. Palais de justice (XVe). Architecture contemporaine : Les Trois Tours, Hôtel de ville, maison de la culture… Lieu de passage vers les stations de sports d'hiver. J.O. en 1968. Ville entourée de trois chaînes de montagnes : Vercors, Belledonne et Chartreuse.	Église St-Maurice (XIVe), Église St-André (XVIIIe), Église Ste-Catherine (XVIe) Hospice Comtesse (XIIIe siècle reconstruit au XVIIe). Palais Rihour (XVe). Citadelle (bâtie par Vauban). Hôtel de ville. Important musée d'art. Nombreuses maisons anciennes.	Cathédrale Ste-Reparate (XVIIe), Église St-Jacques (XVIIe) Ancien Palais Lascaris (XVIIe). Quartier pittoresque du Vieux Nice. La Promenade des Anglais, en bordure de mer, mondialement connue. Station hivernale et estivale. Nombreuses manifestations culturelles. Célèbre Carnaval. Festival international du livre.
Enseignement	Universités depuis 1441 : 60 000 étudiants.	Universités depuis 1349 : 9 écoles d'ingénieurs 6 écoles doctorales INPG/IEP/… 2 900 enseignants chercheurs 53 082 étudiants.	Ville universitaire	Ville universitaire.

339

	Bordeaux	Grenoble	Lille	Nice
Activités	Sixième port de commerce de France. Aéroport Lesquin. Raffineries de pétrole. Constructions navales. Industries métallurgiques, électriques, aéronautique, moteurs d'avion. Industries alimentaires, du bois et chimiques.	Mécanique, électronique, informatique, agroalimentaire, papeterie, métallurgie, chaudronnerie, sidérurgie, chimie, plasturgie, confection,… Centre de recherches nucléaires. Centre Europole.	Centre commercial important. Port fluvial. Aéroport / chemins de fer qui relient la France au nord de l'Europe. Industries alimentaires : brasseries, biscuiteries, chocolateries, sucreries. Minoteries, distilleries. Industries textiles de tradition ancienne : lin, coton, jute. Confection, bonneteries.	Industries électroniques, constructions mécaniques, alimentaires, maroquinerie, chaussures, parfums. Marché international des fleurs. Port spécialisé dans le trafic des marchandises et des liaisons avec la Corse.

Autres moyens

B1.2 CECR **9** ***Il existe en français des éléments d'origine grecque (anti) et des éléments d'origine latine (contre) qui, placés avant un nom, expriment une opposition.***

*Exemple : Pendant mes vacances je vais aller en Nouvelle-Zélande qui est **aux antipodes** de la France.*

(Antipode : lieu de la terre diamétralement opposé à un autre.)

Répondez aux questions suivantes.

a) Anti

1. Jacques a beaucoup de problèmes avec sa voiture :
– quand il pleut, ses pneus ne tiennent pas bien la route, ils dérapent ;
– son autoradio ne fonctionne pas bien, il y a beaucoup de parasites ;
– son carburateur n'est pas bien réglé, il pollue l'atmosphère ;
– il fait très froid, et il a peur que l'eau du radiateur gèle ;
– il n'a pas de garage, et il a peur qu'on lui vole sa voiture.
Jacques va chez le garagiste et lui explique tous ses problèmes. Qu'est-ce que le garagiste va lui proposer pour les éviter ?

2. Marianne a quelques ennuis de santé : elle ressent quelquefois des spasmes et se trouve dans un état dépressif ; de plus elle ne veut pas attraper la grippe. Elle va chez le médecin. Quels types de médicaments le médecin va-t-il lui prescrire ?

3. Valérie a peur de vieillir trop vite : elle a peur de prendre des rides. De plus ses cheveux sont malades : elle a des pellicules. Elle va chez le pharmacien. Quels types de crème et de shampooing va-t-il lui conseiller ?

4. Dans ce pays, il y a beaucoup de gangs, et la police voudrait lutter contre ce fléau. Quels types de brigades vont-ils créer ?

5. Pendant le match de football, certains joueurs ont eu des gestes tout à fait contraires à l'esprit du sport. Que pourraient écrire les journalistes dans leurs articles?

b) Contre

1. À un moment du match, l'équipe de Bordeaux a attaqué; aussitôt l'équipe de Marseille a fait un mouvement offensif pour répondre à cette attaque. Qu'ont-ils fait?

2. Pour pondre leurs œufs, les saumons remontent le courant des rivières; ils vont dans le sens contraire des autres. Comment nagent-ils?

3. Philippe est insupportable: il dit toujours le contraire de ce qu'on dit. Son frère en a assez. Qu'est-ce qu'il fait?

4. Pierre a trouvé l'exemple tout à fait juste qui illustre le contraire de ce que le professeur voulait démontrer. Qu'est-ce qu'il a trouvé?

5. Jean-Claude a du diabète mais il aime beaucoup les pâtisseries, ce qui n'est pas très indiqué pour cette maladie. Que lui dit le médecin?

6. Sébastien aime faire des photos. Il veut en faire une de son amie avec le jour venant en sens inverse de l'objectif. Comment son amie doit-elle se placer?

7. Pour pouvoir soulever cette machine, il faut placer un poids de l'autre côté pour faire l'équilibre. Que devons-nous placer?

8. Ce qu'il a dit est tout à fait contraire à la vérité. Qu'a-t-il dit?

9. Pour lutter contre cette publicité néfaste, à notre avis, nous allons en faire une autre. Quel type de publicité allons-nous faire?

10. Le professeur de français a fait faire une traduction à ses élèves. Certains élèves ont fait d'une phrase une interprétation contraire à la signification véritable. Que dit-il à ses élèves?

10 🌳🌳🌳 **Météo et opposition**

a) *Relevez dans chaque bulletin météo les mots et les expressions utilisés pour indiquer des informations opposées.*

1.
NORD ET SUD EN LARMES

Les parapluies vont refleurir. Cherbourg ne sera même pas concerné. Pas dans la matinée du moins. En fin de journée les pluies se décaleront vers le Nord de la Bretagne et de la Normandie. Dans le sud, le temps sera encore à l'orage.

2.
TERNE ET ALTERNÉ

La dégradation s'enfoncera dans le territoire et larguera ses pluies sans prévenir. Apollon s'opposera à ces méthodes et enverra ses escadrilles rayonnantes aux six coins du pays. Résumé: la météo sera très alternée.

3.
RAFRAÎCHI

La dégradation de la veille poursuivra son chemin détrempé et arrosera copieusement les régions sud. Ailleurs, les rayons en profiteront pour installer de belles éclaircies malgré la pauvreté du stock de degrés à déclarer.

4.
PARFAIT AUX SEYCHELLES!

D'un côté, vous aurez un temps plutôt doux mais carrément mouillé. De l'autre, il sera plus frais mais plus ensoleillé. Cela sera donc à vous de choisir, il n'y aura pas de «chaud et ensoleillé»! À moins de partir aux Seychelles!

5.

CHAUD, LE SUD !

Si vous voulez tout savoir, c'est de la Bretagne et du Cotentin que les mauvaises nouvelles arriveront. Après les avoir arrosés, les nuages, imperturbables, progresseront lentement vers l'intérieur du pays. Et dire que, pendant ce temps-là, il fera chaud dans le Sud de la France…

6.

BIEN AGITÉE

C'est dans une atmosphère bien agitée que vous ferez votre retour au bureau. Les averses seront souvent solidaires des passages nuageux. Mais quelques rayons arriveront parfois à se faire une place… au soleil.

7.

DES DEGRÉS COURAGEUX…

Une très légère embellie favorisera une moitié Nord-Ouest du pays. De l'autre côté ce sont les gouttes qui seront favorisées… par un horizon bien chargé. Mister Celsius tentera ce qu'il pourra et ne s'en sortira pas trop mal.

8.

ADOUCI

Mister Celsius fera un effort pour adoucir l'atmosphère, essentiellement sur les régions de la moitié nord. Si Apollon se montrera un peu partout, une large bande centrale du territoire subira tout de même des assauts bien mouillés.

b) *Utilisez les mots et expressions trouvés pour, à votre tour, écrire des petits textes qui mettent en opposition divers aspects de la météo.*

1. Pluie le matin/soleil l'après-midi. – **2.** Neiges dans les Alpes du Nord/soleil dans les Alpes du Sud. – **3.** Doux et pluvieux à l'Ouest/chaud et sec à l'Est. – **4.** Orages et tonnerre dans le Centre/giboulées dans le Sud-Est, etc.

théorie générale

2. La concession

Si un obstacle reconnu ou envisagé ne produit aucun effet sur la conséquence, **il y a concession.**

Terme grammatical	Construction		Nuances	Exemples
Une conjonction	**bien que** **quoique** **sans que**	**+ Subjonctif**	Valeur générale	– **Bien qu'**il pleuve nous avons fait une promenade. – Nous avons pu terminer la réunion **sans que** vous soyez dérangé.
	encore que		Nuance une affirmation.	– Tous les élèves de la classe devraient réussir l'examen; **encore que** certains puissent échouer.
	tout **si** + adj. + que		Idée d'intensité : il s'agit d'un jugement personnel portant sur une qualité.	– **Tout / si /** intéressant **qu'**il soit, le film ne m'a pas plu. – **Quelque** déçues que vous soyez, vous devez recommencer. – **Quelques** transformations que vous fassiez, vous devez demander une autorisation.
	quelque + adj. n. **+ que**			
	qui que **quoi** que **où** que **quel(le)s** que		La concession porte sur une personne, une chose, une action, un lieu, une qualité.	– **Qui que** vous aimiez, vous souffrirez. – **Quoi que** je fasse, il n'est pas content. – **Où que** je sois, je pense à toi. – **Quels que** soient les résultats, je partirai en vacances.
	même si **+ indicatif**		concession + idée d'hypothèse	– **Même si** elle s'excuse, je ne lui pardonnerai pas.
	quand bien même **+ conditionnel**			– **Quand bien même** je travaillerais jour et nuit, je n'y arriverais pas.
Un adverbe	**pourtant** **cependant** **quand même** **néanmoins** **toutefois**		**+ indicatif** **Attention à l'ordre.**	– Je gagne bien ma vie, **pourtant** j'ai d'énormes difficultés financières. – Elle le suppliait de rester, il est parti **quand même**. – Ce jeu est intéressant et très instructif, **toutefois** il coûte cher.

Terme gramatical	Construction		Nuances	Exemples
Une préposition	**malgré** **en dépit de** **sans**	**+ nom pronom**		– *Il fait toujours des remarques acerbes* **malgré** *lui.* – **En dépit de** *son handicap, il fait beaucoup de sport.* – *Il est parti* **sans** *moi.*
	sans **au risque de**	**+ infinitif**		– *Il est parti* **sans** *nous dire au revoir.* – *Elle a pris cette décision* **au risque de** *lui déplaire.*
Un coordonnant	**mais**		Opposition simple	– *Ce film est ennuyeux* **mais** *il attire beaucoup de spectateurs*
	or		Introduit un élément nouveau en opposition avec ce qui précède.	- *Les enfants pleurent souvent la nuit.* **Or**, *cet enfant-là ne dit rien.*
	par ailleurs		Nuance un jugement négatif.	- *Ce député,* **par ailleurs** *très sympathique, n'est pas capable d'assumer ses responsabilités.*
D'autres moyens	**il n'en reste pas moins que (il) n'empêche que**		Nuance un point de vue, rend une affirmation plus objective.	- *Il n'a pas réussi,* **il n'en reste pas moins/n'empêche qu'***il a beaucoup travaillé.*
	avoir beau + infinitif			- *Il* **a beau** *avoir travaillé, il n'a pas réussi.*
	n'importe qui/quoi/ où/quand/comment			- *Je ne veux pas que tu ailles* **n'importe où** *et que tu parles à* **n'importe qui.**

Exercices

B1.1
CECR

11 Bien que / quoique

Reliez les deux éléments proposés en utilisant les conjonctions ci-dessus.

1. Ne pas être sportif / ne pas manquer un match à la télé.
2. Être timide / s'habiller en couleurs voyantes.
3. Rêver d'une bonne douche / pédaler sous le soleil.
4. Préférer dormir / aller nager.
5. Être malade / gagner la course.
6. Battre le record / ne pas être content.
7. Se noyer / savoir nager.
8. Avoir une voiture de sport / ne pas avoir le permis de conduire.
9. L'avion décolle / faire mauvais temps.
10. Le match a eu lieu / pleuvoir.

12 🌸🌸 Tout / si / quelque + adjectif + que + subjonctif

QUI L'AURAIT CRU !

Prenez un élément de la colonne A et un élément de la colonne B et faites des phrases en utilisant une des conjonctions ci-dessus (attention au sens de vos phrases).

Exemple : A : *chétif /* B : *champion de boxe*

→ **Si chétif qu'il ait été**, *il est devenu champion de boxe.*

A	B
Adolescent, il était...	**Il est devenu...**
timide	sauveteur en montagne
paresseux	député
laid	banquier
peureux	homme d'affaires
dépensier	ingénieur
bête	clown
apathique	star de cinéma
triste	joueur de rugby
maladroit de ses doigts	journaliste
peu communicatif	prestidigitateur

13 🌸 Cependant / pourtant / quand même

QUE SONT-ILS DEVENUS ?

Imaginez quel métier a pu faire chaque personnage proposé.
Prenez un élément de la colonne A et un élément de la colonne B (attention la colonne B est en désordre) et faites des phrases en utilisant un des adverbes ci-dessus.

A	B
Norbert avait le vertige.	coureur cycliste
François avait peur des animaux.	chanteur de rock
Stéphane chantait très mal.	mannequin
Fabienne s'habillait très mal.	instituteur
Claude avait un cheveu sur la langue.	marin
Sébastien n'aimait pas l'école.	parachutiste
Jacques arrivait toujours en retard.	horloger
Jean-Claude s'évanouissait à la vue du sang.	dompteur
Charles se fatiguait très vite.	chirurgien
Alain n'aimait pas l'eau.	conférencier

14 🌸🌸 Sans que... / sans...

Reliez les deux phrases proposées en utilisant « sans que » ou « sans ».

Exemple : – *J'ai mangé ; je n'avais pas faim.*
→ *J'ai mangé **sans** avoir faim.*
(Le sujet est le même dans les deux propositions.)

– *Les enfants ont joué ; vous n'avez pas été dérangé.*
→ *Les enfants ont joué **sans que** vous ayez été dérangé.*
(Le sujet est différent dans les deux propositions.)

1. La décision a été prise ; les délégués n'étaient pas là. – **2.** Il a été incarcéré ; les preuves suffisantes n'avaient pas été réunies. – **3.** Elle a travaillé 24 heures ; elle n'a pas dormi. –

4. J'ai travaillé 12 mois ; je ne suis pas fatiguée. – **5.** Il a fait 1 000 kilomètres ; il ne s'est pas arrêté. – **6.** Les jeunes mariés sont partis ; les invités ne s'en sont pas aperçus. – **7.** Le cours a changé d'horaire ; les étudiants n'en ont pas été avertis. – **8.** Il s'est endormi ; il n'a pas pris son médicament. – **9.** Il a atteint la ligne d'arrivée ; les autres coureurs ne l'avaient pas rejoint. – **10.** Il a travaillé un mois ; il n'était pas payé.

B1.2
CECR

15 🌳🌳 Encore que...

Transformez les phrases suivantes en utilisant « encore que ».

Exemple : Le cours est très intéressant ; pourtant le professeur est un peu brouillon.
    → *Le cours est très intéressant **encore que** le professeur soit un peu brouillon.*

1. L'Internet est très utile, pourtant il risque d'être un danger pour les enfants. – **2.** Le crédit est avantageux pourtant il peut être dangereux s'il est mal utilisé. – **3.** Les femmes sont, en général, plus tolérantes que les hommes ; pourtant certaines sont pires. – **4.** Son travail lui plaît beaucoup ; pourtant il s'en plaint quelquefois. – **5.** Mon père trouve cette actrice insignifiante ; pourtant son visage lui plaît. – **6.** Toute la famille a bien accueilli son ami ; pourtant son père a fait quelques remarques désobligeantes.

B2.1
CECR

16 🌳🌳🌳 Qui que / quoi que / où que / quel (le)s que

Transformez les phrases en utilisant la conjonction proposée.

Exemple : Elle mange du chocolat, des gâteaux, des pizzas…, elle ne grossit pas.
    → ***Quoi qu'elle mange**, elle ne grossit pas.*

a) Qui que
1. Vous êtes grand, petit, gros, maigre, professeur, ingénieur, ouvrier… le sport est bon pour vous. – **2.** Si Sophie, Anna, Pierre ou quelqu'un d'autre appelle, dis-lui que je ne suis pas là. – **3.** Vous pouvez rencontrer le directeur, le chef du personnel ou quelqu'un d'autre, il donnera toujours la même réponse à votre question. – **4.** Il te faut beaucoup d'argent pour monter ton entreprise mais tu ne peux rien demander ni à ton père, ni à ton oncle, ni au banquier, ni à personne.

b) Quoi que
1. Le capitaine peut dire ce qu'il veut, il doit être obéi. – **2.** Je peux faire tout ce qui est possible, je n'y arriverai pas. – **3.** Pense ce que tu veux, moi je ne changerai pas d'avis. – **4.** Il peut m'offrir des cadeaux, un voyage, une voiture ou autre chose pour s'excuser, je ne lui pardonnerai pas. – **5.** Elle peut porter n'importe quel vêtement et elle est toujours très séduisante. – **6.** Tu peux offrir ce que tu veux à Grand-Père, mais, dans tous les cas, fais un joli paquet cadeau.

c) Où que
1. Les Jeux olympiques peuvent avoir lieu à Paris, à Barcelone, à Mexico ou ailleurs, j'irai les voir. – **2.** Je peux aller à Paris, à New York, à Mexico ou ailleurs, il y a de la pollution. – **3.** Nous faisons du ski à Chamrousse, à Chamonix, à L'Alpe-d'Huez ou ailleurs il y a toujours beaucoup de monde sur les pistes. – **4.** Tu peux travailler dans une entreprise, dans une administration, dans un atelier ou ailleurs, tu auras toujours les mêmes problèmes. – **5.** Ils voyagent beaucoup mais, partout, ils mangent la même nourriture internationale.

d) Quel (le)s que
1. Il peut faire beau ou mauvais temps, ça n'a pas d'importance, la course aura lieu. – **2.** Son envie de partir peut être très grande, peu importe, il est obligé de rester. – **3.** Ses craintes peuvent être fondées, elle doit accepter ce changement. – **4.** Il peut faire beaucoup d'efforts, je crois qu'il ne gagnera pas. – **5.** Bien sûr, tu as tes préférences, mais tu devras bien t'adapter. – **6.** Il a toute les compétences pour ce poste mais il n'a aucune chance de l'obtenir : il est réservé au fils du patron. – **7.** Il souffre beaucoup mais il ne se plaint jamais. – **8.** Elle peut porter n'importe quel vêtement et elle est toujours très séduisante.

17 🌳🌳🌳 Qui que / quoi que / où que / quel (le)s que
Transformez les phrases suivantes en utilisant la conjonction qui convient.

LES PLAINTES DE TONY PINEAU, LE FOOTBALLEUR

Exemple : Tony fait beaucoup d'efforts, l'entraîneur n'est pas content.
> → **Quels que soient** *mes efforts, l'entraîneur n'est pas content.*
> → **Quoi que je fasse**, *l'entraîneur n'est pas content.*

1. Tony ne peut pas aller dans un restaurant, au cinéma ou dans un magasin sans que quelqu'un le reconnaisse.
2. Tony ne peut pas faire de ski, de tennis ou autre chose sans qu'un journaliste soit là.
3. Tony peut porter un pantalon sport, un costume, un smoking ou autre chose, on le critique.
4. Tony peut exprimer une opinion ou une autre, on la transforme.
5. Tony peut sortir avec une femme ou une autre, on dit qu'il va l'épouser.
6. Tony peut jouer un match de championnat, un match de coupe d'Europe ou de coupe du monde, la préparation est pénible.
7. Tony peut aller en Italie, en Espagne, au Japon ou ailleurs, il est obligé d'emporter de nombreuses valises.
8. Tony peut rencontrer une personne ou une autre, on ne lui parle que de football.
9. Tony peut habiter dans une maison, un appartement ou à l'hôtel, il n'est jamais tranquille.
10. Les voyages que Tony doit faire peuvent être longs ou courts, il a toujours des difficultés à les supporter.

18 🌳 Même si...
Répondez aux questions suivantes en utilisant « même si ».

Exemple : Vous ne savez pas parler français. Vous vous débrouillez ?
> → **Même si** *je ne sais pas parler français, je me débrouille.*

1. Le rugby est un sport brutal. Ça vous plaît ?
2. Les Ferrari sont des voitures très chères. Vous en avez une ?
3. Vous n'aimez pas beaucoup le football. Vous regardez les matchs à la télévision ?
4. Vous prenez vos médicaments. Vous avez encore mal ?
5. Vous n'aimez pas beaucoup ce conférencier. Vous irez l'écouter ?
6. Vous ne regardez pas beaucoup la télévision. Vous en avez une ?
7. Vous n'avez pas beaucoup de temps. Vous viendrez me voir ?
8. Vous n'aviez pas beaucoup d'argent quand vous étiez étudiant. Vous achetiez des livres ?

19 🌳🌳🌳 Quand bien même ...
Transformez les phrases suivantes en utilisant « quand bien même ».

Exemple : Je peux travailler nuit et jour mais je ne pense pas pouvoir y arriver.
> → **Quand bien même** *je travaillerais nuit et jour, je n'y arriverais pas.*

1. Notre voiture sera peut-être au garage mais nous irons vous voir.
2. Il est possible que les ouvriers soient en grève mais nous vous verserons votre salaire.
3. Il peut réussir son examen mais je ne pense pas qu'il trouve du travail.
4. Il peut gagner les trois dernières courses mais, à mon avis, ce coureur ne sera pas satisfait.
5. Il se peut qu'un jour il ait beaucoup d'argent mais il ne quittera pas son travail.
6. Tu peux me demander mille fois de faire ce travail, je ne le ferai pas parce que c'est toi qui dois le faire.
7. Il peut la couvrir de cadeaux, elle n'acceptera pas sa demande en mariage.
8. Il est possible qu'un jour nous soyons séparés pendant longtemps mais je ne crois pas pouvoir t'oublier.

20 🌳🌳🌳 Avoir beau + infinitif

Transformez les phrases suivantes en utilisant l'expression « avoir beau ».
GILLES N'A PAS DE CHANCE !

a) *Exemples : Gilles travaille beaucoup pourtant il n'a pas de bonnes notes.*
Il a travaillé beaucoup pourtant il n'a pas de bonnes notes.
→ ***Gilles a beau travailler beaucoup***, *il n'a pas de bonnes notes.*
→ ***Il a eu beau travailler beaucoup***, *il n'a pas de bonnes notes.*

1. Il s'est appliqué énormément pour faire ses exposés pourtant il n'a pas de bons résultats. – **2.** C'est un bon skieur, il s'entraîne beaucoup mais il ne gagne jamais de course. – **3.** Il a pris grand soin de sa voiture pourtant elle est souvent en panne. – **4.** Il gagne bien sa vie mais il a toujours des problèmes pour payer ses impôts. – **5.** Il est très gentil avec les femmes mais elles n'acceptent jamais ses rendez-vous. – **6.** Il a 25 ans mais il paraît plus âgé. – **7.** Il s'est défendu mais le voleur lui a pris son portefeuille. – **8.** Il est très instruit mais il n'a pas pu résoudre le problème.

b) *Exemples : Gilles n'avait pas mangé beaucoup de chocolat pourtant il était malade.*
→ ***Gilles avait beau ne pas avoir mangé*** *beaucoup de chocolat, il était malade.*

1. Gilles était resté longtemps au soleil pourtant il n'était pas bronzé comme ses amis. – **2.** Il avait fait souvent des cadeaux à sa mère pourtant elle n'était jamais contente. – **3.** Il était sorti tôt de la réunion pourtant il est arrivé en retard à son rendez-vous. – **4.** Il avait mis son plus beau costume pourtant personne ne l'a remarqué. – **5.** Il avait acheté les meilleurs produits pourtant sa cuisine n'était pas bonne. – **6.** Il avait pris toutes les précautions pour lui expliquer le problème pourtant elle a mal réagi. – **7.** Il avait bien lu la notice explicative pourtant il n'arrivait pas à faire fonctionner son nouveau magnétoscope. – **8.** Il avait toujours été très gentil pourtant sa femme était partie avec un autre.

21 🌳🌳🌳 Avoir beau / bien que, quoique

Dans les phrases ci-dessous, remplacez l'expression « avoir beau » par la conjonction « bien que » ou « quoique ». Faites les modifications de temps nécessaires.

*Exemple : Les étudiants **ont beau faire** du bruit, le professeur continue le cours.*
→ ***Quoique les étudiants fassent*** *du bruit, le professeur continue son cours.*

1. Il a beau avoir fait chaque jour un entraînement intensif, il n'a pas amélioré sa vitesse. – **2.** L'accusé a eu beau crier son innocence, il a été condamné. – **3.** Il a eu beau affirmer qu'il rembourserait ce qu'il avait volé, on ne l'a pas cru. – **4.** Elle avait beau savoir bien nager, elle avait de la difficulté à se sortir des tourbillons. – **5.** Nous avions beau être courageux, nous ne pouvions pas prendre tout en charge. – **6.** Il avait beau demander régulièrement une augmentation à son patron, il ne l'obtenait jamais. – **7.** Cet enfant a beau lire beaucoup, il fait encore beaucoup de fautes d'orthographe. – **8.** Il a beau boire beaucoup, il a toujours des problèmes de reins.

B1.2
CECR

22 🌳🌳 N'importe qui / quoi / où / quand / comment

D'après les situations données, donnez les conseils qui conviennent.

*Exemple : La maman ne veut pas que son fils parle aux personnes qu'il ne connaît pas. Elle lui dit : « Ne parle pas à **n'importe qui**. »*

1. La maman ne veut pas que ses enfants s'assoient par terre. Elle leur dit : ………
2. Le professeur veut que les étudiants s'appliquent pour faire leur exposé, il veut que ce soit bien fait. Il leur dit : ………
3. Les visites à l'hôpital sont réglementées, on ne peut pas y venir au moment où on veut. Le médecin dit aux visiteurs : ………

4. Dans cette entreprise, on a besoin d'embaucher une nouvelle secrétaire, mais le profil du poste est très particulier. Le patron dit au chef du personnel : ………

5. Il ne fait pas très attention au choix de ses vêtements et il doit aller à une soirée très chic. Sa femme lui dit : ………

23 🌳🌳🌳 **Manipulez les structures**

Transformez les phrases en choisissant les différents moyens d'exprimer la concession qui vous sont proposés (attention aux modes et aux temps).

1. Vous êtes un champion, pourtant vous n'y arriverez pas. (Même si / Quoique / Avoir beau).

2. Je vais faire ce voyage, pourtant j'ai de gros problèmes financiers. (Bien que / Encore que / Avoir beau / Même si)

3. Malgré une crevaison, il est arrivé à l'heure. (Même si / Pourtant / Quoique / Avoir beau)

4. Il est ministre de l'Éducation mais il n'a aucune compétence. (Bien que / Avoir beau / Cependant)

5. Bien qu'il soit souvent absent, son travail est à jour. (Malgré / Il n'empêche que / Si… que / Quand même)

6. Bien que je ne sois pas d'accord avec votre demande, je l'accepte. (En dépit de / Encore que / Même si / Sans)

7. En dépit des subventions qu'elle reçoit du département, l'association a des difficultés financières. (Avoir beau / Quoi que / Cependant / Malgré)

8. Elle n'habite pas très loin, cependant elle ne vient pas voir son père à l'hôpital. (Il n'empêche que / Encore que / Même si / Avoir beau)

Synthèse Opposition - Concession

24 🌳🌳🌳 **Opposition ou concession**

Complétez les phrases avec l'expression marquant l'opposition ou la concession qui convient (observez bien les modes et les temps).

1. Il ……… faire froid, la vieille dame faisait une petite promenade.
2. ……… l'interdiction du médecin, il est sorti.
3. Elle se présente au concours d'infirmière, ……… elle s'évanouit à l'odeur de l'éther.
4. Elle déteste son père ……… tout ce qu'il a fait pour elle.
5. ……… costauds ……… ils paraissent, ils ne pratiquent aucun sport.
6. ……… elle aille, on la reconnaîtra.
7. Je n'admettrai aucune critique de ……… ce soit.
8. ……… soit le médecin que vous voyiez, n'oubliez pas de lui parler de vos douleurs au bras.
9. Promène-toi un peu, ……… rester enfermé dans ta chambre.
10. Il était furieux que ses amis soient partis ……… lui.
11. Elle a travaillé toute la journée, ……… elle soit malade.
12. Les bateaux sont sortis en mer, ……… on ait annoncé une grosse tempête.
13. Il refuse toujours de payer sa part au café, ……… il a beaucoup d'argent.
14. Je ne devrais pas savoir tout ça, ……… je t'assure que je n'ai pas écouté aux portes, je l'ai entendu par hasard.
15. C'est une famille très pauvre, mais elle survit ………
16. Je garderai toujours l'espoir ……… la situation s'aggrave.
17. ……… il serait élu député, il ne démissionnerait pas.
18. J'aime bien manger dans les pizzerias, mes parents, ……… préfèrent aller dans les grands restaurants.
19. Les chiens suivent toujours leur maître, ……… les chats sont plus indépendants.
20. Cet étudiant, ……… très intelligent, a complètement raté son examen oral.

25 ✿ ✿ ✿ **Opposition ou concession**

Terminez les phrases suivantes. Faites attention aux modes et aux temps et respectez le sens.
1. Elle est très heureuse malgré .... – **2.** Il n'est pas encore guéri bien que .... – **3.** Il a été condamné à cinq ans de prison pourtant .... – **4.** Quoique .... il parle très mal français. – **5.** Vous devriez taper cette lettre au lieu de .... – **6.** Les stations de sport d'hiver affichent complet malgré .... – **7.** Nous n'avons pas l'intention d'exploiter votre appareil même si .... – **8.** Je suis ravie de vous annoncer que votre projet a été retenu par la commission en dépit de .... – **9.** Il pleut beaucoup dans cette région tandis que .... – **10.** Cette jeune femme ne correspond pas vraiment au profil souhaité pour ce poste, néanmoins .... – **11.** Ces meubles luxueux se vendent bien, par contre .... – **12.** Si chère que soit cette voiture .... – **13.** Cet enfant est très maladroit, en revanche .... – **14.** Des milliers d'euros partent chaque jour dans des jeux télévisés alors que .... – **15.** Je ne sais pas ce que vous en pensez, quant à .... – **16.** Il a un bon diplôme, il trouvera du travail où que .... – **17.** Il est parti faire de l'escalade sans se couvrir au risque de .... – **18.** Il a beau se contrôler .... – **19.** Quand bien même elle réussirait son concours .... – **20.** Quelles que soient les critiques .... – **21.** Le statut de la femme dans la société a beaucoup évolué, il n'en reste pas moins que .... – **22.** Il a réussi son permis de conduire sans .... – **23.** Autant ce devoir de maths est difficile, autant ....

26 ✿ ✿ **À votre avis...**

À votre avis, est-il possible d'être un bon étudiant et un sportif de compétition ?

Faites un paragraphe en marquant bien les oppositions et les concessions. (Utilisez différents moyens syntaxiques.)

Table des matières